Die Hauptversammlung im Wandel
der Kommunikationsformen

Frankfurter wirtschaftsrechtliche Studien

Herausgegeben von
Theodor Baums, Friedrich Kübler, Hans-Joachim Mertens,
Eckard Rehbinder, Gunther Teubner

Band 41

PETER LANG
Frankfurt am Main · Berlin · Bern · Bruxelles · New York · Oxford · Wien

Corrado Wohlwend

Die Hauptversammlung im Wandel der Kommunikationsformen

Eine vergleichende Untersuchung des US-amerikanischen und deutschen Rechts

PETER LANG
Europäischer Verlag der Wissenschaften

Die Deutsche Bibliothek - CIP-Einheitsaufnahme

Wohlwend, Corrado:

Die Hauptversammlung im Wandel der Kommunikationsformen : eine vergleichende Untersuchung des US-amerikanischen und deutschen Rechts / Corrado Wohlwend. -
Frankfurt am Main ; Berlin ; Bern ; Bruxelles ; New York ; Oxford ; Wien : Lang, 2001
(Frankfurter wirtschaftsrechtliche Studien ; Bd. 41)
Zugl.: Frankfurt (Main), Univ., Diss., 2000
ISBN 3-631-37271-X

D 30
ISSN 0723-0427
ISBN 3-631-37271-X

Für Uta

"On the eve of a new century, new global imperatives demand a revitalized and modern perspective on the fundamental responsibilities between companies and their investors. In record pace and staggering volumes, capital investments are crossing borders, transcending oceans, and traversing continents – almost instantaneously. An explosion of information sources, real-time news feeds, and on-line resources has reinvented how we gather and disseminate information."

Arthur Levitt
SEC-Chairman

"Die Hauptversammlung ist das zentrale Instrument der Unternehmenskontrolle durch die Eigentümer. Je mehr Informationen die Aktionäre über die Unternehmenspolitik haben, desto bewußter können sie ihre Anlageentscheidung treffen und desto effizienter sind die Kapitalmärkte."

Prof. Dr. Rüdiger von Rosen
Vorstand Deutsches Aktieninstitut

Vorwort

Die vorliegende Arbeit wurde im Herbst 2000 von der juristischen Fakultät der Johann Wolfgang Goethe-Universität als Dissertation angenommen. Die Arbeit wurde im Juli 2000 abgeschlossen. Sie spiegelt den bis dahin veröffentlichten Meinungsstand wider. Später erscheinende Beiträge konnten nur noch vereinzelt berücksichtigt werden.

Dankbar bin ich Herrn Barton Hill, Vice President der ADP, Inc., Long Island, USA, dafür, daß er mir entscheidende Einblicke in den Arbeitsablauf bei ADP und darüber hinaus die Online-Abstimmung für seine Anteile an der Lehman Brothers, Inc., ermöglichte. Von dieser Abstimmung zeugt der Anhang I dieses Buches. Verbunden bin ich auch der DaimlerChrysler AG, Stuttgart, für die Bereitstellung der Internet-Masken, abgedruckt in Anhang III. Sie führten die DaimlerChrysler-Aktionäre durch die erste Internet-Weisung in Deutschland.

Sehr herzlich möchte ich ferner Herrn Prof. Dr. Hans-Joachim Mertens für die prompte Annahme und Betreuung der Dissertation danken sowie Herrn Prof. Dr. Eckard Rehbinder für die Übernahme des Zweigutachtens.

Mein Dank gilt abschließend den Herausgebern für die Aufnahme dieser Dissertation in die Schriftenreihe des Peter Lang Verlages.

Eschborn, im Dezember 2000 — Corrado Wohlwend

Inhaltsverzeichnis

Alexy, Robert, Theorie der juristischen Argumentation, Frankfurt/Main 1978

Assmann, Heinz-Dieter, Zur Reform des Vollmachtsstimmrechts der Banken nach dem Referentenentwurf eines Gesetzes zur Kontrolle und Transparenz im Unternehmensbereich (KonTraG-E), AG 1997, 100

Bachmann, Gregor, Namensaktie und Stimmrechtsvertretung, WM 1999, 2100

Baumbach, Adolf/Hueck, Alfred, Aktiengesetz, 13. Auflage, München 1970

Baums, Theodor, Vollmachtstimmrecht der Banken – Ja oder nein?, AG 1996, 11

ders./von Randow, Phillip, Der Markt für Stimmrechtsvertreter, AG 1995, 145

ders./Fraune, Christian, Institutionelle Anleger und Publikumsgesellschaft: Eine empirische Untersuchung, AG 1995, 97

Becker, Helmut, VESUV – die Kryptovariablenversorgung der Zukunft?, Soldat und Technik 2000, 29

Berle, Adolf A./Means, Gardiner, The Modern Corporation and Private Property, New York 1932 (Neuauflage 1939)

Beucher, Klaus/Schmoll, Andrea, Kryptotechnologie und Exportbeschränkungen, CR 1999, 529

Black's Law Dictionary, 6. Auflage, St. Paul 1991

Block Denis J./Barton, Nancy E./Radin, Stephen A., The Business Judgement Rule: Fiduciary Duties of Corporate Directors,4. Auflage, Englewood Cliffs 1993

Bloomenthal, Harold S., Securities Law Handbook, St. Paul 1999

Blumenwitz, Dieter, Einführung in das anglo-amerikanische Recht, 6. Auflage, München 1998

Boetius, Jan, Problematische Mitteilungsfristen (§§ 125, 128 AktG), DB 1968, 1845

Boyce, Gerard R./Hewitt, Sarah, Proxy Season in an Electronic Environment, New York Law Journal, 8. Mai 1997, 5

Brown, J. Robert, Jr., The Shareholder Communication Rules and the Securities and Exchange Commission: An Exercise in Utility or Futility?, 13 J. Corp. L. 683 (1988)

– The Regulation of Corporate Disclosure, 3. Auflage (1999 Supplement), New York 1997 (zit.: Brown, Corporate Disclosure)

Brudney, Victor, The independent director – heavenly city or potemkin village?, 95 Harv. L. Rev. 597 (1982)

Buhler, Frank, California Corporation Code and Other Corporation Legislation, 35 Cal. L. Rev. 423 (1947)

Bungert, Hartwin, Gesellschaftsrecht in den USA, München 1994 (zit.: Bungert, GesR in den USA)

Bungert, Hartwin, Hauptversammlungen deutscher Aktiengesellschaften und Auslandsbezug, AG 1995, 26

Burmeister, Klaus, Weitergabe-, Mitteilungspflichten und Stimmrechtspflicht für Kreditinstitute (§§ 128, 135 AktG), AG 1976, 262

Burnham, William, Introduction To The Law And Legal System Of The United States, St. Paul 1995

Bydlinski, Franz, Juristische Methodenlehre und Rechtsbegriff, 2. Auflage, Wien, New York 1982 und 1991

Cary, William L., Federalism and Corporate Law: Reflections Upon Delaware, 83 Yale L. Journal 663 (1974)

ders./Eisenberg, Melvin Aron, Corporations, 6. Auflage, New York 1988

Coing, Helmut, Grundzüge der Rechtsphilosophie, 5. Auflage, Berlin, New York 1993

Committee on Corporate Laws, Changes in the Model Business Corporation Act – Amendments Pertaining to Shareholder Meetings and Voting, 51 Bus. Law. 209 (1995)

– Model Business Corporation Act Annotated, 3. Auflage, Volume 1, American Bar Association (1997 Supplement) (zit.: Committee on Corporate Laws, MBCA Ann.)

Conard, Alfred F., An Overview Of The Laws Of Corporations, 71 Mich. L. Rev. 621 (1973)

Diekmann, Hans, Namensaktien bei Publikumsgesellschaften, BB 1999, 1985

Donovan, Karen, Proxy Fight Tests SEC's News Rules Easing Speech, The National Law Journal, 14. Dezember 1992, 17

Ebenroth, Carsten Thomas, Die Kompetenzen des Vorstands und der Aktionärsschutz in der Konzernobergesellschaft, AG 1998, 1

ders./Daum, Thomas, Die Kompetenzen des Vorstands einer Aktiengesellschaft bei der Durchführung und Abwehr unkoordinierter Übernahmen (Teil I), DB 1991, 1105

Eisenberg, Melvin Aron, Access To The Corporate Proxy Machinery, 83 Harv. L. Rev. 1489 (1970)

Eisenberg, Melvin Aron, The Model Business Corporation Act and the Model Business Corporation Act Annotated, 29 Bus. Law. 1407, 1408 f. (1974) (zit.: Eisenberg, Corporations and Business Associations)

– (Hrsg.), Corporations and Business Associations, Statutes, Rules, Materials, and Forms, New York 1999

Engisch, Karl, Einführung in das juristische Denken, 8. Auflage, Stuttgart, Berlin, Köln, Mainz 1983

v.Falkenhausen, Kurt H. Freiherr, Die nächste Hauptversammlung, BB 1966, 337

Friedman, Howard M., Securities Regulation in Cyberspace, New York 1997 (zit.: Friedman, Securities Regulation in Cyberspace)

Friedman, Howard M., Proxy Solicitations and the Cyberspace Revolution, 11 Insights 9 (Dezember 1997)
Friedman, Howard M., How Far Have We Traveled in Cyberspace by This Proxy Season?, 12 Insights 19 (Dezember 1998)
Garfinkel, Simson, PGP: Pretty Good Privacy, Sebastopol 1994
Geis, Ivo, Die digitale Signatur, NJW 1997, 3000
Geßler, Ernst/Hefermehl, Wolfgang/Eckhardt, Ulrich/Kropff, Bruno, Aktiengesetz, Band II (§§ 76-147), München 1973 und Band V (§§ 241-290), München 1984 (zit.: Bearbeiter, in: Geßler/Hefermehl)
v.Godin/Wilhelmi, Hans, Aktiengesetz, Band I (§§ 1-178), 4. Auflage, Berlin, New York 1971 (zit.: v.Godin/Wilhelmi)
Goforth, Carol, Proxy Reform As A Means Of Increasing Shareholder Participation In Corporate Governance: Too Litle, But Not Too Late, 43 Am. U. L. Rev. 379 (1994)
Göhler, Erich, Ordnungswidrigkeitengesetz, 8. Auflage, München 1987 (zit.: Göhler, OwiG)
Gravesen, Gavan G./Dumortier, Jos/van Eeecke, Patrick, Die europäische Signaturrichtlinie – Regulative Funktion und Bedeutung der Rechtswirkung, MMR 1999, 577
Groeneveld, Heiko/Wächter, Michael, Firewall-Systeme – ein Mittel der Organisationskontrolle?, CR 1999, 390
Grossfeld, Bernhard, Probleme der Rechtsvergleichung im Verhältnis Vereinigte Staaten von Amerika – Deutschland, RabelZ 39 (1975), 5
Großkommentar Aktiengesetz 1937, Gadow, W./Heinichen, E. (Hrsg.), Erster Band (§§ 1-144), 2. Auflage, Berlin 1961 (zit.: Bearbeiter, in: Großkommentar AktG 1937)
Großkommentar Aktiengesetz 1965, Hopt, Klaus J./ Wiedemann, Herbert (Hrsg.),
4. Lieferung: §§ 118-120, 4. Auflage, Berlin, New York 1999
§§ 121-130, 4. Auflage, Berlin, New York 1993
6. Lieferung: §§ 241-290, 4. Auflage, Berlin, New York 1996
(zit: Bearbeiter, in: Großkommentar AktG)
Gruner, Ronald H., Electronic Proxy Voting: "The best is yet to come", <http://www.shareholder.com/home/issues/electronic/cfm> (zit.: Gruner, Electronic Proxy Voting)
Hamilton, James, 1998 SEC Proxy Reform: Shareholder Proposals, Chicago 1998 (zit.: J.Hamilton)
Hamilton, Robert W., The Revised Model Business Corporation Act: Comment and Observation; Reflection of a Reporter, 63 Tex. L. Rev. 1455 (1985) (zit.: R.Hamilton)
Hammeresh, Lawrence A., Corporate Democracy and Stockholder-Adopted By-Laws: Taking Back the Street?, 73 Tulane L. Rev. 2 (1998)
Hasselbach, Kai/Schumacher, Stephan, Hauptversammlung und Internet, ZGR 2000, 258
Hassemer, Winfried, Juristische Hermeneutik, ARSP 1986, 195

Hassold, Gerhard, Strukturen der Gesetzesauslegung, in: Festschrift für Karl Larenz, München 1983, S. 211

Hay, Peter, Einführung in das amerikanische Recht, 4. Auflage, Darmstadt 1995

Hazen, Thomas Lee, The Law Of Securities Regulation, 3. Auflage, St. Paul 1996

Heard, James E./Sherman, Howard, Conflicts Of Interest In The Proxy Voting System, in: Cary, William L./Eisenberg, Melvin Aron, Corporations, 6. Auflage, New York 1988, S. 271

Heinsius, Theodor, Organzuständigkeit bei Bildung, Erweiterung und Umorganisation des Konzerns, ZGR 1984, 383

Heinze, Meinhard, Ein neuer Lösungsweg für die Europäische Aktiengesellschaft, AG 1997, 289

Henn, Günter, Handbuch des Aktienrechts, 6. Auflage, Heidelberg 1998

Henn, Harry G./Alexander, John R., Laws Of Corporations, 3. Auflage, St. Paul 1983 (zit.: Henn/Alexander)

Hennerkes, Brun-Hagen/Kögel, Rainer, Eine Geschäftsordnung für die Hauptversammlung, DB 1999, 81

Henseler, Die Abstimmung in der Hauptversammlung einer Aktiengesellschaft, BB 1962, 1023

Herkenrath, Kurt, Die Leitungsorgane der amerikanischen Corporation und der deutschen Aktiengesellschaft, Köln 1960

Hirte, Heribert, Die aktienrechtliche Satzungsstrenge: Kapitalmarkt und sonstige Legitimation versus Gestaltungsfreiheit, ZGR-Sonderheft 13, Berlin, New York 1998, 61

Hirte, Heribert, Der Einfluß neuer Informationstechniken auf das Gesellschaftsrecht und die corporate-governance-Debatte, in: Baums, Theodor/Hopt, Klaus J./Horn, Norbert (Hrsg.), Corporations, Capital Markets and Business in the Law Liber amicorum Richard M. Buxbaum, Den Haag 2000, S. 283 (zit.: Hirte, FS für Buxbaum)

Hoeren, Thomas, Das Internet für Juristen – eine Einführung, NJW 1995, 3295

Hopt, Klaus J., Europäisches Gesellschaftsrecht – Krise und neue Anläufe, ZIP 1998, 96

Hornstein, Jill A., Proxy Solicitation Redefined: The SEC Takes An Incremental Step Toward Effective Corporate Governance, 71 Wash. U. L. Q. 1129 (1993)

Hüffer, Uwe, Aktiengesetz, 4. Auflage, München 1999

Immenga, Ulrich, Die personalistische Kapitalgesellschaft, Bad Homburg 1970

Janal, Daniel S., Internet-Sicherheit für Unternehmen, Frankfurt/Main 1999

Jarass, Hans D./Pieroth, Bodo, Grundgesetz für die Bundesrepublik Deutschland, 5. Auflage, München 2000 (zit.: Bearbeiter, in: Jarass/Pieroth, GG)

Jennings, Richard W./Buxbaum, Richard M., Corporations, 5. Auflage, St. Paul 1979

Joost, Detlev, "Holzmüller 2000" vor dem Hintergrund des Umwandlungsgesetzes, ZHR 163 (1999), 164

Klein, Shaun M., Rule 14b-2: Does it Actually Lead to the Prompt Forwarding of Communications to Beneficial Owners of Securities?, 23 Iowa J. Corp. L. 155 (1997) (zit.: S.Klein)

Klein, William A./Coffee, John C.,Jr., Business Organization and Finance, 6. Auflage, New York 1996 (zit.: Klein/Coffee)

Klein, William A./Ramseyer, Mark J., Business Associations, 3. Auflage, New York 1997 (zit.: Klein/Ramseyer)

Kobler, George P., Shareholder Voting Over The Internet: A Proposal For Increasing Shareholder Participation in Corporate Governance, 49 Alab. L. Rev. 673 (1998)

Koch, Hans-Joachim/Rüßmann, Helmut, Juristische Begründungslehre, München 1982

Kölner Kommentar zum Aktiengesetz, Wolfgang Zöllner (Hrsg.), Band 1 (§§ 1-147 AktG) und Band 2 (§§ 148-290) Köln, Berlin, Bonn, München 1985 (zit.: KK-Bearbeiter)

Körber, Ulrich, Die Stimmrechtsvertretung durch Kreditinstitute: Überlegungen zur Fortentwicklung des deutschen Rechts unter Berücksichtigung der Vorschläge der Europäischen Kommission, Berlin 1989

Kropff, Bruno, Aktiengesetz mit Begründung des Regierungsentwurfes, Düsseldorf 1965 (zit.: Kropff, AktG)

Kropff, Bruno, Zur Vinkulierung, zum Vollmachtsstimmrecht und zur Unternehmensaufsicht im deutschen Recht, ZGR-Sonderheft 12, Berlin, New York 1994, 3

Kubis, Dietmar, Die "formunwirksame" schriftliche Auskunftserteilung nach § 131 AktG, in: Festschrift für Bruno Kropff, Düsseldorf 1997, S. 171

Kübler, Friedrich, Gesellschaftsrecht, 5. Auflage, Heidelberg 1998

Larenz, Karl, Methodenlehre der Rechtswissenschaft, 6. Auflage, Berlin, Heidelberg, New York 1991

Latham, Mark, The Corporate Monitoring Firm, Corporate Governance – An International Review, Volume 7, Number 1, Januar 1999, 12 (zit.: Latham, The Corporate Monitoring Firm)

– The Road To Shareowner Power, 25. Mai 1999, <http://www.corpmon.com/Road.htm> (zit.: Latham, The Road To Shareowner Power)

– The Internet Will Drive Corporate Monitoring, 2. Oktober 1999, <http://www.corpmon.com/IntCM.htm> (zit.: Latham, The Internet Will Drive Corporate Monitoring)

Lattin, Norman, Corporations, New York 1959

Leibowitz, Wendy R., Technology and the Law Meet Online Commerce, The National Law Journal, 5. August 1996, B1

Leier, Barbara, Haftung der Zertifizierungsstellen nach dem SigG, MMR 2000, 13

Leutheusser-Schnarrenberger, Sabine, Im Kräftefeld der Interessen: Das Vollmachtsstimmrecht der Banken, DB 1995, 2355

Liebscher, Thomas, Konzernbildungskontrolle, Berlin 1995

Loss, Louis, The SEC Proxy Rules And State Law, 73 Harv. L. Rev. 1249 (1960)

Löw, Christoph, Der Informationsanspruch des Aktionärs im amerikanischen Recht, Basel, Stuttgart 1973

Lutter, Marcus, Anmerkung zu BGHZ 136, 133 ("Siemens/Nold"), JZ 1998, 50

– Gesellschaftsrecht und Kapitalmarkt, in: Festschrift für Wolfgang Zöllner, Band I, Köln, Berlin, Bonn, München 1998, S. 363 (zit.: Lutter, FS für Zöllner)

Martens, Klaus-Peter, Die Leitungskompetenzen auf der Hauptversammlung einer Aktiengesellschaft, WM 1981, 1010

Max, Dietrich H., Die Leitung der Hauptversammlung, AG 1991, 77

Meilicke, Heinz/Heidel, Thomas, Das Auskunftsrecht des Aktionärs in der Hauptversammlung (Teil I), DStR 1992, 72

Merkt, Hanno, US-amerikanisches Gesellschaftsrecht, Heidelberg 1991

Mertens, Hans-Joachim, Satzungs- und Organisationsautonomie im Aktien- und Konzernrecht, ZGR 1994, 426

Mestmäcker, Ernst Joachim, Verwaltung, Konzerngewalt und Rechte der Aktionäre, Karlsruhe 1958

Millham, Lyle T., Recent Legislative Developments in Utah Law – Digital Signatures Act, 1995 Utah L. Rev. 1157 (1995)

Möhring, Philipp, Proxy-Stimmrecht und geltendes deutsches Aktienrecht, Festschrift für Ernst Geßler, München 1971, S. 127

Monti, Mario, Statut der Europäischen Aktiengesellschaft, WM 1997, 607

Morissey, Carol M., Digital Signature Legislation Here and Abroad, CongressLine, 15. November 1999, <http://www.llrx.com/congress/111599.htm> (zit.: Morrisey, Digital Signature Legislation)

– Don't Look Back! Internet Legislation in the Year 2000, CongressLine, 17. Januar 2000, <http://www.llrx.com/congress/#top> (zit.: Morissey, Internet Legislation 2000)

Müller, Norman/Schallbruch, Martin, PC-Ratgeber für Juristen, 2. Auflage, Berlin, New York 1999

Münchener Handbuch des Gesellschaftsrechts, Hoffmann-Becking, Michael (Hrsg.), Band 4 Aktiengesellschaft, 2. Auflage, München 1999 (zit.: Bearbeiter, in: MünchHdb AG)

Noack, Ulrich, Moderne Kommunikationsformen vor den Toren des Unternehmensrechts, ZGR 1998, 592

Noack, Ulrich, Hauptversammlung und Neue Medien, BB 1998, 2533

– Neues Recht für die Namensaktie – Zum Referentenentwurf eines NaStraG, ZIP 1999, 1993

– Die Namensaktie – Dornröschen erwacht, DB 1999, 1306

Noack, Ulrich, Entwicklungen im Aktienrecht 1999/2000 (herausgegeben vom Deutschen Aktieninstitut, Frankfurt/Main), Frankfurt/Main 1999 (zit.: Noack, Entwicklungen im Aktienrecht 1999/2000)

Obermüller, Walter, Die erste ordentliche Hauptversammlung nach dem neuen Aktiengesetz, DB 1966, Beilage Nr. 6, S. 1

Palandt, Bürgerliches Gesetzbuch, 59. Auflage, München 2000 (zit.: Palandt-Bearbeiter)

Peltzer, Martin, Die Vertretung der Aktionäre in Hauptversammlungen von Publikumsgesellschaften, AG 1996, 26

Peltzer, Martin, Empfehlen sich gesetzliche Regeln zur Einschränkung des Einflusses der Kreditinstitute auf Aktiengesellschaften?, JZ 1996, 842

Pieroth, Bodo/Schlink, Bernhard, Grundrechte, Staatsrecht II, 12. Auflage, Heidelberg 1996

Priester, Hans-Joachim, Die klassische Ausgliederung – ein Opfer des Umwandlungsgesetzes 1994?, ZHR 163 (1999), 187

Prigge, Thorsten, Ablauf der Wochenfrist des § 126 Abs. 1 AktG bei Gegenanträgen des Aktionärs, ZIP 1998, 1866

Raiser, Thomas, Empfehlen sich gesetzliche Regelungen zur Einschränkung des Einflusses der Kreditinstitute auf Aktiengesellschaften?, NJW 1996, 2257

v.Randow, Philipp, Stimmrechtsvertretung nach Art des Hauses, ZIP 1998, 1564

Riegger, Bodo/Mutter, Stefan, Zum Einsatz neuer Kommunikationsmedien in Hauptversammlungen von Aktiengesellschaften, ZIP 1998, 637

Rittner, Fritz, Anmerkung zu BGH, ZIP 1993, 1867 ("ASS"), EWiR 1994, 111

v.Rosen, Rüdiger Freiherr, Die Repräsentanz der Streubesitzaktionäre in der Hauptversammlung deutscher Aktiengesellschaften, in: Feddersen, Dieter/Hommelhoff, Peter/Schneider, Uwe H. (Hrsg.), Corporate Governance, Optimierung der Unternehmensführung und der Unternehmenskontrolle im deutschen und amerikanischen Aktienrecht, Köln 1996, 289 (zit.: v.Rosen, in: Feddersen/ Hommelhoff/ Schneider, Corporate Governance)

ders./Seiffert, Werner G. (Hrsg.), Zugang zum US-Kapitalmarkt für deutsche Aktiengesellschaften, Frankfurt/Main, 1998

Roßnagel, Alexander, Das Signaturgesetz, DuD 1997, 75

– Offene Rechtsfragen des Signaturgesetzes, MMR 1998, 75

– Das Signaturgesetz nach zwei Jahren, NJW 1999, 1591

Samson-Himmelstjerna, Alexander, Überblick über die Gesellschaftsformen der Vereinigten Staaten von Amerika, RIW 1983, 152.

Santona, Gloria, More Corporations Using 'Net To Reach Investors, The National Law Journal, 14. Juli 1997, B16

Schaaf, Andreas, Die Praxis der Hauptversammlung, 2. Auflage, Köln 1999

Schiessl, Maximilian, Hauptversammlungen deutscher Aktiengesellschaften im Ausland, DB 1992, 823

Schilling, Wolfgang, Das Vollmachtstimmrecht der Aktiengesellschaft in der eigenen Hauptversammlung, Festschrift für Philipp Möhring, München 1975, S. 257

Schneider, Uwe H./Burgard, Ulrich, Maßnahmen zur Verbesserung der Präsenz auf der Hauptversammlung einer Aktiengesellschaft, Festschrift für Karl Beusch, Berlin, New York 1993, S. 783

Schneider, Jochen, Handbuch des EDV-Rechts, 2. Auflage, Köln 1997

Schwarz, Mathias (Hrsg.), Recht im Internet, Band 1 und 2 (Stand: 12/99), Augsburg 1999 (zit.: Bearbeiter, in: Schwarz)

Seibert, Ulrich, Kontrolle und Transparenz im Unternehmensbereich – Die Aktienrechtsnovelle PRO und KonTraG, AG 1997, 65

– Stimmrecht und Hauptversammlung – eine rechtspolitische Sicht, BB 1998, 2536

Semler, Johannes/Volhard, Rüdiger, Arbeitshandbuch für die Hauptversammlung, München 1999 (zit.: Bearbeiter, in: Semler/Volhard)

Shapiro, Ronald M./Sachs, Alan R., Blue Sky Law And Practice: An Overview, in: Sonderquist, Larry D., Securities Regulation, 2. Auflage, New York 1988, S. 611 (zit.: Shapiro/Sachs, in: Sonderquist)

Sieber, Ulrich, Strafrechtliche Verantwortlichkeit für den Datenverkehr in internationalen Computernetzwerken, JZ 1996, 429 u. 494

Siepelt, Stefan, Das Rederecht des Aktionärs in der Hauptversammlung, Frankfurt/Main, Bern, New York, Paris 1992

Silverman, Jared A., Electronic Proxies – Are They In Your Future?, Off-Line 1996, 1

Simon, Jürgen, Der "verschwundene" Aktionär, AG 1996, 540

Singhof, Bernd, Die Beauftragung eines "Treuhänders" durch eine AG zwecks kostenloser Stimmrechtsvertretung für einzelne Aktionäre, NZG 1998, 670

Sonderquist, Larry D., Securities Regulation, 2. Auflage, New York 1988

Spindler, Gerald, Deregulierung des Aktienrechts?, AG 1998, 53

– Internet und Corporate Governance – ein neuer virtueller (T)Raum?, ZGR 2000, 420

ders./Hüther, Mario, Das Internet als Medium der Aktionärsbeteiligung in den USA, RIW 2000, 329

Steiner, Klaus, Die Hauptversammlung der Aktiengesellschaft, München 1995

Steiner, Udo (Hrsg.), Besonderes Verwaltungsrecht, 6. Auflage, Heidelberg, 1999 (zit.: Bearbeiter, in: Steiner, Bes. VerwR)

Stützle, Rudolf/Walgenbach, Joachim, Leitung der Hauptversammlung und Mitspracherechte der Aktionäre in Fragen der Versammlungsleitung, ZHR 155 (1991), 516

Volhard, Rüdiger, "Siemens/Nold": Die Quittung, AG 1998, 397

Wagner, David/Schneier, Bruce, Analysis of the SSL 3.0 protocol, 15. April 1997, <http://www.counterpane.com/ssl-revised.pdf>

Weeden, Charles, The Electronic Prospectus or Beyond The Browser, wallstreetlawyer.com, Volume 1, Number 10, März 1998
Wenger, Ekkehard, in: Der Markt für Unternehmenskontrollen, Helmut Gröner (Hrsg.), Schriften des Vereins für Socialpolitik, Band 214, Berlin 1992, S. 73
Westrick, Klaus, Anwesenheitskontrolle in Hauptversammlungen von Aktiengesellschaften, BB 1958, 726
Wiedemann, Herbert, Gesellschaftsrecht, Band I, München 1980
Wiethölter, Rudolf, Interessen und Organisation der Aktiengesellschaft im amerikanischen und deutschen Recht, Karlsruhe 1961
Wilcox, John C., Electronic Communication and Proxy Voting: The Governance Implications of Shareholders In Cyberspace, 11 Insights 8 (März 1997)
Wilhelmi, Carl-Heinz, Der Notar in der Hauptversammlung der Aktiengesellschaft, BB 1987, 1331
Wright, Benjamin/Winn, Jane K., The Law of Electronic Commerce, 3. Auflage (1999-1 Supplement), New York 1999
Zätzsch, Jörg/Gröning, Moritz, Neue Medien im deutschen Aktienrecht: Zum RefE des NaStraG, NZG 2000, 393
Zippelius, Reinhold, Einführung in die juristische Methodenlehre, München 1971
Zweigert, Konrad/ Kötz, Hein, Einführung in die Rechtsvergleichung, Band I: Grundlagen, 2. Auflage, Tübingen 1984
Zwissler, Thomas, Gesellschafterversammlung und Internet, GmbHR 2000, 28

Abkürzungsverzeichnis

A

A.2d	Atlantic Reporter Second Series
A.A., a.A.	Anderer Ansicht
A.a.O., a.a.O.	Am angegebenen Ort
ABA	American Bar Association
Abb.	Abbildung
ABl. EG	Amtsblatt der Europäischen Gemeinschaften
Abs.	Absatz
ADP	Automatic Data Processing
ADSL	Asynchronous Digital Subscriber Line
a.F.	alte Fassung
AG	(Die) Aktiengesellschaft
AktG	Aktiengesetz
AktG-E	Entwurf eines Aktiengesetzes
Alab. L. Rev.	Alabama Law Review
Alt.	Alternative
Am. U. L. Rev.	American University Law Review
AMEX	American Stock Exchange
Anh.	Anhang
Anm.	Anmerkung
Ann. Rev. Code Wash.	Annotated Revised Code of Washington
Ann.	Annotated
AOL	America Online
ARPA	Advanced Research Project Agency
ARSP	Archiv für Rechts- und Sozialphilosophie
Art.	Artikel
ASCII	American Standard for Information Interchange
Az.	Aktenzeichen

B

BB	Betriebs-Berater
Bd.	Band
Bes. VerwR	Besonderes Verwaltungsrecht
BeurkG	Beurkundungsgesetz
BGB	Bürgerliches Gesetzbuch
BGB-E	Entwurf eines Bürgerlichen Gesetzbuches
BGBl.	Bundesgesetzblatt
BGH	Bundesgerichtshof
BGHZ	Sammlung der Entscheidungen des Bundesgerichtshofs in Zivilsachen
Bit	Binary Digit

BNotO	Bundesnotarordnung
bspw.	beispielsweise
BT-Drucks.	Bundestagsdrucksache
Bus. Law.	Business Lawyer
BVerfGE	Entscheidungen des Bundesverfassungsgerichts
BXA	US-Department of Commerce Bureau of Export Administration

C

ca.	circa
CalPERS	California Public Employees Retirement System
CASCADE-RS	Central Application for Settlement, Clearing And Depository Expansion - Registered Shares
CCH	Commerce Clearing House
CD-ROM	Compact Disk – Read Only Memory
CEO	Chief Executive Officer
C.F.R.	Code of Federal Regulations
CIA	Central Intelligence Agency
Cir.	Circuit
Co.	Company
Colo. Rev. Stat.	Colorado Revised Statutes
Com.	Commerce
Comm.	Committee
Cong.	Congress
Corp.	Corporation
CR	Computer und Recht

D

DAI	Deutsches Aktieninstitut
DAMBA	Datenaustausch mit Banken
DB	Der Betrieb
D.C.	District of Columbia (Court of Appeals)
Dec.	December
Del. Ch.	Delaware Chancery Reports
Del. Gen. Corp. Law	Delaware General Corporation Law
Del. Sup. Ct.	Delaware Supreme Court
DepG	Depotgesetz
ders.	derselbe
DES	Data Encryption Standard
DNS	Domain Name System
DStR	Deutsches Steuerrecht
DTC	Depository Trust Company
DuD	Datenschutz und Datensicherheit

E

ec	eurocheque
E-Commerce	Electronic Commerce
EDGAR	Electronc Data Gathering and Retrieval System
E. D. Pa.	East District Pennsylvania
EDV	Elektronische Datenverarbeitung
EGBGB	Einführungsgesetz zum Bürgerlichen Gesetzbuch
E-Mail	Electronic Mail
Engl.	Englisch
EWiR	Entscheidungen zum Wirtschaftsrecht

F

f.	folgende
F.2d	Federal Reporter Second Series
FAQ	Frequently Asked Questions
FAZ	Frankfuter Allgemeine Zeitung
FBI	Federal Bureau of Investigation
FDS	Financial Data Schedule
Fed. Sec. L. Rep.	Federal Securities Law Reporter
FR	Frankfurter Rundschau
FS	Festschrift
F.Supp.	Federal Supplement
FTP	File Transfer Protocol
Fußn.	Fußnote
FWB	Frankfurter Wertpapierbörse

G

GB	Gigabytes
GesR	Gesellschaftsrecht
GfK	Gesellschaft für Konsumforschung
GenG	Genossenschaftsgesetz
GG	Grundgesetz
GmbH	Gesellschaft mit beschränkter Haftung
GmbHR	GmbH-Rundschau

H

Halbs.	Halbsatz
Harv. L. Rev.	Harvard Law Review
HB	Handelsblatt
HBCI	Homebanking Computer Interface
HGB	Handelsgesetzbuch
H.M., h.M.	Herrschende Meinung
HP	Hewlett Packard

Hrsg.	Herausgeber
HTML	Hypertext Markup Language
HTTP	HyperText Transport Protocol
HV	Hauptversammlung
HypBankG	Hypothekenbankgesetz

I

IBM	International Business Machines
ICANN	Internet Corporation for Assigned Names and Numbers
IDEA	International Data Encryption Algorithm
i.d.F.	in der Fassung
Ill. 2d	Illinois Reports Second Series
Inc.	Incorporation
insbes.	insbesondere
Iowa J. Corp. L.	Iowa Journal of Corporation Law
IP	Internet Protocol
IRC	Internet Relay Chat
ISDN	Integrated Services Digital Network
ITAR	International Traffic in Arms Regulation
IuKDG	Informations- und Kommunikationsdienste-Gesetz
i.V.	in Verbindung

J

J. Corp. L.	The Journal of Corporation Law
Jr.	Junior
JZ	Juristenzeitung

K

KB	Kilobytes
Kbit	Kilobit
KK	Kölner Kommentar
KonTraG	Gesetz zur Kontrolle und Transparenz im Unternehmensbereich
KWG	Kreditwesengesetz
Ky. Rev. Stat. Ann.	Kentucky Revised Statutes Annotated

L

La. Rev. Stat. Ann.	Louisana Revised Statutes Annotated
LG	Landgericht
li. Sp.	linke Spalte

M

m.	mit
MB	Megabytes
MBCA	Model Business Corporation Act
Mbit	Megabit
Md. Corps. & Assn's Code Ann.	Maryland Corporations and Associations Code Annotated
Mich. L. Rev.	Michigan Law Review
Minn. Stat. Ann.	Minnesota Statutes Annotated
Minn.	Minnesota Reports (Supreme Court)
Mio.	Millionen
Miss. Code. Ann.	Mississippi Revised Statutes Annotated
MMR	MultiMedia und Recht
MN	Minnesota
Mont. Code Ann.	Montana Code Annotated
MünchHdb	Münchener Handbuch

N

Nachw.	Nachweise
NASDAQ	National Association of Securities Dealers Automated Quotations
NaStraG	Gesetz zur Namensaktie und zur Erleichterung der Stimmrechtsausübung
NC	North Carolina
N.D. Cent. Code	North Dakota Century Code
N.E.	North East Reporter
N.E.2d	North East Reporter Second Series
N.J. Stat.	New Jersey Statutes
NJ	New Jersey
NJW	Neue Juristische Wochenschrift
No.	Number
NOBO	Non-Objecting-Beneficial-Owner
Nr.	Nummer
NSA	National Security Agency
N.Y.2d	New York Reports Second Series
N. Y. Bus. Corp. Law	New York Business Corporation Law
NYSE	New York Stock Exchange
NZG	Neue Zeitschrift für Gesellschaftsrecht

O

o.	oben
OECD	Organization for Economic Cooperation and Development

OLG	Oberlandesgericht
OLGZ	Entscheidungen der Oberlandesgerichte in Zivilsachen
Or. Rev. Stat.	Oregon Revised Statutes
OrdnungsR	Ordnungsrecht
OTC	Over-The-Counter
OwiG	Ordnungswidrigkeitengesetz

P

Pa. Cons. Stat. Ann.	Pennsylvania Consolidated Statutes Annotated
PDF	Portable Document Format
PGP	Pretty Good Privacy
PIN	Persönliche Identifikationsnummer
PKI	Public Key Infrastructure
PR	Public Relation

R

RAM	Random Access Memory
re. Sp.	rechte Spalte
RefE	Referentenentwurf
RegE	Regierungsentwurf
Rev. Code Wash. Ann.	Revised Code of Washington Annotated
RGZ	Entscheidungen des Reichsgerichts in Zivilsachen
RIW	Recht der internationalen Wirtschaft
RMBCA	Revised Model Business Corporation Act
RSA	Rivest/Shamir/Adleman
Rz.	Randziffer

S

S.	Seite
SBIA	Small Business Investment Act
S.D.N.Y.	Southern District New York
S.E.2d	South East Reporter Second Series
SEC	Securities and Exchange Commission
Sess.	Session
SET	Secure Electronic Trans-action
SigG	Signaturgesetz
SigG-E	Entwurf eines Signaturgesetzes
SPD	Sozialdemokratische Partei Deutschland
SSL	Secure Socket Layer
St. Rspr.	Ständige Rechtsprechung
str.	streitig
Supp.	Supplement

T

Tab.	Tabelle
TAN	Transaktionsnummer
TCP/IP	Transmission Control Protocol/Internet Protocol
Tenn. Code. Ann.	Tennessee Code Annotated
Tex. L. Rev.	Texas Law Review
TTP	Trusted Third Parties
Tulane L. Rev.	Tulane Law Review
TV	Television

U

u.	und, unten
u.a.	unter anderem
UBCA	Uniform Business Corporation Act
UETA	Uniform Electronic Trans-action Act
U. L. A.	Uniform Laws Annotated
UmwG	Umwandlungsgesetz
URL	Uniform Resource Locator
US	United States
U.S.	U.S. Reports (U.S. Supreme Court)
U.S. (4 Wheat.)	United States Reports (U.S.Supreme Court) (1816 – 1827)
USA	United States of America, Uniform Securities Act
U.S.C.	United States Code
Utah Code Ann.	Uta Code Annotated
Utah L. Rev.	Utah Law Review

V

v.	versus, vom, von
Va. Code	Virginia Code
VersAufG	Versicherungsaufsichtsgesetz
VESUV	Verteilung Elektronischer Schlüsselunterlagen und deren Verwaltung
Vgl., vgl.	Vergleiche
Vol.	Volume

W

w.	weitere(n)
Wash. U. L. Q.	Washington University Law Quaterly
WM	Wertpapier-Mitteilungen
WP	Wertpapier
WpHG	Wertpapierhandels-gesetz
Wyo. Stat.	Wyoming Statutes

Y

Yale L. Journal	Yale Law Journal

Z

zahlr.	zahlreich
Z.B., z.B.	Zum Beispiel
ZGR	Zeitschrift für Unternehmens- und Gesellschaftsrecht
ZHR	Zeitschrift für das gesamte Handels- und Wirtschaftsrecht
Ziff.	Ziffer
ZIP	Zeitschrift für Wirtschaftsrecht
ZPO	Zivilprozeßordnung

EINLEITUNG

Der Wandel der Kommunikationsformen ist seit einigen Jahren unübersehbar. Täglich liest man in der Presse von neuen Entwicklungen in den Bereichen Telekommunikation, E-Commerce oder Electronic Banking, um nur einige Branchen zu nennen. Allen voran steht das Internet, das neben der Informationsgewinnung den elektronischen Austausch von – auch audio-visuellen – Nachrichten und Mitteilungen stark vereinfacht hat. Dies kann und führt nicht selten zu erheblicher Zeit- und Kostenersparnis. In das Aktiengesetz von 1965 haben bislang moderne Verfahren keinen Eingang gefunden. Lediglich § 108 Abs. 4 AktG sieht für den Aufsichtsrat neben der schriftlichen noch die telegrafische oder fernmündliche Beschlußfassung vor, sofern kein Mitglied widerspricht[1]. Im übrigen hat der deutsche Gesetzgeber auf das Angebot und die Herausforderungen, die mit der Informationstechnologie verbunden sind, nur zögerlich reagiert[2]. Das muß verwundern, denn gerade für die Hauptversammlung der Aktionäre, die den Gegenstand dieser Untersuchung bildet, scheint der Einsatz der Internet-Technik geradezu prädestiniert zu sein. Nicht nur könnte eine Gesellschaft durch elektronische Verbreitung versammlungsrelevanter Informationen leichter den engen Zeitrahmen des Aktiengesetzes einhalten; sie wäre auch in der Lage, den seit langem zu beklagenden sinkenden Präsenzen auf Hauptversammlungen durch Ermöglichung der elektronischen Teilnahme der Aktionäre zu begegnen. Der technische Aufwand scheint gering, verwenden doch zumindest große Publikumsgesellschaften auf ihren Hauptversammlungen ohnehin schon seit geraumer Zeit ausgefeilte kommunikative Techniken (Übertragungsbildschirme, Kameras, Mikrophone usw.).

Im Mittelpunkt der vorliegenden Arbeit steht daher die Frage, ob sich das Internet für die Hauptversammlungspraxis gewinnbringend nutzen läßt und ob das geltende Aktiengesetz diesen Einsatz des Internets ohne Verzicht auf wichtige aktienrechtliche Prinzipien zum Schutze der Anteilseigner noch zuläßt. Gegebenenfalls ist de lege ferenda eine Korrektur des Aktiengesetzes zu erarbeiten.

Bei dieser Untersuchung soll der Blick auf die Rechtslage in den USA helfen, wo nicht nur die Diskussion um den Einsatz des Internets bei der Vorbereitung der Hauptversammlung bereits seit einigen Jahren geführt wird, sondern auch schon erste praktische Erfahrungen bei der Durchführung gesammelt wurden. Unverhältnismäßig lange Hauptversammlungen wie in Deutschland sind dort nicht an der Tagesordnung. Eine Flut von Redebeiträgen ist kaum bekannt.

---

1 Zur geplanten Änderung des § 108 Abs. 4 AktG durch das NaStraG (o. Fußn. 764) vgl. Anhang II (S. 187).

2 Vgl. etwa das Informations- und Kommunikationsdienste-Gesetz (IuKDG) vom 22.7.1997 (BGBl. I, 1870).

Vielmehr stehen wichtige Entscheidungen meist schon zu Beginn der Veranstaltung fest, so daß die Versammlung in der Regel kaum länger als zwei bis drei Stunden dauert. Verantwortlich hierfür ist unter anderem das amerikanische Briefwahlsystem, durch das der Aktionär bereits lange vor Beginn der Hauptversammlung sein Stimmrecht ausüben kann. Das Internet vereinfacht dieses Verfahren seit einigen Jahren noch erheblich.

Die Arbeit gliedert sich also in zwei Teile.
Im ersten, amerikanischen Teil wird nach der Darstellung der Grundlagen des amerikanischen Aktienrechts[3] sowie des Briefwahlsystems (Proxy-Regulation)[4] aufgezeigt, welchen Einfluß die amerikanische Wertpapier- und Börsenaufsichtsbehörde Securities and Exchange Commission auf die Implementierung elektronischer Kommunikationsformen in die Hauptversammlungspraxis genommen hat[5]. Interessant ist dabei die Frage, ob sich der Einsatz dieser Formen nur auf die Vorbereitung oder auch auf die Durchführung der Hauptversammlung bezieht. Gerade der Ablauf der Hauptversammlung fällt in die Zuständigkeit der einzelnen Bundesstaaten und macht daher vielfältige Regelungen möglich[6]. Es wird also untersucht werden, ob und unter welchen Voraussetzungen einzelstaatliche Gesetze eine elektronisch unterstütze Hauptversammlung zulassen bzw. welche Vorschläge hierzu in der wissenschaftlichen Diskussion gemacht wurden.

Der zweite, deutschen Teil der Arbeit behandelt einleitend einige vorzubereitenden Maßnahmen im Vorfeld der Hauptversammlung[7] sowie die wesentlichen Aktionärsrechte in der Hauptversammlung[8]. Anschließend wird untersucht, mit welchen Schwierigkeiten das gegenwärtige Modell einer Hauptversammlung nach dem Aktiengesetz zu kämpfen hat. Wesentlich ist hierbei, die Entwicklung herauszuarbeiten, die überhaupt erst die Forderung nach alternativen Konzepten laut werden läßt[9]. Eine solche Alternative könnte das Namensaktiengesetz (NaStraG) sein, ein Gesetzesentwurf, der sich gegenwärtig in der Vorbereitung befindet und signifikante Änderungen des Aktiengesetzes bei den Regelungen betreffend die Hauptversammlung vorsieht. Auf den Entwurf wird einzugehen und insbesondere die Reichweite der Änderungen darzulegen sein[10].
Über die Alternativen, die der Gesetzgeber gegenwärtig in Arbeit hat, hinaus befinden sich im wissenschaftlichen Schrifttum ferner weitere Vorschläge zur

---

3 1. und 2. Kapitel.
4 3. Kapitel.
5 4. Kapitel.
6 6. Kapitel.
7 7. Kapitel.
8 8. Kapitel.
9 9. Kapitel, Abschnitt I.
10 9. Kapitel, Abschnitt II.

Einbindung moderner Internettechnik in das traditionelle Aktienrecht[11]. Man wird diese Vorschläge danach einteilen können, wie weitgehend sich die Hauptversammlungspraxis des Internets zu ihrer Unterstützung bedient. Am wenigsten weit geht der Vorschlag, die Hauptversammlung zu dezentralisieren bzw. Satellitenveranstaltungen zuzulassen[12]. Hiervon unterscheidet sich der zweite Vorschlag nur insoweit, als er die Satellitenveranstaltung durch die elektronische Teilnahme am Computer ersetzt[13], während der letzte Vorschlag ganz auf das Erfordernis einer körperlichen Versammlung verzichtet und nur noch ein virtuelles Treffen vorsieht[14]. Alle drei Modelle müssen sich die Frage gefallen lassen, ob sie mit dem traditionellen Verständnis des Aktiengesetzes, die Hauptversammlung sei eine körperliche Zusammenkunft aller Aktionäre an einem bestimmten Ort, vereinbar sind. Die Untersuchung nimmt hierzu Stellung und ferner, ob dem Aktiengesetz dieses Verständnis noch immer zwingend immanent ist[15].
Soweit die Arbeit im folgenden von der Zulässigkeit der Internet-unterstützen Hauptversammlung ausgeht, wirft dies Fragen im Zusammenhang mit der Qualität der Hauptversammlung als öffentliche Veranstaltung auf. Da es sich beim Internet um ein grundsätzlich offenes, jedermann zugängliches Netzwerk handelt, müssen also die Konsequenzen eines Widerspruchs der Hauptversammlung oder des einzelnen Aktionärs gegen die Teilnahme der Öffentlichkeit an der Hauptversammlung bzw. gegen die Einspeisung eines Redebeitrages in das Internet näher beleuchtet werden[16]. Umgekehrt muß den der Hauptversammlung nur elektronisch zugeschalteten Aktionären die Möglichkeit unbenommen bleiben, ihr Auskunfts- und Fragerecht geltend zu machen. Hier ist fraglich, welche Möglichkeiten das Aktiengesetz noch zuläßt, um die Wahrnehmung dieses Teilnahmerechts zu gewährleisten[17].
Das Modell der allein im virtuellen Raum stattfindenden Hauptversammlung wird anschließend der Prüfung unterzogen, ob hierfür überhaupt ein praktisches Bedürfnis besteht. Es ist jedenfalls nicht schon mit dem Hinweis auf Kosten- und Zeitersparnis begründbar, da sich der Charakter der Hauptversammlung durch Verlagerung in den Cyberspace entscheidend verändern kann.

Die Untersuchung endet mit einem zusammenfassenden Vergleich der erarbeiteten Ergebnisse der Rechtslage in den USA mit denen des deutschen Rechts. Ein rechtspolitischer Vorschlag zur Korrektur des Aktiengesetzes rundet die Arbeit ab.

---

11 10. Kapitel.

12 10. Kapitel, Abschnitt I.

13 10. Kapitel, Abschnitt II.

14 10. Kapitel, Abschnitt III.

15 10. Kapitel, Abschnitt I, 1.

16 10. Kapitel, Abschnitt II, 1.

17 10. Kapitel, Abschnitt II, 2.

Abschließend noch ein Wort zur Methode der Untersuchung: Dies ist eine rechtsvergleichende Arbeit. Sinn und Zweck der Rechtsvergleichung ist Erkenntnis[18]. Sie allein auf die Suche nach der "besseren Lösung"[19] beschränken zu wollen, wäre jedoch verfehlt. Der Blick über den eigenen Horizont sollte auch dazu dienen, das Verständnis für die heimische Rechtskultur zu schärfen, kritische Beurteilungsmaßstäbe zu gewinnen sowie die soziologische Abhängigkeit vieler Rechtsinstitute von bestimmten kulturellen Gegebenheiten zu erkennen[20]. Insbesondere der letzte Punkt verbietet die bedenkenlose Loslösung aus dem ausländischen sozialen Kontext und die Adaption in das eigene Recht[21]. Das amerikanische Aktienrecht steht in mancher Hinsicht unter einem anderen Vorzeichen als das deutsche. So hat beispielsweise die Bekämpfung von Interessenkonflikten oberste Priorität, was das sehr strenge amerikanische Aktienrecht und das harte Durchgreifen der Securities and Exchange Commission erklärt[22]. Dies macht einen Vergleich nicht unmöglich, rechtfertigt aber die Mahnung zur Vorsicht[23].

---

18 *Zweigert/Kötz*, S. 16.

19 *Zweigert/Kötz*, S. 16.

20 *Zweigert/Kötz*, S. 22.

21 *Grossfeld*, RabelZ 39 (1975), 5, 11.

22 Eingehend *Grossfeld*, RabelZ 39 (1975), 5, 6 ff.

23 *Zweigert/Kötz*, S. 18; *Grossfeld*, RabelZ 39 (1975), 5, 11 f.

AMERIKANISCHER TEIL

1. Kapitel: Gesellschaftsrecht in den USA

Kennzeichnend für das US-amerikanische Gesellschaftsrecht sind drei Merkmale: Die Zersplitterung des Rechts, dessen unterschiedliche Regelungsqualität und die Entwicklung anlegerschützender Rechtsquellen auf Staats- und Bundesebene.

I. Zersplitterung des Rechts

1. Bundesstaatliches Recht

In den USA gibt es kein einheitliches, bundesweit gültiges Aktiengesetz. The Law of Corporation[24] ist daher – garantiert durch das 10. Amendment zur US-Constitution[25] – Angelegenheit der Bundesstaaten[26]. Dies ist allerdings nur richtig, solange der Kongreß von seiner ihm verfassungsrechtlich eingeräumten Zuständigkeit zur Regelung des Aktienrechts keinen Gebrauch macht. Diese Befugnis besteht zwar nicht ausdrücklich. Nach der Implied Powers Doctrine[27] ergibt sich die Zuständigkeit jedoch aus der Interstate Commerce Clause[28] des Art. I Abs. 8 Ziff. 3 US-Constitution sowie aus der Annexkompetenz des Art. I Abs. 8 Ziff. 18 US-Constitution[29], nach der der Kongreß alle zur Förderung des zwischenstaatlichen Handels notwendigen Gesetze beschließen kann[30]. Gebrauch gemacht hat er hiervon nur in sehr beschränktem Um-

---

24 Soweit nachfolgend von Corporation die Rede ist, ist die Business Corporation als Grundform der US-Kapitalgesellschaften gemeint (vgl. *Bungert*, GesR in den USA, S. 19; *Samson-Himmelstjerna*, RIW 1983, 152, 154). Die Business Corporation unterteilt sich weiter in zwei Typen, die Publicly Held Corporation und die Closely Held Corporation (*Klein/Coffee*, S. 105; *Burnham*, S. 517). Während der erste Typ weitgehend der deutschen AG entspricht, ist die Close Corporation mit der GmbH vergleichbar. Zur Abgrenzung der Close Corporation gegenüber der GmbH vgl. *Immenga*, S. 29 ff.; *Mestmäcker*, S. 52 ff. Einen guten Überblick über die US-amerikanischen Gesellschaftsformen geben *Merkt*, Rz. 102 ff. u. *Bungert*, GesR in den USA, S. 5 ff.

25 Es lautet: "The powers not delegated to the United States by the Constitution, nor prohibited by it to the States, are reserved to the States respectively, or to the People."

26 *Henn/Alexander*, S. 25; *Conard*, 71 Mich. L. Rev., 621, 625: "Along with the most automobiles, television sets, and electric toothbrushes, the Unites States possesses by far the largest number of business corporation codes. Every state (...) has its own, each a little different from the others."

27 *Henn/Alexander*, S. 39.

28 "The Congress shall have Power to regulate Commerce (…) among the several States."

29 Vgl. McCulloch v. Maryland, 17 U.S. 316 (1819).

30 "The Congress shall have power to make all laws which shall be necessary and proper for carrying into execution the foregoing powers (…)".

fang. 1958 verabschiedete der Kongreß den Federal Small Business Investment Act[31] (SBIA), auf dessen Grundlage Kleinunternehmen zur Förderung der nationalen Wirtschaft langfristige Darlehen gewährt werden können[32]. Diese Small Business Investment Companies sollen nach § 681 (a) SBIA aber gemäß Staatenrecht gegründet und betrieben werden. Im eigentlichen Sinne handelt es sich bei dem SBIA daher nicht um Federal Corporate Law zur Gründung einer Corporation mit einer Federal Charter, sondern lediglich um ein bundesstaatliches Förderprogramm[33].
Wenn sich auch in jüngerer Zeit wieder Stimmen nach einem Bundesaktiengesetz mehren, um dem einzelstaatlichen Regulierungsdschungel entgegenzutreten[34], gilt die Bewegung als gescheitert[35]. Vereinheitlichungsbestrebungungen außerhalb der Legislative waren hingegen erfolgreicher.

2. Vereinheitlichungsbemühungen

Angesichts ausufernder anlegerfeindlicher Inkorporationsrechte in den Einzelstaaten und zum Schutz vor im Zusammenhang damit drohenden Mißbräuchen Anfang dieses Jahrhunderts[36] kam bald die Forderung nach effektiven Gegenmaßnahmen auf. Nach jahrelanger Vorbereitung empfahl 1928 die National Conference of Commissioners on Uniform State Law den Uniform Business Corporation Act (UBCA) zur Adaption in allen Bundesstaaten[37]. Das Gesetz wurde in nur wenigen Staaten übernommen[38], meist mit zahlreichen Änderungen. Es galt einerseits als seiner Zeit voraus; die einzelstaatliche Legislative sah ferner keinen Sinn darin, uniforme aktienrechtliche Regelungen zu verabschieden, die in allen Staaten gleich sein würden[39]. 1943 benannte man den Entwurf noch in Model Business Corporation Act um, bevor die Commissioners ihn 1958 vollständig zurückzogen[40].
Wesentlich erfolgreicher war ein Entwurf, der durch das Committee on Corporate Laws of the Section of Corporation, Banking and Business Law der Ame-

---

31 15 U.S.C. §§ 661 – 697.

32 Vgl. die "Congressional declaration of policy" in 15 U.S.C. § 661.

33 Zutreffend *Wiethölter*, S. 152.

34 Vgl. *Conard*, 71 Mich. L. Rev. 621, 686 f. m. w. Nachw.: "Few, if any, lawyers could sincerely deny that the laws of corporations are a maze of meaningless multiplicity, teeming with contradictions and conflicts."

35 *Wiethölter*, S. 153.

36 Vgl. die näheren Ausführungen hierzu u. II.2. (S. 5 ff.).

37 *Henn/Alexander*, S. 27; *Wiethölter*, S. 153; *Merkt*, Rz. 19.

38 Louisana (1928), Washington (1933) und Kentucky (1946) übernahmen es vollständig, Idaho (1929) nur teilweise, vgl. *Committee on Corporate Laws*, MBCA Ann., Introduction, S. xxix; *Wiethölter*, S. 153. Andere Staaten benutzen es zur Vorbereitung ihrer eigenen Aktiengesetze nur als Quelle, z.B. Kalifornien (1929-1933), Illinois (1933), Michigan (1931), Minnesota (1933) und Pennsylvania (1933), vgl. *Henn/Alexander*, S. 27.

39 *R.Hamilton*, 63 Tex. L. Rev. 1455, 1457; *Committee on Corporate Laws*, MBCA Ann., Introduction, S. xxix.

40 *Henn/Alexander*, S. 27; *Merkt*, Rz. 19.

rican Bar Association erarbeitet und 1950 vorgelegt wurde[41]. Der Entwurf nannte sich erneut Model Business Corporation Act (MBCA), ist aber nicht mit jenem von 1943 zu verwechseln. Die Mitglieder des Committee setzten sich überwiegend aus Wissenschaftlern, Rechtsanwälten und Richtern zusammen, um ein breites Problembewußtsein zu gewährleisten[42]. Seit 1950 wurde der MBCA zunächst unregelmäßig, nach der letzten Totalrevision 1984[43] fast jährlich überarbeitet[44]. Vierundzwanzig Staaten haben den MBCA nahezu vollständig übernommen[45], sieben weitere Jurisdiktionen stützen ihre Aktiengesetze auf eine Version des MBCA von 1969[46]. Viele andere Staaten haben vereinzelt Regelungen übernommen[47]. Trotz dieses vergleichsweise beachtlichen Erfolges ist dem MBCA die vollständige Akzeptanz versagt geblieben. Kritisiert wurde, daß das Gesetz nur einen Rahmen vorgebe und zu viel Spielraum lasse. Es ziele nicht auf Rechtsidentität, sondern biete zu viele alternative Regelungen an mit der Folge, daß sich erneut unterschiedliche Rechtsordnungen entwickelten. Sein Hauptverdienst sei das Bemühen um eine einheitliche Terminologie[48]. Der Verweis auf den MBCA erfolgt heute meist im akademischen Kreis, seltener in der Rechtspraxis. Solange der Kongreß daher keine Anstrengungen unternimmt, ein bundesweit einheitliches Aktiengesetz zu schaffen, wird es auch weiterhin fünfzig verschiedene, einzelstaatliche Corporate Laws geben.

II. Niedrige Regelungsqualität

Die geringe Regelungsqualität der einzelstaatlichen Aktiengesetze ist nur aus der historischen Entwicklung dieser Gesetze heraus erklärbar. Die Entwicklung läßt sich in zwei Abschnitte unterteilen.

1. Von der Special zur General Incorporation

Schon vor der amerikanischen Unabhängigkeitserklärung galt für Corporations das Konzessionssystem. Inkorporationen waren ein Akt königlicher oder parlamentarischer Souveränität nach englischem Recht[49]. Auch nach 1776 und

---

41 *Committee on Corporate Laws*, MBCA Ann., Introduction, S. xxx.

42 *Eisenberg*, 29 Bus. Law. 1407, 1408 f.

43 Die aus der Revision 1984 hervorgegangene Version wird daher auch als "Revised Model Business Corporation Act" (RMBCA) bezeichnet.

44 *Eisenberg*, 29 Bus. Law. 1407, 1408; *Committee on Corporate Laws*, MBCA Ann., Introduction, S. xxx.

45 Alabama, Arizona, Arkansas, Connecticut, Florida, Georgia, Idaho, Indiana, Iowa, Kenntucky, Mississippi, Montana, Nebraska, New Hampshire, North Carolina, Oregon, South Carolina, Tennessee, Utah, Vermont, Virginia, Washington, Wisconsin und Wyoming.

46 Alaska, District of Columbia, Hawaii, Maine, New Mexico, Rhode Island und South Dakota.

47 *Committee on Corporate Laws*, MBCA Ann., Introduction, S. xxvii.

48 *Conard*, 71 Mich. L. Rev. 621, 628; vgl. ferner die Nachweise bei *Wiethölter*, S. 154 f.

49 *Henn/Alexander*, S. 18 ff.

der Verabschiedung der Verfassung 1789 konnten Gründungen nur durch speziellen Akt der Legislative (special incorporation) der Bundesstaaten erfolgen, da sich die Verfassung ausdrücklich keine Inkorporationsregelungen vorbehielt[50] und die Einzelstaaten Gesellschaften eher skeptisch gegenüberstanden[51]. Offenbar bestand aus Zeiten englischer Herrschaft noch ein großes Mißtrauen gegenüber Gesellschaften als "Handlangern der Krone"[52]. Die Kehrseite legislativer Zustimmung war blühende Korruption und Bestechung[53]. Die Ineffizienz des Systems sowie der Beginn der industriellen Revolution erforderten daher ein schnelles Umdenken. 1795 erließ North Carolina als erster Staat allgemeine Incorporation Statutes, nach denen Gründungen ohne staatliche Konzession möglich waren[54]. Es folgten bald Massachusetts (1799), New York (1811) und später Connecticut (1837). Aus Angst vor Mißbrauch und Machtakkumulation gab es jedoch auch hier Restriktionen. Gründungen waren oft nur zu einem bestimmten Zweck erlaubt[55], das Grundkapital war limitiert, die Dauer der Gesellschaften zeitlich beschränkt, die Haftung der Aktionäre dagegen unbeschränkt[56]. Erst nach und nach änderten die Staaten ihre Gesetze und Verfassungen[57] und erst ab etwa 1875 war es möglich, eine Gesellschaft für jeden erlaubten Zweck (for any lawful purpose) zu gründen[58].

2. Race for Laxity

Den zweiten Abschnitt kennzeichnet eine Entwicklung, die durch die fortschreitende Liberalisierung staatlicher Aktiengesetze geprägt ist. Bedingt durch die einsetzende Industrialisierung expandierten viele Gesellschaften und

---

50 Siehe o. unter I.1. (S. 5).

51 *Wiethölter*, S. 145.

52 *Wiethölter*, a.a.O.

53 *Klein/Coffee*, S. 115.

54 *Henn/Alexander*, S. 25; *Wiethölter*, S. 146; *Merkt*, Rz. 15.

55 North Carolina: Kanalbau; Massachusetts: Aquädukte; New York: Textilien, Glas, Metalle und Farben

56 Z.B. New York: Max. $ 100.000 Grundkapital und längstens 20 Jahre Laufzeit. Vgl. *Henn/Alexander*, S. 25.

57 Interessanterweise wurden die rechtlichen Implikationen der berühmten Entscheidung des *US-Supreme Court* in Dartmouth College v. Woodward, 17 U.S. (4 Wheat.) 518 (1819), nicht früh genug hinreichend berücksichtigt. In dem Fall versuchte der Staat New Hampshire die durch die englische Krone verliehene Charter zu ändern. Der *US-Supreme Court* wies das Begehren New Hampshires zurück mit der Begründung, es handle sich bei der Charter um einen Vertrag, der auch durch einen späteren Legislativakt nicht geändert werden könne. Mag man hierin die Aufforderung des Gerichts sehen, die Bestandskraft von Satzungen zu respektieren und also nachträglich keine gesetzlichen Restriktionen zu erlassen, hat die Entscheidung erst später zu einer Gesetzgebungswelle geführt, an deren Ende das Recht des Staates stand, jede Satzung nachträglich wieder zu ändern. Heute findet sich standardmäßig die "reserved power"-Klausel in den Aktiengesetzen des Bundesstaaten, vgl. z.B. § 900 (a) Cal. Corp. Code. Zum ganzen *Klein/Coffee*, S. 114 f.

58 *Merkt*, Rz. 16.

strebten bald zwischenstaatlichen Handel an. Ermöglicht wurde die Verlagerung des Tätigkeitsschwerpunktes durch die Entscheidung Paul v. Virginia[59] des *US-Supreme Court*. Dort entschied er, daß zwischenstaatliche Transaktionen unter die Interstate Commerce Clause[60] der Verfassung fallen und also der Regelungskompetenz des Kongresses unterstehen. Damit war gleichzeitig klargestellt, daß ein Staat einer fremden Gesellschaft den Handel innerhalb seiner Grenzen nur dann würde untersagen können, wenn dieser Handel sich rein auf jenen Staat beschränkte (intrastate commerce), nicht jedoch bei grenzüberschreitendem Handel (interstate commerce). Und da sich im 19. Jahrhundert die Definition des Interstate Commerce immer weiter ausdehnte[61], folgte daraus konsequenterweise auch die Fähigkeit der Gesellschaften, in anderen Staaten aktiv zu werden. Unabhänig vom Inkorporationsstaat konnte sich eine Gesellschaft also künftig dort geschäftlich betätigen, wo sie die für sie günstigsten gesetzlichen Bedingungen fand[62]. Einige Staaten erkannten schnell das insbesondere steuerrechtliche Potential dieser Entwicklung und reagierten darauf, indem sie die Anforderungen, die ihre Inkorporationsstatuten aufstellten, herabsetzten. Ein Wettlauf um das liberalste Aktiengesetz, das Race for Laxity[63], begann. 1896 verabschiedete New Jersey ein Aktiengesetz, das als das erste liberale Aktiengesetz gilt[64] und eine starke Sogwirkung entfaltete[65]. Um ein Abwandern von General Electric nach New Jersey zu verhindern, gewährte New York der Gesellschaft 1892 einen Sonderstatus, um nur wenig später sein Aktiengesetz vollständig zu liberalisieren[66]. Bereits 1899 folgte Delaware, das für sein General Corporation Law weitgehend die Regelungen New Jerseys übernahm. Als Gouverneur *Wilson* 1913 New Jerseys Corporation Statutes wieder verschärfte, folgte Delaware nicht[67]. Es übernahm die Führung und hat sie seitdem nicht mehr abgegeben. Delaware hat das Race to the Bottom[68] gewonnen und die "Knochenerweichung"[69] des amerikanischen Aktienrechts maßgeblich mitbestimmt[70]. Die Deregulierungsbewegung

---

59 75 U.S. 168 (1868).

60 Art. I Abs. 8 Ziff. 3 US-Constiution. Siehe auch o. I.1. (S. 5).

61 *Klein/Coffee*, S. 115 Fußn. 7.

62 *Merkt*, Rz. 17.

63 Der Ausspruch entstammt der Dissenting Opinion von Justice *Brandice* in Liggett Co. v. Lee, 288 U.S. 517, 559 (1933). Dort heißt es wörtlich: "Companies were early formed to provide charters for corporations in states where the cost was lowest and the laws the least restricitve. The states joined in advertising their wares. The race was not one of diligence but of laxity."

64 *Cary*, 83 Yale L. Journal 663, 664.

65 Allein von Januar bis Juli 1899 ließen sich 1336 neue Gesellschaften in New Jersey nieder, vgl. *Wiethöl-ter*, S. 148.

66 *Henn/Alexander*, S. 26.

67 *Cary*, 83 Yale L. Journal 663, 664.

68 *Klein/Coffee*, S. 115; *Cary*, 83 Yale L. Journal 663, 666.

69 *Wiethölter*, S. 150.

70 Fairerweise sollte jedoch gesagt werden, daß, wenn nicht Delaware das Rennen für sich entschieden, dies ein anderer Staat getan hätte, vgl. *Cary*, 83 Yale L. Journal,

wird gerne als der Trend zur "Permissiveness" bezeichnet[71]. Die Aktiengesetze der meisten Staaten sind nach der Liberalisierung nur noch reine Enabling Acts[72] – Rahmenwerke, die zwar Regelungen für Gründung und Organisation bereithalten, auf Restriktionsmechanismen aber verzichten. Delaware hat einen typischen Enabling Act. Im Gegensatz dazu stehen Kalifornien und New York, deren Aktiengesetze gerne als Regulatory oder Restrictive Act bezeichnet werden[73]. Beide Staaten fühlen sich dem Anlegerschutz stärker verpflichtet. Ihre Attraktivität für Unternehmen hat darunter nicht gelitten, was nicht zuletzt an der Wirtschaftskraft beider Staaten liegt. Von rund 1400 erfaßten Unternehmen im Jahre 1985 hatten 278 ihren Hauptgeschäftssitz in New York (ca. 20 Prozent), von denen wiederum 41 Prozent auch dort inkorporiert waren. Kalifornien lag mit 195 Unternehmen (ca. 14 Prozent), von denen 43 Prozent dort inkorporiert waren, im Platz gleich dahinter[74]. Soweit es im Rahmen dieser Arbeit auf weitere Vergleiche zwischen Bundesstaaten ankommt, wird daher insbesondere auf Delaware, Kalifornien und New York Bezug genommen werden.

3. Zweite Deregulierungswelle

Nach dem Ende des Zweiten Weltkriegs setzten die Legislativorgane vieler Einzelstaaten dazu an, ihre Aktiengesetze mit dem Ziel zu deregulieren, sie einfacher und verständlicher zu machen. Zusätzlich wollte man einen besseren Ausgleich zwischen den Interessen der Aktionäre, dem Management und den Arbeitnehmern erreichen[75]. Zu nennen sind insbesondere die Revision des California Corporation Code im Jahre 1947[76], die zwischen 1957 und 1973 stufenweise vollzogene Reform des Aktiengesetzes in New York, aus der das heutige Business Corporation Law hervorging[77], sowie die Revision Delaware's General Corporation Law 1967[78]. Die meisten Reformvorhaben orientierten sich am Model Business Corporation Act[79].

663, 665. Auch trägt Delaware wegen seiner seit nahezu 100 Jahren andauernden Spitzenposition wesentlich zur Pflege des amerikanischen Aktienrechts bei. Es hat ein sehr detailiertes Gesetz und eine umfangreiche Rechtsprechung, die zu großer Rechtssicherheit bei den in Delaware inkorporierten Unternehmen führt, vgl. ebenso *Wiethölter*, S. 149.

71 *Cary*, 83 Yale L. Journal, 663, 665.

72 *Conard*, 71 Mich. L. Rev., 621, 633.

73 *Wiethölter*, S. 149.

74 Zahlen nach *Merkt*, Rz. 23 Abb. 2 m. w. Nachw.

75 *Merkt*, Rz. 23.

76 *Buhler*, 35 Cal. L. Rev. 423.

77 *Merkt*, Rz. 23.

78 *Henn/Alexander*, S. 31 f.

79 Siehe o. I.2. (S. 7).

III. Die Entwicklung anlegerschützender Rechtsquellen auf Staats- und Bundesebene

In der zweiten Hälfte des 19. Jahrhunderts blühte die amerikanische Wirtschaft auf. Die Abkehr vom überkommenen Konzessionssystem erleichterte Gründungen, und die durch den industriellen Fortschritt schnell benötigten Mittel sorgten für einen sehr intensiven Wertpapierhandel. Große Kapitalakkumulation verführte andererseits nur allzu schnell zu Mißbrauch und Betrug. Gesetzliche Sanktionsmöglichkeiten waren kaum in Sicht. Im Gegenteil: Die Bundesstaaten wetteiferten um die mildesten Corporation Laws. Reaktionen ließen daher nicht lange auf sich warten.

1. Securities Regulation auf Staatsebene

Anfang des 20. Jahrhunderts begannen viele Staaten, die Ausgabe von Wertpapieren in Gesetzen zu regeln, die allgemein als "Blue Sky Laws"[80] bekannt sind. Vor 1911 gab es nur vereinzelt Regelungen[81]. Das erste umfassende Wertpapiergesetz erließ in diesem Jahr Kansas[82]. Heute verfügen alle Staaten über Blue Sky Laws, wenn auch mit zum Teil sehr unterschiedlichen Philosophien. Selbst Delaware, das zunächst nur eine einzige Blue-Sky-Regelung kannte und sie 1953 wieder aufhob, erließ 1973 schließlich ein neues Gesetz[83]. Wegen der zahlreichen Gesetze wird der eigentliche Charakterzug der Blue Sky Laws oft nur als "Diversity" (Vielfalt) bezeichnet[84]. Je nach Zielrichtung wird man sie jedoch in drei[85] Gruppen einteilen können[86].

1. Tatbezogene Gesetze
   Hierbei handelt es sich meist um Antifraud Provisions, also Regelungen zur Verhinderung von Betrug. Sie verbieten betrügerisches Handeln beim Verkauf von Wertpapieren. Insbesondere New York und New Jersey gehören zu dieser Gruppe. Aber auch alle anderen Staaten kennen Antifraud Provisions, wenngleich sie den Schwerpunkt anders setzen.

---

80 Die Wendung läßt sich nur schwer übersetzen. Am besten ist sie aus der gesetzgeberischen Intention zu erklären. Ihr Ziel war die Verhinderung von "speculative schemes which have no more basis than so many feet of 'blue sky'" (Hall v. Geiger-Jones Co., 242 U.S. 539, 550 [1917]) bzw. der Schutz der Öffentlichkeit "in the purchase of securities which had little behind them but the blue sky" (*Lattin*, S. 125).

81 1852 etwa begann Massachusetts vereinzelt, die Ausgabe von Wertpapieren zu regulieren. Vgl. *Henn/ Alexander*, S. 843.

82 *Lattin*, S. 125.

83 *Henn/Alexander*, S. 844 Fußn. 2.

84 *Shapiro/Sachs*, in: Sonderquist, S. 611.

85 *Wiethölter* spricht von vier Gruppen, S. 158 f.

86 Nach *Henn/Alexander*, S. 844 ff. und *Wiethölter*, S. 158 f.

2. Personenbezogene Gesetze
Der Verkauf von Wertpapieren wird beeinflusst, indem man eine genaue Prüfung der mit dem Handel dieser Papier betrauten Personen und Organisationen unternimmt (sog. broker-dealer-registration provisions). Bis auf New York, das nur knappe Angaben verlangt, sehen mit Ausnahme von New Jersey und Wyoming wiederum alle anderen Staaten diese Regelungen mit unterschiedlicher Intensität vor.

3. Wertpapierbezogene Gesetze
Der Hauptansatzpunkt ist hier die volle Publizität im Verkaufsprospekt (registration-of-securities provisions). Sind alle Tatsachen veröffentlicht, kann sich später niemand auf seine Unkenntnis berufen. Unterschiedliche Publizitätsanforderungen begünstigt auch hier Flügelbildung. Zur milden Fraktion zählt z.B. Colorado, zur harten Kalifornien, das durch restriktivste Handhabung höchstmögliches Fair-Play garantieren will.

Auch bei den Blue Sky Laws fehlte es nicht an Vereinheitlichungsbemühungen. Der 1930 von der National Conference of Commissioners on Uniform State Laws[87] erarbeitete Uniform Sales of Securities Act wurde allerdings nur von wenigen Staaten übernommen und 1943 wieder verworfen[88]. Besser erging es dem Uniform Securities Act[89] (USA), den die Commissioners 1956 den Staaten zur Adaption anboten. Davon machten immerhin 35 Bundesstaaten Gebrauch, darunter Delaware[90].

2. Securities Regulation auf Bundesebene

Den Erlaß der Federal Securities Regulation bestimmten mehrere Ursachen. Erstens konnte die Blue Sky Law Gesetzgebung nicht überzeugen. Zwar konzentrierte sie sich auf Handel und Händler, ging aber nicht darüber hinaus. Eine Regelung der Ersatzansprüche geschädigter Anleger fehlte, Mißbräuche mit Stimmrechtsvollmachten und Insiderinformationen waren weiterhin gefahrlos möglich. Konnten ferner die Blue Sky Laws noch innerstaatlich Erfolge vorweisen, versagten sie dort, wo Wertpapiertransaktionen über die Staatengrenzen hinaus stattfanden. Komplizierte zwischenstaatliche Rechtsfragen waren ungeklärt, Ermittlungen und Vollstreckungsmaßnahmen gegen Personen jenseits der Grenze schwierig. Zweitens erregte ein Werk von *Berle* und *Means*[91] große Aufmerksamkeit. Sie hatten herausgearbeitet, daß amerikanische Aktiengesellschaften in den letzten Jahrzehnten überproportional gewachsen waren. Dieses Wachstum war nicht unerheblich auf große Kapitalansammlungen zurückzuführen mit der Folge, daß Aktiengesellschaften immer mehr Ak-

---

87 Siehe bereits o. I.2. (S. 6).

88 *Henn/Alexander*, S. 847.

89 7A U. L. A. 561 (1978) (Supp.).

90 *Henn/Alexander*, S. 849 Fußn. 1.

91 The Modern Corporation and Private Property, New York 1932 (Neuauflage 1939).

tionäre bekamen. Der Einfluß des einzelnen Aktionärs sank damit, wichtige wirtschaftliche Entscheidungen waren nur mehr allein die Sache des Managements (separation of ownership and control[92]). Der der Kontrolle fremden Vermögens innewohnende Machtbefugnis sollte ein wirksamer Riegel, zumindest aber ein wirksamer Überprüfungsmechanismus vorgeschoben werden. Als schließlich die Weltwirtschaftskrise Anfang der Dreißiger Jahre hereinbrach, führte dies zu einer umwälzenden Neuorientierung der Securities Regulation, die mit der Verabschiedung des Securities Act von 1933 und dem Securities Exchange Act von 1934 ihren Abschluß fand.

1. Securities Act von 1933[93]
   Der Securities Act ist primär gerichtet auf den Verkauf von Wertpapieren. Von Ausnahmen abgesehen verlangt das Gesetz die Registrierung aller Wertpapiere, die dem anlagesuchenden Publikum das erste Mal angeboten werden[94]. Der Kongreß entschied sich für ein System umfassender Bekanntmachung (full disclosure). Die Ratio dahinter ist, daß der Investor ausreichend geschützt ist, wenn seine Anlageentscheidung auf einer breiten Informationsgrundlage beruht, ihm also alle relevanten Aspekte der zum Verkauf stehenden Papiere eröffnet wurden. Die Federal Securities Regulation geht von der grundsätzlichen Mündigkeit des Investors aus, eine eigene informierte Investmententscheidung zu treffen, die die weit kosten- und zeitintensivere staatliche Überprüfung der sachlichen Qualität der Wertpapiere erübrigt[95].

2. Securities Exchange Act von 1934[96]
   Der Securities Exchange Act hingegen regelt alle Aspekte des öffentlichen Handels mit Wertpapieren. Er beschränkt sich nicht nur auf Wertpapiere, Emittenten, Käufer und Verkäufer, sondern beinhaltet auch Vorschriften für die Märkte, insbesondere die Börsen, den Freiverkehr sowie für Broker und Dealer generell. Das Gesetz hat damit eine sehr viel größere Reichweite als der Securities Act. Wichtige Regelungsgegenstände sind die in den Blue Sky Laws so vermißten Antifraud Provisions im zwischenstaatlichen Verkehr, die periodischen Berichts-, Mitteilungs- und Veröffentlichungspflichten für registrierte Wertpapiere, Aktienmanipulationen, Insiderhandel, falsche Darstellungen gegenüber der Securities und Exchange Commission und alle Fragen im Zusammenhang mit der Abgabe von Stimmrechten (proxy machinery)[97].

---

92 *Berle/Means*, a.a.O., S. 90.

93 15 U.S.C. §§ 77a ff.

94 Es kommt dabei nicht darauf an, ob es sich um eine Primär- oder Sekundärplazierung handelt.

95 Zum ganzen *Hazen*, § 1.2 (S. 7).

96 15 U.S.C. §§ 78a ff.

97 *Hazen*, § 1.2 (S. 9).

3. Die Securities and Exchange Commission

Fiel der Securities Act noch in die Zuständigkeit der Federal Trade Commission, stellte diese 1934 ihre Arbeit ein, nachdem der Kongreß die Securities and Exchange Commission (SEC) neu geschaffen hatte, die seitdem die Einhaltung aller den Schutz von Investoren bezweckenden Bundesgesetze überwacht[98]. Die SEC ist eine Bundesbehörde und wird trotz ihrer relativ geringen Größe gerne als "Super Agency" bezeichnet, da sie großes Ansehen genießt und vergleichsweise effektive Arbeit leistet[99]. Sie ist straff organisiert. Ihre Arbeit wird in vier Abteilungen[100] in beiden Washingtoner Zentralen sowie in elf weiteren Büros im ganzen Land ausgeführt[101]. Der SEC stehen fünf "Commissioners" vor, die geweils gestaffelt für 5 Jahre vom Präsidenten mit Zustimmung des Senats ernannt werden[102]. Ein Commissioner führt den Vorsitz. Wie alle Verwaltungsbehörden hat auch die SEC zwei Arten von Regelungskompetenzen: delegierte und interpretierende[103]. Ein Großteil ihrer Autorität leitet sich direkt aus den von ihr überwachten Gesetzen ab. Hierauf gestützte Maßnahmen haben daher die gleiche Rechtswirkung wie Verordnungen[104]. Die Rechtmäßigkeit dieser delegierten "Rulemaking"-Aktivitäten hängt naturgemäß von der Reichweite der Ermächtigungsgrundlage ab. Rechtsstreitigkeiten treten besonders dort auf, wo die SEC-Regeln in einzelstaatliche Kompetenzzuweisungen eingreifen, was etwa bei Fragen der Corporate Governance der Fall ist[105]. Interpretierende Regeln unterliegen dagegen nicht so strenger gerichtlicher Überprüfung, da es sich hierbei nur um weniger verbindliche Inter-

---

98 Dazu gehören neben dem bereits erwähnten Securities Act (1933) und Securities Exchange Act (1934) der Public Utility Holding Company Act (1935), der Trust Indenture Act (1939) sowie der Investment Company Act und der Investment Adviser Act (beide 1940). Für einen guten Überblick über diese Gesetze sowie über die aktuelle Arbeit der SEC siehe unter <http://www.sec.gov/ asec/wot.htm>.

99 *Hazen*, § 1.3 (S. 12).

100 Division of Corporate Finance, Division of Market Regulation, Division of Investment Management und Division of Enforcement.

101 *Lattin*, S. 8.

102 § 4 (a) Securities Exchange Act.

103 *Hazen*, § 1.4 (S. 16).

104 Z.B. § 3 (b) Securities Act, wonach die SEC durch Rules and Regulations weitere Ausnahmen von der Registrierungspflicht nach § 6 (a) festlegen kann; oder § 10 (b) Securities Exchange Act, wonach die SEC die Reichweite der Anti-Fraud-Haftung bestimmen kann.

105 Entsprechend vereitelte der *D.C. Circuit Court of Appeals* den Versuch der SEC, wesentliche Fragen der Aktionärsstimmrechte zu reglementieren, vgl. Business Roundtable v. SEC, 905 F.2d 406 (D.C. Cir. 1990). Das Gericht stellte fest, daß Aktionärsstimmrechte ein typisches Regelungsgebiet der Bundesstaaten sei, in das nur aufgrund ausdrücklicher Bundesermächtigung eingegriffen werden dürfe. Die SEC stützte sich auf § 19 (c) Securities Exchange Act als Ermächtigung zur Regelung einer Frage nach § 14 Securities Exchange Act. Der *Court of Appeals* entschied, daß die Ermächtigungsgrundlage nicht weitergehen könne als der legislative Zweck der fraglichen Vorschrift. § 14 regelt nur Fragen des Proxy-Prozesses, nicht aber materielle Stimmrechtsfragen.

pretationen oder Vorschläge zur Handhabung des geltenden Rechts handelt, die keinen Normcharakter haben[106]. Dennoch bieten Interpretative Rules einen wichtigen praktischen Leitfaden durch den Regulierungsdschungel, an dem sich nicht selten auch Gerichte orientieren[107]. Jenseits delegierter und interpretierender Regelungskompetenz veröffentlicht die SEC regelmäßig Gutachten in der Form von "Releases", die Richtlinien enthalten, Interpretationen für bestimmte Vorschriften vorschlagen oder Empfehlungen aussprechen. Interpretative Releases haben eine geringeres präjudizielles Gewicht als die in formaler Weise verabschiedeten Delegated bzw. Interpretative Rules[108]. Dennoch gibt es kaum Unternehmen, die sich nicht daran halten, zumal die SEC dies meist selbst erwartet. Auf der untersten Hierachiestufe stehen sog. "No-action-letters". Solche Letters sind Reaktionen der SEC-Mitarbeiter (staff) auf private Anfragen, die darauf zielen herauszufinden, ob bestimmte Verhaltensweisen im Einklang mit den entsprechenden Gesetzen stehen. Sie sind für den Praktiker zwar sehr hilfreich, aber völlig unverbindlich, da es sich hierbei lediglich um die interpretierende Sicht der Staff, nicht aber um eine formale Anwort der SEC handelt[109]. No-action-letters verpflichten die anfragende Partei zu nichts und die Außerachtlassung der darin enthaltenen Sichtweise zieht nicht zwangsweise nachteilige rechtliche Schritte nach sich.

2. Kapitel: Die rechtliche Struktur der Corporation

Nachdem im letzten Kapitel die geschichtliche Entwicklung der für die amerikanische Corporation maßgeblichen Rechtsquellen aufgezeigt wurde, soll nun auf die Grundstruktur einer Public Business Corporation eingegangen werden. Hierzu werden Rechte und Pflichten der Geschäftsführung und Gesellschafter behandelt.

I. Board of Directors

1. Allgemeine Regelungen

"All corporate powers shall be exercised by or under the authority of, and the business and affairs of the corporation managed under the direction of, its board of directors"[110]. Mit dieser Aufgabenzuweisung, die sich in allen Corporate Statutes des Bundesstaaten in ähnlicher Form wiederfindet[111], ist die

---

106 *Hazen*, § 1.4 (S. 17).

107 Z.B. Cevron U.S.A. v. Natural Resources Defense Council, 467 U.S. 837 (1984).

108 *Hazen*, § 1.4 (S. 17).

109 Eine überaus merkwürdige Unterscheidung.

110 § 8.01 (b) RMBCA. Zum RMBCA siehe o. Fußn. 43.

111 Vgl. exemplarisch § 141 (a) Del. Gen Corp. Law; § 300 (a) Cal. Corp. Code; § 701 N.Y. Bus. Corp. Law.

grundsätzliche Zuständigkeitsentscheidung gefallen. Der Board ist das von Gesetzes wegen berufene Organ, für die Corporation zu handeln. Ausnahmen hiervon sind möglich, jedoch nur, wenn sie in der Satzung (charter[112]) oder der inneren Geschäftsordnung (by-laws[113]) festgeschrieben wurden[114]. Der Board besteht aus mindestens einem Director[115]. Directors werden alljährlich auf der Hauptversammlung[116] entweder nach den Grundsätzen des Mehrheits- (straight voting) oder Verhältniswahlrechts (cumulative voting) gewählt[117]. Die Amtszeit beträgt in der Regel ein Jahr[118]. Eine Wiederwahl ist beliebig of möglich[119]. Die Willensbildung des Boards findet in ordentlich einberufenen Sitzungen statt, die näher in den By-Laws geregelt sind. Üblicherweise tritt er monatlich, vierteljährlich oder jährlich zusammen. Lediglich außerordentliche Sitzungen müssen mindestens zwei Tage vorher angekündigt werden[120]. Die rügelose Teilnahme daran heilt allerdings die unterbliebene Mitteilung[121]. Aus Praktikabilitätserwägungen lassen es die meisten Aktiengesetze ausreichen, daß die Directors "by means of conference telephone or similar communications equipment" zusammentreten, solange nur gewährleistet ist, daß alle Teilnehmer einander hören und miteinander kommunizieren können[122]. Die auf solche Weise teilnehmenden Directors gelten in der Sitzung als anwesend[123]. Beschlußfähig ist der Board, sobald das erforderliche Quorum erreicht ist. Grundsätzlich ist dies die Mehrheit der bei der Beschlußfassung vertretenen Directors. In den Articles of Incorporation oder den By-Laws kann ein geringeres Quorum festgesetzt werden. Weniger als ein Drittel der berechtigten Mit-

---

112 Auch "Articles of Incorporation" oder "Certificate of Incorporation" genannt, vgl. § 2.02 RMBCA.

113 § 2.06 RMBCA.

114 Vgl. § 8.01 (b) RMBCA; *Mestmäcker*, S. 43; *Wiethölter*, S. 187.

115 § 141 (b) Del. Gen. Corp. Law; § 301 (a) Cal. Corp. Code; § 702 (a) N.Y. Bus. Corp. Law.

116 § 211 (b) Del. Gen. Corp. Law; § 301 (a) Cal. Corp. Code; § 703 (a) N.Y. Bus. Corp. Law.

117 Lediglich sechs Staaten sehen Cumulating Voting zwingend vor: Arizona, Kentucky, Nebraska, North Dakota und West Virginia. Einige der übrigen Staaten erlauben Cumulative Voting, wenn es in Charter oder By-Laws nicht ausgeschlossen wurde (opt-out election), andere hingegen nur, wenn es ausdrücklich eingeschlossen wurde (opt-in election). Einen kurzen Überblick geben *Klein/Coffee*, S. 124; ausführlicher *Merkt*, Rz. 490 ff.

118 Vgl. Nachweise o. Fußn. 115. Allerdings kann die Amtszeit von vornherein mehr als ein Jahr betragen, sofern der Board in "classes" unterteilt wurde, vgl. § 301.5 (a) Cal. Corp. Code; § 704 (a) N.Y. Bus. Corp. Law.

119 § 8.05 (b) RMBCA.

120 § 8.22 (b) RMBCA.

121 § 229 Del. Gen. Corp. Law.

122 § 141 (i) Del. Gen. Corp. Law; § 708 (c) N.Y. Bus. Corp. Law; § 8.20 (b) RMBCA. Kalifornien (§ 307 [6] Cal. Corp. Code) erlaubt ferner noch die "electronic video screen communication", setzt aber strenge Legitimationsmaßstäbe.

123 Vgl. Nachweise o. Fußn. 122 und die Diskussion im 6. Kapitel, I.1. (S. 86).

glieder darf jedoch nicht zum Quorum erklärt werden[124]. Gefaßte Beschlüsse führt der Board als Organ zwar durch seine Mitglieder, nicht jedoch in deren Namen aus [125].

2. Zusammensetzung

Der Board einer Public Corporation setzt sich aus drei Typen von Mitgliedern zusammen: (1) den "Inside Directors" (die Officers der Gesellschaft und andere Angestellte), (2) Personen, die eine andere enge Beziehung zu der Gesellschaft unterhalten (typischerweise nicht angestellte Anwälte oder Investmentbanker) und letztlich (3) den "Outside Directors" (jene, die in keine der beiden ersten Kategorien fallen). Die Angehörigen der letzten Gruppe werden auch als Independent Directors oder Non-Management Directors bezeichnet[126]. Die Entwicklung zeigt, daß sich Boards in den letzten Jahren aus einer immer größeren Anzahl von Outside Directors, dagegen immer weniger aus Outside Lawyers oder Investmentbankers zusammensetzen[127]. Nach der gesetzlichen Grundvorstellung steht die Geschäftsführungsbefugnis zwar den Directors zu. Sie hat sich im Laufe der Zeit aber stärker auf die leitenden Angestellten (executive officers) verlagert[128]. Während Directors die Geschäftspolitik der Gesellschaft im weiteren Sinne bestimmen, sind Officers für das Tagesgeschäft zuständig und somit die eigentlichen Manager der Gesellschaft. Die Frage ist daher laut geworden, inwieweit Outside Directors, die keine engere Bindung zum Management haben, die Geschäftsführung noch richtig einschätzen, kontrollieren und gegebenenfalls korrigieren können[129]. Daß der Board das Spitzenmanagement entläßt, kommt immer seltener vor. Kritiker weisen in diesem Zusammenhang darauf hin, daß Outside Directors selten über dieselben Informationsquellen wie Officers verfügen. Ihnen steht beispielsweise kein gesellschaftsinternes Personal zur Verfügung, das zur Materialbeschaffung herangezogen werden könnte. Outside Directors sind daher für Informationen größtenteils von den Berichten der Officers selbst abhängig. Frage und Antwort während eines Board-Meetings finden zwischen einem Part-Time Observer (director) und einem Full-Time Professional (CEO[130]) statt. Der Trend zu einem größtenteils mit Outside Directors besetzen Board führt daher zu der Befürchtung, daß sich Gerichte künftig nur noch mit Entscheidungen auseinanderzusetzen haben, die von einem eigennützigen Management getroffen wurden[131].

---

124 § 141 (b) Del. Gen. Corp. Law; § 307 (7) Cal. Corp. Code; § 707 N.Y. Bus. Corp. Law.

125 *Mestmäcker*, S. 49.

126 *Klein/Coffee*, S. 129.

127 *Klein/Coffee*, S. 129.

128 *Merkt*, Rz. 511.

129 *Klein/Coffee*, S. 129.

130 CEO steht für "Chief Executive Officer", vgl. sogleich.

131 *Brudney*, 95 Harv. L. Rev. 597. Zur "Business Judgement Rule" vgl. *Block/Barton/Radin*, The Business Judgement Rule; Fiduciary Duties of Corporate Di-

II. Officers

Das Recht der Bundesstaaten sieht vor, daß, soweit die By-Laws nichts anderes bestimmen, der Board mindestens vier Officers zu bestellen hat. Es sind dies der President (auch CEO), ein oder mehrere Vice-Presidents, der Secretary, dem die Gegenzeichnung wichtiger Dokumente sowie die Anfertigung von Sitzungsprotokollen obliegt, und der Treasurer, der die Finanzen verwaltet[132]. Alle Positionen können mangels anderweitiger Regelung auch in einer Person vereinigt werden[133], was angesichts der durch den Secretary ausgeübten Kontrollfunktion (Vier-Augen-Prinzip) eine eher zweifelhafte Regelung ist. Auch das amerikanische Recht unterscheidet zwischen Bestellung und Anstellung. Weder begründet die Bestellung vertragliche Pflichten noch werden solche nach Abberufung automatisch beendet[134]. Wie bereits angedeutet, schließt die Mitgliedschaft im Board ein Amt als Officer nicht aus[135]. Im Interesse effektiven Managements ist die Präsenz von Inside Directors im Board vielmehr erforderlich. Die Geschäftsführung ist zwar Sache der Officers[136], gesetzlicher Vertreter ist jedoch allein der Board[137]. Gerade die Vertretungsmacht der Officers wird sowohl in Rechtsprechung als auch Literatur nachhaltig diskutiert[138]. Im Mittelpunkt der Diskussion steht dabei die Frage, ob Erklärungen von Officers im Außenverhältnis die Gesellschaft nach Vertretungsregeln (authority) oder den Grundsätzen der Apparent Authority[139] und Inherent Authority[140] binden. Auch gesetzliche Regelungsversuche sind unternommen worden. So bestimmt Section 313 Cal. Corp. Code, daß sich die Gesellschaft bestimmte, von Officers unterzeichnete Schriftstücke von gutgläubigen Dritten entgegenhalten lassen muß[141].

---

rectors (1993). Eine vergleichende Darstellung gibt *Herkenrath*, Die Leitungsorgane der amerikanischen Corporation und der deutschen Aktiengesellschaft (1960).

132 Vgl. § 142 Del. Gen. Corp. Law; § 312 Cal. Corp. Code; § 715 N.Y. Bus. Corp. Law.

133 Siehe z.B. § 312 (a) Cal. Corp. Code; § 715 (e) N.Y. Bus. Corp. Law; § 8.40 (d) RMBCA.

134 § 8.44 RMBCA.

135 O. I.2. (S. 18).

136 § 312 (a) Cal. Corp. Code: "The president (...) is the general manager and the chief executive officer of the corporation (...)."

137 Vgl. o. Fußn. 110.

138 Schwartz v. United Merchants & Manufacturers, Inc., 72 F.2d 256 (2nd Cir. 1934); *Cary/Eisenberg*, S. 236. Eine klare Trennung zwischen Geschäftsführung und Vertretung wird im amerikanischen Recht nicht gezogen. Vielmehr ist einheitlich von "authority" die Rede, die der deutschen Vertretungsmacht gleicht.

139 Restatement (Second) of Agency §§ 8, 27, 49.

140 Restatement (Second) of Agency § 8A.

141 Auf die weitere Behandlung dieses Themas kann an dieser Stelle verzichtet werden. Für weiterführende Literatur siehe *Merkt*, Rz. 511 ff.

III. Shareholders

1. Allgemeine Regelungen

Im Gegensatz zum Board of Directors haben Aktionäre keine direkte Managementfunktion. Ihre Kontrollbefugnisse im weitesten Sinne üben sie in Hauptversammlungen (meetings) aus. Die Rechtsordnungen der Bundesstaaten unterscheiden zwischen ordentlichen, jährlichen Hauptversammlungen (annual meetings) und außerordentlichen Hauptversammlungen (special meetings)[142]. Die darauf anwendbaren gesetzlichen Bestimmungen sind jedoch weitgehend dispositiv und daher nur subsidiär anwendbar, wenn die By-Laws keine andere Regelung treffen[143]. Ort und Zeit der Hauptversammlung sind frei bestimmbar. Ist nichts festgelegt, finden Meetings am Sitz der Gesellschaft statt[144]. Die physische Zusammenkunft der Aktionäre ist dabei nicht zwingend erforderlich. Haben alle stimmberechtigten Anteilseigner schriftlich ihre Zustimmung erklärt, kann die Versammlung entfallen. Erforderliche Beschlüsse werden dann brieflich gefasst[145]. Für Public Corporations ist dieser Weg angesichts der großen Zahl der Aktionäre aber kaum gangbar[146]. Unterbleibt die angekündigte Hauptversammlung, hat dies zunächst keine nachteiligen Folgen. Insbesondere bleiben Erklärungen oder Handlungen der Corporation wirksam und die Directors im Amt. Auf Antrag jedes Aktionärs oder Director kann nach Ablauf einer bestimmten Frist[147] das Gericht einen Hauptversammlungstermin festsetzen. Alle Gesellschafter sind schriftlich über die Einberufung des Annual Meeting in Kenntnis zu setzen. Nur im Falle eines Special Meeting ist auch die Tagesordnung mitzuteilen[148]. Die Benachrichtigung muß höchstens sechzig und mindestens zehn Tage vor der Versammlung erfolgen[149]. Wichtigster Punkt der Tagesordnung eines Annual Meeting ist die Wahl des Board of Directors[150]. Daneben kommen weitere Tagesordnungspunkte in Betracht, die die Änderung der Charter oder den By-Laws, die Ratifikation bestimmter Maßnahmen des Board sowie außergewöhnliche Angelegenheiten umfassen können[151]. Auf dem Annual Meeting zur Abstimmung be-

---

142 Vgl. §§ 7.01, 7.02 RMBCA; §§ 605, 606 N.Y. Bus. Corp. Law.

143 § 601 (b) N.Y. Bus Corp. Law.

144 §§ 7.01 (b), 7.02 (c) RMBCA; § 211 (a) Del. Gen. Corp. Law.

145 § 211 (b) Del. Gen. Corp. Law; § 615 (a) N.Y. Bus. Corp. Law; § 7.04 (a) RMBCA.

146 Er wird auch nicht beschritten. Interessant ist die "schriftliche Versammlung" allenfalls für die Close Corporation.

147 In der Regel 13 bis 15 Monate nach dem Termin der letzten Hauptversammlung, vgl. § 211 (c) Del. Gen. Corp. Law; § 7.03 (a) (1) RMBCA.

148 Z.B. § 222 (a) Del. Gen. Corp. Law.

149 § 222 (b) Del. Gen. Corp. Law; § 605 (a) N.Y. Bus. Corp. Law; § 7.05 (a) RMBCA.

150 § 211 (b) Del. Gen. Corp. Law; § 600 (b) Cal. Corp. Code; § 602 (b) N.Y. Bus. Corp. Law; § 8.03 (d) RMBCA. Heftig kritisiert wird, daß den Aktionären zwar ein Wahl-, aber kein Vorschlagsrecht zustehe. Das Stimmrecht laufe daher weitgehend leer, vgl. *Goforth*, 43 Am. U. L. Rev. 379, 389 u. 448; a. A. *Eisenberg*, 83 Harv. L. Rev. 1489, 1506 (Nothing can "abrogate the shareholders' nomination right, which inheres in the shareholders by law.").

151 *Henn/Alexander*, S. 491; *Klein/Coffee*, S. 119.

rechtigte Person ist nur, wer an einem bestimmten Stichtag (record date[152]) als stimmberechtigter Aktionär bei der Gesellschaft registriert ist[153]. Das kann entweder der Investor selbst oder seine Bank oder sein Broker sein. Ist nur der Broker registriert (street name registration[154]), fallen rechtliche und wirtschaftliche Eigentümerstellung auseinander. Im Außenverhältnis ist der Broker rechtlich Eigentümer des Anteils (record owner), der Investor bleibt wirtschaftlicher Eigentümer (beneficial owner). Ein Verkauf des Anteils nach dem Stichtag hat auf die Stimmberechtigung des Record Owner keinen Einfluß. Die Festlegung des Stichtages soll ja gerade verhindern, daß die Gesellschaft bis zum Tage der Hauptversammlung ihre Aktionärsstruktur ständig neu überprüfen muß. Der neue Beneficial Owner kann aber von dem Record Owner verlangen, daß der Record Owner nach seinen Wünschen abstimmt. Das geschieht durch eine vollstreckbare Blankovollmacht, die der Record Owner dem Beneficial Owner erteilt. Wie für den Board gilt auch für die Beschlußfähigkeit der Gesellschafterversammlung das Erreichen eines bestimmten Quorums. Ist das Quorum einmal auf der Versammlung erreicht, gilt es – auch soweit die Versammlung vertagt werden muß – als fortbestehend[155]. Es ist also nicht erforderlich, daß das Quorum zum Zeitpunkt der Beschlußfassung besteht. Damit soll die verhindert werden, daß die einmal eingetretene Beschlußfähigkeit nachträglich wieder aufgehoben wird[156]. Grundsätzlich ist für Gesellschafterbeschlüsse die absolute Mehrheit (majority) aller stimmberechtigten Anteile notwendig[157]. Die Articles of Incorporation oder By-Laws können ein geringeres Quorum festsetzen, das jedoch ein Drittel aller stimmberechtigten Anteile nicht unterschreiten darf[158]. In New York ist die Festsetzung eines höheren Quorums durch Satzungsänderung möglich[159]. Im übrigen wird von dem Erfordernis einer Majority-Entscheidung abgewichen. So gilt für die Wahl von Directors lediglich die einfache Mehrheit (plurality) des anwesenden Kapitals[160]. Qualifizierte Mehrheiten (supermajority) können bei bestimmten Aktiengattungen in den Articles of Incorporation festgeschrieben werden[161] und sind die Regel bei Satzungsänderungen[162].

---

152 Der Board of Directors setzt das Record Date fest. Es darf nicht mehr als 60 Tage und nicht weniger als 10 Tage vor der Hauptversammlung liegen.

153 § 213 (a) Del. Gen. Corp. Law; § 604 (a) N.Y. Bus. Corp. Law; § 7.07 RMBCA. Ist kein Record Date bestimmt, gilt der Tag als Record Date, an dem die Einberufung der Hauptversammlung bekanntgemacht wurde.

154 Näher zum System der Street-Name-Registration siehe 3. Kapitel, II.2. (S. 31).

155 § 602 (b) Cal. Corp. Code; § 608 (c) N.Y. Bus. Corp. Law; § 7.25 (b) RMBCA.

156 RMBCA, Official Comment 3 zu § 7.25, abgedruckt in: *Eisenberg*, Corporations and Business Associations, S. 540.

157 § 216 Del. Gen. Corp. Law; § 602 (a) Cal. Corp. Code; § 608 (a) N.Y. Bus. Corp. Law; § 7.25 (a) RMBCA.

158 § 216 Del. Gen. Corp. Law; § 602 (a) Cal. Corp. Code; § 608 (b) N.Y. Bus. Corp. Law.

159 § 616 (a) N.Y. Bus. Corp. Law; § 7.27 (a) RMBCA.

160 § 216 Del. Gen. Corp. Law; § 7.28 (a) RMBCA.

161 §§ 616 (a) (2), 617 N.Y. Bus. Corp. Law.

162 § 710 Cal. Corp. Code; § 803 N.Y. Bus. Corp. Law.

2. Aktiengattungen

Soweit die Satzung nichts anderes vorschreibt, vermittelt jede Aktie eine Stimme[163]. Die meisten Articles of Incorporation sehen jedoch unterschiedliche Aktiengattungen mit von einander abweichenden Stimm- und Vermögensrechten vor. Dabei handelt es sich entweder um Anteile ohne oder mit nur einem Bruchteil des Stimmrechts (nonvoting oder fractional shares[164]) oder um Anteile mit mehreren Stimmen (multiple shares[165]). In der Literatur werden bisweilen noch weitere Unterscheidungen getroffen[166]. Die meisten bundesstaatlichen Aktiengesetze differenzieren in ihrer Terminologie auch zwischen Common Shares und Preferred Shares[167]. Der Revised Model Business Corporation Act allerdings gab 1984 diese terminologische Unterscheidung auf, da es heutzutage möglich ist, Stammaktien mit wichtigen Vorzugsrechten zu emittieren, Vorzugsaktien hingegen in bezug auf Stimmrechte und Vermögensrechte den Stammaktien sogar nachstehen zu lassen[168]. Es ist jetzt einheitlich nur noch von Classes oder Series of Shares die Rede. Fractional, Multiple oder Nonvoting Shares werden oft bei risikoreichen geschäftlichen Unternehmungen eingesetzt, insbesondere mit eng begrenzter Gesellschafterzahl, wenn Art und Umfang des eingesetzten Risikokapitals variiert. So kann Gesellschaftern mit geringem Kapitaleinsatz dennoch ein verhältnismäßig großes Stimmrecht in der Corporation eingeräumt werden. Auch werden Anteile mit verschiedenen Stimmrechten ausgegeben, wenn es gilt, finanzielle Interessen in der Gesellschaft zu schützen. So ist es durchaus üblich, Vorzugsaktien stimmrechtslos zu stellen und das Stimmrecht nur bei einstweiligem Verzicht auf Vermögensrechte einzuräumen[169].

a) Voting Agreements

Aktionäre haben die Möglichkeit, Stimmbindungsverträge entweder in Form von Voting Agreements oder Voting Trusts zu schließen. Bei Voting Agreements[170] handelt es sich um einen schriftlichen Vertrag zwischen zwei oder mehreren Aktionären, durch den sich die Parteien verpflichten, ihre Stimmen in einer im Vertrag genau bezeichneten oder zu einem späteren Zeitpunkt

---

163 Es gilt das Prinzip "one share-one vote" bzw. die Abstimmung "pro rata", vgl. § 212 (a) Del. Gen. Corp. Law; § 7.21 (a) RMBCA.

164 § 155 Del. Gen. Corp. Law; § 6.04 RMBCA.

165 § 7.21 RMBCA.

166 Vgl. *Henn/Alexander*, S. 493 ff. Hier werden sechs Klassen von Stimmrechten unterschieden: (1) straight, (2) cumulative, (3) class, (4) contingent, (5) disproportionate und (6) nonvoting.

167 Z.B. § 502 N.Y. Bus. Corp. Law.

168 RMBCA Ann., Official Comment zu § 6.01, abgedruckt in: *Eisenberg*, Corporations and Business Associations, S. 507.

169 RMBCA Ann., Official Comment 1 zu § 7.21, abgedruckt in: *Eisenberg*, Corporations and Business Associations, S. 536.

170 Sie werden auch "pooling agreements" genannt, vgl. *Klein/Ramseyer*, S. 564.

noch festzulegenden Weise auszuüben[171]. Nicht erforderlich ist, daß die Vertragsparteien ihre Anteile auf einen Dritten übertragen[172]. Typischer Anwendungsfall für Voting Agreements ist die Wahl der Directors. Während die Vereinbarung zweier Aktionäre, sich gegenseitig als Directors zu wählen, ohne weiteres zulässig ist, kann die weitergehende Verpflichtung, nach der Wahl bestimmte geschäftsführende Entscheidungen zu treffen, keinen Bestand haben[173]. Daraus kann gefolgert werden, daß sich das Recht, Voting Agreements zu schließen, nur auf Gegenstände beziehen kann, die in die Zuständigkeit der Aktionäre fallen. Etwas anderes gilt nur, wenn die Directors zugleich die einzigen Shareholders sind[174] oder wenn es sich um eine Close Corporation handelt und alle Shareholder zustimmen (bzw. nicht widersprechen)[175]. Die Frage nach der Durchsetzbarkeit von Voting Agreements wird nicht ganz einheitlich beantwortet. Streitpunkt ist hier, ob der Kläger die Erfüllung der sich aus dem Voting Agreement ergebenden Primärverbindlichkeit (specific performance) verlangen kann. Die überwiegende Ansicht in der Rechtsprechung bejaht dies[176]. Dies hat zur Folge, daß die fragliche Abstimmung so gewertet wird, als seien alle Stimmen vertragsgemäß abgegeben worden. Eine frühe Leitentscheidung des *Supreme Court* aus Delaware hingegen erklärt die Abstimmung zwar nicht für ungültig, will aber die vertragswidrig abgegebenen Stimmen von der Auszählung ausschließen[177]. Kalifornien hat mittlerweilen eine Bestimmung eingeführt, nach der Specific Performance auch dann nicht verwehrt werden darf, wenn die sonstigen Rechtsbehelfe angemessen sind[178].

b) Voting Trusts

Voting Trusts haben mit Voting Agreements nur gemeinsam, daß es sich um die Konzentration von Stimmen auf dasselbe Ziel hin handelt. Im übrigen erfordern sie ein weitaus förmlicheres Verfahren. Charakteristisch für Voting Trusts ist ihre treuhandschaftliche Natur. Zwei oder mehr Aktionäre vereinbaren schriftlich, ihre Anteile einem Treuhänder zu übergeben, der gemäß der

---

171 § 218 (c) Del. Gen. Corp. Law; § 706 (a) Cal. Corp. Code; § 620 (a) N.Y. Bus. Corp. Law; § 7.31 (a) RMBCA.

172 § 706 (a) Cal. Corp. Code.

173 McQuade v. Stoneham, 263 N.Y. 323, 189 N.E. 234 (1934). Der RMBCA nimmt seit neustem eine andere Haltung ein. Nach § 7.32 sollen auch solche Verträge wirksam sein, durch die ein Großteil der Geschäftsführung vorab durch Shareholders festgelegt werden kann. Freilich soll dies nur für Close Corporations gelten. Vgl. RMBCA Ann., Official Comment zu § 7.32, abgedruckt in: *Eisenberg*, Corporations and Business Associations, S. 550.

174 Clark v. Dodge, 269 N.Y. 410, 199 N.E. 641 (1936).

175 Galler v. Galler, 32 Ill.2d 16, 203 N.E. 2d 577 (1964).

176 Ramos v. Estrada, 8 Cal. App. 4th 1070 (1992); Snyder v. Freeman, 266 S.E.2d 593 (N. C. 1980).

177 Ringling Bros.-Barnum & Bailey Combined Shows v. Ringling, 29 Del. Ch. 610, 53 A.2d 441 (Del. Sup. Ct. 1947).

178 § 706 (a) Cal. Corp. Code; vgl auch RMBCA Ann., Official Comment zu §7.31 (b), abgedruckt in: *Eisenberg*, Corporations and Business Associations, S. 547.

Trust-Vereinbarung für die Aktionäre die Stimmrechte ausübt[179]. Die Vereinbarung muß bei der Gesellschaft in Zweitschrift hinterlegt werden und dort zur Einsichtnahme für alle Gesellschafter ausliegen[180]. Ihre Laufzeit ist auf zehn Jahren beschränkt. Eine Verlängerung ist aber möglich[181]. Unlautere Ziele können mit dieser Form von Stimmbindungsverträgen nicht verfolgt werden. Voting Trust werden oft eingesetzt, um die Kontrolle einer Familie oder Gruppe über eine Corporation zu erhalten, soweit die Gefahr besteht, daß einzelne Familien- oder Gruppenmitglieder eine Koalition mit der Gesellschafterminderheit eingehen, um die Kontrolle an sich zu reißen[182].

3. Einsichts- und Informationsrechte

Wesentliche Aktionärsrechte sind letztlich Einsichts- und Informationsrechte (inspection rights). Es wird unterschieden nach Common Law Inspection Rights und Statutory Inspection Rights[183]. Daneben bestehen weitreichende Publizitätspflichten nach den Federal Securities Laws.

a) Common Law

Nach Common Law sind Aktionäre grundsätzlich berechtigt, über Corporate Affairs informiert zu werden[184]. Das Einsichtsnahmerecht ist weit und umfaßt alle Geschäftsunterlagen wie Aktionärslisten, Buchhaltungsunterlagen, By-Laws, Protokolle der Board-Meetings oder Sitzungen der Board-Ausschüsse, Hauptversammlungsprotokolle sowie Vertrags- und Steuerunterlagen, Korrespondenz und selbst Fabrikationsbetriebe können besichtigt werden[185]. Voraussetzung für die Ausübung des Inspection Rights ist allerdings, daß der Aktionär mit seinem Verlangen lautere Ziele (proper purpose) verfolgt, sein Auskunftsbegehren also von einem bona fide Interesse in gesellschaftliche Belange getragen ist[186]. Die Unterscheidung zwischen Proper und Improper Purpose ist naturgemäß nicht immer leicht zu treffen. Die Beweislast liegt beim Aktionär. Ist der Nachweis nicht erbracht, ergeht nach Common Law ein Writ of Mandamus. Dabei handelt es sich um eine gerichtliche Verfügung zur Vornahme oder Unterlassung einer bestimmten Handlung[187].

---

179 § 218 (a) Del. Gen. Corp. Law; § 706 (b) Cal. Corp. Code; § 621 N.Y. Bus. Corp. Law; § 7.30 RMBCA.

180 Vgl. nur § 621 (c) N.Y. Bus. Corp. Law.

181 Siehe Nachweise o. Fußn. 179.

182 *Klein/Ramseyer*, S. 565.

183 *Henn/Alexander*, S. 537 ff.

184 Crane Co. v. Anaconda Co., 39 N.Y. 2d 14 (1976). Vgl. auch Nachweise bei *Henn/Alexander*, S. 537.

185 *Henn/Alexander*, S. 537.

186 State Ex Rel. Pillsbury v. Honeywell, Inc., 291 Minn. 322 (1971): Der Kläger verlangte von der Beklagten, einer Waffenfabrik, die Vorlage der Aktionärsliste. Er wollte die übrigen Aktionäre von der Fehlerhaftigkeit der Beteiligung der Beklagten im Vietnam-Krieg überzeugen. Der *Supreme Court of Minnesota* urteilte, daß das Verbreiten politischer Weltanschauungen kein "proper purpose" sei.

187 Black's Law Dictionary, S. 663; Vgl. auch o. Fußn. 185.

b) Kodifiziertes Recht

Die meisten Rechtsordnungen haben Statutory Inspection Rights in ihre Corporate Statutes aufgenommen[188]. Sie schränken nicht notwendigerweise die Rechte nach Common Law ein, da einige Vorschriften nur Teilbereiche der Common Law Rechte geregelt haben. Soweit die gesetzlichen Regeln nicht weit genug reichen, ist daher immer noch der Rückgriff auf Common Law möglich[189]. Einige Gerichte gehen jedoch davon aus, daß kodifizierte Informationsrechte solche nach Common Law verdrängen[190]. Viele Corporate Statutes stellen zusätzliche Voraussetzungen für die Ausübung der Einsichtsrechte auf. Zum Beispiel müssen Aktionäre über eine Mindestanzahl von Aktien verfügen[191] oder für den Antrag auf Einsicht eine bestimmte Frist einhalten[192]. Nach altem Recht war teilweise noch erforderlich, daß der Aktionär seine Anteile bereits eine bestimmte Zeit hielt[193]. Da es für die Ausübung mitgliedschaftlicher Rechte nicht darauf ankommen kann, wann die Mitgliedschaft erworben wurde, ist diese Voraussetzung wieder aufgehoben worden. Die meisten Statutes bestimmen, daß der Aktionär die Inspection durch einen Vertreter vornehmen lassen kann[194]. Allen Regelungen gemeinsam ist jedoch auch hier das Erfordernis des Proper Purpose[195]. Die Rechtsprechung tendiert zu einer weiten Auslegung. Im Gegensatz zum Common Law wird bona fide vermutet und es obliegt der Gesellschaft, Improper Purpose darzulegen[196]. Kommt die Gesellschaft ihrer Darlegungslast nicht nach, ergeht auch hier ein Writ of Mandamus bzw. dessen gesetzliches Äquivalent[197].

c) Einsichtsrechte nach Securities Exchange Act

Wesentliche Einsichtsrechte für den Aktionär können sich auch mittelbar aus strengen Publizitätspflichten ergeben, die insbesondere der Securities Exchange Act von 1934 vielen Gesellschaften auferlegt[198]. Der Publizität unter-

---

188 § 220 Del. Gen. Corp. Law; §§ 1600 f. Cal. Corp. Code; § 624 N.Y. Bus. Corp. Law; § 16.02 RMBCA.

189 Vgl. § 624 (f) N.Y. Bus. Corp. Law: "Nothing herein contained shall impair the power of courts to compel the production for examination of the books and records of a corporation". Aus der Rechtsprechung siehe Bishop's Estate of Antilles Enterprises, Inc. 252 F.2d 498 (3d Cir. 1958).

190 Caspary v. Louisana Land & Exploration Co., 707 F.2d 785 (4th Cir. 1983); Morris v. Broadview, 52 N.E.2d 769 (Ill. 1944).

191 § 1600 (a) Cal Corp. Code: 5 Prozent der stimmberechtigten Anteile.

192 § 624 (b) N.Y. Bus. Corp. Law.

193 Z.B. § 1315 (a) N.Y. Bus. Corp. Law a.F.: 6 Monate.

194 § 220 (b) Del. Gen. Corp. Law; § 1600 (d) Cal. Corp. Code; § 624 (b) N.Y. Bus. Corp. Law.

195 § 220 (b) Del. Gen. Corp. Law; § 1601 (a) Cal. Corp. Code; § 624 (b) N.Y. Bus. Corp. Law; § 16.02 (c) (1) RMBCA.

196 Sadler v. NCR Corporation, 928 F.2d 48 (2d Cir.1991).

197 Vgl. nur § 624 (d) N.Y. Bus. Corp. Law.

198 Eine umfassende Darstellung gibt *Hazen*, § 9 (S. 405 ff.); zum Informationsanspruch des Aktionärs insbesondere *Löw*, S. 107 ff.

worfen sind allerdings nur solche Gesellschaften, deren Wertpapiere registrierungspflichtig sind. Dafür müssen folgende Voraussetzungen erfüllt sein: Unabhängig von der Größe der Gesellschaft besteht die Pflicht zur Registrierung, wenn die Aktien der Corporation an einer der National Stock Exchanges gehandelt werden[199]. Es sind dies die New York Stock Exchange (NYSE) sowie die American Stock Exchange (AMEX)[200]. Papiere, die im OTC-Verkehr (over-the-counter-market) wie dem der NASDAQ[201] gehandelt werden, sind nur dann registrierungspflichtig, wenn das Gesellschaftsvermögen $ 1 Million übersteigt und eine Aktiengattung von mehr als 500 Aktionären[202] gehalten wird[203]. Davon macht allerdings Section 12g-1 gleich wieder eine Ausnahme. Danach sind jene Gesellschaften, deren Vermögen $ 10 Millionen nicht übersteigt, von der Registrierungspflicht befreit[204]. Auch wenn die Aktionärszahl unter 300 Personen fällt, sind Wertpapiere nicht registrierungspflichtig[205]. Die Anwendbarkeit des Gesetzes kann daher durch entsprechende Maßnahmen relativ einfach ausgeschlossen werden. Besteht hingegen die Verpflichtung nach Section 12 Securities Exchange Act, bestimmt Section 13 (a) eine ganze Reihe von periodischen Melde- und Berichtspflichten. Dazu gehört zum einen die Pflicht, Quartalsberichte auf Form 10-Q[206] sowie jährliche Geschäftsberichte auf Form 10-K[207] zu erstellen. Darüber hinaus müssen auch wesentliche Geschäftsvorfälle[208] der SEC auf Form 8-K[209] gemeldet werden.

---

199 § 12 (a) Securities Exchange Act.

200 Näher zu beiden Börsen *Klein/Coffee*, S. 382. Daneben bestehen noch weitere (regionale) Börsen, namentlich die Boston Stock Exchange, die Chicago Board Options Exchange, die Cincinnati Stock Exchange, die Inter-Mountain Exchange, die Midwest Stock Exchange, die Pacific Stock Exchange und die Philadelphia Stock Exchange, vgl. *Hazen*, § 1.1 (S. 2).

201 NASDAQ steht für "National Association of Securities Dealers Automated Quotations". Im Gegensatz zu den traditionellen Börsen haben OTC-Markets keinen physisch vorhandenen Handelsraum. Vielmehr handelt es sich um eine rein EDV-gestütze Börse, bei der die Teilnehmer ausschließlich über Telefonleitungen und Computer handeln. Vgl. dazu *Klein/Coffee*, S. 383.

202 Das Gesetz spricht von "holder of record". Auf Beneficial Ownership kommt es dem Gesetz also nicht an.

203 § 12 (g) (1) Securities Exchange Act.

204 17 C.F.R. § 240.12g-1.

205 § 12 (g) (4) Securities Exchange Act.

206 17 C.F.R. § 240.13a-13. Ein Form 10-Q Muster sowie eine Liste der darin zu veröffentlichenden Informationen ist abgedruckt in: *Eisenberg*, Corporations and Business Associations, S. 1368. Über das Internet ist es verfügbar unter <http://www.law.uc.edu/CCL/34forms/form10-Q.html>.

207 17 C.F.R. § 240.13a-1. Ein Form 10-K Muster sowie eine Liste der darin zu veröffentlichenden Informationen ist abgedruckt in: *Eisenberg*, Corporations and Business Associations, S. 1370. Über das Internet ist es verfügbar unter <http://www.law.uc.edu/CCL/34forms/form10-K.html>.

208 Hierzu gehören Änderung der Beteiligungsverhältnisse Dritter an der Gesellschaft, Erwerb oder Veräußerung wesentlicher Vermögensgegenstände der Gesellschaft oder eines ihrer Töchter, Änderung der Zusammensetzung des Boards, Wechsel der Wirt-

Letztlich kann ein Aktionär nach den SEC Proxy Rules im Rahmen von Proxy-Contests[210] von der Gesellschaft die Veröffentlichung der Aktionärsliste verlangen, wenn er Kontakt zu anderen Aktionären der Gesellschaft aufzunehmen wünscht. Die Gesellschaft kann allerdings wählen, ob sie ihm die Liste überläßt oder in seinem Namen und auf seine Kosten jeden Aktionär anschreibt und die entsprechenden Unterlagen übersendet. Angesichts der Bedeutung der Proxy Regulation für den Gegenstand dieser Arbeit soll hierauf nachfolgend gesondert eingegangen werden.

3. Kapitel: Proxy Regulation

I. Quelle, Begriffsbestimmungen

Das Proxy Voting, die Abstimmung per Vollmacht, ist in den USA die vorherrschende Art und Weise, in der Aktionäre ihre mitgliedschaftlichen Stimmrechte ausüben. Ein wesentlicher Grund hierfür ist die auf anwachsenden Kapitalbedarf prosperierender Gesellschaften zurückzuführende weite Streuung der Aktionäre. Bereits der *Supreme Court of Delaware* schrieb in einem viel zitierten Urteil: "Realities of modern corporate life have all but gutted the myth that shareholders in large publicly held companies personally attend their annual meetings"[211]. Die persönliche Teilnahme an Hauptversammlungen ist für viele Aktionäre unökonomisch und beschwerlich. Das investierte Kapital macht nicht selten nur ein Teil des Gesamtvermögens des Aktionärs aus, die intensive Auseinandersetzung mit der Gesellschaft bleibt daher aus[212]. Soweit sie dennoch gewünscht wird, ist Proxy Voting ein effektives Mittel hierzu. Es ist auch notwendig, da Hauptversammlungen je nach Corporate Law und Beschlußgegenstand Mindestquoren erfordern[213]. Noch Anfang der Dreißiger Jahre ist Proxy Voting kaum reglementiert, von Ausnahmen einzelstaatlicher Regelungen abgesehen, die Fälle betreffen, in denen Stimmrechtsvollmachten ge-

---

schaftsprüfungsgesellschaft, Insolvenz oder andere wichtige Vorgänge, die die Gesellschaft für mitteilenswert hält.

209 17 C.F.R. § 240.13a-11. Ein Form 8-K Muster sowie eine Liste der darin zu veröffentlichenden Informationen ist abgedruckt in: *Eisenberg*, Corporations and Business Associations, S. 1364. Über das Internet ist es verfügbar unter <http://www.law.uc.edu/CCL/34forms/form8-K.html>.

210 Vgl. hierzu Sandler v. NCR Corporation, 928 F.2d 48 (2d.Cir.1991): Der Kläger verlangte von der Beklagten die Veröffentlichung der Aktionärsliste. Hintergrund des Begehrens war ein Übernahmeangebot für die Anteile der Beklagten verbunden mit der Ankündigung, sämtliche Directors der Beklagten abzusetzen. Beide Seiten wollten hierfür möglichst viele Stimmrechtsvollmachten auf sich vereinigen.

211 Stroud v. Grace, 606 A.2d 75, 86 (Del. Supr. 1992).

212 *Cary/Eisenberg*, S. 278.

213 Siehe o. 2. Kapitel, III.1. (S. 20).

fälscht oder hierfür in betrügerischer Absicht geworben wurde[214]. Das ändert sich 1934 mit Inkrafttreten des Securities Exchange Act[215]. Dessen Section 14 (a) bestimmt fortan:

> "It shall be unlawful for any person, by the use of the mails or by any means or instrumentality of interstate commerce or of any facility of a national securities exchange or otherwise, in contravention of such rules and regulations as the Commission may prescribe as necessary or appropriate in the public interest or for the protection of investors, to solicit or to permit the use of his name to solicit any proxy or consent or authorization in respect of any security (other than an exempted security) registered pursuant to section 12 of this title."

Die Vorschrift ist eine rein administrative Regelung[216]. Denn abgesehen vom Verbot, das sie ausspricht, ist sie vor allen Dingen Ermächtigungsgrundlage für die SEC[217]. Das hat seinen guten Grund. Angesichts sich schnell ändernder Markt- und Schutzbedürfnisse ist der SEC die Änderung ihrer aufgestellten Regeln sehr viel schneller möglich als dies bei der Änderung des Securities Exchange Act möglich wäre, da hierfür die Zustimmung des Kongresses nötig ist. Die SEC hat von der Ermächtigung in Section 14 (a) in Gestalt eines umfassenden Regelwerkes, den SEC Proxy Rules[218] Gebrauch gemacht hat. Das Verhältnis der Proxy Rules zu einzelstaatlichen Proxy-Regeln, über die heute alle Bundesstaaten verfügen[219], ist nicht immer unproblematisch[220]. Weitgehend Einigkeit besteht darin, daß die Federal Proxy Rules Bundesstaatliches Recht ergänzen[221]. Die Federal Proxy Rules verfolgen vier Ziele[222]. Erstens bezwecken sie die umfassende Offenlegung aller relevanten Informationen, über die Aktionäre zur Beurteilung der vom Management zur Abstimmung gestellten Gegenstände verfügen müssen[223]. Zweitens verbieten sie falsche Darstellungen, Auslassungen oder Betrug im Zusammenhang mit dem Solicitation

---

214 *Loss*, 73 Harv. L. Rev. 1249, 1250; *Cary/Eisenberg*, S. 278.

215 15 U.S.C. §§ 78a ff.

216 Siehe *Sonderquist*, S. 298.

217 Vgl. nochmals § 14 (a): "(...) in contravention of such *rules and regulations as the Commission may prescribe* as necessary or appropriate in the public interest or for the protection of investors (...)".

218 17 C.F.R. §§ 240.14A – E.

219 Vgl. nur. § 212 (b) – (e) Del. Gen. Corp. Law; § 178 Cal. Corp. Code; § 609 (b) N.Y. Bus. Corp. Law; § 7.22 RMBCA.

220 Zum Verhältnis ausführlich *Loss*, 73 Harv. L. Rev. 1249. *Loss* beschreibt, daß je nach Problemstellung State Law, Federal Law oder beides zur Anwendung kommt. Reine State Law Fragen sind solche angesichts gefälschter oder widerrufener Proxies sowie wenn sie von Personen erteilt wurden, denen die Aktionärsqualität fehlt. Federal Law ist anwendbar bei allen Fragen rund um Solicitation sowie Veröffentlichungs-, Mitteilungs- und Berichtspflichten. Mindestens eine Problemstellung, nämlich die Behandlung erteilter Proxies auf der Grundlage falscher oder irreführender Informationen, fällt in die Zuständigkeit beider Rechtssysteme. Vgl. ferner auf S. 1250.

221 *Hazen*, § 11.1 (S. 550); *Loss*, 73 Harv. L. Rev. 1249.

222 Dazu *Hazen*, § 11.1 (S. 549).

223 17 C.F.R. § 240.14a.

Process[224]. Drittens erlauben die Rules nicht nur Solicitation durch das Management, sondern auch durch Dissenting Shareholders[225]. In diesem Fall muß das Management abweichende Vorschläge in das eigene Proxy Statement aufnehmen sowie den Aktionären darin Raum zur Erläuterung ihrer Positionen überlassen. Letztlich müssen auch Aktionäre in ihren Proxy Materials alle für die Abstimmung relevanten Informationen offenlegen[226]. Auf einige dieser Regelungsziele soll im folgenden eingegangen werden. Zunächst jedoch noch ein Wort zur nicht immer einheitlichen Terminologie. Als Proxy wird vereinzelt die Vollmacht, die Vollmachtsurkunde oder der Bevollmächtigte selbst bezeichnet[227]. Rule 14a-1 (f) definiert Proxy sehr weit als Vollmacht ("every proxy, consent or authorization"[228]). Die Vollmachtsurkunde soll nachfolgend als Form of Proxy oder Proxy Card, der Bevollmächtigte als Proxy Holder bezeichnet werden. Rule 14a-1 definiert ferner Proxy Statement[229] und Solicitation[230]. Das Proxy Statement ist die die Vollmachtsurkunde begleitende Information, die dem Aktionär den Gegenstand der Abstimmung erläutert und Abstimmungsvorschläge unterbreitet[231]. Der Inhalt des Proxy Statements ist genau festgelegt[232] und Ausdruck des Offenlegungserfordernisses. Mit Solicitation ist der Bewerbungsprozeß gemeint, durch den in der Regel das Management Aktionären die Proxy Materials zusendet und um Unterzeichnung der Forms of Proxies sowie deren Rückgabe bittet. Rule 14a-1 (l) definiert auch Solicitation sehr breit. Es umfaßt " any request for a proxy (...), any request to execute or not to execute, or to revoke, a proxy" sowie jede Handlung, die bei vernünftiger Betrachtung Abgabe, Rückhalt oder Widerruf der Vollmacht bezwekken soll[233]. 1992 schränkte die SEC den Begriff der Solicitation wieder

---

224 17 C.F.R. § 240.14a-9.

225 17 C.F.R. § 240.14a-8.

226 17 C.F.R. § 240.14a-2.

227 Vgl. *Committee on Corporate Laws*, 51 Bus. Law. 209, 217 (Official Comment 1); ferner *Eisenberg*, 83 Harv. L. Rev. 1489, 1491 Fußn. 5, der mit Proxy sowohl den Bevollmächtigten als auch die Vollmachtsurkunde bezeichnet.

228 Auch hier ist Explicans und Explicandum, jedenfalls teilweise, identisch, was gesetzestechnisch ungeschickt ist.

229 17 C.F.R. § 240.14a-1 (g).

230 17 C.F.R. § 240.14a-1 (l).

231 Vgl. 17 C.F.R. § 240.14a-3 (a).

232 17 C.F.R. § 240.14a-101 Schedule 14A. Danach hat ein Proxy Statement u.a. zu enthalten Ort und Zeit der Versammlung (Item 1), Widerrufsrecht für Proxies (Item 2), die hinter der Werbung für die Abgabe der Proxies stehenden Personen (Item 4), mögliche Interessenkonflikte dieser Personen mit einzelnen Beschlußgegenständen (Item 5), Aktienstruktur des Unternehmens, insbes. Anzahl der zur Abstimmung berechtigten Aktien sowie das Record Date (Item 6), Angaben zu Directors und Officers (Item 7) und ggf. Änderung ihrer Bezüge (Item 8), Angaben zu Wirtschaftsprüfer (Item 9) und dem Abstimmungsverfahren, insbes. den erforderlichen Quoren (Item 21). Eine gute Übersicht gibt *Hazen*, § 11.2 (S. 557 ff.).

233 Die Definition wurde seit 1935 kontinuierlich ausgedehnt und teilweise wieder zurückgenommen. Vgl. näher *Goforth*, 43 Am. U. L. Rev. 379, 390; *Hornstein*, 71 Wash. U. L. Q. 1129, 1138.

ein[234], da vor der Änderung bereits jede Äußerung, die in irgendeiner Weise Aktionäre dazu hätte veranlassen können, Proxies zu erteilen oder zurückzuhalten, als Solicitation angesehen werden mußte und daher strenge Mitteilungs- und Publizitätspflichten nach sich zog[235]. Davon sahen sich besonders institutionelle Investoren benachteiligt, deren Zahl in den Achtziger Jahren stark gestiegen war[236] und die einen stärkeren Einfluß auf die Corporate Governance von Publikumsaktiengesellschaften gewinnen wollten[237]. Von Solicitation ausgenommen wurden daher öffentlich verbreitete Informationen[238] und Erklärungen, die nicht auf die Erlangung von Proxies ausgerichtet sind[239]. Im übrigen läßt sich die Anwendbarkeit der SEC Proxy Rules für Solicitations in folgende drei Kategorien zusammenfassen: (1) Erfaßt werden alle Solicitations, die seitens des Managements durchgeführt werden, und zwar unabhängig von der Zahl der Directors[240]. (2) Bei allen Non-Management Solicitations kommt es auf die Zahl derer an, die um Proxies ersucht werden. Übersteigt ihre Zahl zehn, sind die Rules anwendbar[241]. Hintergrund der Regelung ist, daß die SEC unzufriedene Minderheitsaktionäre zu einem Zeitpunkt, in dem diese um ein Mindestmaß an Unterstützung für ihre Sicht werben, nicht schon den strengen Veröffentlichungsvorschriften der Rules 14a-3 ff. unterwerfen wollte[242]. (3) Gänzlich von den Rules freigestellt sind Broker, Dealer[243] und Banken[244]. Der Kongress verabschiedete für diese Gruppen § 14 (b) Securities Exchange Act, die eine Parallelregelung zu § 14 (a) Securities Exchange Act ist. Ihr Sinn ist, zu verhindern, daß Broker Proxies für ihre Kunden entgegen den Bestimmungen, die die SEC hierfür erläßt, ausüben[245]. Auch von dieser

---

234 Hierfür wurde Rule 14a-1 ergänzt und Rule 14a-2 teilweise neu gefaßt. vgl. Regulation of Communication Among Shareholders, SEC-Release No. 34-31326 (16.10.1992), Federal Securities Law Reporter (CCH), ¶ 85,051.

235 Ein Unternehmen bspw., das einen Rechtsstreit anstrengte und deswegen eine Presseerklärung herausgeben wollte, mußte vor der Veröffentlichung wegen Solicitation of Proxies zunächst die Zustimmung der SEC einholen. Beispiel nach *Hornstein*, 71 Wash. U. L. Q. 1129.

236 Rund 54 Prozent des Aktienkapitals war 1986 in der Hand institutioneller Investoren, vgl. *Cary/Eisen-berg*, S. 196 m. w. Nachw.

237 Dazu *Hazen*, § 11.2 (S. 561).

238 17 C.F.R. § 240.14a-1 (2) (iv) (A).

239 17 C.F.R. § 240.14a-2 (b) (1). Die Reform von 1992 stieß nicht überall auf ungeteilte Zustimmung, insbes. nicht beim Management der meisten Unternehmen, vgl. *Donovan*, The National Law Journal (14.12.1992), 17, zur Übernahmeschlacht zwischen Centel Corp. und Sprint Corp.

240 17 C.F.R. § 240.14a-2.

241 17 C.F.R. § 240.14a-2 (b) (2).

242 *Hornstein*, 71 Wash. U. L. Q. 1129, 1138.

243 Zur Abgrenzung: der Broker handelt im eigenen Namen und für fremde Rechnung, der Dealer im eigenen Namen und für eigene Rechnung.

244 17 C.F.R. § 240.14a-2 (a)

245 Der genaue Text lautet: "It shall be unlawful for any member of the national securities exchange, or any broker or dealer registered under this chapter, or any bank, association, or other entity that exercises fiduciary powers, in contravention of such rules and

Ermächtigungsgrundlage hat die SEC mit Rule 14b-1 Gebrauch gemacht. Nach Rule 14a-2 (a) also fallen Broker, Dealer und Banken nicht unter den Begriff Solicitation, wenn sie Aktien nur treuhänderisch halten, außer der üblichen Aufwandsentschädigung keine Provision für die Solicitation erhalten und den Treugeber mit allen Informationen und Materialien in unvoreingenommener Weise versorgen. Sind diese Voraussetzungen gegeben, was bei Brokern typischerweise der Fall ist, richten sich weitere Verpflichtungen von Broker, Dealern und Banken nach Rule 14b-1. Die Praxis, Aktien über Treuhänder zu halten, ist in den USA sehr verbreitet und übt einen nachhaltigen Einfluß auf die Organisation des Proxy Voting aus. Nachfolgend soll daher näher auf das Treuhandsystem eingegangen werden.

II. Beneficial Ownership

1. Hintergründe

Die meisten Unternehmen werden vor der Werbung um Proxies mit dem Problem konfrontiert, ihre Aktionäre (beneficial owner[246]) identifizieren zu müssen. Insbesondere gilt es herauszufinden, wem das Stimmrecht für deren Anteile zusteht[247]. Wichtig wird es, die eigene Aktionärsstruktur gut zu kennen, vor allen Dingen dort, wo Management und unzufriedenen Kleinaktionäre versuchen, möglichst viele Stimmen für ihre Vorschläge auf sich zu vereinen (proxy contest). Diese Schwierigkeit stellt sich, weil – wie bereits kurz angesprochen[248] – viele Kleinanleger, aber auch institutionelle Investoren, ihre Anteile bei Brokern (street name registration) oder Banken (nominee name registration) hinterlegen bzw. registrieren[249]. Dafür kommen eine Reihe von Gründen in Betracht. Aktionäre können anonym bleiben und der Kauf und Verkauf von Wertpapiere wird ihnen leicht gemacht. Ein Anruf beim Broker oder der Bank genügt. Von der Aufbewahrung ihrer Aktienurkunden sind sie befreit, wenn sie sie Brokern und Banken überlassen. Diese lassen Aktien üblicherweise in ihrem Namen registrieren und sind für deren sichere Lagerung

---

regulations as the Commission may prescribe as necessary or appropriate in the public interest or for the protection of investors, to give, or to refrain from giving a proxy, consent, authorization, or information statement in respect to any security registered pursuant to section 12 of this title." Vgl. 15 U.S.C. § 78n (b).

246 Der Securities Exchange Act bietet mehr als nur eine Definition von Beneficial Owner. Rule 13d-3 (17 C.F.R. § 240.13d-3) wird am deutlichsten. Sie definiert ihn als "any person who, directly or indirectly, through any contract, arrangement, understanding, relationship, or otherwise has or shares: (1) Voting power which includes the power to vote, or to direct the voting of, such security; and/or, (2) Investment power which includes the power to dispose, or to direct the disposition of, such security."

247 *S.Klein*, 23 Iowa J. Corp. L. 155, 156.

248 Vgl. o. 2. Kapitel, III.1. (S. 20).

249 *Jennings/Buxbaum*, S. 288; *S.Klein*, 23 Iowa J. Corp. L. 155, 159; SEC, 94th Cong., 2nd Sess., Final Report of the SEC on the Practice of Recording the Ownership of Securities in the Records of the Issuer in Other than the Name of the Beneficial Owner of Such Securities, House Comm. On Interstate and Foreign Com. 1 (Comm. Print 1976), CCH, Fed.Sec. L. Rep. No. 672 (15.10.1976), S. 1 (SEC Street Name Study).

verantwortlich. Andererseits tragen Aktionäre keine Verspätungs- und Transportrisiken mehr, die entstehen, wenn sie ihre Anteile selbst halten wollen. Und auch für den Emittenten hat das System Vorteile. Er kann Kosten sparen, da weniger Aktienurkunden hergestellt werden müssen. Letztlich können Aktionäre auch zur Street Name Registration verpflichtet sein, etwa, wenn sie einen Aktienkauf auf Kredit getätigt haben. Brokern oder Banken registrieren dann die Anteile, solange sie nicht vollständig bezahlt sind[250].

2. Street Name Registrierung

Ungefähr 75 Prozent aller Aktien sind in Street Name registriert[251]. Davon werden ca. 20 Prozent in Broker Name und 80 Prozent in Bank Nominee Name gehalten[252]. Besonders die Involvierung von Banken bereitete Unternehmen lange Zeit viele Schwierigkeiten, Beneficial Owners um Proxies zu bitten. Klein- und Regionalbanken finden es aus einer Reihe von Gründen ökonomischer, in ihrem Namen registrierte Aktien bei größeren Regionalbanken zu verwahren. Wenn diese Banken selbst keine Großbanken sind, werden sie die Aktien ihrer eigenen Kunden sowie die Aktien der von ihnen vertretenen Kleinbanken an Großbanken weiterleiten, die sie ihrerseits erst bei Depositories einlagern. Dieses Huckepack-System ("piggybacking"[253]) macht es für Unternehmen sehr schwierig, durch mehrere Ebenen hindurch die Identität der Beneficial Owners zu erfahren. Diese unbefriedigende Situation spitzte sich Anfang der Achtziger Jahre zu, als die Hauptversammlungen einiger Aktiengesellschaften verschoben werden mußten, weil die für die Beschlußfassung erforderlichen Quoren nicht eingehalten werden konnten[254]. Die Gesellschaften konnten angesichts der Schwierigkeiten, ihre Beneficial Owners zu erreichen, nicht garantieren, daß diese die Proxy Materials so rechtzeitig zu erhielten, um mitabstimmen zu können. Die SEC reagierte, indem sie eine Studie durchführte[255], an deren Ende die Änderung der erst 1977 geschaffenen Rule 14b-1 stand. Rule 14b-1 verpflichtete bis zu diesem Zeitpunkt Broker und Dealer nur, dem Unternehmen kurzfristig die Anzahl der Beneficial Owners mitzuteilen, für die der Broker Aktien hielt[256]. Das Unternehmen konnte aufgrund dieser Angaben dem Broker genügend Proxy Sets bzw. Materials zur Verfügung stellen, der sie seinerseits gegen Erstattung der Kosten an die Beneficial Owners weiterzuleiten hatte[257]. Der Grund für diese Regelung ist, daß Aktionäre ihre Stimm- oder Informationsrechte nicht dadurch verlieren sollen, daß sie ihre

---

250 *Heard/Sherman*, in: Cary/Eisenberg, S. 271; *S.Klein*, 23 Iowa J. Corp. L. 155, 159.

251 *Friedman*, Securities Regulation in Cyberspace, 11-10 (11.06).

252 *S.Klein*, 23 Iowa J. Corp. L. 155, 166.

253 Vgl. *S.Klein*, 23 Iowa J. Corp. L. 155, 168.

254 Siehe § 216 Del. Gen. Corp. Law; § 602 (a) Cal. Corp. Code; § 608 (a) N.Y. Bus. Corp. Law; § 7.25 (a) RMBCA.

255 Division of Corporate Finance, SEC Staff Report on Corporate Accountability, 1 (1980).

256 Die direkte Kommunikation zwischen Issuer und Beneficial Owner sah die SEC Street Name Study (o. Fußn. 249) als nicht notwendig an.

257 17 C.F.R. § 240.14b-1 a. F.

Anteile in Street Name halten[258]. 1985 wurde die Regelung dahingehend ergänzt, daß der Broker/Dealer dem Unternehmen auch eine Liste der Namen und Adressen sowie die Anzahl der gehaltenen Aktien der Aktionäre mitteilen muß, die der Mitteilung dieser Daten an das Unternehmen nicht widersprochen haben[259] (sog. NOBO-list[260]). Die direkte Kommunikation zwischen Unternehmen und Anleger war dadurch zwar möglich geworden, letztlich konnte aber nur ein kleiner Teil der Anleger erreicht werden. Denn mit der Neufassung von Rule 14b-1 konnte die SEC nur die Kommunikation mit solchen Anleger verbessern, die ihre Anteile über Broker/Dealer hielten, nicht hingegen über Banken. Dabei war gerade diese Gruppe besonders interessant, machte sie doch 80 Prozent aller Street Name Accounts aus[261]. Die SEC wollte gleiche Regelungen auch für Banken schaffen, allein dafür fehlte ihr eine Ermächtigungsgrundlage. Nach dem Securities Exchange Act konnte sie zwar Unternehmen zwingen, ihre Proxy Materials an Banken zu schicken, nicht aber Banken selber, die Unterlagen an Beneficial Owners weiterzuleiten. Denn dafür fehlte der SEC die gesetzliche Ermächtigung[262]. Bereits 1986 ergänzte der Kongreß auf Betreiben der SEC § 14 (b) Securities Exchange Act und schloß auch Banken mit ein[263]. Damit war der Weg für die SEC frei, Rule 14b-2 zu erlassen, die auf Anfrage nun auch Banken verpflichtet, Unternehmen mit NOBO-Lists zu versorgen[264] und Proxy Materials an die eigenen Kunden zu verschikken[265]. Um dem Piggybacking-Problem zu begegnen, werden Banken insbesondere verpflichtet, dem Unternehmen eventuelle Beziehungen zu anderen Banken (respondent banks) innerhalb eines Tages anzuzeigen[266]. Dem Unternehmen wird dadurch ermöglicht, Respondent Banks eine erneute Suchanfrage zuzusenden, bis sie schließlich auf Beneficial Owners stoßen.

---

258 *Hazen*, § 11.9 (S. 601).

259 17 C.F.R. § 240.14b-1 (b) (3).

260 NOBO steht für "Non Objecting Beneficial Owner".

261 *S.Klein*, 23 Iowa J. Corp. L. 155, 166 Fußn. 100.

262 § 12 (i) Securities Exchange Act verleiht zwar den US-Bankenaufsichtsbehörden die Befugnis, Regelungen zu erlassen, die sich mit denen der SEC weitgehend decken. § 14 (b) Securities Exchange Act (= § 78n [b] U.S.C.) ist davon aber ausgenommen. Banken gesetzlich vorzuschreiben, die Identität ihrer Kunden aufzudecken, wurde als Eingriff in die "state privacy laws" verstanden, vgl. *Brown*, 13 J. Corp. L. 683, 743 Fußn. 283-285.

263 Für zum Zeitpunkt des Inkrafttretens der Änderung (28.12.1986) eingerichtete Konten konnte die SEC allerdings keine Aufdeckung verlangen, außer die Kunden stimmten zu. Nicht so für Konten, die nach dem 28.12.1986 eröffnet wurden. Hier muß die Bank aufdecken, es sei denn, der Kunde widerspricht. Vgl. § 14 (b) (2) Securities Exchange Act und entsprechend Rule 14b-2 (b) (1) (ii) (B) (1) und (2).

264 17 C.F.R. § 240.14b-2 (b) (4) und (5).

265 17 C.F.R. § 240.14b-2 (b) (3).

266 17 C.F.R. § 240.14b-2 (b) (1) (i) und (ii).

3. Depository System

Eine weitere Schwierigkeit für Unternehmen, ihre Beneficial Owners zu bestimmen, ist, daß viele Banken und Brokers Aktienurkunden nicht im eigenen Bestand halten, sondern sie bei einem der vier regionalen Hinterlegungsstellen[267] (depositories) verwahren, von denen die Depository Trust Co. in New York die größte ist[268]. Wenn Urkunden bei der DTC verwahrt werden, wird diese auch offiziell Holder of Record der Aktien und damit stimmberechtigt. Das sich um Proxies bemühende Management wird daher sehr wahrscheinlich zunächst erfahren, daß die "Cede & Co." und andere Depositories den Großteil der Aktien halten. Damit ist dem Management aber nicht gedient, da Holder of Record kein wirtschaftliches Interesse an den in ihrem Namen registrierten Aktien haben; sie sind lediglich Verwahrer der physischen Urkunden. Da es dem Unternehmen darauf ankommt, in direkten Kontakt zu Beneficial Owner zu treten, möchte es von den Depositories erfahren, wer deren Kunden sind. Beiden Begehren sind die Depositories nachgekommen. Insbesondere auf die DTC ist der Vorschlag zurückzuführen, daß Depositories durch Globalvollmacht ("omnibus proxy") Record Ownership und Stimmrechte wieder an ihre Kunden, Banken und Broker rückübertragen. Rechtlich handelt es sich hierbei um eine Abtretung (assignment). Ferner geben Depositories Unternehmen vor der Jahreshauptversammlung kostenfrei Auskunft über ihre Kunden und die von ihnen gelisteten Positionen (security position listing report). Mit Hilfe dieser Dokumente (omnibus proxy, listing report) erlauben Unternehmen und Depository Kunden, wieder direkt miteinander zu verkehren, ohne daß diese den Umweg über DTC oder andere Depositories gehen müssen.

4. Solicitation Prozeß

Nachfolgend soll auf den Solicitation-Prozeß im einzelnen eingegangen werden. Grundsätzlich muß dafür nach den Proxy Rules zwischen Solicitation über Broker/Dealer[269] und Solicitation über Banken[270] unterschieden werden. Beide Regeln haben unterschiedliche Regelungsvoraussetzungen, verfolgen aber das gleiche Ziel: Beneficial Owners mit Informationen zu versorgen. Erläutert werden soll daher nur eine Variante, hier Solicitation über Broker und Dealer[271]. Der Prozeß wird am deutlichsten anhand eines Beispiels:

Der Board of Directors eines in Delaware inkorporierten Softwareunternehmens mit Sitz in Kalifornien, deren Aktien nach Section 12 Securities Exchange Act registriert und an der NYSE gehandelt werden, beschließt, seine

---

267 Es sind dies die Depository Trust Co. [DTC] (nominee name: Cede and Co.), die Midwest Securities Depository Trust Co. (Kray and Co.), die Pacific Securities Depository Trust Co. (Pacific and Co.) und die Philadelphia Depository Trust Co. (Philadelp and Co.). Alle vier verwahren mehr als 70 Prozent aller Aktienurkunden in den USA.

268 *Heard/Sherman*, in: Cary/Eisenberg, S. 272

269 17 C.F.R. § 240.14b-1.

270 17 C.F.R. § 240.14b-2.

271 Eine gute Übersicht über die Unterschiede zwischen Rule 14b-1 und Rule 14b-2 gibt *S.Klein*, 23 Iowa J. Corp. L. 155.

nächste Jahreshauptversammlung am 30. Mai 2000 in Los Angeles abzuhalten. Als Record Date bestimmt der Board den 3. April[272]. Gegenstand der Hauptversammlung ist die Wahl der Directors und der Abschlußprüfer sowie Verschiedenes, soweit nötig. Das Management möchte für diese Routine-Hauptversammlung um Proxies bei ihren Aktionären werben. Ein Blick in das Aktionärsbuch verrät dem Unternehmen, daß Achtzig Prozent der ausstehenden Aktien von einer nur geringen Zahl von Brokern (und Banken) gehalten werden. Da sich hier der Verdacht aufdrängt, daß Broker und Banken nur Record Owner und damit Inhaber des Stimmrechts sind, möchte und muß das Management die Identität der Beneficial Owner feststellen. Denn nach Rule 450 der General Rules der New York Stock Exchange (NYSE Rules[273]) ist es Brokern grundsätzlich untersagt, Proxies für auf ihren Namen registrierte Aktien zu erteilen[274]. Solicitation von Proxies für Aktien, die auf Broker registriert sind, ist ein Zwei-Stufen-Prozeß. Die erste Stufe, die Solicitation des Broker-Stimmrechts, wird durch die SEC Proxy Rules geregelt. Hingegen bestimmen die SEC Proxy Rules zusammen mit den entsprechenden Börsenregeln – hier den NYSE Rules – die zweite Stufe, die Solicitation von Stimmrechtsinstruktionen der Beneficial Owners durch Broker.
Zur ersten Stufe: Die Solicitation durch das Managements unseres Unternehmens fällt unter Rule 14a-2 SEC Proxy Rules, wonach die Rules 14a-3 bis 14a-15 Anwendung finden. Hiernach hat das Management die Proxy Materials, das heißt Form of Proxy[275], das Proxy Statement[276] sowie den Abschlußbericht (annual report)[277] vorzubereiten, in denen u.a. die Tagesordnungspunkte aufzuführen sind. Gemäß Rule 14a-6 (a) muß das Management fünf vorläufige Kopien (preliminary copies) des Proxy Statements sowie der Form of Proxy 10 Tage vor dem Versand der endgültigen Versionen an die Aktionäre der SEC vorlegen. Die Preliminary Proxy Statements werden sogleich veröffentlicht[278], was dem Management die Gelegenheit gibt, für seine Position möglichst frühzeitig zu werben[279]. Auch kann so das Management eventuell skeptische Reaktionen der Aktionäre auf seine Vorschläge zum Anlaß nehmen, das Proxy Statement zu überarbeiten[280]. Seit 1992 besteht die Ver-

---

272 Vgl. nochmals § 213 (a) Del. Gen Corp. Law, wonach der Record Day nicht mehr als 60 und nicht weniger als 10 Tage vor dem Termin für das Annual Meeting liegen darf. Das Recht von Delaware und nicht etwa das von Kalifornien ist anwendbar. In den USA gilt für alle gesellschaftsinternen Angelegenheiten das Recht des Inkorporationsstaates ("choice of law"), vgl. *Klein/Coffee*, S. 142 f.

273 New York Stock Exchange, Inc., Constitution and Rules, Stand: Oktober 1998, CCH, Chicago 1998.

274 Hier besteht etwa ein Unterschied zu Banken, denen dies erlaubt ist, da die NYSE Rules auf diese nicht anwendbar sind.

275 17 C.F.R. § 240.14a-4.

276 17 C.F.R. § 240.14a-3 (a) i.V. mit Rule 14a-101 (Schedule 14A) i.V. mit Rule 14a-5.

277 17 C.F.R. § 240.14a-3 (b).

278 17 C.F.R. § 240.14a-6 (e) (1).

279 *Bloomenthal*, § 25.01 (S. 1415).

280 *Friedman*, Securities Regulation in Cyberspace, 11-2, 11.01 [a].

pflichtung, Preliminary Proxy Statements der SEC vorzulegen, allerdings nicht mehr, soweit es sich um eine Routinehauptversammlung handelt, auf der nur Directors und Abschlußprüfer zu wählen sind oder über einen unstreitigen Aktionärsantrag entschieden werden muß[281]. Um die Identität seiner Aktionäre festzustellen und insbesondere um die Kommunikation zwischen Aktionäre und Unternehmen zu erleichtern, muß das Unternehmen mindestens zwanzig Tage vor dem Record Date ihre Broker- (und Banken-) Aktionäre nach Rule 14b-1 (1) auffordern, ihr innerhalb von sieben Tagen per First Class Mail mitzuteilen, wie viele Kunden des Brokers Beneficial Owners des Unternehmens sind[282]. Die Mitteilung ist danach aufzuschlüsseln, wie viele Aktionäre der Preisgabe ihrer Identität widersprochen haben[283]. Innerhalb von fünf Tagen hat der Broker dem Unternehmen ferner eine NOBO-List zuzusenden[284]. Sobald das Unternehmen über die entsprechenden Informationen verfügt, wird es das endgültige Proxy Statement in Druck geben und alle Proxy Materialien (inklusive Ankündigung der Hauptversammlung[285]) an Broker (und Banken) versenden. Am selben Tag noch muß es acht Kopien dieser definitive Proxy Materials der SEC und drei Kopien jeder Börse, an der ihre Papiere zugelassen sind – hier der NYSE –, zukommen lassen[286]. Die Broker sind daraufhin verpflichtet, die definitive Proxy Materials nicht später als fünf Tage nach Erhalt an die entsprechenden Objecting Beneficial Owners weiterzuleiten[287]. Die Non-Objecting Beneficial Owners wird das Unternehmen selbst anschreiben und mit Materialien versehen. Die zweite Stufe, das Verhältnis Broker-Kunden, richtet sich nun nach den NYSE Rules 450 ff.

Rule 451 (a) wiederholt den Gedanken der SEC Proxy Rule 14b-1 (b) (2), verpflichtet den Broker also, Beneficial Owners das Soliciting Material zuzusenden. Nach NYSE Rule 451 (b) stehen dem Broker zwei Alternativen zur Auswahl. Er kann den Beneficial Owner entweder um Stimmrechtsinstruktionen bitten[288] oder ihm die Form of Proxy blanko unterschrieben zusenden[289]. Im letzten Fall muß die Form of Proxy allerdings detailliert aufgeschlüsselt und für den Beneficial Owner gut verständlich sein[290], da gewähleistet sein muß, daß der Aktionäre eine "Informed Decision" trifft. Auch muß ihn der Broker ausdrücklich darauf hinweisen, daß seine Stimme unberücksichtigt bleibt, wenn er die Form of Proxy nicht ausfüllt und an das Unternehmen direkt zurückschickt.

---

281 17 C.F.R. § 240.14a-6 (a); siehe auch Regulation of Communication Among Shareholders, SEC-Release No. 34-31326 (16.10.1992), Federal Securities Law Reporter (CCH), ¶ 85,051.

282 17 C.F.R. § 240.14b-1 (b) (1) (i).

283 17 C.F.R. § 240.14b-1 (b) (1) (ii).

284 17 C.F.R. § 240.14b-1 (b) (3).

285 § 222 (b) Del. Gen. Corp. Law.

286 17 C.F.R. § 240.14a-6 (b).

287 17 C.F.R. § 240.14b-1 (b) (2).

288 NYSE Rule 451 (b) (1) (o. Fußn. 273).

289 NYSE Rule 451 (b) (2) (o. Fußn. 273).

290 *Jennings/Buxbaum*, S. 289.

Der Beneficial Owner vervollständigt bei dieser Variante also nur die Form of Proxy und sendet sie per Freiumschlag dem Management zurück. Der erste Fall der NYSE Rule 451 (b) (1) hingegen ist bekannt als die "10-Day-Rule"[291]. Hat der Broker dem Beneficial Owner mindestens fünfzehn Tage vor dem Datum der Hauptversammlung die Proxy Materials zugesandt und dieser nicht spätestens bis zum zehnten Tag vor der Versammlung Stimmrechtsinstruktionen erteilt[292], ist der Broker berechtigt, selbst und nach eigenem Ermessen das Stimmrecht für seinen Kunden wahrzunehmen[293]. Die näheren Voraussetzungen regelt NYSE Rule 452. Danach darf der Broker nicht selbst Stimmrechtvollmacht erteilen, wenn u.a. der Tagesordnungspunkt Gegenstand eines Proxy Contest ist oder andere, in Aktionärsrechte einschneidende Punkte (z.B. Verschmelzung[294]) zur Debatte stehen. Eintreffende Stimmrechtsinstruktionen übermittelt der Broker gesammelt an das Unternehmen.
Auf unseren Fall bezogen ergibt sich – zusammenfassend – etwa folgender zeitlicher Ablauf:

1.4.: Aufforderung an Broker, Zahl der Beneficial Owner zu nennen
8.4.: Antwort der Broker
Ab 9.4.: Druck der definitive Proxy Statements
20.4.: Record Date
8.5.: Spätestens Versand der Proxy Materials an Broker, SEC und NYSE
10.5.: Zugang der Proxy Materials bei Broker
15.5.: Weiterversand der Proxy Materials an Beneficial Owners
Bis 20.5.: Stimmrechtsinstruktionen der Beneficial Owners müssen bei Broker eingegangen sein
21.5.: Gesammelter Versand der Instruktionen an Unternehmen
30.5.: Hauptversammlung

III. Proxy Contests

Weiterer wichtiger Regelungsgegenstand der Federal Proxy Regulation sind Fragen im Zusammenhang mit Proxy Contests[295]. Hier opponieren unzufriedene Minderheitsaktionäre gegen das Management und versuchen ihrerseits, möglichst viele Stimmrechte auf ihre Vorschläge zu vereinen. Der Problembereich umfaßt auch Shareholder Proposals, die Aktionäre regelmäßig den

---

291 *Heard/Sherman*, in: Cary/Eisenberg, S. 276.

292 Hat der Beneficial Owner die Proxy Soliciting Materials bereits mindestens 25 Tage vor der Hauptversammlung erhalten, so steht dem Broker das gleiche Recht schon zu, wenn er bis zum 15. Tag vor der Versammlung keine Anweisung erhalten hat.

293 Insofern handelt es sich um eine Ausnahme zu NYSE Rule 450 (o. Fußn. 273), die es Brokern gerade verbietet, für ihre Kunden deren Stimmrechte wahrzunehmen.

294 Eine komplette Liste enthält NYSE Rule 452 (¶ 2452.11) (o. Fußn. 273).

295 Aus der umfangreichen Literatur siehe bspw. nur Levin v. Metro-Goldwyn-Mayer, Inc., 264 F.Supp. 797 (S.D.N.Y. 1967); *Jennings/Buxbaum*, S. 290; *Eisenberg*, 83 Harv. L. Rev. 1489; *Henn/Alexander*, S. 813.

Proxy Materials des Managements beizufügen versuchen, um so die anderen Aktionäre erreichen und von ihren Absichten unterrichten zu können[296]. Auf eine weiterführende Darstellung dieser und weiterer Themen[297] kann hier verzichtet werden. Statt dessen soll auf die Neuerungen eingegangen werden, die die SEC 1995 im Zusammenhang mit der Solicitation von Proxies aufgestellt hat.

4. Kapitel: Proxies und moderne Kommunikationsmethoden

Wie die vorstehenden Ausführungen zeigen, ist die Vorbereitung jeder Hauptversammlung eine außerordentlich aufwendige Angelegenheit. Geschäftsberichte, Abstimmungsmaterial und Vollmachtsurkunden müssen gedruckt und nach genau fixierten Zeitplänen der SEC und der Öffentlichkeit zugänglich gemacht werden. Immense Porto- und Rückportokosten für frankierte Freiumschläge belasten die Unternehmenskassen erheblich. Für die an der NYSE[298] gehandelten Papiere fallen beispielsweise neben den Druckkosten für sämtliche Unterlagen in Höhe von $ 5,- pro Proxy Set noch $ 0,50 Service Charge für die Broker/Banken[299] dafür an, daß sie die Unterlagen an die Beneficial Owner weiterleiten[300], sowie Versandkosten in Höhe von $ 1,50[301] First Class Mail[302] und $ 0,34 Rückporto. Sogenannte "Follow-Up Mailings" oder "Interim Report Mailings" sowie weitere Kosten bleiben dabei unberücksichtigt[303]. Insgesamt also können sich pro Vorgang Kosten zwischen $ 7,- und $ 9,- ergeben. Man kann sich leicht ausrechnen, daß der Aufwand für große Publikumsgesellschaften enorm ist und es verwundert kaum, daß viele Mitglieder des Managements jährliche Hauptversammlungen als "monumentale Verschwendung von Zeit und Geld"[304] sehen. Seit Mitte der Achtziger Jahre wird daher verstärkt über alternative Methoden nachgedacht, mit denen sich Kosten senken lassen können. Da die oben erwähnte Service Charge reglementiert und daher nicht vermieden werden kann, konzentrieren sich die Anstren-

---

296 Vgl. etwa *Hazen*, § 11.7 (S. 589). Shareholder Proposals waren 1998 Gegenstand einer umfassenden SEC Proxy Reform. Siehe *J. Hamilton*, 1998 SEC Proxy Reform: Shareholder Proposals.

297 Dargestellt bei *Hazen*, § 11.1 (S. 549 ff.).

298 Vgl. NYSE Rule 451 (¶ 2451.90) (o. Fußn. 273).

299 Die NYSE Rules sind auf Banken zwar nicht anwendbar; hinsichtlich der Kosten, von denen auch Banken nach SEC Rule 14b-2 (c) (2) (i) freizuhalten ist, orientiert man sich aber daran.

300 NYSE Rule 451 (¶ 2451.90) (o. Fußn. 273).

301 Porto: Stand Juli 1999

302 17. C.F.R. § 240.14a-13 (1).

303 NYSE Rule 451 (¶ 2451.90) (o. Fußn. 273).

304 *Kaplan*, Annual Meetings: Put Them On-Line, The New York Times v. 16.10.1994, S. 11, der Time Warners Senior Vice President *Philip R. Lochner, Jr*,. zitiert.

gungen auf die übrigen Kosten. Technischer Fortschritt erlaubt es, den traditionellen Briefverkehr einzuschränken oder ganz auf ihn zu verzichten. Auf zwei technische Möglichkeiten soll nachfolgend eingegangen werden[305]. Begonnen wird mit Datagram-Proxies, die zur Zeit noch die gebräuchlichste Methode darstellen, Proxies von Anlegern zu erhalten. Im Anschluß daran werden Electronic Proxies diskutiert.

I. Datagram-Proxies

Mitte der Achtziger Jahren begannen Unternehmen sog. Datagram-Proxies einzusetzen, die es Anlegern erlaubten, ihr Stimmrecht über gebührenfreie Telefonanrufe auszuüben. Am eingängigsten dargestellt ist das Datagram-System in einem Urteil *des Court of Chancery*[306] *of Delaware*, das sich erstmals 1989 mit Datagram-Proxies auseinanderzusetzen hatte[307].
Gegenstand des Verfahrens war die Frage, ob die für die Wahl von Directors durch Datagram-Proxies eingefahrenen Stimmen zu berücksichtigen waren. Im Rahmen eines Proxy-contests wurde das amtierende Management (incumbent directors) durch die Kandidaten der Gegenseite ersetzt. Der Stimmenvorsprung der neu gewählten Directors war sehr knapp und beruhte teilweise auf Datagram Proxies. Das alte Management klagte mit der Begründung, die Datagram-Proxy Solicitation der Beklagten lasse keinen Rückschluß auf die Identität der Aktionäre und der durch diese abgegebenen Weisungen zu. Die Beklagten hatten eine Proxy-Solicitation-Firma beauftragt, die jeden Aktionär kontaktiert und diesem eine gebührenfreie Rufnummer übermittelt hatte, unter der er seine Stimmen registrieren lassen konnte[308]. Rief man diese Nummer an, meldete sich ein Angestellter einer hierfür beauftragten Telekommunikationsgesellschaft, der die Stimmrechtsweisungen entgegennahm sowie Name und Adresse des Aktionärs und Anzahl der gehaltenen Anteile, jedoch keine identifizierenden Merkmale oder Informationen. Der Angestellte erfaßte die Daten und übermittelte sie elektronisch an die Beklagten, wo sie im Datagram-Format ausgedruckt und der Gesellschaft übergeben werden konnten. Das Gericht folgte der klägerischen Begründung und gab der Klage statt. Es betonte jedoch zugleich, daß es keine Aussage über die grundsätzliche Zulässigkeit von Datagram-Proxies treffe[309]. Das Recht von Delaware bestimme keine zwingende Form für Proxies. Jedenfalls seien Datagram-Proxies aber dann unzulässig, wenn sie keinen Rückschluß auf den Urheber der Erklärung zuließen. Nur wenn die Proxies mit einer Unterschrift oder einem Unterschrif-

---

[305] Einen kurzen Überblick über den Einfluß moderner Medien auf das amerikanische Proxy-Verfahren geben aus deutscher Sicht zuletzt *Spindler/Hüther*, RIW 2000, 329.

[306] Die Courts of Cancery sind für die Equity-Rechtsprechung zuständig. Vgl. dazu *Burnham*, S. 40; *Hay*, S. 5 ff.; *Blumenwitz*, S. 7 ff.

[307] Parshalle v. Roy, 567 A.2d 19.

[308] A.a.O., S. 25.

[309] Parshalle v. Roy, 567 A.2d 19, 26.

tenäquivalent (z.B. einem Unterschriftenstempel oder Faksimile) versehen seien, trügen sie eine Gültigkeitsvermutung in sich[310].
Damit war rechtlich der Weg frei für Datagram-Proxies. Das System ist heute noch immer intensiv in Gebrauch[311], da die Kosten für den gebührenfreien Rückruf deutlich unter denen für einen Freiumschlag liegen. Unternehmen senden (durch Broker/Banken) die Abstimmungsunterlagen zusammen mit einer Persönlichen Identifikationsnummer (PIN) an den Anleger, der nicht an der Hauptversammlung teilnimmt. Durch Wählen einer gebührenfreien Nummer und nach Eingabe der PIN wird der Anleger durch ein Menü von verschiedenen Möglichkeiten geführt und kann durch entsprechenden Tastendruck über die einzelnen Tagesordnungspunkte abstimmen[312].

II. Elektronische Proxies

Seit einigen Jahren gestattet die SEC neben traditionellen Brief- und Datagram-Proxies eine für viele Unternehmen wirtschaftlich noch viel interessantere Methode, um Stimmrechte zu werben: den Einsatz elektronischer Proxies. 1995 veröffentlichte die SEC ein Gutachten (release[313]), das die Benutzung elektronischer Medien im allgemeinen untersuchte[314]. 1996 ergänzte sie es durch ein weiteres Gutachten betreffend die Benutzung elektronischer Medien durch Broker und Dealer[315]. Beide Gutachten untersuchen die Vereinbarkeit der strengen SEC Proxy Rules und Regulations mit den technischen Möglichkeiten des Internets. Bevor daher auf beide Gutachten und ihre Folgen eingegangen wird, soll zunächst Ursprung und Funktionsweise des Internets sowie einiger weiterer Dienste zur Übermittlung von Informationen, darunter das "World Wide Web", verständlich gemacht werden.

1. Das Internet

Das Internet[316] ist ein internationales Netzwerk miteinander verbundener einzelner Computer bzw. kleinerer Computernetzwerke[317]. Es begann 1969 im Auftrag des US-Verteidigungsministeriums als ein Experiment der Advanced Research Project Agency (ARPA) und nannte sich ARPANET. Dieses Netz-

---

310 A.a.O., S. 27.

311 *Estrada*, ...And Press 4 If You Want A Job, The Washington Post v. 22.5.1995, S. F03; *Cruz*, Changes Requested, Sun-Sentinel v. 26.4.1998, S. 7G.

312 *Estrada*, *Cruz*, a.a.O.

313 Zu Interpretative Releases vgl. o. 1. Kapitel, III.3. (S. 14).

314 Vgl. im einzelnen u. II.2. (S. 46 und Fußn. 355).

315 Vgl. im einzelnen u. II.2. (S. 46 und Fußn. 356).

316 Eine ausführliche Darstellung des Internets gibt ACLU v. Reno, 929 F.Supp 824, 830 (E.D. Pa. 1996); vgl. ferner *Wright/Winn*, § 2.07 [A]; aus dem deutschen Schrifttum exemplarisch *Schwarz*, in: Schwarz, Bd. 1, 1-1, S. 1; *Müller/Schallbruch*, S. 185 ff.; *Schneider*, O Rz. 60 (S. 1679).

317 Es wird deshalb auch Netz der Netze genannt, vgl. ACLU v. Reno, 929 F.Supp 824, 830 (E.D. Pa. 1996); *Schwarz*, in: Schwarz, Bd. 1, 1-1, S. 1.

werk war Teil eines Verteidigungsprogramms, das US-Militär, Verteidigungseinrichtungen und angegliederte Universitäten umfaßte. Von seiner Konzeption her bestand das ARPANET aus einer dezentralisierten, sich selbst erhaltenden Serie unzähliger Verbindungen ("links") zwischen Computern und Computernetzwerken. Aufgabe der Links war es, ohne menschliches Zutun eine schnelle Kommunikation zu gewährleisten und Nachrichten notfalls eigenständig umzuleiten, falls einzelne Verbindungen – etwa im Kriegsfall – zerstört würden[318]. Um ein solches, national (und letztlich global) funktionierendes Kommunikationsmedium zu schaffen, verband ARPANET jedes Computernetzwerk mit einer Reihe anderer Netzwerke, die ihrerseits weiterverbunden wurden. Eine direkte Verbindung zwischen Sender und Empfänger bestand also nicht. Eine Nachricht, die von der Ost- zur Westküste geschickt wurde, konnte daher verschiedene Routen durch den Kontinent nehmen und sich im Störungsfalle sofort einen neuen Weg suchen. Dieses System ist auch nach der Globalisierung des Internets beibehalten worden. So kann es etwa sein, daß zwei deutsche Städte über Rechner in den USA miteinander verbunden sind[319]. 1980 wurde das Militärprogramm aus ARPANET ausgegliedert. Übrig blieben staatliche und private Forschungseinrichtungen, und immer mehr Universitäten und später kommerzielle Unternehmen sowie öffentliche Einrichtungen schlossen sich an. Es liegt in der Natur des Internets, daß es kaum verläßliche Statistiken hierüber gibt. Keine Organisation, kein Unternehmen oder Land betreibt oder unterhält das Internet, sondern allenfalls kleine Teile davon. Dennoch ist unstreitig, daß es in den letzten zwanzig Jahren ein erstaunliches Wachstum erfahren hat. Die Anzahl der sog. "Host-" oder "Gastcomputer" – das sind jene, die Informationen speichern und die Kommunikation koordinieren – stieg 1981 von ca. 300 auf rund 9,4 Mio. im Jahre 1996[320]. 1999 sollen in den USA 24 Millionen Menschen Zugang zum Internet gehabt haben[321]. In Deutschland waren 1998 rund 8 Prozent der Haushalte ans Internet angeschlossen, über 40 Prozent verfügen über einen Computer – fast eine Verdoppelung gegenüber 1993[322]. Bis zum Jahr 2010 sollen es 75 Prozent sein[323].

Technisch gesehen ist das Internet ein dezentralisiertes Netzwerk von Rechnern, die miteinander dadurch kommunizieren, daß sie Informationen in digitale Signale umwandeln. Diese Signale werden als einzelne Pakete ("pakkets") über die Telefonleitung an den Zielrechner geschickt, der die zu Paketen gebündelten Signale auf ihre Integrität überprüft und wieder in für den Menschen lesbare Informationen zurückübersetzt[324]. Grundlage dieses Paket-

---

318 *Wright/Winn*, § 2.07 [A]; *Müller/Schallbruch*, S. 188.

319 *Schwarz*, in: Schwarz, Bd. 1, 1-1, S. 5.

320 ACLU v. Reno, 929 F.Supp 824, 831 (E.D. Pa. 1996).

321 *Schwarz*, in: Schwarz, Bd. 1, 1-1, S. 2.

322 Statistisches Bundesamt Wiesbaden, Einkommens- und Verbrauchsstichprobe 1998, S. 6.

323 *Schwarz*, in: Schwarz, Bd. 1, 1-1, S. 2.

324 ACLU v. Reno, 929 F.Supp 824, 832 (E.D. Pa. 1996); *Wright/Winn*, § 2.07 [A].

Verfahrens ist ein universelles, herstellerunabhängiges Kommunikationsprotokoll namens "Transmission Control Protocol/Internet Protocol" (TCP/IP)[325]. Es funktioniert, weil jeder Computer im Internet eine eindeutige Adresse, eine IP-Adresse hat. Sie setzt sich aus einer durch Punkte getrennten Kette von vier Zahlen zwischen 0 und 255 zusammen, z.B. 103.45.237.90[326]. Daraus lassen sich ein Vielzahl von Kombinationen erstellen, die so unverwechselbar sind wie Hausadressen. EDV-Systeme können anhand der IP-Adresse erkennen, wohin Pakete gesendet werden müssen. Zielrechner können solche innerhalb des firmen- oder hauseigenen Systems (Intranet) oder solche außerhalb sein. Im letzten Fall wählt sich der Computer automatisch über eine freie Telefonleitung in das Internet ein und kontaktiert den nächsten Vermittlungscomputer (Host). Dieses Verfahren wird als "Routing" bezeichnet. Ein EDV-System kann anhand der IP-Adresse zielgenau routen, einem Menschen fällt es jedoch schwer, sich viele verschiedenen Zahlenreihen zu merken. 1986 gründete das US-Commerce Departement daher die "Internet Corporation for Assigned Names and Numbers" (ICANN) mit Sitz in Los Angeles. Sie ist für die Koordination der IP-Adressen zuständig und bietet mit dem "Domain Name System" (DNS) ein Verfahren zur verständlicheren Identifizierung aller Hosts an[327]. Hierbei vergeben unter ICANN zertifizierte Unternehmen[328] jedem Computer einen Namen, der sich aus bestimmten, hierarchisch abgestuften Abkürzungen zusammensetzt. Jedes Land erhält eine Länderkennung, z.B. ".de" für Deutschland oder ".ch" für die Schweiz. Eine Länderkennung für die USA existiert nicht, da die Ausbreitung des Internets über die nationalen Grenzen hinaus ursprünglich nicht vorgesehen war. Statt dessen unterteilen sich US-Hosts nach Institutionen wie .com für kommerzielle Einrichtungen, .edu für Bildung, .gov für die Regierung oder .mil für das Militär. Daneben sind mittlerweilen für internationale Organisationen die Domains .int, für Netzbetreiber .net sowie für Sonstiges .org vorgesehen[329]. Innerhalb dieser "Top-Level-Domains" können sich Unternehmen und Organisationen ihren (Haupt-) Namen relativ frei wählen. So steht beispielsweise "sec.gov" für die Securities and Exchange Commission, "acusd.edu" für die University of San Diego und "wsj.com" für das Wall Street Journal. Verfügt die Einrichtung über mehrere Hosts, wird diesem ein eigener Name zugeordnet und dem Hauptnamen – durch einen Punkt getrennt – vorangestellt, z.B. "stub.uni-frankfurt.de" für den Host der Stadt- und Universitätsbibliothek der Uni Frankfurt. Die Namen einzelner Unterverzeich-

---

325 *Wright/Winn*, § 2.07 [A]; *Schneider*, O Rz. 75 (S. 1685); *Müller/Schallbruch*, S. 188.

326 *Müller/Schallbruch*, S. 190.

327 Art. 3 (ii) und (iii) der Articles of Incorporation i. d. F. vom 21.11.1998. Vgl. <http://www.icann.org/gene-ral/articles.htm>.

328 Die ICANN hat mittlerweilen die Einführung neuer Adress-Endungen beschlossen, vgl. FAZ v. 17.7. 2000, S. 45; das Monopol für die Vergabe der Domain Names .com, .int, .edu und .net lag bislang bei Network Solutions (North Virginia). Im April 1999 akkreditierte ICANN eine weitere Firma, Internet Domain Registrars (Kalifornien), die nunmehr Domain Names bis zu 67 Zeichen Länge vergibt. Vgl. <http://www.registrars.com>.

329 *Müller/Schallbruch*, S. 191.

nisse dieser Hosts werden durch Schrägstriche vom Hauptnamen und der Länderkennung getrennt und folgen nach, z.B. "stub.uni-frankfurt.de/kataloge". Auf diese Art und Weise können neben IP-Adressen zur Zeit über 6,5 Millionen Hosts allein mit .com, .net und .org-Domains[330] zweifelsfrei bezeichnet werden. Jeden Tag kommen mehr als 30.000 neue Domains hinzu. Nach Angaben von International Data Corporation[331] soll die Anzahl der registrierten Domains bis 2003 auf 13,1 Millionen steigen.
Der Zugang zum Internet erfolgt über einen Internet Service Provider, der die Host-Computer betreibt und unterhält. Die bekanntesten in den USA sind AOL oder Compuserve, in Deutschland etwa T-Online. Vielen Nutzern wird der Zugang auch über wissenschaftliche Einrichtungen wie Universitäten oder den Arbeitsplatz – meist kostenlos – ermöglicht. Die Nutzung erfolgt jedoch im Regelfall entweder gegen eine niedrige monatliche Grundgebühr zuzüglich verbilligter Telefongebühren oder ohne Grundgebühr mit höheren Telefongebühren. In den USA fallen Telefongebühren nur bei Ferngesprächen an. Ortsgespräche sind kostenlos[332]. Da sich Provider meist in der Nähe befinden, fallen keine Telefongebühren mehr an. Das macht den Zugang sehr preisgünstig und ist nicht zuletzt ein wesentlicher Grund für den Erfolg dieses Mediums. Auf der Hardwareseite reicht ein moderner Mittelklasserechner aus. Stärker im Vordergrund stehen die Telefonleitungen, über die der Kontakt zum Provider aufgebaut wird. Je leistungsfähiger die Verbindung, desto höher sie Übertragungsrate. Wer über eine herkömmliche analoge Telefonleitung mit entsprechendem Digital/Analog-Umwandler (Modem) den Provider anwählt, erreicht Übertragungsgeschwindigkeiten von bis zu 28,8 Kbit/s. Stark verbreitet ist mittlerweilen das Integrated Services Digital Network (ISDN), das eine Übertragung mit bis zu 64 Kbit/s zuläßt. Noch in der Aufbau- und Testphase befinden sich aufgerüstete Telefonkabel wie ADSL mit 768 Kbit/s oder Breitbandsysteme, die mit 33 Mbit/s gegenüber ISDN eine über 500-fache Kapazität aufweisen[333]. Auf der Softwareseite ist ein Programm notwendig, mit dem der Nutzer im Web von Dokument zu Dokument "blättern" kann, ein sog. Web-Browser[334]. Die bekanntesten sind "Netscape Navigator" und "Microsoft Internet Explorer". Beide Programme sind als Standardversion kostenlos im Internet erhältlich. Besteht der Zugang ins Internet erst einmal, eröffnet sich eine ganze Reihe von Kommunikationskanälen und Möglichkeiten, Informatio-

---

330 Nachweis bei Network Solutions unter <http://www.netsol.com/nsi/index.html>; Für die Vergabe von .de-Domains ist die DENIC e.G. in Frankfurt/Main zuständig.

331 <http://www.idc.com>.

332 Sog. "unlimited access flat fee charge"; auch in Deutschland wird zur Zeit verstärkt über Flatrate-Modelle nachgedacht, die allerdings noch kostenpflichtig sind, vgl. HB v. 9.2.2000, S. 29.

333 Focus v. 24.1.2000, S. 194; *Schwarz*, in: Schwarz, Bd. 1, 1-1, S. 6.

334 Engl. to browse: blättern, schmökern, sich umsehen; zum World Wide Web siehe sogleich.

nen auszutauschen. Die wichtigsten Internetdienste lassen in fünf Kategorien einteilen[335]:

a) World Wide Web

Die bekannteste und am häufigsten gebrauchte Teil des Internets ist das World Wide Web (Web)[336]. 1990 am Kernforschungszentrum CERN in Genf geschaffen, um einem international verstreuten Team von Physikern und anderen Wissenschaftlern den gemeinsamen Zugriff auf in vielen verschiedenen Computern gespeicherte Dokumente zu ermöglichen, dient es heute als globale, für jedermann zugängliche Online-Informationsplattform. Noch immer besteht das Web aus einer Vielzahl von Dokumenten, die weltweit auf Host-Computern verstreut sind. Diese Dokumente enthalten allerlei Informationen und können in verschiedenen Formaten gespeichert sein (Text-, Bild-, Audio- und Videodateien)[337]. Ein Großteil der Dokumente enthält Links zu weiteren Dokumenten, meist mit verwandten Themen. Da zum Erstellen von Web-Dokumenten eine eigene Programmiersprache, die "Hypertext Markup Language" (HTML), verwendet wird[338], werden Links, die auf andere ergänzende oder vertiefende Web-Dokumente verweisen, daher auch "Hyperlinks" genannt. Auf dem Web-Dokument sind sie in der Regel blau dargestellt oder unterstrichen. Durch einfaches Anklicken signalisiert der Benutzer, daß er das Dokument, auf das verwiesen wird, einsehen möchte. Damit eine solche Verbindung ordnungsgemäß zustande kommt, muß der Verfasser von Hypertextdokumenten das Zieldokument eindeutig bestimmen können. Hierfür wurde das URL-System entwickelt. Charakteristisch für das Web ist, daß nicht nur jeder Host-Computer, sondern auch jedes auf einem solchen Host abgelegte Dokument eine eigene Adresse hat. Der Standardweg, einer Quelle im Internet, die Teil des Web ist, eine Adresse zuzuweisen, geschieht durch einen "Uniform Resource Locator" (URL), der ein eigenes Transportprotokol benutzt, das "HyperText Transport Protocol" (HTTP)[339]. So lautet beispielsweise die komplette URL-Adresse einer Rede, die der SEC-Vorsitzende Arthur Levitt im Oktober 1999 gehalten hat[340]:

http://www.sec.gov/news/speeches/spch302.htm

---

335 Die Einteilung dieser Dienste erfolgt nicht immer einheitlich. Der US-District Court in ACLU v. Reno (o.Fußn. 292), S. 834, sowie *Müller/Schallbruch*, S. 199 ff., sehen alle Dienste als Untergruppe des Internets; *Schneider*, O Rz. 73 ff. (S. 1684), hingegen stellt den E-Mail-Dienst neben das Internet.

336 ACLU v. Reno, 929 F.Supp 824, 836 (E.D. Pa. 1996); *Schneider*, O Rz. 76 (S. 1685).

337 *Schneider*, a.a.O.

338 ACLU v. Reno, 929 F.Supp 824, 836 (E.D. Pa. 1996); *Wright/Winn*, § 2.07 [B]; *Müller/Schallbruch*, S. 200.

339 ACLU v. Reno, 929 F.Supp 824, 837 (E.D. Pa. 1996); *Wright/Winn*, § 2.07 [B] Fußn. 18; *Müller/ Schallbruch*, S. 201.

340 Thema: "Corporate Governance in a Global Arena", American Council on Germany, New York, 7.10.1999.

"http" steht für die Dienstkennung, "www.sec.gov" für den Internet-Host und "news/speeches/spch302.htm" für den Pfadnamen innerhalb des Dienstes. Die meisten Webdokumente oder "Websites" sind frei zugänglich. Für andere Seiten muß das entsprechende Recht erst erworben werden. Aus der Sicht des Benutzers kann das Web daher mit einer überdimensionalen Bibliothek verglichen werden, die Millionen von katalogisierten Publikationen enthält, oder mit einer Tausende von Waren und Dienstleistungen bietenden Einkaufspassage[341].

b) E-Mail

Ein weiterer wichtiger Dienst des Internets ist die Möglichkeit, elektronische Post (E-Mails) zu verschicken und zu empfangen. Mit der Anbindung an den Internet Service Provider wird in der Regel auch eine persönliche E-Mail-Adresse eingerichtet und ein Passwort dafür festgesetzt. Die Adresse setzt sich aus einem frei wählbaren Namen (sog. username oder user-ID) und der Internet-Host-Kennung zusammen. Beide Segmente sind durch das "@" (für das englische "at") voneinander getrennt. Eine typische E-Mail Adresse beim in den USA weit verbreiteten Service Provider AOL könnte daher lauten: smith@aol.com. Auch für den Versand und Empfang wird eine spezielle Software (z.B. "Netscape Messenger" oder "Microsoft Outlook Express") benötigt, die frei im Internet erhältlich ist. Der Vorteil von elektronischer Post ist, daß Nachrichten schnell quer über den Globus geschickt werden können und innerhalb von Sekunden beim Empfänger auf dem Bildschirm abrufbar sind. Wie bei einer traditionellen Briefsendung können einer E-Mail auch Anlagen in Form von Text-, Bild-, Ton- oder Videodateien beigefügt werden. Große Briefsendungen lassen sich daher, abhängig von der Kapazität der jeweiligen Telefonleitungen, schnell und kostengünstig versenden.

c) FTP

Das File Transfer Protocol (FTP) ist ein weiteres Übertragungsprotokoll im Internet. In der Regel sind Teile der auf einem Server gespeicherten Daten und Programme solche, die für die Allgemeinheit zur freien Verfügung stehen[342], z.B. Shareware-Programme[343] oder Softwareupgrades. Daneben kommen ftp-Dateien für eine ganze Reihe anderer Anwendungen in Betracht, z.B. für Bedienungsanleitungen, sogenannten FAQs (frequently asked questions) oder Leitsätze[344]. Aber auch reguläre, zum Verkauf stehende Software, ist auf ftp-Servern zu vorhanden. Mittels File Transfer Protocol ist es möglich, diese Da-

---

341 *Wright/Winn*, § 2.07 [B].

342 Dazu *Hoeren*, NJW 1995, 3295, 3296.

343 Shareware-Programme sind (kleinere) Hilfs-, Dienst- oder Spielprogramme, die entweder zu Demonstrationszwecken in abgespeckter Version oder in der Vollversion erhältlich sind. Letzteres ist besonders dann der Fall, wenn es gilt, den Bekanntheitsgrad einer Firma oder eines Produkts zu erhöhen.

344 *Schneider*, O Rz. 77 (S. 1686).

ten auf den eigenen Rechner herunterzuladen (download) bzw. zu kopieren. Der Zugang auf ftp-Server erfolgt über die Kennung "http://ftp.(...)".

d) Newsgroups

Newsgroups oder Newsdienste sind Dienste, die mit öffentlichen Diskussionsforen vergleichbar sind. Es gibt sie weltweit zu allen denkbaren Themen. Jeder kann sich daran beteiligen, indem er eigene Beiträge an die Newsgroup abschickt. Die Newsgroup selbst ist mit einem Schwarzen Brett vergleichbar, das für alle Nutzer einsehbar ist. Je nachdem, ob es sich um eine moderierte oder unmoderierte Newsgroup handelt, werden die beim Newsserver eingehenden Nachrichten zunächst selektiert und gegebenefalls wieder gelöscht[345]. Bei unmoderierten Newsgroups werden alle Nachrichten unmittelbar freigegeben[346]. Zwischen einem Newsgroup-Dienst und dem E-Mail-Dienst besteht eine große Ähnlichkeit. Der einzige Unterschied ist, daß "News" statt E-Mail "Artikel" genannt werden und, daß sie an eine breite Öffentlichkeit gerichtet sind. Auch Newsgroups haben einen hierarchisch aufgebauten Namen. Auf der obersten Ebene (Top-Level) stehen die Kürzel für die Sachgebiete[347]. Bei nur regional verbreiteten Newsgroups steht auf oberster Ebene zunächst ein Kürzel für die entsprechende Region[348]. Auf den nächsten Ebenen folgen die Themen. Eine typische Newsgroupadresse lautet daher: "de.rec.music.klassik".

e) Chat

Die bislang vorgestellten Dienste zeichnen sich durch zeitversetzte Informationsbeschaffung und Kommunikation aus. Der Chat-Dienst hingegen erlaubt den Austausch von Daten in "Echtzeit". Er wird daher auch als "Real Time Communication" bezeichnet[349]. Konkret geben die Gesprächspartner in den Computer ihre Nachrichten ein, die nach dem Absenden nahezu sofort auf dem Bildschirm des Partners erscheinen. Es unterscheidet sich von einem Telefongespräch daher nur dadurch, daß statt eines Telefons ein Computer und eine Tastatur verwendet wird. Für den Chat-Dienst gibt es einen eigenen Client, den "Internet Relay Chat" (IRC)[350]. Er ist kostenlos im Internet erhältlich und verschafft Zugang zu mehreren tausend Diskussionsforen. Allerdings ist die Bedeutung von IRC zugunsten des Chats über das Web stark zurückgegangen. Besonders Zeitschriften bieten über ihre Homepages eigene Chat-

---

345 Zur Problematik pornographischer Darstellungen im Internet vgl. *Sieber*, JZ 1996, 429 u. 494.

346 ACLU v. Reno, 929 F.Supp 824, 835 (E.D. Pa. 1996).

347 Z.B. "comp" für Computerthemen, "rec" für Freizeit und Hobby (recreation) oder "soc" für Gesellschaft und Soziales (social).

348 Z.B. "de" für Deutschland, "muc" für München oder "jp" für Japan.

349 ACLU v. Reno, 929 F.Supp 824, 835 (E.D. Pa. 1996).

350 ACLU v. Reno, 929 F.Supp 824, 835 (E.D. Pa. 1996). *Müller/Schallbruch*, S. 228; *Schneider*, O Rz. 79 (S. 1687).

Dienste an[351]. Nach Festlegung eines Spitznamens betritt man einen virtuellen Chat-Raum, in dem sich bereits andere Teilnehmer befinden. Hier nun kann der Dialog beginnen. Eingegebene und abgesandte Beiträge können von allen anwesenden Personen sofort gelesen werden. Bei vollen Chat-Räumen kann dies schnell unübersichtlich werden. Daher besteht meist die Möglichkeit, sich mit ausgesuchten Personen in abgeschlossene Chat-Räume (Separees) zurückzuziehen.

2. SEC Releases

Die Federal Securities Laws treffen grundsätzlich keine Bestimmungen darüber, mit welchem Medium Unternehmen oder Aktionäre den vielfältigen Publizitätsvorschriften nachkommen müssen[352]. Das Papierformat ist daher nicht zwingend. Im Februar 1995 gab die SEC Division of Corporation Finance eine No-action Letter[353] heraus, die sich erstmals mit der Frage der Vereinbarkeit elektronischer Zustellung mit den Securities Laws auseinandersetzte[354]. Die SEC nahm die Brown & Wood Letter zum Anlaß, dem Thema verstärkte Aufmerksamkeit zu schenken. Schon im Oktober 1995 veröffentlichte sie einen entsprechenden Interpretative Release (Release 1995) mit dem Titel "Use Of Electronic Media For Delivery Purposes"[355]. Im Mai 1996 folgte zum gleichen Thema ein zweiter Release (Release 1996)[356], der in seiner Bedeutung jedoch hinter dem ersten zurücksteht. Auf den Release 1995 soll im folgenden näher eingegangen werden. Er ist in vier Teile unterteilt. Nach grundsätzlichen Überlegungen, die zur Veröffentlichung führten, nennt die SEC im zweiten Teil die Voraussetzungen für eine elektronische Zustellung. In den beiden letzten Teilen werden diese Voraussetzungen durch praktische Beispiele ausgefüllt, im dritten Teil für den Securities Act und im vierten für den Securities Exchange Act.

Die SEC ermutigt grundsätzlich die Benutzung elektronischer Medien zur Verbreitung von Informationen. Sie verspricht sich davon nicht nur Kosteneinspa-

---

351 Z.B. <http://www.focus.de>.

352 Ausgenommen hiervon sind bestimmte erforderliche Bestätigungen (confirmations) nach Rule 10b-10 Securities Exchange Act im Zusammenhang mit der Ausgabe und Zustellung von Emissionsprospekten nach Section 10 (a) Securities Act i.V. mit Rule 434 Securities Act.

353 "Brown & Wood" letter vom 17.2.1995.

354 Konkret ging es darum, ob ein elektronischer Emissionsprospekt der "prospectus"-Definition des § 2 (10) Securities Act entspricht und ob ein solcher Prospekt als zugestellt gilt, wenn die Zustellung elektronisch erfolgt.

355 SEC-Release No. 33-7233 (6.10.1995), Federal Securities Law Reporter (CCH), Vol. 1, ¶ 3200 (im Internet veröffentlicht unter <http://www.sec.gov/rules/concept/33-7233.txt>), ergänzt durch den Release No. 33-7856, der am 4.5.2000 in Kraft trat (<http://www.sec.gov/rules/concepts/34-42728.htm>).

356 Use Of Electronic Media By Broker-Dealers, Transfer-Agents, And Investment Advisers For Delivery Of Information, SEC-Release No. 33-7288 (9.5.1996), Federal Securities Law Reporter (CCH), Vol.1, ¶ 3201 (im Internet veröffentlicht unter <http://www.sec.gov/rules/concept/33-7288.txt>).

rungen und Zeitvorteile für Unternehmen, sondern sieht die Möglichkeiten der Investoren verbessert, sich Informationen zu verschaffen und zu analysieren[357]. Maßgeblich zu dieser Einschätzung beigetragen haben dürfte die von der SEC 1984 eingerichtete Datenbank EDGAR[358]. Sie wurde geschaffen, um den Empfang, die Bearbeitung und Verteilung von Informationen gemäß Securities Act und Securities Exchange Act zu automatisieren und zu beschleunigen. Damit soll die Effizienz und Fairness des Wertpapierhandels gesteigert werden. Nach einer dreijährigen Übergangszeit sind seit Mai 1996 US-Publikumsaktiengesellschaften verpflichtet, alle Dokumente und Meldungen elektronisch über EDGAR bei der SEC einzureichen[359]. Innerhalb von 24 Stunden sind solche Dokumente dann abrufbar[360]. Investoren wird damit ein schneller Zugriff auf ein breites Spektrum unternehmensinterner Informationen ermöglicht. Auch wenn die elektronische Mitteilungspflicht über EDGAR allein im Verhältnis Unternehmen-SEC gilt, ist es nur konsequent, die schnelle Unterrichtung der Investoren auch im Verhältnis Unternehmen – Aktionären zu fördern. Mit dem Release 1995 stellt die SEC zumindest die elektronische Kommunikation erstmals auf die gleiche Stufe mit traditionellen Verfahren[361].

a) Freiwillige Dokumentation

Elektronische Kommunikation nach Release 1995 kann in zwei Kategorien eingeteilt werden, in gesetzlich vorgeschriebene und freiwillige. Freiwillige Kommunikation umfaßt vierteljährliche Geschäftsberichte[362], Presseerklärungen oder andere gesetzlich nicht zwingende Dokumente. Sie sind allein Gegenstand der Betrugsvorschriften (antifraud provisions[363]). Weder die Securities Laws noch der Release 1995 verbieten oder beschränken die Veröffentlichung und Verbreitung solcher Unterlagen über das Web, E-Mail oder andere elektronische Kommunikationsmethoden[364]. Die Zustimmung der Aktionäre hierzu ist daher nicht notwendig[365]. Wegen der mit traditionellen Verfahren verbundenen Kosten und Verzögerungen, Beneficial Owners über ihre Bro-

---

357 Release 1995 (o. Fußn. 355), Abschnitt I.

358 Die Abkürzung steht für "Electronic Data Gathering, Analysis, and Retrieval System".

359 Zu den Einzelheiten und Ausnahmen vgl. Regulation S-T, General Rules And Regulations For Electronic Filings, 17 C.F.R. §§ 232.10 ff.

360 EDGAR-Dokumente sind zugänglich über zwei Internet-Seiten, von denen eine von der New York University (<http://edgar.stern.nyu.edu>), die andere von der SEC (<http://www.sec.gov>) unterhalten wird.

361 Release 1995 (o. Fußn. 355), Abschnitt I: "Electronic media should be at least an equal alternative to the use of paper-based media."

362 Zum Verhältnis von Quarterly Reports zu modernen Kommunikationsmethoden vgl. <http://www.shareholder.com/home/issues/direct.cfm>

363 Ausführlich hierzu *Brown*, Corporate Disclosure, § 9.03 (S. 9-8).

364 Siehe Release 1995, Beispiel 27: Die Company XYZ stellt ihren vierteljährlichen Bericht sowie Form 8-K auf ihre Website und veröffentlicht die Fundstelle im Wall Street Journal. Die SEC hat gegen diese Praxis keine Einwände, weil die Veröffentlichung der Dokumente von den Securities Laws nicht gefordert wird.

365 *Brown*, Corporate Disclosure, § 9.06 [1] (S. 9-18).

ker/Banken Mitteilungen zu machen, haben Unternehmen in der Vergangenheit immer weniger Gebrauch davon gemacht, ihren Aktionären solche freiwilligen Mitteilungen zuzusenden. Elektronische Kommunikation könnte ein wirksames Mittel sein, diesen Mißstand zu beheben und die Informationskultur zu fördern. Da hier die ansonsten strengen Voraussetzungen für den Einsatz elektronischer Kommunikation nicht vorliegen müssen, reicht es aus, wenn Unternehmen die Informationen auf ihren Websites verfügbar machen und ihre Investoren in irgendeiner Weise darauf aufmerksam machen, z.B. durch Zeitungsanzeigen oder indem sie einen entsprechenden Hinweis in solche Dokumente mitaufnehmen, die den Aktionären ohnehin zugesandt werden müssen (annual reports, dividend checks, proxy statements)[366].

b) Gesetzlich vorgeschriebene Dokumentation

Für die elektronische Zustellung gesetzlich zwingend vorgeschriebener Dokumente[367], müssen nach Release 1995 folgende rechtliche Voraussetzungen erfüllt sein: Zustimmung, Bekanntgabe und Zugang[368].

aa) Zustimmung

Die Zustimmung des Investors ist nur wirksam, wenn er zuvor darüber informiert wurde, daß künftig Informationen über ein elektronisches Medium zugänglich gemacht werden und daß dies mit zusätzlichen Kosten verbunden sein kann (z.B. Online-Telefongebühren). Er muß ferner darüber unterrichtet sein, für welchen Zeitraum und für welche Dokumente seine Zustimmung gilt[369]. Die Zustimmung braucht nicht direkt gegenüber dem Unternehmen, sondern kann auch gegenüber dem Broker oder der Bank erklärt werden[370]. Schweigen gilt nicht als Zustimmung. Kein Unternehmen kann sich daher bis zur Vernehmung des Gegenteils darauf verlassen, daß der Investor mit elektronischer Kommunikation einverstanden ist. Etwas anderes gilt freilich, wenn der Investor nach Informationen bereits elektronisch anfragt (z.B. über E-Mail). Hier kann seine Zustimmung zur Fortsetzung elektronischer Kommunikation vermutet werden[371]. Das gleiche gilt für Investoren, die bereits in einen elektronischen Dialog mit dem Unternehmen getreten sind. Auch hier kann die grundsätzliche Zustimmung zur elektronischen Zustellung vermutet werden[372]. Die Zustimmung kann grundsätzlich in jeder Form erklärt werden[373], aus Be-

---

366 *Brown*, a.a.O.

367 Dazu gehören Proxy Materials, jährliche Geschäftsberichte und Emmissionsprospekte.

368 Release 1995 (o. Fußn. 355), Abschnitt II (B) und (C); dazu auch *Friedman*, Securities Regulation in Cyberspace, 11-2 (11.01 [b]); *Silverman*, Off-Line 1996, 1 ff.

369 Release 1995 (o. Fußn. 355), Fußn. 29.

370 Release 1995 (o. Fußn. 355), Beispiel 6.

371 Release 1996 (o. Fußn. 356), Fußn. 23.

372 Release 1995 (o. Fußn. 355), Beispiel 31: Anforderung und elektronische Zeichnung eines Zeichnungsscheines bei Neuemissionen.

373 Release 1996 (o. Fußn. 356), Fußn. 23. Seit dem 4.5.2000 kann die Zustimmung auch telefonisch erklärt werden, solange der Broker einen Nachweis führt. Neu ist auch, daß

weisgründen empfiehlt sich die mündliche Form jedoch nicht. Auch der Widerruf der Zustimmung ist formlos und jederzeit möglich. Er sollte jedoch frühzeitig, das heißt vor Beginn der elektronischen Zustellungen erklärt werden, damit dem Unternehmen genug Gelegenheit bleibt, wieder auf Papierformat umzustellen[374]. Unabhängig vom Widerruf der Zustimmung hat die SEC angedeutet, daß jeder Investor das Recht hat, eine Papierversion zu verlangen, auch wenn er der elektronischen Zustellung zugestimmt hat[375]. Der eigentliche Grund hierfür ist nicht klar, denn die vorgeschobene Begründung, jeder Investor habe "as a matter of policy" nach den Federal Securities Laws das Recht auf Dokumentation[376], überzeugt kaum. Zögerliche Erklärungsversuche im Schrifttum[377] können nicht darüber hinwegtäuschen, daß der Kostenvorteil für Unternehmen wieder zunichte gemacht wird und in einen klaren Kostennachteil gegenüber dem traditionellen Verfahren umschlagen kann.

bb) Bekanntgabe

Wenn ein Unternehmen traditionelle Mitteilungsmethoden benutzt, kann davon ausgegangen werden, daß Investoren Kenntnis von Informationen erlangen. Denn Briefe werden physisch zugestellt. Auch wenn Informationen bzw. Dokumente in Form von elektronischen Medien (CD-ROM, Disketten, Audio- und Videobänder) verfügbar gemacht werden, gilt dies als ausreichende Mitteilung, daß neue Unternehmensnachrichten verfügbar sind[378], da diese Medien nur Substitute für einen Brief sind. Das gilt nicht notwendigerweise, wenn die Kommunikation alleine über eine Internet Website erfolgt. Selbst wenn der Anleger zustimmt, künftig relevante Informationen elektronisch zu erhalten, weiß er nicht, wann neue Informationen erhältlich sind. Ob dies allerdings auch für die Kommunikation über E-Mail gilt, muß bezweifelt werden. Denn vom Konzept her unterscheidet sich der Versand einer E-Mail nicht von dem eines traditionellen Briefes, jedenfalls nicht bei individualisierten Adressen. Es ist daher nicht ganz einleuchtend, warum ein Unternehmen nach Versand einer E-Mail dazu angehalten sein soll, dem Empfänger die Nachricht zu avisieren. Für den klassischen Brief ist dies nicht notwendig. In gewisser Weise ist die E-Mail-Kommunikation der klassischen Briefkommunikation sogar überlegen, da sie so programmiert werden kann, daß der Empfänger zuerst eine elektronische Empfangsbestätigung verschicken muß, bevor er die Nachricht lesen kann. Damit ist Bekanntgabe hinreichend nachgewiesen[379]. Dennoch verpflichtet die SEC Unternehmen, ihren Aktionäre die Verfügbarkeit neuer (E-

---

sie – einmal erklärt – sich auf alle Wertpapiere im Depot bezieht, vgl. Release No. 33-7856 (o. Fußn. 331), Abschnitt II.A.1.

374 Release 1995 (o. Fußn. 355), Beispiel 5 und Abschnitt II (B) sowie Fußn. 27.

375 Release 1995 (o. Fußn. 355), Abschnitt II (B).

376 A.a.O.

377 *Brown*, Corporate Disclosure, § 9.06 [2] [b] Fußn. 48 (S. 9-19): "doing so remains good business practice".

378 Release 1995 (o. Fußn. 355), Abschnitt II (B).

379 *Brown*, Corporate Disclosure, § 9.06 [2] [d] (S. 9-21).

Mail-) Dokumente bekannt zu geben[380]. Die Bekanntgabe muß in zeitnahem Zusammenhang mit der Veröffentlichung neuer Informationen auf der Website des Unternehmens stehen. Die mit einem Zustimmungsformular verbundene Bekanntgabe, daß künftig Proxy Materialien auf der Website veröffentlicht würden, ist daher nicht wirksam, wenn zwischen Zustimmung bzw. Bekanntgabe und Veröffentlichung sieben Monate liegen[381]. Denn der Aktionäre entwickelt in diesem Fall kein aktives Bewußtsein, daß er alsbald von seinen Aktionärsrechten Gebrauch machen kann. Die Anzeige in einer Tageszeitung, daß Nachrichten im Web verfügbar sind, begründen daher gleichfalls keine wirksame Bekanntgabe, da die unmittelbare Verbindung zum Investor fehlt[382]. Sinnvollerweise geschieht die Bekanntgabe elektronisch, z.B. per E-Mail, da anderenfalls sämtliche Vorteile des elektronischen Verkehrs zunichte gemacht würden und das Unternehmen von vornherein bei traditionellen Übermittlungsarten bleiben könnte.

cc) Zugang

Die SEC betont wiederholt, daß der Empfänger elektronischer Dokumente einem Empfänger von Dokumenten in Papierformat nicht nachstehen darf[383]. Es darf für den Investor also nicht zu beschwerlich sein, sich Zugang zu elektronischen Dokumente zu verschaffen. Denn dann wäre der Zugang nicht erfolgt. Dieser Fall träte ein, wenn er sich durch eine komplizierte Serie von Menüs arbeiten müßte und daher zu erwarten ist, daß er das Dokument nicht erhält[384]. Dieselbe Problematik tritt auf, wenn es darum geht, daß der Investor elektronische Dokumente in traditioneller Form verfügbar machen möchte. Die SEC hat angedeutet, daß der Empfänger elektronischer Informationen in der Lage sein muß, permanent darüber zu verfügen[385]. Das würde theoretisch voraussetzen, daß er im Besitz eines Druckers ist, was nicht notwendigerweise der Fall ist. Hinzu kommt, daß viele Dokumente je nach Tagesordnung sehr lang sein können und das Drucken dieser Dokumente viel Zeit in Anspruch nimmt. Ferner brauchen Drucker teure Tinten- oder Tonerpatronen. Die SEC scheint jedoch bereit zu sein, die damit verbundenen Risiken in Kauf zu neh-

---

380 1995 Release (o. Fußn. 355), Abschnitt II (B).

381 Release 1995 (o. Fußn. 355), Beispiel 25.

382 Release 1995 (o. Fußn. 355), Beispiel 24. Diese Sicht hat die SEC erst jüngst wieder bekräftigt, vgl. Release No. 33-7856 (o. Fußn. 355), Abschnitt II.D.2.

383 Release 1995 (o. Fußn. 355), Abschnitt II (B).

384 Release 1995 (o. Fußn. 355), Fußn. 24. Seit der Veröffentlichung des Relesease 1995 hatten einige Kommentatoren ferner gefordert, den Zugang elektronischer Dokumente bereits dann als erfolgt anzunehmen, wenn dem Investor ein Internetanschluß zur Verfügung stehe ("access-equals-delivery" model). Dies könne heutzutage aufgrund der breiten Zugangsmöglichkeiten und der Akzeptanz des Mediums in der Bevölkerung auch ohne Nachweis angenommen werden. Die SEC schließt sich dieser Sichtweise (noch) nicht an. Weder sei das Internet hierfür weit genug verbreitet noch verließen sich Investoren allein auf das Internet als Informationsquelle, vgl. Release No. 33-7856 (o. Fußn. 355), Abschnitt II.D.1.

385 Release 1995 (o. Fußn. 355), Abschnitt II (B).

men. Denn sie verlangt nur, daß der Investor die Möglichkeit haben muß, die Dokumente auf den eigenen Rechner vom Web herunterzuladen[386]. Daß damit lediglich Daten von einem auf den anderen Rechner verschoben werden, reicht für die SEC aus. Entscheidend ist, daß der Investor die Möglichkeit hat, permanent über Informationen zu verfügen, sobald sie auf seinem Rechner (RAM[387]) gespeichert sind. Die SEC verlangt schließlich, daß der Sender elektronischer Mitteilungen wie beim Einsatz des US Postal Service mit hinreichender Sicherheit davon ausgehen können muß, daß die Mitteilung auch beim Empfänger angekommen ist[388]. Der Zugangsnachweis kann in verschiedenen Formen geführt werden, etwa durch informierte Zustimmung in Verbindung mit der Versicherung angemessener Bekanntgabe und Zugang[389], durch elektronische Empfangsbestätigung oder Download-Protokoll[390] oder wenn der Investor eine Website aufruft, die einen Hyperlink[391] zu dem fraglichen Dokument enthält[392]. Dokumente, auf die über einen Hyperlink verwiesen werden, gelten als mit dem verweisenden Dokument zusammen zugestellt (same envelope)[393].

3. Zustellung elektronischer Proxy Materials

Die oben beschriebenen, von der SEC geforderten Voraussetzungen sind typischerweise im alljährlichen Proxy-Verfahren zu erfüllen. Gleichwohl spielen bei der Frage der Zulässigkeit elektronischer Proxies nicht nur Federal Rules, sondern auch einzelstaatliche Rechtsfragen eine Rolle. Ferner behandeln die von der SEC anhand von Einzelbeispielen versuchte Verdeutlichung der elektronischen Zustellung häufig nur Emissionsprospekte, für die andere Voraussetzungen gelten[394]. Soweit das Proxy-Verfahren betroffen ist, muß auf Einzelfragen konkret eingegangen werden. Es ist daher angebracht, im folgenden das Proxy-Verfahren unter die Voraussetzungen der Releases 1995 und 1996 zu subsumieren. Zwei konzeptionell verschiedene Mechanismen müssen dabei auseinandergehalten werden: zum einen die Verteilung der gesetzlich vorgeschriebenen Dokumente, zum anderen das Abstimmungsverfahren.

---

386 Release 1995 (o. Fußn. 355), Fußn. 25.

387 "RAM" steht für "Random Access Memory" und bezeichnet eine vorübergehende Speichereinheit, über die jeder Rechner verfügt. Sämtliche Programme, Dateien und Daten, mit denen der Rechner im Moment arbeiten muß, sind in dieser Einheit gelagert. Man kann das RAM daher mit einem Schreibtisch vergleichen. Sobald der Computer ausgeschaltet wird, gehen sämtliche Daten im RAM verloren, der Schreibtisch wird sozusagen leergeräumt. Zuvor müssen also alle wichtigen, im RAM befindlichen Daten auf Langzeitdatenträger gespeichert werden.

388 Release 1995 (o. Fußn. 355), Abschnitt II (C) ("Evidence to Show Delivery").

389 Release 1995 (o. Fußn. 355), Abschnitt II (C) (1).

390 Release 1995 (o. Fußn. 355), Beispiel 36.

391 Zu Hyperlinks vgl. o. II.1.a) (S. 43).

392 Release 1995 (o. Fußn. 355), Beispiel 35.

393 Release 1995 (o. Fußn. 355), Beispiel 16.

394 17 C.F.R. § 240.15c2-8; vgl. ferner *Hazen*, §§ 2.1-2.5 (insbes. § 2.4, S. 92 ff.).

a) Verteilung der Dokumente

aa) Verteilung an Record Owner

Unternehmen können Dokumente, deren Veröffentlichung gesetzlich vorgeschrieben ist, auf ihrer Website plazieren und zur Verfügung stellen. Nur wenige Unternehmen haben nach Herausgabe der SEC-Releases gleich davon Gebrauch gemacht. Die Intel Corporation war 1996 eine der ersten Gesellschaften, die ihren Annual Report auf der Unternehmenswebsite zugänglich machte, allerdings in drei verschiedenen Versionen. Sie wollte gewährleisten, daß auch Investoren mit älterer Hard- und Software den Geschäftsbericht würde einsehen können[395]. Zuerst muß ein Unternehmen darum bemüht sein, von ihren Investoren die Zustimmung zur elektronischen Zustellung zu erhalten. Hierfür sollte es alle Kommunikationskanäle ausnutzen, das heißt Zustimmungsvordrucke sollten in jeder Sendung an die Aktionäre enthalten sein, so in Geschäftsberichten, Proxy Statements oder Dividendenschecks. Vordrucke sollten auch auf der Website des Unternehmens zum Ausdruck bereit vorhanden sein[396]. Der zur elektronischen Kommunikation entschlossene Anleger wird so bequem darauf zugreifen können. Ist die Zustimmung erteilt, trifft das Unternehmen die erwähnte Benachrichtigungspflicht, sobald neue Unternehmensnachrichten vorliegen. Die Benachrichtigung muß individuell, das heißt brieflich oder per E-Mail erfolgen, nicht jedoch über Massenkommunikationsmittel wie Zeitungen[397]. Soweit das Unternehmen jedoch die Erfahrung gemacht hat, daß elektronische Kommunikation regelmäßg stattfindet (history of communications) und daher davon ausgehen kann, daß der Investor Unternehmensdokumente stets aus dem Web bezieht, ist eine individuelle Benachrichtigung entbehrlich[398]. Schließlich müssen Dokumente für jeden Investor auf der Website zugänglich sein, solange die Lieferpflicht besteht[399]. Steht die Wahl von Directors an, heißt dies, daß die Soliciting Materials so lange verfügbar sein müssen, bis die Abstimmung beendet und die Hauptversammlung geschlossen wurde[400]. Die konkreten Auswirkungen auf den elektronischen Versand einzelner Dokumente sollen nachfolgend verdeutlicht werden.

---

[395] *Boyce/Hewitt*, New York Law Journal (8.5.1997), S. 5. Unzufriedene Minderheitsaktionäre waren freilich die ersten, die das Potential des Internets erkannten. Bennet LeBow and the Brooke Group verlagerten ihren Proxy Fight gegen den Nahrungsmittelkonzern RJR Nabisco in den Cyberspace. CalPERS andererseits war im Oktober 1996 eine der ersten, die um Unterstützung für abweichende Aktionärsvorschläge für die Hauptversammlung der Archer Daniels Midland Company warben; vgl zu beidem *Wilcox*, 11 Insights 8.

[396] *Brown*, Corporate Disclosure, § 9.06 [2] [c] (S. 9-20).

[397] Release 1995 (o. Fußn. 355), Beispiel 24.

[398] Release 1995 (o. Fußn. 355), Beispiel 25.

[399] Release 1995 (o. Fußn. 355), Abschnit II (B).

[400] Release 1995 (o. Fußn. 355), Fußn. 26.

(1) Preliminary Proxy Statement
Das elektronische Verfahren bietet zeitliche Vorteile, was sich etwa beim Preliminary Proxy Statement zeigt[401]. Wie bereits an anderer Stelle ausgeführt[402] muß ein Unternehmen im Vorfeld jeder Hauptversammlung, die nicht nur Routineangelegenheiten beschließen soll, der SEC zehn Tage vor Versand der endgültigen Proxy Statements vorläufige Kopien zusenden. Da diese sofort veröffentlicht werden, sollen ablehnende Reaktionen seitens der Investoren berücksichtigt und gegebenenfalls zu einer Änderung der Beschlußgegenstände führen[403]. Erst mit der Zusendung des endgültigen Proxy Statements werden sodann die Form of Proxies verteilt. Die kurze Zeitspanne von nur zehn Tagen macht es im allgemeinen schwierig für Unternehmen, Reaktionen von Aktionären auf der Grundlage von Preliminary Proxy Statements zu erhalten und zu verarbeiten, da definitive Proxy Statements in der Regel gleich nach Ablauf der Zehn-Tages-Frist versandt werden. Elektronische Kommunikation bietet demgegenüber die Möglichkeit, den regulatorischen Grundgedanken vorläufiger Information zu unterstützen ohne den traditionellen Zeitrahmen zu verlassen. Unternehmen können ihre Preliminary Proxy Statements über einen Hyperlink auf ihrer Website plazieren mit der Aufforderung, Kommentare via E-Mail zurückzusenden. Mit Hilfe des Web kann so Kritik frühzeitig genug berücksichtigt werden, bevor Proxy Statements in ihre endgültige Fassung gebracht werden[404].

(2) Proxy Statements und Proxy Cards
Auch Proxy Statements und Proxy Cards können nach Release 1995 elektronisch verteilt werden, werfen aber praktische Fragen auf. Zunächst wird ein Aktionär die Proxy Card aus dem Internet herunterladen müssen, was – wie bei jedem Download – die Gefahr in sich trägt, daß die Übertragung wegen technischer Probleme undurchführbar ist. In diesem Fall unterbliebe die gesetzlich vorgeschriebene Zustellung[405]. Die Rückgabe der so geladenen und ausgefüllten Proxy Cards kann ferner zu erhöhten Nachweisanstrengungen seitens des Unternehmens führen, insbesondere wenn die Proxy Card nicht standardisiert ist. Denn je nach technischer Ausstattung des Empfängers ergeben sich unterschiedliche Proxy Cards[406]. Als größte Hürde für den Einsatz und die Akzeptanz elektronischer Proxy Cards könnte es sich erweisen, daß der Investor zum Download und Versand im eigenen Umschlag angehalten ist. Da der Freiumschlag nicht über das Internet mitgeliefert werden kann, bedeu-

401 17 C.F.R. § 240.14a (6) (a)
402 O. 3. Kapitel, II.4. (S. 34).
403 SEC Release No. 34-31326 (16.10.1992), (1992 Transfer Binder) Federal Securities Law Reporter (CCH), ¶ 85,051.
404 *Friedman*, Securities Regulation in Cyberspace, 11-2 (11.01 [a]).
405 Release 1995 (o. Fußn. 355), Abschnitt II (B) Fußn. 25.
406 Vgl. u. 5. Kapitel, I.2. (S. 62).

tet dies Mehrarbeit und (zunächst) Mehrkosten für den Investor. Die Folge könnte Passivität und Rückgang der Hauptversammlungspräsenz sein[407].

(3) Annual Report

Unter Rule 14a-3 (b) muß jedes Proxy Statement, das die Wahl des Managements bei der nächsten Hauptversammlung vorbereitet, begleitet sein von einem Geschäftsbericht[408]. Wie schon die eigentlichen Proxy Soliciting Materials können auch Geschäftsberichte elektronisch über das Internet verfügbar gemacht werden[409]. Wenn ein Unternehmen diesen Weg wählt und den Geschäftsbericht für alle zustimmenden Investoren auf seiner Website veröffentlicht, verlangt die SEC, daß der Bericht ausreichend lange elektronisch verfügbar sein muß, um die Zustellung sicherzustellen[410]. Wie lange auch immer "sufficient length of time" ist, die meisten Unternehmen lassen ihre Geschäftsberichte meist mehrere Jahre auf ihrer Website stehen[411] und dürften daher den Anforderungen, die die SEC stellt, vollauf genügen. Problematischer ist, daß Geschäftsberichte sehr umfangreich sein können und darüber hinaus regelmäßig Fotografien, Grafiken und Tabellen enthalten. Das macht die elektronische Zustellung komplizierter, da Grafikdateien größer sind als herkömmliche Textdateien und es daher länger braucht, bis sie aus dem Internet heruntergeladen sind. Übertragungsfehler können schneller auftreten. Die Aufbewahrung von Grafikdateien verbraucht viel Speicherplatz und das Drukken erfordert regelmäßig einen Farbdrucker[412]. Aus all diesen Gründen ziehen es noch viele Unternehmen vor, ihre Geschäftsberichte in der traditionellen Papierform oder auf CD-ROM zu verschicken[413]. Die Federal Securities Laws verbieten es nicht, daß Geschäftsberichte auf verschiedenen Medien zugänglich gemacht werden[414]. Ein Unternehmen kann daher Geschäftsberichte auf CD-ROM (oder Videocassette) produzieren und sie denen schicken, die diese Form bevorzugen[415]. Alle anderen Investoren erhalten weiterhin die Papierver-

---

407 *Brown*, Corporate Disclosure, § 9.06 [3] [a] (S. 9-23).

408 17 C.F.R. § 240.14a-3(b).

409 Release 1995 (o. Fußn. 355), Beispiel 29.

410 Release 1995 (o. Fußn. 355), Abschnitt II (B), Fußn. 26: "Annual reports should be available electronically for a sufficient length of time for delivery to be satisfied."

411 Vgl. z.B. ADP, Inc., die auf ihrer Website <http://www.adp.com> Geschäftsberichte seit 1995 bereit hält.

412 Zu den Schwierigkeiten, einen grafisch anspruchsvollen Geschäftsbericht auf der Unternehmenswebsite zu plazieren vgl. *Santona*, The National Law Journal (14.7.1997), B16.

413 Z.B. Compaq Computer (Houston), Hewlett-Packard (Palo Alto) oder der Pharmakonzern Pfizer (New York); nicht so die Intel Corp. Vgl. *Boyce/Hewitt*, New York Law Journal (8.5.1997), S. 5.

414 Release 1995 (o. Fußn. 355), Beispiel 30.

415 1996 sandte die First Union Corp. ihre Geschäftsberichte erstmals in zwei Formen aus: als Bücher und als CD-ROM, vgl. *Scis*, First Union Offering Annual Report On Disk, News & Record (Greensboro, NC), 15.3.1996, S. B8.

sion[416]. Unternehmen sollten letztlich auf die zeitliche Reihenfolge achten, in der Geschäftsberichte und Stimmrechtsunterlagen zugänglich gemacht werden. Rule 14a-3 (b) wird so interpretiert, daß sichergestellt werden muß, daß der Geschäftsbericht jedenfalls nicht später als die Proxy Materials ankommen darf[417]. Wenn der Geschäftsbericht daher per Post versandt wird (in Papierform oder als CD-ROM), das Proxy Statement hingegen elektronisch verfügbar ist, ist es sehr wahrscheinlich, daß letzteres vor dem Geschäftsbericht ankommt. Die SEC hat dieses Problem in keinem ihrer Releases angesprochen. Ein umsichtiges Unternehmen sollte daher seine Stimmrechtsunterlagen erst dann auf seine Website setzen, wenn eine verhältnismäßige Postlaufzeit nach Versand der Geschäftsberichte verstrichen ist[418].

(4) Annual Reports an Belegschaftsaktionäre

Als eines der größten Hindernisse für die elektronische Kommunikation in der Vergangenheit hat sich das Zustimmungserfordernis erwiesen[419]. Der Anreiz für Unternehmen, Annual Reports an ihre Belegschaftsaktionäre elektronisch zu senden, ist daher aus zwei Gründen besonders groß. Zum einen hat die SEC angedeutet, daß eine Zustimmung zur elektronischen Übersendung von Unternehmensdokumenten seitens der Belegschaftsaktionäre nicht erforderlich ist. Voraussetzung dafür ist aber, daß alle Angestellten entweder an das interne Unternehmensnetzwerk (Intranet) angeschlossen sind und im Rahmen der Verrichtung ihrer täglichen Arbeit damit in Berührung kommen[420] oder zumindest gewährleistet ist, daß jene, die keinen Computerarbeitsplatz haben, von Sekretärinnen oder Arbeitskollegen regelmäßig unterrichtet werden[421]. Der zweite Grund ist die bereits vorhandene elektronische Infrastruktur und die Tatsache, daß die meisten Arbeitnehmer mit der Technik vertraut sind. Unternehmen berichten, daß viele Angestellte für neue Zustellungsmethoden empfänglich sind und die Vermeidung von Drucksachen sowie die damit verbundene Kosteneinsparung begrüßen[422]. In der Proxy Season 1996 experimentierte der kalifornische Computerhardwarehersteller Hewlett-Packard (HP)

---

416 Release 1995 (o. Fußn. 355), Beispiel 30.

417 "(E)ach proxy statement...shall be accompanied or preceded by an annual report"; Interpretation Of Proxy Rules, SEC-Release No. 34-7078, Federal Securities Law Reporter (CCH), Vol. 3, ¶ 24,103; Ash v. GAF Corp., 723 F.2d 1090, 1094 (3d Cir. 1983).

418 *Friedman*, Securities Regulation in Cyberspace, 11-4 (11.02).

419 *Brown*, Corporate Disclosure, § 9.06 [3] [b] (S. 9-23).

420 Zumindest für die Angestellten der Detroiter Ford Motor Company dürfte dies bald der Fall sein. Nach einer Agenturmeldung vom 4.2.2000 (FAZ v. 7.2.2000, S. 28) plant Ford, seinen Angestellten weltweit einen Computer mit Internetzugang gegen eine monatliche Gebühr von $ 5 zur Verfügung zu stellen. Hintergrund ist zwar die Absicht, weiterhin an der Spitze des technischen Fortschritts und gleichzeitig noch näher an den Bedürfnissen der Verbraucher zu sein. Sobald die Vernetzung abgeschlossen ist, ließe sie sich aber gleich auch für die interne elektronische Unternehmenskommunikation nutzen.

421 Release 1996 (o. Fußn. 356), Beispiel 1; *Friedman*, 11 Insights 9.

422 *Wilcox*, 11 Insights 8.

erstmals mit elektronischer Zustellung von Annual Reports an Belegschaftsaktionäre. Nachforschungen ergaben, daß von den 100.000 HP-Aktionären 60.000 Belegschaftsaktionäre waren. Alle Angestellten erhielten eine E-Mail, die den elektronischen Erhalt des nächsten Geschäftsberichtes ankündigte. Papierexemplare konnten dennoch angefordert werden. Nur 5.000 Stück wurden bestellt. Zum Zeitpunkt der Verteilung bekamen HP-Angestellte eine zweite E-Mail, die einen Hyperlink zum Geschäftsbericht enthielt. Rief man ihn auf, startete ein Web-Browser, der den Angestellten direkt zum Annual Report auf der für jedermann frei zugänglichen Homepage von HP verband. HP sparte durch dieses Verfahren rund $ 300.000[423]. Auch hier muß das Unternehmen die zeitliche Reihenfolge der Rule 14a-3 (b) einhalten. Die E-Mail sollte also ein paar Tage vor Versand des Definitive Proxy Statements und der Form of Proxy verschickt werden[424].

bb) Verteilung an Beneficial Owner

Soweit Beneficial Owner informiert werden wollen und müssen – und das wird angesichts der in Street Name verwalteten Aktien die Mehrzahl sein[425] – ist das Verfahren komplizierter, da es die Koordination mit mehreren Beteiligten verlangt. Die elektronische Verteilung von Annual Reports kann allerdings noch immer direkt erfolgen[426], sofern dem Unternehmen die Identität der Beneficial Owner anhand der NOBO-List bekannt ist[427]. Voraussetzung ist die Zustimmung der Beneficial Owner, die auch nur gegenüber dem Broker oder der Bank erklärt werden kann[428]. Die Kosten für die Erstellung der NOBO-List trägt das Unternehmen[429]. Die elektronische Verteilung von Proxy Materials ist dagegen schwieriger, da die SEC Proxy Rules die Verbreitung von Proxy Statements und Form of Proxies jedenfalls durch Broker und Banken vorschreiben[430]. Ein Unternehmen kann daher seine Proxy Materials nicht auf seiner Website als alleinigen Vertriebsweg verfügbar machen. Das gilt selbst dann, wenn der Beneficial Owner darin eingewilligt hat, da die Shareholder Communcation Rules nicht abbedungen werden können. Allerdings hindert SEC Proxy Rule 14a-13 ein Unternehmen nicht daran, neben der Übersendung der gesetzlich erforderlichen Dokumente in ausreichender Stückzahl an Brokern und Banken darüber hinaus dieselben Dokumente erneut zu verteilen. Ein Unternehmen, das z.B. angesichts der kurzen Zeit bis zur Hauptversammlung besorgt ist, daß ihre Beneficial Owner alle erforderlichen Informationen erhalten, könnte Kopien der Dokumente, die es an Broker und Banken übersandt hat, den Beneficial Owners per E-Mail direkt zukommen lassen. De-

423 Zum ganzen *Brown*, Corporate Disclosure, § 9.06 [3] [b] (S. 9-23).

424 *Friedman*, Securities Regulation in Cyberspace, 11-5 (11.03).

425 Vgl. o. 3. Kapitel, II.2. (S. 30).

426 17 C.F.R. § 240. 14a-13 (c).

427 17 C.F.R. § 240.14b-1 (b) (3) (i).

428 Release 1995 (o. Fußn. 355), Beispiel 6.

429 17 C.F.R. § 240.14b-1 (c) (2) und § 240.14b-2 (c) (2).

430 17 C.F.R. § 240.14a-13 (a) (4).

ren Zustimmung wäre nicht einmal nötig, da es sich um eine zusätzliche freiwillige Kommunikationsleistung handelt, die den strengen Voraussetzungen des Release 1995 nicht unterfällt[431]. Es handelt sich daher um eine schnelle Ausnahmemöglichkeit, Aktionären kurzfristig Informationen zukommen zu lassen.
Die Frage stellt sich freilich, ob dieses Verfahren notwendig ist, wenn Broker und Banken ihrerseits ein elektronisches Unterrichtungs- und Zustellungssystem einrichten. Unternehmen könnten auf diese Weise erhebliche Druckkosten für die ursprünglich versandten Dokumentationen einsparen. Ein gesetzliches oder tatsächliches Druckmittel, entsprechend auf Broker oder Banken einzuwirken, steht den Unternehmen allerdings nicht zur Seite. Im Zweifel wird der Versand daher weiterhin in traditioneller Form erfolgen. Die NYSE nimmt allerdings immer wieder Vorschläge der SEC auf, die Verteilung gesetzlich vorgeschriebener Dokumente zu vereinfachen und zu verbilligen[432]. Die Vorschläge betreffen auch die Verbilligung der Reimbursement Fee der NYSE Rule 451, die die NYSE am 12. Februar 1998 von $ 0,60 auf $ 0,50 reduzierte[433]. Der Effekt ist, daß es für Broker immer unattraktiver wird, Dokumente im Papierformat zu verschicken bzw. solchen Versand noch selbst in die Hand zu nehmen. Aus diesem Grund haben seit einigen Jahren immer mehr Broker und Banken Unternehmen zwischen sich und ihre Kunden geschaltet, die die gesamte Logistik übernehmen. Das bekannteste Unternehmen dieser Art ist Automatic Data Processing, Inc., (ADP) auf Long Island (NY)[434]. Mit einem Marktanteil von rund neunzig Prozent betreut ADP über 900 Broker und über 400 Mutual Funds. Brokern und Banken verschafft ein Unternehmen wie ADP klare Vorteile. Die gesamte Logistik und der Schriftverkehr führt ADP mit den Investoren. Diese merken nicht, daß ADP involviert ist, da sämtliche Schriftstücke so gestaltet sind, als kämen sie vom Broker direkt. Den Brokerfirmen erspart ADP einen erheblichen Aufwand und erlaubt ihnen, sich auf ihr eigentliches Geschäftsfeld zu konzentrieren. Auch für das Unternehmen hat der Einsatz ADPs Vorteile. Es hat nur einen einzigen Ansprechpartner, kann sämtliche Unterlagen an nur einen Ort schicken und bekommt nur eine Rechnung. Broker und Banken erteilen ADP daher eine Inkassoermächtigung (billing agent). ADP wiederum stellt den Unternehmen die $ 0,50 nach NYSE Rule 451[435] sowie alle Versandkosten in Rechnung. Die nach dieser Regel den Brokern und Banken zustehenden $ 0,50 führen diese an ADP ab. Sie fungie-

431 *Brown*, Corporate Disclosure, § 9.06 [1] (S. 9-17).

432 Vgl. bspw. den letzten "Proposed Release" der SEC vom Januar 2000: "Delivery of Proxy and Information Statement to Households", Release No. 33-7767, <http://www.sec.gov/rules/proposed/33-7767.htm>.

433 NYSE Rule 451 (¶ 2451.90) (o. Fußn. 273). Zur alten $ 0,60-Regelung, die seit 1.7.1986 galt, vgl. NYSE Rule 451 (¶ 2451.90), New York Stock Exchange, Inc., Constitution and Rules, Stand: Juni 1996, CCH, Chicago 1996.

434 Ein anderes bekanntes Unternehmen ist das Investor Responsibility Research Center (Washington), <http://www.irrc.org>.

435 ¶ 2451.90 (o. Fußn. 273).

ren nur noch als "Pass-Through". Der Verdienst für ADP liegt darin, durch Massenversand effektiver zu wirtschaften als Broker oder Banken dies könnten. Wie schon Unternehmen müssen allerdings auch Broker und Banken zunächst die Zustimmung der Beneficial Owner für die elektronische Zustellung erhalten. Eine Möglichkeit ist, die Zustimmung gleich bei Kontoeröffnung einzuholen. ADP bietet mit <http://www.investordelivery.com> eine eigene Website an, über die die Zustimmung auch nachträglich elektronisch erklärt werden kann. Ist sie erteilt, gibt der Broker seinen Kunden die Adresse einer Website an, auf der die Proxy Soliciting Materials abgerufen werden können[436]. Nicht selten ist dies die Website des entsprechenden Unternehmens[437]. Neben den Proxy Materials werden Broker und Banken die Beneficial Owner häufig noch mit Informationen versorgen müssen, die nicht von den Unternehmen zur Verfügung gestellt werden. Dazu gehören insbesondere Voting Instructions[438]. Broker und Banken werden daher ihren Kunden noch eine zweite Website-Adresse mitteilen müssen, auf der die Voting Instructions abrufbar sind[439]. Sinnvollerweise sollten Proxy Materials und Voting Instructions entweder auf einer Website gemeinsam plaziert oder durch Links miteinander verbunden werden. Wie bereits erwähnt gelten Dokumente, auf die über einen Hyperlink verwiesen wird, als mit dem verweisenden Dokument zusammen zugestellt[440]. Die auf diese Weise eingesparten Kosten sind beträchtlich. Allein HP sparte während der Proxy Season 1997 über $ 200.00 an Druck- und Versandkosten[441].

b) Abstimmungsverfahren

Das traditionelle Verfahren sieht vor, daß der Beneficial Owner nach Erhalt der Proxy Soliciting Materials auf zweierlei Weise abstimmt: Entweder übersendet der Broker seinem Kunden eine blanko unterschriebene Proxy Card, die dieser ausfüllt und an das Unternehmen zurücksendet[442]. Oder – sehr viel häufiger – der Beneficial Owner füllt die Proxy Card mit Hilfe der Voting Instructions der Broker/Banken aus und schickt sie an diese zurück. Dort werden alle Proxy Cards gesammelt, ausgewertet und das Ergebnis an das Unternehmen versandt[443]. Die SEC hat angedeutet, daß ein Beneficial Owner nicht nur wirksam zustimmen könne, Proxy Materials elektronisch zu erhalten, sondern auch elektronisch abzustimmen[444]. Proxy-Abstimmungen unterfallen allerdings der Regelungskompetenz der Einzelstaaten. Die Frage, ob elektronische Pro-

---

436 Release 1995 (o. Fußn. 355), Beispiel 29.

437 Release 1996 (o. Fußn. 356), Beispiel 3.

438 Formulierungsbeispiele der Voting Instructions sind abgedruckt unter NYSE Rule 451 (¶ 2451.20) (o. Fußn. 273); vgl. auch Anhang I (S. 177).

439 Release 1996 (o. Fußn. 356), Beispiel 3.

440 Release 1995 (o. Fußn. 355), Beispiel 16.

441 Vgl. den Bericht in der Star Tribune (MN) v. 24.11.1997, S. 9E.

442 *Friedman*, Securities Regulation in Cyberspace, 11-11 (11.06).

443 *Friedman*, a.a.O.

444 Release 1996 (o. Fußn. 356), Beispiel 3.

xies zulässig sind, richtet sich daher allein nach einzelstaatlichem Recht. In Delaware besteht die Möglichkeit schon seit 1990[445]. Dessen § 212 (c) (2) Del. Gen. Corp. Law lautet in Auszügen:

> "A stockholder may authorize another person (...) to act for such stockholder as proxy by transmitting or authorizing the transmission of a telegram, cablegram, or other means of electronic transmission to (...) a proxy solicitaion firm (...), provided that any such telegram, cablegram or other means of electronic transmission must either set forth or be submitted with information from which it can be determined that the telegram, cablegram or other electronic transmission was authorized by the stockholder. (...)"

Kalifornien[446] und New York[447] haben ähnliche Vorschriften. Der RMBCA schließlich ist 1995 entsprechend geändert worden[448]. Gleichwohl haben danach nur wenige Staaten ihre Corporate Laws überarbeitet. Noch am 1. Januar 1998 verfügten über entsprechende Gesetze neben den Genannten nur noch Colorado[449], Kentucky[450], Louisiana[451], Mississippi[452], Virginia[453] und Wyoming[454], insgesamt also nicht mehr als neun Bundesstaaten. In der Tendenz steigt die Zahl der Staaten, die die elektronische Abstimmung zulassen, jedoch an. Bereits im Dezember 1998 sind es nach der Übernahme entsprechender Regelungen durch New Jersey[455] zwischen 20 und 22 Staaten[456]. Unternehmen, die die Vorteile elektronischer Abstimmung nutzen wollen, sehen sich also zwei Hürden gegenüber. Zunächst muß das entsprechende Recht des Bundesstaates "Electronic Proxies" zulassen. Ferner muß ein Identifizierungs- und Authentifizierungssystem geschaffen werden, das sicherstellt, daß Proxies nur von den dazu berechtigten Beneficial Owners übermittelt werden[457]. Bislang in Gebrauch sind Personal Identification Numbers (PINs). Zunehmend werden jedoch Sicherheitsmängel beim Gebrauch von PINs kritisiert und alternative Methoden (insbes. digitale Signaturen) vorgeschlagen[458]. Dar-

---

445 Das Gesetz wurde im Anschluß an Parshalle v. Roy, 567 A.2d 19 (1989) (o. Fußn. 307), geändert.

446 § 178 Cal. Corp. Code.

447 § 609 (i) (2) N.Y. Bus. Corp. Law.

448 *Committee on Corporate Laws*, 51 Bus. Law. 209, 216 f.

449 § 7-107-203 Colo. Rev. Stat.

450 § 271 B.7-220 Ky. Rev. Stat. Ann.

451 § 12:75 (C) La. Rev. Stat. Ann.

452 § 79-4-7.22 Miss. Code Ann.

453 § 13.1-663 Va. Code.

454 § 17-16-722 Wyo. Stat.

455 § 14 A:5-19 N.J. Stat.; vgl. ferner *Markowitz*, The Record (NJ) v. 6.1.1999, S. B01.

456 Die Berichte über die genaue Anzahl der Staaten sind nicht einheitlich, vgl. *Judd*, The vote is in, Investor Relations, Juli 1999, S. 54, 55 (20 Staaten) und *Friedman*, 12 Insights 19 (22 Staaten).

457 Vgl. den Text des § 212 (c) (2) Del. Gen. Corp. Law, 2. Halbsatz ("provided that").

458 *Silverman*, Off-Line 1996, 1 ff.

auf wird noch einzugehen sein[459]. Erst seit 1998 wird die Proxy-Abstimmung per Internet durchgeführt[460]. Auch ADP bietet diesen Service erst seitdem an. Investoren wurden entweder in Papierformat oder elektronisch die Proxy Materials zusammen mit einer PIN zugestellt. Die Aktionäre, die über das Internet abstimmen wollten, riefen die dafür geschaffene Website ADPs unter <http://www.proxyvote.com> auf. Nach Eingabe der zwölfstelligen PIN wurden sie durch den Abstimmungsprozeß geführt mit der Möglichkeit, für oder gegen bestimmte Vorschläge zu stimmen oder sich zu enthalten. Nach Beendigung des Verfahren bekamen die Investoren eine E-Mail, die die Abstimmung und ihren Inhalt bestätigte. 1999 wurde für 5,4 Mrd. Aktien (2,8 Prozent) der rund 130 Mrd. über ADP abgewickelten Aktien über das Internet abgestimmt, für 15,7 Mrd. Aktien (8,0 Prozent) über das Telefon[461]. Der Kostenvorteil für das Unternehmen kann erheblich sein. Muß es bei der traditionellen Methode für jeden frankierten Freiumschlag $ 0,34 zahlen, betragen die Kosten bei der Telefonabstimmung nur noch $ 0,18 pro Anruf, bei Internet sogar nur noch $ 0,03 pro Vorgang[462]. Rechnet man elektronisches Verschicken der Proxy Soliciting Materials sowie elektronische Rückantwort zusammen, konnten 1999 knapp 8,7 Mio. Sendungen eingespart werden (1998: 5,6 Mio.). Rund $ 54,7 Mio. konnten Unternehmen 1999 damit sparen[463]. Viele Unternehmen haben das beträchtliche Einsparpotential erkannt und suchen verstärkt die Dienste solcher Unternehmen wie ADP. Es kann damit gerechnet werden, daß die Kommunikation mit Aktionären im Vorfeld der Hauptversammlung sich neben dem bereits stark von Informationstechnologie beherrschten Gebiet der Investor Relations in den nächsten Jahren immer mehr auf Medien wie das Internet verlagern wird. Entscheidend dazu beitragen muß und wird die erhöhte Sicherheit im elektronischen Daten- und Informationsaustausch.

5. Kapitel: Technische Fragen und Corporate Governance

Der Einsatz moderner Kommunikationsmethoden im Vorfeld amerikanischer Hauptversammlungen wirft neben den erwähnten rechtlichen und organisatorischen Schwierigkeiten noch eine Reihe weiterer, meist technischer Fragen auf. So schweigen die SEC-Releases etwa zur Frage des Formats, in denen

---

459 Hierzu und zu Sicherheitsfragen generell vgl. u. 5. Kapitel, II. (S. 64).

460 *Gruner*, Electronic Proxy Voting, <http://www.shareholder.com/home/issues/electronic.cfm>; Für ein Beispiel einer solchen Abstimmung siehe Anhang I (S. 165).

461 ADP, 1999 Proxy Season, Key Statistics and Performance Ratings, S. 4. Die Ameritech Corporation (Chicago) bspw. berichtet, daß sich auf ihrer Hauptversammlung 1998 die Beteiligung der Aktionäre per Telefon verdoppelt und per Internet sogar verzehnfacht hat, Sun-Sentinel v. 19.4.1998, S. 3F.

462 ADP Link, Dezember 1998, Vol. 1, No. 2, S. 1 und 4.

463 ADP, 1999 Proxy Season, Key Statistics and Performance Ratings, S. 5.

Dokumente im Internet verfügbar sein müssen. Sie betonen nur, daß der Zugang nicht so beschwerlich sein darf (unduly burdensome), daß der Empfänger letztlich nicht an die Informationen herankommt[464]. Ganz entscheidend ist ferner die Frage nach der Sicherheit des Datenflusses im Internet. Bundesstaatenrecht verbietet den Einsatz elektronischer Proxies, wenn nicht gewährleistet ist, daß Erklärungen und Daten authentisch sind. In der Diskussion ist schließlich die Frage nach dem Einfluß des Internets auf die Corporate Governance Debatte. Auf diese Einzelfragen soll nachfolgend eingegangen werden.

I. Format elektronischer Dokumente

Die Produktion traditioneller Dokumentationen erfolgt in zwei Schritten: Zunächst wird die Schlußfassung mittels eines Textverarbeitungsprogrammes erstellt. Diese Fassung dient dann als Vorlage für die endgültige Druckfassung. Im Internet entfällt dieser zweite Schritt. Die Vorlage wird nicht mehr gedruckt. Die Frage ist daher, ob die Schlußfassung im Format des Textverarbeitungsprogrammes auf der Website plaziert werden kann und soll oder im HTML-Format, das, wie weiter oben ausgeführt wurde[465], zum Erstellen von Web-Dokumenten benutzt wird. Gegebenenfalls kommt noch ein drittes Format in Frage, das PDF-Format. Im folgenden soll erörtert werden, welche Vor- und Nachteile jedes der genannten Formate aufweist und ob sie den Anforderungen genügen, die die SEC an den Einsatz elektronischer Kommunikationsformen stellt.

1. PDF-Format

Das zur Zeit populärste Format zur Präsentation von Dokumenten im Internet ist ein gesetzlich geschütztes Format von Adobe Systems, Inc., (San Jose) namens PDF. Die Abkürzung steht für "Portable Document Format". PDF-Dokumente sind technisch gesehen eine elektronische Reproduktion des Originals oder – vereinfacht ausgedrückt – ein elektronisches Foto des Originaldokuments. Das Bilddokument kann nach der Herstellung nicht mehr verändert werden, das heißt, alle Betrachter sehen das Gleiche. Es enthält keine immanenten Informationen wie Tabulatoren, Makros oder Formatvorlagen, ferner keine versteckten oder gelöschten Zeichen. Es kann daher nicht vorkommen, daß in einem PDF-Dokument verborgene Informationen – wenn auch nur durch Zufall – eingesehen werden können[466]. Ein Dokument im PDF-Format spiegelt also nur genau den Inhalt des Originaldokuments wider. Das ist der Grund, warum PDF-Dokumente meist erste Wahl sind für Online-Informationen. Allerdings haben PDF-formatierte Unterlagen einen entscheidenden Nachteil. Um ihn zu verstehen, sei an die Bedenken erinnert, die die SEC in ihrem Release 1995 verdeutlichte. Empfänger elektronischer Doku-

---

[464] Release 1995 (o. Fußn. 355), Abschnitt II (B), Fußn. 24.

[465] 4. Kapitel, II.1. a) (S. 43).

[466] Vgl. *Weeden*, wallstreetlawyer.com, März 1998, Vol. 1, No. 10.

mente dürfen nicht schlechter stehen als Empfänger herkömmlicher Dokumente. Das heißt erstens, daß die elektronische Kopie denselben Inhalt haben muß wie die Papierkopie und zweitens, daß sie dem Empfänger zugehen muß. PDF-formatierte Dokumente erfüllen zweifellos die erste Voraussetzung, nicht aber ohne weiteres die zweite. Denn um PDF-Dokumente lesen und drucken zu können, muß auf dem Computer ein ebenfalls von der Adobe Corporation geschaffenes Programm – der "Adobe Acrobat Reader" – vorhanden sein. Es ist zwar kostenlos erhältlich und kann von Adobes Website <http://www.adobe.com> geladen werden. Dennoch erfordert der Download, die nachfolgende Installation und der Start des Programms auf dem Rechner ein Mindestmaß an technischem Verständnis. Hinzu kommt, daß PDF-Dateien oft mit Grafiken angereichert und daher sehr umfangreich sind. Das Herunterladen kann daher längere Zeit in Anspruch nehmen, was den Prozeß anfälliger macht für Störungen jeder Art[467]. In solchen Fällen würden die Voraussetzungen der Proxy Rules nicht erfüllt, insbesondere dann nicht, wenn die Zustimmung des Investors den Erhalt von PDF-Dokumenten gar nicht umfaßte[468].

2. HTML-Format

Das zweite Format zur Darstellung elektronischer Dokumente wurde bereits angesprochen. Die Hypertext Markup Language ist das gebräuchlichste Format im Internet. Es ist sehr vielseitig und ermöglicht, eine Vielzahl von medienwirksamen Grafiken, Java-Skripten und interaktiven Links einzubinden. Nahezu alle Internet-Browser unterstützen HTML-Formate ohne Schwierigkeiten, was zu der dominierenden Stellung dieser Progammiersprache im Internet beigetragen hat. Trotz der Vielfalt ist HTML für gesetzlich vorgeschriebene Dokumentationen nicht immer angemessen. Liegt bei PDF-Dokumenten das Problem beim Zugang, ist es bei HTML die Darstellung. Die Hauptschwierigkeit bei HTML ist, daß es verschiedene Versionen davon gibt und Dokumente daher, abhängig vom Browser, den der Investor benutzt, unterschiedlich dargestellt werden. Ein geladenes HTML-Dokument erscheint anders, je nachdem ob es mit Netscape Communicator, Microsoft Internet Explorer, Eudora oder anderen Browsern geladen wurde. Diese Unterschiede hängen größtenteils von der HTML-Version ab, in die das Dokument konvertiert wird sowie von den im Browser aktivierten Optionen. Für das Papierformat trifft dies nicht zu. Hier sieht jeder Geschäftsbericht, jedes Proxy Statement aus wie das andere. Um ein einheitliches Bild zu erreichen, müßte der Sender oder Anbieter der Dokumente die HTML-Version, den Browser und die Browsereinstellungen jedes Investors kennen. Ein weiteres signifikantes Problem ist, daß HTML nur beschränkte Mittel hat, komplexe Finanzanalysen in Tabellenformat korrekt wiederzugeben. Tabellen werden oft an den äußersten Rändern des Bildschirms angezeigt und der Browser druckt sie, je nach den Einstellungen,

---

467 Manche Zugangssoftware ins Internet bricht die Verbindung automatisch ab, wenn der Benutzer einige Zeit keine Taste mehr betätigt hat. Sollte der Download länger brauchen, geht das Dokument verloren.

468 *Friedman*, 11 Insights 9.

mit Schrifttypen, die ein Verrutschen der Zeilen und Spalten verursacht. Auch wenn HTML damit wie eine schlechte Wahl erscheint, dürfen die Vorteile nicht vernachlässigt werden. Als Internet-Standard braucht HTML kein vorgeschaltetes Programm. Download, Installation und Start von Programmen ist nicht notwendig. Ein Investor kann sich frei im Netz bewegen und Dokumente aufrufen. Diese bleiben auf dem Host-Computer und stehen zur Ansicht und Druck jederzeit zur Verfügung. Ein Zugangsproblem oder die Frage, ob ein Dokument nur teilweise geladen wurde, stellt sich nicht[469].

3. Textverarbeitungsformat

Die dritte Möglichkeit besteht darin, Dokumente in dem Textverarbeitungsformat zu belassen, mit dem sie erstellt wurden. Die gebräuchlichsten Formate dieser Art sind jene, die mit WordPerfect von der Corel Corporation oder mit Word von Microsoft, Inc., erstellt wurden. Alle ursprünglich in dem Dokument vorgenommenen Formatierungen bleiben erhalten, das heißt, das Dokument enthält eingebettete Codes, die eine Vielzahl von Informationen über das Dokument selbst speichern. Dokumente im Textverarbeitungsformat geben die in ihnen enthaltenen Informationen akkurat wieder, solange der Investor über dieselbe Version des entsprechenden Textverarbeitungsprogrammes verfügt. Ein mit Word Version 7.0 erstelltes Dokument kann also nicht mit Word Version 6.0 gelesen werden. Das gilt erst recht für verschiedene Programme. Dokumente im Textverarbeitungsformat sind ferner nicht so verkehrsfähig wie HTML-Dokumente. Sie müssen wie PDF-Dateien aus dem Internet geladen oder per E-Mail verschickt werden. Schließlich birgt das ursprüngliche Textverarbeitungsformat die große Gefahr, den Rechner mit Computerviren zu infizieren. Während sich PDF-Dokumente zwar gut lesen und HTML-Dokumente gut verbreiten lassen, trifft für Dokumente im Textverarbeitungsformat weder das eine noch das andere ohne weiteres zu.

4. Empfohlenes Format

Zu diesem Zeitpunkt mag sich der Eindruck einstellen, daß das klassische Papierformat noch am praktikabelsten sei. Dem wäre vielleicht sogar zuzustimmen, wenn elektronische Formate nicht erhebliche Vorteile aufweisen würden, die nachfolgend noch einmal verdeutlicht werden sollen. Den am weitesten reichenden Vorteil, den Internet-Dokumente vermitteln, ist das Hyperlinking. Investoren können sich damit unkompliziert durch das Internet bewegen und schnell die gesuchten Informationen finden. Mehrere auf verschiedenen Host-Computern gelagerte Dokumente können mittels Hyperlinks verbunden und im Sachzusammenhang zugänglich gemacht werden. Ein weiteres wichtiges Werkzeug, das elektronische Dokumente seinen traditionellen Gegenstücken überlegen macht, ist die Möglichkeit, automatische Suchfunktionen zu benutzen. Gerade in den letzten Jahren haben sich Suchsystem kontinuierlich verbessert. So manchem Investor und Analysten sind beim "Durchsuchen" der EDGAR-Datenbank nach bestimmten Begriffen potentielle Probleme aufge-

---

469 Vgl. *Weeden*, wallstreetlawyer.com, März 1998, Vol. 1, No. 10.

fallen[470]. Der dritte Vorteil ist die universelle Verfügbarkeit elektronischer Dokumente. Dadurch lassen sich nicht nur Druck- und Versandkosten sparen, sondern sie gibt Investoren auch die Gelegenheit, eine größere Anzahl an Dokumentationen zu lesen. Letztlich ersparen elektronische Formate Schreibarbeit, indem Daten in andere Dokumente kopiert werden können. Das EDGAR System beispielsweise verlangt von Unternehmen, sogenannte "Financial Data Schedule" (FDS) als Teil eines vielteljährlichen oder jährlichen Finanzstatus einzureichen[471]. Investoren könnten die darin enthaltenen Informationen leicht in eine selbst erstellte Tabelle kopieren, um so einen Überblick nach eigenen Kriterien zu erstellen. Noch vor zwei Jahren lautete die Antwort auf die Frage, welches Format zu bevorzugen sei, das Adobe PDF-Format[472]. Die Prognose lautete aber schon damals, daß sich HTML immer mehr durchsetzen würde. Dies ist jedenfalls richtig für die EDGAR-Datenbank, da diese zwischenzeitlich vom alten ASCII- auf das HTML-Format umgestellt wurde. PDF-Dokumente werden seitdem nicht mehr als offizielle Dokumente anerkannt[473].

II. Sicherheitsstandards

Wirksame elektronische Kommunikation steht und fällt mit der Sicherheit der Mittel, derer sie sich bedient. Anbieter und Nutzer moderner Kommunikationsformen müssen daher ausreichende Sicherheitsstandards bei der Abgabe rechtlich bindender Erklärungen beachten. Das gilt ganz besonders für das Internet, das von seiner gesamten Konzeption her (ARPANET) gerade auf den freien Austausch von Informationen gerichtet ist. Der Transit geheimer oder vertraulicher Daten und hierfür erforderliche Sicherheitsstrukturen sind ihm also fremd. Zahlreich sind daher Berichte, nach denen Hacker und Cracker über das Internet in Computersysteme eindrangen und dort großen Schaden anrichteten[474]. Die Suche nach geeigneten Sicherheitssystemen kann sich nicht allein auf technische Einzelfragen beschränken, sondern muß Hardware, Software und Informationsadministration in die organisatorischen und politischen Unternehmensstrukturen einbinden. Auch wenn es noch keinen abschließenden Katalog von Sicherheitsprinzipien gibt, der alle technischen, sozialen, rechtlichen und betriebswirtschaftlichen Aspekte eines Sicherheitssy-

---

470 Vgl. *Weeden*, wallstreetlawyer.com, März 1998, Vol. 1, No. 10.

471 Siehe zu den erforderlichen Formularen <http://www.sec.gov/edaux/forms/edgform.htm>.

472 Vgl. *Weeden*, wallstreetlawyer.com, März 1998, Vol. 1, No. 10.

473 Siehe <http://www.sec.gov.edaux/wedgar.htm>.

474 Vgl. zuletzt zu den Hackerangriffen auf Onlineunternehmen im Februar 2000 *Postinett*, HB v. 11./12.2. 2000, S. 2; 1995 befragte das Computer Security Institute in San Francisco 3000 Großunternehmen, Universitäten und Regierungsstellen zu ihren Sicherheitserfahrungen mit dem Medium Internet. 20 Prozent hatten Internet-Sicherheitsprobleme, 30 Prozent erlitten bereits finanzielle Verluste. Der Scha-den für 1996 wurde auf über $ 100 Mio. geschätzt. Die Störung von Computersystemen durch unbefug- te Eindringlinge und Benutzung stieg um 12 Prozent zwischen 1996 und 1997. Vgl. *Janal*, S. 19 u. 54.

stems aufbereitet, besteht ein breiter Konsens darüber, welche Ziele und Strategien beim Einsatz von Computern sowie den Informationsaustausch hierüber beachtet werden sollten. Ihre Diskussion folgt zunächst. Im Anschluß daran werden moderne Sicherheitstechnologien erörtert[475].

1. Sicherheitsziele und Strategien

a) Authentizität

Eines der wichtigsten elektronischen Sicherheitsprinzipien ist das der Verantwortlichkeit bzw. Zurechenbarkeit. Um ein wirksames System von Verantwortlichkeiten zu erhalten, muß die Identität des Benutzers korrekt festgestellt werden. Die Authentizität kann basieren auf etwas, was der Benutzer weiß (z.B. Paßwort oder PIN), was er hat (z.B. Chipkarte) oder was er ist oder tut (z.B. Fingerabdruck oder Stimmerkennung). Auf die beiden letzten Varianten soll bei der Diskussion der Sicherheitstechnologien näher eingegangen werden[476]. Authentifizierung durch Wissen ist eine einfache und kostengünstige Methode, weil der Benutzer sein Wissen immer und überall mit sich herumträgt und es einfach schützen kann. Deshalb ist es weit verbreitet und für viele unverzichtbar[477]. Auch die Online-Abstimmung mittels elektronischer Proxy Card bedient sich dieser Methode. Der Aktionär muß auf <http://www.proxyvote.com> eine zwölfstellige Kontrollnummer eingeben, um zum Abstimmungsmenü zu gelangen. Der Nachteil dieser Methode ist, daß PINs bei Anbietern elektronischer Verfahren regelmäßig in zentralen Dateien gespeichert sind, die, selbst wenn sie verschlüsselt sind, Angriffen empfindlich ausgesetzt sind[478]. So kann beispielsweise jedes in einem Wörterbuch enthaltene Wort verschlüsselt werden und das Ergebnis mit dem verschlüsselten Passwort verglichen werden, um eine Übereinstimmung herauszufinden. Soweit die Festlegung von Paßwörtern Benutzern selbst überlassen ist, können geübte Hacker diese sogar herausfinden, ohne Zentraldateien zu knacken. Meist reicht dazu aus, persönliche Daten (Geburtsdatum, Initialien, Kfz-Kennzeichen) in allen Variationen auszuprobieren. Paßwörter sollten daher stets aus langen Buchstaben- und Zahlenreihen bestehen[479].

b) Zugangsbeschränkungen

Zugangsbeschränkungen sollen sicherstellen, daß nur authorisierte Personen auf Daten zugreifen können. Externe Barrieren und die Verwaltungserfassung stellen physische, Hard- und Software logische Hürden dar. Am wirksamsten sind Zugangsbeschränkungen, wenn sie nur für eine Person gelten. Bei Gruppen muß nach Zugriffs- und Veränderungsrechten unterschieden werden. Laufwerke, Ordner und Dateien sollten nur eingeschränkt Personen zugänglich sein und eigene Profile vorweisen, in denen genau festgelegt ist, wer in

---

[475] Siehe u. II.2. (S. 66).

[476] A.a.O.

[477] *Janal*, S. 61.

[478] *Wright/Winn*, § 3.05 [A] (S. 3-11).

[479] *Janal*, S. 59.

welchem Umfang auf welche Daten zugreifen kann. Zugangsbeschränkungen sind besonders in Großunternehmen sinnvoll. Im Zusammenhang mit dem Verhältnis von Aktionären und Aktiengesellschaft im Vorfeld oder während der Hauptversammlung spielen sie keine Rolle, da Aktionäre auf das unternehmensinterne System ohnehin keinen Zugriff haben.

c) Integrität

Ein Computersystem ist integer, wenn es sich so verhält, wie der Benutzer es erwartet – selbst im Falle einer Störung oder eines Angriffs. So wird ein System als vertrauenswürdig bezeichnet, wenn es sich nach Abschalten oder einem Zusammenbruch wieder in einen sicheren Status-ante zurückversetzen läßt. Daten sind integer, wenn sie in sich konsistent sind, das heißt keinen unbefugten Veränderungen oder Löschungen ausgesetzt sind und letztlich mit den Unternehmen konsistent sind, die sie repräsentieren. Sensitive Daten werden in der Regel verschlüsselt. Eine der wichtigsten Methoden, Datenintegrität zu erhalten, ist die Erstellung von Sicherungskopien (backup).

d) Elektronische Buchführung (Audit)

Ein Audit Service erstellt einen chronologischen Bericht der Ereignisse. Es ergänzt Mechanismen zur Beschränkung des Zugangs. Versagen letztere, zeichnen Audit-Berichte zumindest jeden Schritt im System auf. Diese Berichte müssen geheim bleiben, um integer zu sein. Auch Verschlüsselung bietet sich zur Sicherung von Audit-Dateien an. Mit Hilfe von Audit-Berichten können verdächtige Aktivitäten nachvollzogen werden.

e) Netzwerksicherheit

Mit der Zunahme von Netzwerkaktivitäten dringen Sicherheitsfragen stärker in den Vordergrund. Dabei spielt es keine Rolle, ob es sich um geschlossene Systeme (Intranet oder local-area networks) oder um offene Systeme (Internet oder wide-area network) handelt. Netzwerksicherheit bedeutet insbesondere Sicherheit der Kommunikation. Die übermittelte Information muß geschützt werden. Netzwerksicherheitssysteme weisen neben den bereits genannten Sicherheitszielen noch weitere auf, und zwar Vertraulichkeit und Zurückweisungsschranken. Der Vertraulichkeitsschutz will verhindern, daß ausgetauschte Nachrichten unbefugt gelesen oder unberechtigten Dritten eröffnet werden. Geschützte Informationen sind sowohl solche, die durch die Beobachtung von Kommunikationsverhalten gewonnen wurden als auch der Inhalt der Kommunikation selbst. Zurückweisungsschranken schützen gegen die falsche Behauptung, niemals Gesprächspartner bzw. Erklärungsgegner gewesen zu sein.

2. Moderne Sicherheitstechnologien

a) Chipkarten (Smart Cards)

Die Benutzung von Paßwörter ist eine relativ billige und effektive Methode, Benutzer zu authentifizieren. Voraussetzung dafür ist allerdings, daß Paßwortsysteme richtig installiert und benutzt werden. Da viele Nutzer mit ihren Paßwörtern nur nachlässig umgehen und damit eine latente Gefahr für jedes bestehende Sicherheitssystem darstellen, begann man, über alternative Methoden nachzudenken, die unabhängig von der Mitwirkung der Nutzer funktionierten[480], wie Chipkarten. Sie enthalten auf einem integrierten Chip benutzerrelevante Informationen einschließlich PIN. Versuche, einen Kartencode zu brechen, gelingen nur in den seltensten Fällen, da die Karte jede Transaktion nach wiederholter falscher Eingabe abbricht. Da Smart Cards die Fähigkeit haben, selbst elektronische Rechenprozesse durchzuführen, können sie mit PINs kombiniert werden, die sie selbst verifizieren. Die Nutzungsmöglichkeiten sind weit. Sie können beispielsweise einem Benutzer Zugang zu einem Computer oder einem Netzwerk gestatten. In einer Standardsituation generiert eine Smart Card eine Nachricht, in der der Name des Nutzers und das Passwort enthalten ist, verschlüsselt beide Informationen und verschickt sie an einen Zentralserver zur Prüfung. In Europa sind Smart Cards weit verbreitet[481], nicht dagegen in den USA. Dies ist allenfalls mit höheren Kosten erklärbar, die die Produktion und der Vertrieb verursachen. Im übrigen jedoch haben Smart Cards gegenüber kryptografischen Systemen einen entscheidenden Vorteil. Letztere beruhen nämlich ausschließlich auf Sofware-basierten Schlüsseln, die dem Risiko unauthorisierten Zugangs auf dem Datenträger (Festplatte) ausgesetzt sind, auf dem sie gespeichert wurden. Mit Smart Cards dagegen bietet der Nutzer einen Authentizitätsmechanismus an, der außerhalb eines bestehenden Computersystems steht.

b) Biometrik

Biometrik-Authentifikation beruht auf individuellen Körpermerkmalen oder Handlungen des Benutzers wie Fingerabdrücke, Netzhautstruktur, Stimmerkennung oder einer elektronischen Unterschrift mit dafür speziell vorgesehen Schreibwerkzeugen. Sie wurde bislang nur in Hochsicherheitszonen wie Atomkraftwerken oder auf Militärgelände eingesetzt[482]. Seit einiger Zeit ist im Gespräch, die Biometrik auch in anderen Lebensbereichen zur Feststellung der Authentizität heranzuziehen, z.B. bei Geldautomaten[483]. Ähnlich wie bei Smart Cards wird ein Benutzerprofil angelegt, das bei Identitätsüberprüfung als Maßstab angelegt wird. Während ein Paßwort jedoch genau reproduziert werden muß, besteht bei der Biometrik-Methode eine gewisse Toleranz zur Feststellung, ob die Probe mit der Profilvorlage übereinstimmt. Je höher der Toleranzlevel, desto geringer die Sicherheitsstufe. Sicherheit durch biometri-

---

480 *Wright/Winn*, § 3.06 [A] (S. 3-14).

481 Z.B. ec-Karten. Viele Banken in Deutschland bieten ihren Kunden an, ihre Bankgeschäfte über das Internet abzuwickeln (Direktbanken). Die Dresdner Bank AG bspw. sieht hierfür ein Sicherheitsmedium in Form einer Chipkarte vor, die durch ein kleines Lesegerät alle notwendigen Informationen in das Internet speist. Das Lesegerät und die Chipkarte werden dem Kunden zur Installation am heimischen Computer ausgehändigt.

482 *Wright/Winn*, § 3.06 [B] (S. 3-15).

483 Siehe Fußn. 474.

sche Verfahren ist kaum kostspieliger oder aufwendiger als die Installation von Smart Card-Lesegeräten. Die kalifornische Firma Veridicom (Santa Clara) beispielsweise ist weltweit Marktführer für Fingerabdruck-Sensoren. Die Sensoren, die kaum größer als eine Briefmarke sind, können an nahezu jedes Gerät angeschlossen werden: PCs, Laptops, Netzwerke, Mobiltelefone, selbst eine Kombination mit Smart Card-Lesegeräten und Geldautomaten ist möglich[484]. Neben dem eigentlichen Sensor, der den Fingerabdruck aufnimmt, besteht das Sicherheitspaket aus drei weiteren Elementen[485]: einer Analysesoftware, die den Fingerabdruck digital speichert und nach individuellen Merkmalen sucht, einer Vergleichssoftware, die die digitale Speichervorlage mit der Probe abgleicht und die Datenschutzsoftware, die den gespeicherten Fingerabdruck verschlüsselt und so durch unbefugte Kopie oder Veränderung schützt[486].

c) Verschlüsselung (Encryption)

Kryptographische Sicherheitstechniken sind schon seit über zweitausend Jahren in Gebrauch. Sie beruhen alle auf demselben System: Eine Chiffre wird erstellt, mit deren Hilfe ein Text in eine sichere Form übersetzt wird. Der Originaltext wird als "Klartext" (plaintext) bezeichnet, der verschlüsselte Text als "chiffrierter Text" (ciphertext). Ein Klartext wird in einen chiffrierten Text aufgrund eines Verschlüsselungsalgorithmus übersetzt. Die moderne Kryptographie benutzt hierfür mathematische Funktionen. Sie sind integraler Bestandteil entsprechender Software, die Klartexte mit "Schlüsseln" versehen und so den chiffrierten Text gewinnen. Diese Schlüssel bestehen aus langen, zufällig ausgewählten Nummern, deren Größe in Bits[487] angegeben wird. Kommerzielle Kryptosoftware benutzt 40-Bit, 48-Bit, 56-Bit, 64-Bit und 128-Bit-Schlüssel. Je größer der Schlüssel, desto leistungsstärker die Software[488]. Dem Einsatz kryptographischer Programme zur Erhöhung der Sicherheit im Internet stehen erst seit kurzem keine rechtlichen Hindernisse mehr entgegen. Da die Kryptographie bislang vorwiegend im militärischen und geheimdienstlerischen Umfeld benutzt wurde[489], unterlag leistungsstarke Kryptographiesoftware noch bis zum 30. Dezember 1996 der International Traffic in Arms Regulation (ITAR)

---

484 Nähere Informationen unter <http://www.veridicom.com/fps110frames.htm>.

485 Vgl. <http://www.veridicom.com/softprodframes.htm>; *Janal*, S. 30 f.

486 Zur Gefahr von "replay attacks" beim Einspielen unverschlüsselter biometrischer Daten ins Internet siehe *Winn/Wright*, § 3.06 [B] (S. 3-16).

487 Die Basisinformationseinheit jeder Programmiersprache ist ein Bit (Abk. für "binary digit"). Computerschaltkreise kennen nur zwei Arten von elektronischer Spannung bzw. Information, an/aus oder 0/1. Dieses Binärsystem kann jede Art von Daten in digitales Format umwandeln. Ein Bit ist eine Informationseinheit. Die Zusammenfassung von acht Bit nennt man Byte. Die Größe digitale Datenspeicher wird in Bytes, in Kilobytes (KB = 1.024 Bytes), Megabytes (MB = 1.048.576 Bytes) oder Gigabytes (GB = 1.073.741.824 Bytes) angegeben.

488 Um einen 40-Bit-Schlüssel zu brechen, müssen eine Billion Möglichkeiten durchgespielt werden.

489 Zum System "Verteilung Elektronischer Schlüsselunterlagen und deren Verwaltung" (VESUV) der deutschen Bundeswehr vgl. *Becker*, Soldat und Technik 2000, S. 29.

und stand in der United States Munitions List[490], eine Liste besonders gefährlicher Kriegswaffen[491]. Die ITAR verbat die Ausfuhr von Kryptosoftware, die leistungsstärker war als 40-Bit[492]. Seit Dezember 1996 gilt jedoch eine Interim Rule, wonach Produkte, die nicht für die militärische Nutzung bestimmt sind, in der Commerce Control List geführt werden und daher nicht mehr der ITAR, sondern den Export Administration Regulations unterliegen. Statt des State Departements ist daher jetzt das US-Departement of Commerce Bureau of Export Administration (BXA) zuständig[493]. Im Januar 2000 lockerte das BXA die Exportbeschränkungen für Kryptosoftware[494]. War bislang nur der Export von 40-Bit-Software gestattet, ist nunmehr der globale Export jeder Art von kryptografischen Produkten erlaubt. Das BXA zielt mit der Änderung der Politik auf die Unterstützung amerikanischer Unternehmen zur Förderung des E-Commerce[495].
Im einzelnen unterscheidet man zwischen symmetrischen und asymmetrischen Datenverschlüsselungsverfahren[496]. Beim symmetrischen oder konventionellen Verfahren werden Informationen mit dem gleichen Schlüssel ver- und entschlüsselt. Die Kommunikationspartner müssen also jeweils den Schlüssel kennen und für verschiedene Nachrichten verschiedene Schlüssel benutzen. Als konventionelles kryptographisches System hat der "Data Encryption Standard" (DES) weite Akzeptanz erfahren. Er wurde 1974 von IBM entwickelt, 1977 von der US-Regierung übernommen und dient seit 1981 als Standard des American National Standards Institute für die Finanzserviceindustrie[497]. Der Nachteil des symmetrischen Verfahrens ist, daß es überwindbar ist, wenn ein Dritter sich Kenntnis von dem Schlüssel verschafft[498]. Ferner kann die Echtheit einer digitalen Unterschrift bei gleichzeitiger Verwendung nur eines Schlüssels durch zwei Personen nicht überprüft werden, da immer die Gefahr

---

490 22 C.F.R. §§ 121 ff.

491 *Schippan*, in: Schwarz, Bd. 2, 11-3.1, S. 9.

492 Die Ausfuhr der Software selbst war zwar genehmigungspflichtig, nicht aber Berichte und Programmieranleitungen für die Software. Damit war der "Export" dennoch möglich.

493 Neben dem BXA sind bei der Entscheidung über den Export von Verschlüsselungssoftware noch die National Security Agency (NSA), das Federal Bureau of Investigation (FBI), die Central Intelligence Agency (CIA) und das US-Departement of Justice beteiligt. Vgl. ausführlich *Beucher/Schmoll*, CR 1999, 529, 531.

494 Der Lockerung der Exportbeschränkungen ging allerdings die Forderung der US-Administration voraus, ein privates Schlüsselverwaltungssystem aufzubauen, zuletzt die sog. Key-Escrow-/Key-Recovery-Verfahren, vgl. *Beucher/Schmoll*, a.a.O. Zur Unterscheidung *Schippan*, in: Schwarz, Bd. 2, 11-3.1, S. 18 ff. Zu den einzelnen Verschlüsselungssystemen siehe sogleich.

495 Nähere Informationen zu den neuen "Encryption Export Regulations" des BXA unter <http://www.llrx. com/congress/#top>.

496 *Winn/Wright*, § 3.06 [B] (S. 3-17).

497 *Winn/Wright*, § 3.06 [B] (S. 3-17).

498 *Schippan*, in: Schwarz, Bd. 2, 11-3.1, S. 5; *Winn/Wright*, § 3.06 [B] (S. 3-17).

besteht, daß ein Dritter die Unterschrift gefälscht hat[499]. Aus diesem Grund wurde die asymmentrische Verschlüsselung entwickelt, die wie das symmetrische Verfahren zwar auf Verschlüsselungsalgorithmen und geheimen Schlüsseln basiert, für Verschlüsselung und Entschlüsselung aber zwei verschiedene, mathematisch verwandte Schlüssel benutzt. Man unterscheidet zwischen "privatem Schlüssel" (private key) und "öffentlichem Schlüssel" (public key). Jeder Benutzer besitzt beide Schlüssel. Die Algorithmen sind so angelegt, daß die mit dem einen Schlüssel verschlüsselten Daten nur mit dem jeweils anderen Schlüssel desselben Benutzers entschlüsselt werden können. Es ist also erforderlich, daß ein Schlüssel an den Empfänger der Nachricht versandt wird. Da der private Schlüssel nicht aus dem öffentlichen Schlüssel extrapoliert werden kann, wird stets nur der öffentliche Schlüssel verteilt. Der private Schlüssel dagegen muß sorgsam aufbewahrt werden. Die Verschlüsselung mit dem privaten Schlüssel ist dann sinnvoll, wenn ein Benutzer des öffentlichen Schlüssels sichergehen will, daß die Nachricht von niemand anderem als dem Inhaber des privaten Schlüssels herrührt. Umgekehrt wird eine Nachricht mit dem öffentlichen Schlüssel codiert, wenn sichergestellt werden soll, daß nur der Inhaber des privaten Schlüssels vom Inhalt der Nachricht Kenntnis erhalten soll[500]. Damit der Inhaber des privaten Schlüssels seinen öffentlichen Schlüssel nicht an alle potentiellen Gesprächspartner senden muß, kann er ihn an eine Art Schlüsselbrett hängen. Dabei handelt es sich um eine Datenbank, die öffentliche Schlüssel enthält. Der bekannteste asymmetrische Verschlüsselungsalgorithmus, der nach seinen Erfindern (Rivest, Shamir und Adleman) benannte RSA-Algorithmus, dient als Grundlage für die weltweit führende, im Internet sehr verbreitete Kryptosoftware PGP (pretty good privacy)[501]. RSA benutzt für private und öffentliche Schlüssel sehr große Primzahlen, die bei der Verschlüsselung multipliziert werden. Die dadurch zur Zeit erreichte Schlüsselgröße von 1024 Bytes ist so sicher, daß dies den Erfinder von PGP, Phillip Zimmermann, wegen verbotenen Exports kontrollpflichtiger Kriegswaffen fast ins Gefängnis brachte. Asymmetrische oder Public-Key-Kryptographie löst also eines der großen Probleme der konventionellen Kryptographie: die sichere Verteilung geheimer Schlüssel[502]. Umsichtiges Schlüsselmanagement bleibt dennoch ein Grundgedanke auch der Public-Key-Kryptographie. Der private Schlüssel darf nicht kompromittiert werden, da der Angreifer andernfalls wirksam für den wahren Inhaber handeln kann. Auch die unbefugte Verwendung eines öffentlichen Schlüssel unter fremden Namen wird bislang als Nachteil der Public-Key-Kryptographie genannt. Der Kommunikationspartner kann in diesem Fall nicht erkennen, ob diese Person tatsäch-

---

499 *Schippan*, in: Schwarz, Bd. 2, 11-3.1, S. 5.

500 *Winn/Wright*, § 3.06 [B] (S. 3-17); *Janal*, S. 27; *Schippan*, in: Schwarz, Bd. 2, 11-3.1, S. 5.

501 Zu PGP vgl. ausführlich *Garfinkel*, PGP: Pretty Good Privacy (1994).

502 Microsoft's Senior Vice President *Myhrvold*: "Public-key cryptography is a cornerstone of the Information Superhighway", zitiert nach *Mitchell*, The Key To Safe Business On The Net, Business Week v. 27.2. 1995, S. 40.

lich Inhaber des öffentlichen Schlüssels ist[503]. Daher wird die Einrichtung von Zertifizierungsstellen vorgeschlagen, die öffentlichen Glauben genießen[504]. Letztlich wird dem Verfahren entgegengehalten, daß es eine viel höhere Rechenkapazität als die konventionelle Kryptographie in Anspruch nehme, was insbesondere bei großen Dateien dazu führe, daß die Ver- und Entschlüsselung zeitlich langwierig sei[505]. Dieses Problem kann jedoch durch zwei Methoden entschärft werden. Soweit es nur auf die Integrität der Nachricht, nicht jedoch auf ihre Vertraulichkeit ankommt, können mathematische Nachrichtenzusammenfassungen (message digests) eingesetzt werden. Nachrichten-Digests sind besonders sinnvoll bei Schwierigkeiten mit der Verschlüsselung der gesamten Nachricht. Digests benutzen eine einmalige mathematische Zerstükkelungsfunktion (one-way hash function), die die gesamten Datenmenge zusammenfaßt. Der Sender schickt den unverschlüsselten Klartext zusammen und dem Message Digest an den Empfänger, der daraufhin den Klartext wieder durch die Hash-Funktion zusammenfassen läßt. Unterscheidet sich der so gewonnene Digest von dem empfangenen Digest, ist unterwegs auf den Klartext eingewirkt worden. Damit ist ein wirksame Methode gewonnen, die Integrität der Nachricht zu überprüfen, ohne aufwendige Rechenoperationen durchzuführen. Steht dagegen die Vertraulichkeit an erster Stelle, können symmetrische und asymmetrische Kryptographie kombiniert werden. Für die Wahrung der Vertraulichkeit der Nachricht wird diese mit einem herkömmlichen, weniger rechenintensiven Sitzungsschlüssel (session key), der bei jeder symmetrischen Verschlüsselung eingesetzt wird, verschlüsselt. Üblicherweise wird hierfür ein international anerkannter Schlüssel wie DES oder IDEA (International Data Encryption Algorithm) verwendet. Um auszuschließen, daß dieser Sitzungsschlüssel, den der Empfänger wieder für die Entschlüsselung benutzen muß, gebrochen wird, verschlüsselt ihn der Absender seinerseits mit dem öffentlichen Schlüssel des Empfängers. Der Empfänger benutzt also seinen privaten Schlüssel, um den Session Key zu gewinnen, und diesen, um den Klartext zu entschlüsseln[506].

d) Digitale Signatur und Public-Key-Verschlüsselung

Der Begriff "digitale Signatur" ist ein Fachbegriff für eine elektronische Unterschrift, die mittels eines öffentlichen Schlüssels erstellt wurde[507]. Mit einer digitalen Signatur versehene Nachricht können also verstanden werden als Erklärungen, die ihren Aussteller erkennen lassen und im Transit nicht geändert wurden. Wie bei allen sicheren E-Mail-Anwendungen müssen die Kommunikationspartner ihre öffentlichen Schlüssel ausgetauscht haben. Der Unterzeichner verschlüsselt zunächst seine Nachricht mittels Hash-Funktion. Der so

---

503 *Schippan*, in: Schwarz, Bd. 2, 11-3.1, S. 8.

504 Dazu weiter u. II.2. d) (S. 72).

505 *Winn/Wright*, § 3.06 [C] (S. 3-18).

506 *Winn/Wright*, § 3.06 [C] (S. 3-19).

507 Information Security Committee, Amercan Bar Association, ABA Digital Signature Guidelines 35 (1996).

entstandene Message Digest wird schließlich mit Hilfe des privaten Schlüssels des Unterzeichners verschlüsselt. Das Resultat ist die digitale Signatur, die der Nachricht angehängt wird. Sie ist selbst nicht vertraulich, da nicht verschlüsselt, wird aber begleitet von einer für sie einzigartigen digitalen Signatur, die nur mit dem öffentlichen Schlüssel des Unterzeichners verifiziert werden kann. Der Empfänger entschlüsselt den Digest mit dem öffentlichen Schlüssel und erstellt anhand derselben Hash-Funktion einen neuen Message Digest. Stimmen beide Digests überein, wurde die Nachricht authentifiziert. Das für die Erstellung einer digitalen Signatur erforderliche Verfahren leitet sich daher technisch vollständig aus der Public-Key-Kryptographie ab. Jedes System, das auf die Verschlüsselung von Nachrichten durch private und öffentliche Schlüsseln vertraut, sieht sich dem Problem der effektiven Verwaltung dieser Schlüssel ausgesetzt. Der Inhaber muß die exklusive Kontrolle über seinen privaten Schlüssel haben. Öffentliche Schlüssel sind in einer verläßlichen Art und Weise zu verteilen und die Beteiligten müssen in ein System eingebunden sein, das bei Verlust, Bruch oder anderen Schwierigkeiten eine schnelle Benachrichtigung ermöglicht. Ist dies geschehen, können die Beteiligten auf Urheberschaft und Inhalt der Nachricht vertrauen. Zudem wird sich der digitale Unterzeichner einer Nachricht später nur schwer der Vermutung widersetzen können, die Nachricht stamme nicht von ihm. Nicht einfach zu beantworten ist dabei die Frage, inwieweit sich digitale Signaturen und ihre Reichweite im Bewußtsein der Bevölkerung als rechtliche bindende Erklärungen einprägen werden. Bei traditionellen Verfahren ist dies kaum zweifelhaft: Jeder, der ein physisches Dokument mit Tinte signiert, weiß, daß er sich rechtlich bindet. Ob dies bei einem Mausklick gleichwohl der Fall ist, muß offenbleiben. Einen anerkannten Standard, wie private Schlüssel zu schützen sind, ist noch nicht entwickelt. Die meisten Softwareprogramme, die mit integrierten digitalen Schlüsseln arbeiten, verlangen vom Unterzeichner vor Benutzung des Schlüssels ein Paßwort. Es ist evident, daß hier dieselben Maßstäbe gelten wie beim normalen Paßwortschutz. Es sollte weder auf demselben Rechner gespeichert sein, auf dem der digitale Signaturschlüssel festgehalten ist, noch sichtbar am Monitor angebracht sein noch überhaupt niedergeschrieben werden. In Systemen, in denen sich nur wenige Benutzer gegenüberstehen, ist dies nicht problematisch. Ein Aktionär, der vom heimischen Computer aus seine Proxy Card digital unterzeichnet, muß daher kaum befürchten, daß sein privater Schlüssel bekannt wird. Die Verteilung öffentlicher Schlüssel könnte von vertrauenswürdigen Dritten (trusted third parties – TTP) vorgenommen werden. Dazu gehören die bereits erwähnten öffentlichen Zertifizierungsstellen (certification authority)[508], die ihrerseits lizensiert sind. Auf Antrag stellen sie ein Zertifikat aus, das unter anderem die Identität des Antragstellers wiedergibt, dessen öffentlichen Schlüssel, eine Beschreibung des Algorithmus, mit dem

---

508 Andere Vorschläge sehen ein sogenanntes "web of trust" (Treuenetz) vor, das besonders bei Benutzern von PGP angewandt wird. Benutzer beweisen ihr Vertrauen in den öffentlichen Schlüssel eines anderen, indem sie ihn mit ihrer digitalen Signatur versehen, vgl. *Garfinkel* (o. Fußn. 501), S. 235.

der öffentliche Schlüssel benutzt wird, Ort und Datum der Ausstellung sowie die Gültigkeitsdauer des Zertifikats. Es empfiehlt ferner – wenn erforderlich – ein Vertrauenslimit, ausgedrückt durch eine konkreten Dollarangabe, die das Limit für Transaktionen mit der digitalen Signatur festsetzt. In den USA sind bislang in einer Reihe von Bundesstaaten digitale Signaturgesetze erlassen worden. Den Anfang machte 1995 Utah mit der Verabschiedung des Utah Digital Signatures Act[509]. Es stellt die widerlegliche Vermutung auf, daß der Unterzeichner an den Inhalt der mit der digitalen Signatur verbundenen Erklärung gebunden ist[510]. Sie ist unter anderem widerlegt, wenn bewiesen ist, daß der private Schlüssel ohne Verschulden abhanden gekommen ist oder wenn der öffentliche Schlüssel nicht durch das Zertifikat verifiziert werden kann[511]. Der wichtigste Effekt ist aber, daß die Erklärung gültig ist "as if it had been written on paper"[512]. Auf nationaler Ebene ist gleichfalls Bewegung in die Diskussion gekommen[513]. Am 9. November 1999 nahm das US-Repräsentantenhaus den Electronic Signatures in Global and National Commerce Act an, mit dem elektronische Unterschriften anerkannt werden[514]. Diesem Gesetzgebugspaket steht der Millenium Digital Commerce Act des US-Senats gegenüber, der grundsätzlich die gleiche Zielrichtung hat[515]. Seine Bestimmungen sollen allerdings nur dann gelten, sofern ein Bundesstaat nicht den Uniform Electronic Transaction Act (UETA) adaptiert hat[516]. Dieser ist 1999 von der National Conference of Commissioners on Uniform State Law erarbeitet und verkündet worden[517]. Mit einer Entscheidung ist noch in dieser Legislaturperiode zu rechnen[518].

e) Secure Socket Layer und Secure Electronic Transaction Standards

Die Public-Key-Kryptographie im Rahmen des E-Commerce im Internet ist bereits weit verbreitet durch das sogenannte Secure Socket Layer (SSL) Proto-

---

509 Utah Code Ann., § 46-3-102; vgl. den Überblick bei *Millham*, 1995 Utah L. Rev. 1157, 1167.

510 Utah Code Ann., § 46-3-401 (3).

511 Utah Code Ann., § 46-3-401 (5) (d).

512 Utah Code Ann., § 46-3-402 (1).

513 Allein die am 1.8.1996 veröffentlichten "Digital Signature Guidelines" der American Bar Association (o. Fußn. 507) haben zu einer Revision des Uniform Commercial Code (Art. 2) angeregt, vgl. *Leibowitz*, The National Law Journal (5.8.1996), B1.

514 *Morissey*, Digital Signature Legislation, CongressLine v. 15.11.1999, <http://llrx.com/congress/111599. htm>; FAZ v. 11.11.1999, S. 26.

515 *Morissey*, a.a.O.

516 *Morissey*, Internet Legislation 2000, CongressLine v. 17.1.2000, <http://www.llrx. com/congress/#top>.

517 Für eine Zusammenfassung der UETA siehe <http://www.nccusl.org/summary/ Uetasum.htm>.

518 *Morissey*, Internet Legislation 2000, CongressLine v. 17.1.2000, <http://www.llrx.com/ congress/#top>. Präsident *Clinton* hat am 30.6.2000 das Gesetz zur Rechtsgültigkeit digitaler Signaturen unterzeichnet, vgl. HB v. 3.7.2000, S. 28.

koll, das von Netscape entwickelt wurde[519]. SSL bietet die Garantie, daß eine Website nicht nur von einem Hakker aufgesetzt wurde, um an Kreditkarteninformationen heranzukommen, sondern tatsächlich die Gesellschaft dahintersteht, die dahinterzustehen scheint. SSL bietet aber vor allen Dingen einen sicheren Datenverkehr zwischen dem Nutzer und dem Server. Dies wird durch öffentliche und private Schlüsseln erreicht, die bei der Einrichtung der kommerziellen Seite von einer Zertifizierungsstelle generiert und bei der Datenkommunikation mit dem Nutzer automatisch benutzt werden[520].
Einen noch höheren Sicherheitsstandard bietet das 1998 von Visa, Mastercard, IBM und anderen Organisationen veröffentlichte Secure Electronic Transaction (SET) Protokoll. Es beruht ebenfalls auf der Public-Key-Technik. Im Gegensatz zu SSL erfordert es jedoch zusätzliche Software, die der Benutzer erst einrichten und erlernen muß. Wohl deswegen hat es sich bislang noch nicht richtig durchgesetzt[521].

3. Zusammenfassung

Internet-Sicherheit ist unabdingbare Voraussetzung für sicheren digitalen Rechtsverkehr. Die Diskussion zeigt, daß sichere Verschlüsselungsstandars bereits entwickelt und im Markt vorhanden sind. Hauptanwendungsgebiet ist überwiegend der E-Commerce, wo es gilt, vertraulich mit Kunden- und Zahlungsinformationen umzugehen. Die sichere Ausübung gesellschaftlicher Mitgliedsrechte sollte davon jedoch nicht ausgenommen sein. Wo zunehmend die Unzuverlässigkeit von PINs zur Authentifikation auf Proxy Cards angemahnt wird, sollte auf das Public-Key-Verfahren umgesattelt werden. Mit bis zu 1024-Bit starken Verschlüsselungen ist es nahezu undurchdringlich. Ein Kostennachteil dürfte dadurch nicht entstehen. Kryptographische Software ist zum Teil als kostenlose Shareware im Internet erhältlich. Die Zustimmung des Investors müßte nur dahingehend erweitert werden, entsprechende Programme auch auf seinem Rechner zuzulassen, damit öffentliche Schlüssel mit dem Unternehmen ausgetauscht werden können.

III. Internet und Corporate Governance

Die Nutzung des Internets könnte schließlich die Ausübung korporativer Kontrolle in US-Aktiengesellschaften beeinflussen, worauf in letzter Zeit besonders *Latham* hingewiesen hat[522]. Auch wenn die Corporate Governance Debatte nicht zum engeren Gegenstand dieser Arbeit gehört, sollen wenigstens kurz die mit ihr verbundenen Fragen aufgezeigt und der Einfluß moderner Kommunikationsformen hierauf angesprochen werden.

---

519 Für eine Zusammenfassung von SSL siehe *Wagner/Schneier*, <http://www.counterpane.com/ssl-revised.pdf>.

520 Nähere Einzelheiten bei *Winn/Wright*, § 3.06 [E] (S. 3-24).

521 Weitere Nachweise bei *Winn/Wright*, § 3.06 [E] (S. 3-26).

522 *Latham*, The Internet Will Drive Corporate Monitoring, <http://www.corpmon.com/IntCM.htm>.

Die Corporate Governance Debatte ist u.a. eng verknüpft mit der Feststellung, daß in der Aktiengesellschaft Eigentum und Leitung auseinanderfallen (separation of ownership and control)[523]. Die Aktionäre, die der Gesellschaft ihr Kapital zur Verfügung stellen, wählen das Leitungsorgan, das die Geschäfte für sie führt. Der erhobene Vorwurf ist, daß dieses theoretische Modell in der Praxis konterkariert wird. Die Wahl des Board of Directors ist nichts weiter als die Genehmigung der einzigen Kandidatenliste, die vom amtierenden Board vorgeschlagen wird. Der CEO hat damit freie Hand, den Board mit ihm genehmen Kandidaten zu besetzen, die seine Autorität nicht untergraben. Das Management einer solchen Aktiengesellschaft handelt nicht im besten Interesse der Aktionäre[524]. Typische Beispiele sind die viel zu hohen Kompensationszahlungen, die das Management für sich selbst festsetzt oder die Expansion des Unternehmens über ökonomisch vertretbare Grenzen hinaus[525]. Das einzig wirksame Gegenmittel ist verstärkter Aktionärsaktivismus wie das Beispiel des kalifornischen Pensionfonds für öffentliche Angestellte CalPERS[526] zeigt. In den letzten zehn Jahren übt es verstärkt Druck aus auf das Management unrentabel arbeitender Aktiengesellschaften, entweder die Performance zu verbessern oder Aktionärsstimmen zu verlieren[527]. Die Einflußmöglichkeiten institutioneller Investoren wie Kleinaktionären ist letztlich jedoch begrenzt durch den Mangel an Informationen, wie die Gesellschaft zu führen sei. Je schlechter die Informationsversorgung, desto ineffizienter die Überwachung. Hinzu kommt, daß jede Überwachungs- und Kontrolltätigkeit finanzielle Aufwendungen verursacht, die sich allenfalls dann lohnen, wenn sie die Höhe und den Ertrag des Investments nicht übersteigen[528]. Da selbst institutionelle Investoren großer Publikumsgesellschaften über selten mehr als fünf Prozent des Kapitals verfügen, ist ein Überwachungsengagement unrentabel, da der persönliche Vorteil gering ist. Denn jede Anstrengung kommt letztlich allen Aktionären zugute: das Trittbrettfahrerproblem (free-rider problem)[529]. Die meisten Aktionäre werden daher "mit den Füßen stimmen"[530].

---

523 Vgl. o. 1. Kapitel, III.2. (S. 13).

524 *Kobler*, 49 Alab. L. Rev. 673, 685.

525 *Latham*, The Corporate Monitoring Firm, Corporate Governance – An International Review, Vol. 7, No. 1, 12 f.

526 Siehe die Website des California Public Employees Retirement Systems unter <http://www.calpers. com>.

527 So die erklärte Corporate Governance Politik von CalPERS unter <http://www.calpers-gover-nance.org/forumhome.asp>; seit 1996 versucht CalPERS, Unterstützung für Aktionärsvorschläge über das Internet zu sammeln, siehe *Wilcox*, 11 Insights 8 ff.

528 *Kobler*, 49 Alab. L. Rev. 673, 686.

529 *Latham*, The Corporate Monitoring Firm, Corporate Governance – An International Review, Vol. 7, No. 1, 12, 13; *derselbe*, Road To Shareholder Power (Entwurf vom 25.5.1999), <http://www.corpmon.com/ Road.htm>, Abschnitt 1 und 2.

530 So die Wall Street Rule: "Dissatisfied shareholders will vote with their feet", vgl. *Kobler*, 49 Alab. L. Rev. 673, 688.

Unter anderem gestützt auf einen Vorschlag für das deutsche Recht von *Baums/von Randow*[531] regt *Latham* daher eine Überwachungsinstanz auf der Ebene zwischen Aktionär und Board of Directors an. Er nennt diese Instanz "Corporate Monitoring Firm" (CMF)[532]. Aktionäre wählen eine CMF, der die Aufgabe obliegt, Kandidaten für die nächste Board-Wahl zu nominieren. Dem Aktionär soll auch mit wenig Informationen ermöglicht werden, einen vom CEO unabhängigen Board zu wählen, der in erster Linie die Interessen des Aktionärs vertritt[533]. Eine solche Firma würde sich über Jahre hinweg den Ruf erwerben, unabhängig vom amtierenden Management geeignete Kandidaten vorzuschlagen. Die so erreichte bessere Repräsentation der Aktionäre führe zu einer Entlohnung der Unternehmensführung, die sich stärker am Wert des Beitrages jedes einzelnen Managers zum Marktwert der Gesellschaft orientiere. Corporate Monitoring Firms existieren noch nicht in den USA. Nach *Latham* ist zu erwarten, daß Aktionäre – soweit es um die Nominierung von Directors geht – zunächst Personalvermittlungsunternehmen (executive search firms) beauftragen werden, da es ohnehin deren Geschäft sei, geeignete Kandidaten für bestimmte Stellungen zu finden. Durch ein entsprechendes Engagement würden sich diese Search Firms aber ihrem bisherigen Klientel entfremden oder sich dem Verdacht aussetzen, nicht unabhängig zu sein. Ein moderaterer Vorschlag *Lathams* sieht daher vor, zunächst Proxy Advisory Firms[534] zu engagieren[535]. Sie stehen den Eigentümern näher als dem Management. Advisory Firms werden von der Gesellschaft bezahlt, was durch für das Management bindenden Hauptversammlungsbeschluß festgesetzt werden werden müßte[536]. *Latham* geht davon aus, daß hierdurch eine schnelle Entwicklung dieses Geschäftszweiges folgt und daß ein ungleicher Wettbewerb zwischen einzelnen Proxy Advisory Firms zu Lasten ratsuchender Aktionäre vermieden wird[537]. Mit der Zeit würden sich Proxy Advisory Firms zu reinen Corporate Monitoring Firms entwickeln.

---

531 "Shareholder Voting and Corporate Governance: The German Experience and a New Approach", in: Aoki/Kim (Hrsg.), Corporate Governance in Transitional Economies, The World Bank 1995. Eine erweiterte deutsche Fassung wurde veröffentlicht in AG 1995, 145 ff.

532 *Latham*, The Corporate Monitoring Firm, Corporate Governance – An International Review, Vol. 7, No. 1, 12, 14.

533 *Latham*, a.a.O., 13 f.

534 Die bekanntesten Proxy Advisory Firms in den USA sind Institutional Shareholder Services, Proxy Monitor und Investor Responsibilities Research Center.

535 *Latham*, The Road To Shareholder Power (Entwurf vom 25.5.1999), <http://www.corpmon.com/Road. htm>, Abschnitt 3; in Ansätzen schon *Latham*, The Corporate Monitoring Firm, Corporate Governance – An International Review, Vol. 7, No. 1, 12, 18.

536 Dazu eingehend *Hammeresh*, 73 Tulane L. Rev. 2.

537 *Latham*, The Road To Shareholder Power (Entwurf vom 25.5.1999), <http://www.corpmon.com/Road. htm>, Abschnitt 3.

Das Internet sieht *Latham* schließlich als dritte Möglichkeit, um für Unterstützung der Aktionäre zu werben[538]. Bei der elektronischen Ausübung von Proxies sollte neben der bislang nur vorhandenen Möglichkeit, entweder selbst für oder gegen die Vorschläge des Managements zu stimmen oder dies gleich dem Management zu überlassen noch die Option eingerichtet werden, Proxy Advisory Firms mit der Übertragung des Stimmrechts zu betrauen[539]. Die entsprechende Website von ADP[540] biete nur die ersten beiden Möglichkeiten. Finanzmanagement-Software wie Quicken[541], die eine Online-Verbindung zu Brokern und Banken herstellen kann, um eine Übersicht über das individuelle Portfolio zu erhalten, könnte um diese Option erweitert werden. Sie würde überprüfen, ob für die gehaltenen Anteile neue Proxy Vorschläge der gewählten Proxy Advisory Firm vorhanden sind, müßte diese downloaden, auswerten und automatisch abstimmen. Einen entsprechenden Bericht erhielte der Investor, der jederzeit indivuelle Änderungen vornehmen kann. *Latham* widerspricht dem Einwurf, daß sein Vorschlag zur Zeit noch weit hergeholt ist[542]. Er begründet es damit, daß von Investoren für ihre Unterstützung über das Internet nur wenig Motivation und Wissen erforderlich sei. Abstimmungssoftware brauche nur einmal entsprechend eingestellt zu werden. Das eigentliche Problem besteht darin, daß für das vorgeschlagene System professioneller Ratgeber eine Satzungsänderung notwendig wäre, die Ausgaben der Aktiengesellschaft möglich macht, ohne daß dem Management Gelegenheit gegeben wird, diese Ausgaben zu überprüfen oder zu verhindern[543]. Dies entspricht jedoch kaum der gesetzlichen Konzeption der Kompetenzverteilung.

6. Kapitel: Neue Hauptversammlungsmodelle

Über die elektronische Veröffentlichung erforderlicher Unterlagen und die elektronische Stimmrechtsausübung hinaus bietet der Einsatz interaktiver Technologie weitere Möglichkeiten für Unternehmen und Aktionäre. Traditionelle Hauptversammlungen werden von jeher dafür kritisiert, daß sie wenig Gelegenheit für eine effektive Kommunikation mit Aktionären bieten[544], ein

538 *Latham*, The Internet Will Drive Corporate Monitoring (Entwurf vom 2.10.1999), <http://www.corpmon. com/IntCM.htm>.

539 *Latham*, a.a.O., Abschnitt 2.

540 <http://www.proxyvote.com>.

541 Quicken ist ein eingetragenes Warenzeichen der kalifornischen Firma Inuit, Inc. (Mountain View). Nähere Einzelheiten zum Programm unter <http://www.inuit.com>.

542 *Latham*, The Internet Will Drive Corporate Monitoring (Entwurf vom 2.10.1999), <http://www.corpmon. com/IntCM.htm>, Abschnitt 8.

543 *Hammeresh*, 73 Tulane L. Rev 2.

544 *Kaplan*, Annual Meetings: Put Them On-Line, The New York Times v. 16.10.1994, S. 11.

Phänomen, das nicht nur in den USA beobachtet werden kann[545]. Viele Mitglieder des Managements sehen jährliche Hauptversammlungen nur als "monumental waste of time and money"[546]. Durch Einsatz des Internets sind Aktionäre nicht mehr länger darauf angewiesen, zu Hauptversammlungen zu reisen oder ihre Stimmrechte an Dritte zu übertragen. Befreit von zeitlichen und räumlichen Zwängen können Internet-Versammlungen die Qualität der Kommunikation unter den Teilnehmern deutlich verbessern[547]. Im wesentlichen werden zwei – genauer: drei – Modelle diskutiert: Die traditionelle Hauptversammlung, zu der Aktionäre online zugeschaltet werden[548] und die "reine" virtuelle Hauptversammlung[549], die keine physische Zusammenkunft wenigstens eines Teils der Investoren mehr kennt. Beim ersten Modell wird noch danach unterschieden, mit Hilfe welcher technischen Mittel der Aktionär teilnimmt. Die Modelle werden im folgenden vorgestellt.

I. Online-Hauptversammlung

Bei Online-Hauptversammlungen findet eine Zusammenkunft der Anteilseigner nach traditionellem Muster nach wie vor statt. Die Aktionäre, die dies vorziehen, können aber mit Hilfe eines Computers online, das heißt zeitgleich, daran teilnehmen[550]. Eine Anreise zum Versammlungsort entfällt, ohne daß zugleich die Teilnahme einem Bevollmächtigten (proxy holder) übertragen werden muß. Vor der Hauptversammlung machen Unternehmen ihre Stimmrechtsunterlagen auf ihrer Website verfügbar. Aktionäre können diese Seite aufrufen und alle erforderlichen Materialien herunterladen oder drucken. Nach ein oder zwei Wochen werden die Themen, die auf dem Proxy Statement zur Tagesordnung stehen, über E-Mail oder elektronische Foren[551] diskutiert[552]. Beiträge werden veröffentlicht und stehen so allen Beteiligten auf der Website zur Verfügung. Auch während der eigentlichen Hauptversammlung ist es den Aktionären erlaubt, elektronisch Fragen zu stellen. Das Management kann so auf Anfragen sorgfältiger antworten als dies den Umständen entsprechend mit den sonst eher generalisierenden Anworten auf Live-Fragen der Fall ist[553]. Solche Antworten werden auf traditionellen Hauptversammlungen ohnehin nicht sofort

---

545 Bspw. nehmen auch in England nur 1 Prozent der Aktionäre an Hauptversammlungen teil und, wenn sie abstimmen, tun sie dies durch einen Bevollmächtigten, vgl. *Treanor*, Proxy Vote Survey Names And Shames, The Guardian (London) v. 30.11.1998, S. 18.

546 *Kaplan* (o. Fußn. 544), a.a.O.

547 *Friedman*, Securities Regulation in Cyberspace, 11-12 (11.07).

548 Sie wird nachfolgend "Online-Hauptversammlung" genannt.

549 Sie wird nachfolgend "Virtuelle Hauptversammlung" genannt.

550 *Friedman*, Securities Regulation in Cyberspace, 11-12 (11.07).

551 Diese Foren könnten speziell zu Diskussionszwecken eingerichtete Chat-Räume sein. Zu Chat-Räumen siehe o. 4. Kapitel, II.1.e) (S. 45).

552 *Friedman*, Securities Regulation in Cyberspace, 11-12 (11.07); *Kaplan* (o. Fußn. 544), a.a.O.

553 *Kaplan* (o. Fußn. 544), a.a.O.

auf Fragen hin gegeben, sondern zunächst gesammelt und später gesamt beantwortet. Dieses Modell erlaubt einen effizienteren Umgang mit unangenehmen Aktionären (gadfly shareholder). Nicht selten müssen alle Teilnehmer lange Wartezeiten in Kauf nehmen, wenn einzelne Aktionäre das Management für die Weltkrise verantwortlich machen. Die Zeit für substanzlose Online-Beiträge wäre sehr beschränkt und die Versammlung könnte ohne größere Verspätung und Verlegenheit für alle Beteiligten weitergeführt werden[554]. Der Zugang für alle Investoren würde erweitert[555]. Letztlich könnte elektronisch abgestimmt werden, z.B. per E-Mail[556].

Das vielleicht ambitionierteste Beispiel dieser Art war die 1996 durchgeführte erste Online-Hauptversammlung des IT-Dienstleisters Bell & Howell, Inc., in Chicago. 25 Aktionäre nahmen persönlich an der Hauptversammlung teil während 230 online zugeschaltet waren. 15 Aktionäre sandten Fragen per E-Mail von allen möglichen Orten, u.a. auch England und Japan[557]. Bell & Howells Vorstandsvorsitzender nahm die E-Mails von einem Drucker und las sie den Aktionären vor. Seine Antworten wurden sofort ins Internet eingegeben[558]. Die Möglichkeit zur "Live"-Abstimmung in dem Sinne, daß die elektronisch erteile Stimme sofort von der EDV der Gesellschaft registriert und Minuten später in das Abstimmungsergebnis einfloß, bestand jedoch nicht. Eine Tondatei der gesamten Hauptversammlung blieb noch für eine ganze Zeit danach online auf der Website von Bell & Howell[559] verfügbar, so daß Aktionäre sie nach Belieben abspielen konnten[560].

Der technische Schlüssel zu Bell & Howells Online-Versammlung war das RealAudio-Verfahren[561]. RealAudio-Software erlaubt die Übertragung von Ton-Dateien aus dem Internet auf einen beliebigen Computer in Echtzeit[562]. Die Technologie, die dies möglich macht, heißt "Streaming" (strömen). Das Standardverfahren, mit dem Text- und Grafikdateien im Internet über Telefonleitungen transportiert werden, funktioniert durch das Verschicken großer Mengen digitaler Daten. Diese Daten sind solange nicht auf dem eigenen Computer verfügbar und lesbar, bis sie im Arbeitsspeicher (RAM) angekommen sind.

---

554 Freilich werden genau aus diesem Grund Gadfly Shareholders nur selten online an einer Hauptversammlung teilnehmen. Entsprechend befragte Aktionäre antworteten denn auch: "There is no substitute for being there", vgl. *Lowry*, Bell & Howell meets shareholders on the Net, USA Today v. 12.4.1996, S. 1B.

555 *Lowry* (o. Fußn. 554), a.a.O.

556 *Friedman*, Securities Regulation in Cyberspace, 11-14 (11.07); *Kaplan* (o. Fußn. 544), a.a.O.

557 *Shope*, Bell & Howell Goes Online For Meeting; Company Opens Shareholders Gathering To Computer Using Public Through The Internet, The Morning Call (Allentown) v. 17.5.1996, S. B10; *Young*, Web Meetings; Bell & Howell Tries E-Mail, The Chicago Tribune v. 10.6.1996, S. 3.

558 *Young* (o. Fußn. 557), a.a.O.

559 <http://www.bellhowell.com>.

560 *Shope* (o. Fußn. 557), a.a.O.

561 Es wurde entwickelt von RealNetworks, Inc., Seattle (Washington).

562 *Fefer*, Progressive Networks; Live Audio Over The Internet, Fortune v. 8.7.1996, S. 93.

Die Streaming-Technologie hingegen lädt Audio-Dateien nicht erst komplett, sondern immer nur einen kleinen Teil, der sofort an den Benutzer weitergegeben wird. Während der Benutzer also einen Ton hört wird sofort das nächste Audiofragment geladen und nachgeschoben. Auf diese Weise können über ein Modem immer gerade soviel Daten geladen werden, daß ein konstanter Ton entsteht. Die Technologie erfordert mindestens ein 14.4 Kbit Modem[563] und einen Lautsprecher. Schließlich muß jeder Benutzer die RealAudio-Software auf dem Rechner installiert haben. Sie ist heute als Bestandteil der RealPlayer-Software, die zugleich Bildübertragungen nach demselben Prinzip zuläßt, zumindest in der Grundversion kostenlos auf der Website von RealNetworks[564] verfügbar[565].

Auf der Hauptversammlung 1997 waren die Möglichkeiten bei Bell und Howell erweitert. Aktionäre konnten ihre Proxies noch bis zum Beginn der Hauptversammlung per E-Mail ausüben[566]. Damit wurde die rechtlich ungeklärte Frage nach State Law vermieden, ob ein Aktionär, der elektronisch an der Hauptversammlung "teilnimmt", zum Zwecke der Abstimmung auch "anwesend" ist. Wie Section 7.22 (a) RMBCA vorsieht, können Aktionäre ihre Stimme "in person or by proxy"[567] abgeben, ohne genauer zu definieren, was "in person" meint. Entsprechende klarstellende Änderungen der Corporate Statutes durch die Bundesstaaten sind daher gefordert worden[568]. Denn nur wenn die Anwesenheit feststeht, kann die E-Mail-Stimme des Aktionärs für ein Stimmenquorum berücksichtigt werden[569]. Tatsächlich haben einige Staaten ihre Corporate Statutes daraufhin überarbeitet[570]. Section 23B.07.080 Rev. Code of Washington etwa lautet nunmehr:

> "If the articles of incorporation or bylaws so provide, shareholders may participate in any meeting of shareholders by any means of communication by which all persons participating can hear each other during the meeting. A shareholder partici-

---

563 Heutzutage verkaufte Rechner haben – soweit ein Modem integriert ist – mindestens ein 56 Kbit-Modem.

564 <http://www.real.com>.

565 Der RealPlayer ist nur ein Softwareprodukt, das das Streaming unterstützt. Weitere Produkte sind QuickTime (<http://www.apple.com/quicktime>) und Windows MediaPlayer (<http://www.microsoft. com/mediaplayer>).

566 *Friedman*, 11 Insights 9.

567 Vgl. die entsprechenden Vorschriften in Delaware und Kalifornien: § 216 Del. Gen. Corp. Law und § 602 (a) Cal. Corp. Code.

568 *Friedman*, Securities Regulation in Cyberspace, 11-13 (11.07).

569 §§ 211 (c), 212 (b), 216 Del. Gen. Corp. Law; *Friedman*, Securities Regulation in Cyberspace, 11-14 (11.07).

570 Bspw. Maryland (§ 2-502.1. Md. Corps. & Ass'ns Code Ann. [1999]), Minnesota (§ 302A.436 Minn. Stat. Ann. [1999]), Montana (§ 35-1-516 Mont. Code Ann. [1999]), North Dakota (§ 10-19.1-75.2. N.D. Cent. Code [2000]), Oregon (§ 60.222. Or. Rev. Stat. [1997]), Pennsylvania (§ 1708. 15 Pa. Cons. Stat. Ann. [1999]), Tennessee (§ 48-17-109. Tenn. Code Ann. [1999]), Utah (§ 16-10a-708. Utah Code Ann. [1999]) oder Washington (§ 23B.07.080 Rev. Code Wash. Ann. [2000]).

pating in a meeting by this means is deemed to be present in person at the meeting."

Die Fiktion "Anwesenheit" gilt also nur bei elektronischer Teilnahme, die eine simultane Verständigung erlaubt. Es dürfte auf der Hand liegen, daß den Regelungen aus diesem Grund kaum praktische Bedeutung zukommt. Sie sind für die Telefonkonferenz im kleinen Kreise konzipiert[571] und für Publikumsgesellschaften daher völlig uninteressant.

Ein weiterer Ansatz, "Anwesenheit" de lege lata zu konstruieren, führt über Section 8.20 (b) RMBCA. Er regelt die elektronische Versammlungen des Board of Directors und ist im Recht vieler Staaten inkorporiert[572]. Der Wortlaut der Vorschrift ist nahezu identisch mit der soeben wiedergegebenen Regelung für die elektronische Teilnahme von Aktionären[573]. Der gesetzgeberische Hintergedanke ist, daß die mündliche Konsultation und der schnelle Austausch von Gedanken zwar ein wichtiger Bestandteil der Funktionsweise des Board ist[574], die Boardmitglieder hierfür aber nicht notwenigerweise physisch zusammentreffen müssen. Als Section 8.20 RMBCA 1973 geändert wurde, substituierte die Änderung "personal presence" mit "electronic communication" als Folge der fortschreitenden Verbesserung der Telekommunikationsmethoden. Die Regelung wurde bewußt breit gefaßt ("any means of communication"), um künftigen Entwicklungen Rechnung zu tragen. Nicht einmal zwei Directors sollten zusammentreffen müssen, vielmehr reiche die "virtuelle" Zusammenkunft aus[575].
Es ließe sich nun argumentieren, daß die Funktionsweise eines Unternehmens nicht nur vom Zusammenspiel der Board-Mitglieder abhängt, sondern auch von der Kommunikation zwischen Aktionären und der Gesellschaft. Der elektronisch Austausch kann natürlich nicht zwingend, für die Gesellschaft aber vorteilhaft sein. Wenn moderne Kommunikationsmethoden daher schon auf Vorstandsebene zugelassen sind, kann die E-Mail-Teilnahme bei Hauptversammlungen, die mit Hilfe entsprechender Technik (z.B. Realtime-Software) in Echtzeit gehört oder sogar gesehen werden kann, vielleicht ausreichend dafür sein, den Aktionär als anwesend zu betrachten[576]. Wo einzel-

---

[571] In Montana etwa ist die Vorschrift nur anwendbar auf Gesellschaften mit fünfzig oder weniger Aktionären, § 35-1-516 (4) Mont. Code Ann.

[572] §§ 141 (i) Del. Gen. Corp. Law; § 307 (a) (6) Cal. Corp. Code; § 708 (c) N.Y. Bus. Corp. Law.

[573] § 8.20 (b) RMBCA: "Unless the articles of incorporation or bylaws provide otherwise, the board of directors may permit any or all directors to participate in a regular or special meeting by, or conduct the meeting through the use of, any means of communication by which all directors participating may simultaneously hear each other during the meeting. A direcor participating in a meeting by this means is deemed to be present in person at the meeting."

[574] *Committee on Corporate Laws*, MBCA Ann., § 8.20, S. 8-102.

[575] A.a.O., S. 8-103.

[576] *Friedman*, Securities Regulation in Cyberspace, 11-14 (11.07).

staatliches Recht die Beteiligung des Aktionärs per Internet klarerweise nicht oder nur unter sehr eingeschränkten Bedingungen gestattet, kann ein Unternehmen fast dasselbe Resultat erreichen, indem es – wie Bell & Howell[577] – seinen Aktionären erlaubt, ihre Weisungen bis kurz vor der Abstimmung per E-Mail zu erteilen[578]. Für Aktionäre, die eine bereits versandte Proxy Card später noch elektronisch ändern wollen, kann nichts anderes gelten[579]. Eine elektronische "Live"-Abstimmung ist nach diesem Modell also möglich[580].

II. Videokonferenz-Hauptversammlung

Daß der Aktionär bei Einsatz entsprechender Software die Hauptversammlung auch visuell erleben kann, wurde bereits angesprochen[581]. Eine Videokonferenz über das Internet ist also technisch möglich, wenngleich nicht sehr zuverlässig. Dies ist vor allen Dingen auf die noch zu geringen Bandbreiten der Übertragungswege zurückzuführen[582]. Selbst ISDN-Leitungen produzieren mit 64 Kbit pro Sekunden ein lediglich spielkartengroßes, nicht immer störungsfreies Bewegtbild auf den Bildschirm. Erst Breitbandsysteme nähern sich langsam TV-Qualität an. Allerdings dürfte es nach derzeitigem Stand der Technik nahezu undurchführbar sein, Tausenden von Aktionären gleichzeitig Zugang zu garantieren und alle Zusammenschlüsse zu koordinieren[583]. Doch selbst wenn dies möglich wäre, ist die Anschaffung entsprechend videokonferenzfähiger Geräte für den durchschnittlichen Aktionär unrentabel und eine Videokonferenz schon aus diesem Grunde unwahrscheinlich. Es wurde daher der Vorschlag gemacht, Telekonferenzräume einzurichten, z.B. beim örtlichen Broker, in denen sich Aktionäre einfinden und an der Hauptversammlung teilnehmen könnten[584]. Broker befänden sich erstens viel eher in räumlicher Nähe zu örtlichen Aktionärsgruppen und seien zweitens finanziell besser in der Lage, teure Systeme zu erwerben und zu unterhalten[585]. Aktionäre sollen nach diesem Vorschlag so gestellt sein, wie wenn sie an der Hauptversammlung selbst teilnähmen. Sie sollen also Vorschläge machen und Directors wählen können. Die Abstimmung erfolgte elektronisch beim Broker, der die Legitimation der Aktionäre überprüfen soll. *Kobler* hält es für sinnvoll, daß dies der

---

577 Bei der Hauptversammlung 1997 erfolgte die "Live-Abstimmung" durch Bevollmächtigung einer in der Hauptversammlung physisch anwesende Person bis kurz vor der Abstimmung.

578 Gegebenenfalls wird eine entsprechende Satzungsänderung vorher notwendig sein.

579 *Friedman*, Securities Regulation in Cyberspace, 11-14 (11.07).

580 Irreführend daher der Bericht einer DAI-Tagung zum Thema virtuelle Hauptversammlung, vgl. FAZ v. 7.10.1999, S. 33, 35. Richtig dagegen *Hüther*, Virtuelle Besucher einer Hauptversammlung, FAZ v. 6.11.1999, S. 11; *Spindler/Hüther*, RIW 2000, 329, 336.

581 Siehe soeben.

582 O. 4. Kapitel, II.1. (S. 42).

583 *Kobler*, 49 Alab. L. Rev. 673, 698.

584 *Kobler*, a.a.O.; ähnlich auch *Brown*, Corporate Disclosure, § 9.07 [3] (S. 9-26).

585 *Kobler*, a.a.O.

Broker bereits vor Betreten der entsprechenden Räumlichkeiten unternimmt. Grundlage der Überprüfung sind Aktionärslisten, die die Aktiengesellschaft zur Verfügung stellt[586].
Der Vorschlag setzt sich den gleichen, bereits angesprochenen rechtlichen Bedenken aus. Ein Aktionär, der per Videokonferenz an der Hauptversammlung teilnimmt, mag nach einzelstaatlichem Recht nicht zur Abstimmung berechtigt sein, da er nicht "in person" anwesend ist. Auch hier ist nach gegenwärtigem Recht die Bevollmächtigung einer physisch anwesenden Person der sicherere Weg. Die Lösung setzt ferner voraus, daß die Aktionäre zumindest ihre Broker-Firma aufsuchen. Der Rationalisierungeffekt ist daher fraglich. Für einige mag selbst dieser Weg noch immer zu beschwerlich sein. Da schließlich die meisten Hauptversammlungen immer noch werktags stattfinden, ist der Besuch des Brokers für alle berufstätigen Aktionäre eher unwahrscheinlich.

III. Virtuelle Hauptversammlung

Die virtuelle Hauptversammlung kommt ohne physische Zusammenkunft der Aktionäre aus. Vorbereitung und Durchführung findet allein im "Cyberspace" statt. Theoretisch ist sie bereits in einer Reihe von Bundesstaaten möglich, kommt aber wegen der eng gesteckten Voraussetzungen nur für kleine Aktiengesellschaften in Betracht[587]. Die Notwendigkeit, in amerikanischen Hauptversammlungen vor der Abstimmung ein bestimmtes Quorum zu erreichen, räumt dem Proxy-Verfahren einen weitaus größeren Platz ein als der Hauptversammlung selbst. Von vielen wird die Proxy Solicitation daher auch als die "heimliche Hauptversammlung" betrachtet. Die eigentliche Zusammenkunft spielt keine große Rolle mehr. Das beschränkte Interesse konzentriert sich daher auf den Einsatz eines Proxy Committee, eines Stimmrechtsbrokers, der in der Hauptversammlung physisch anwesend ist und bis noch kurz vor Beginn der Abstimmung Weisungen über E-Mail entgegennimmt. Alternative Vorschläge finden sich darüber hinaus nur selten in der wissenschaftlichen Diskussion, von einer praktischen Umsetzung ganz zu schweigen. Die zwei nachfolgend vorgestellten Hauptversammlungsmodelle verdeutlichen dies.

Kobler schlägt für sein Modell eine einfache Struktur vor[588]. Die Gesellschaft richtet eine eigene Website ein, von der aus sich jeder Aktionär Zugang zu einer speziell nur für Aktionäre zugänglichen Seite verschaffen kann. Diese "Aktionärsseite" enthält alle wichtigen Unternehmensinformationen und bietet ein Forum für Aktionärsvorschläge und -diskussionen. Das Management kann dadurch frühzeitig auf kritische Aktionärsstimmen reagieren und die Diskussion konstruktiv gestalten. Außerdem bietet dieses Forum gegenüber Chat-

---

586 *Kobler*, 49 Alab. L. Rev. 673, 699 u. Fußn. 179.
587 Vgl. o. unter I. Fußn. 570.
588 *Kobler*, 49 Alab. L. Rev. 673, 695.

Räumen den Vorteil, daß Rechtsrat eingeholt werden kann[589]. Letztlich soll über diese Seite auch abgestimmt werden. Um die Legitimation der Aktionäre zu überprüfen will *Kobler* eine "Sicherheitsschleuse" (security gate) einrichten, die jede, dem Aktionär zu diesem Zweck zugewiesene einzigartige Internet-Protokoll-Adresse (IP-Adresse) überprüft und den Zugang nach Eingabe des korrekten Paßwortes freigibt[590]. Die Aktionärsseite enthält den Annual Report, der rechtzeitig vor der Hauptversammlung veröffentlicht und jedem Investor nach Belieben zur Verfügung steht. Schwierigkeiten sieht *Kobler* bei Aktionärsvorschlägen (proposals). Gerade bei großen Gesellschaften können sie so zahlreich eintreffen, daß es zu einer kaum beherrschbaren Datenflut kommt. Zwei Wege schlägt er als Problemlösung vor. Entweder nutzt die Gesellschaft die ihr nach SEC Proxy Rule 14a-8 zustehenden Möglichkeiten, bestimmte Proposals von der Verteilung auszuschließen. Die Gründe hierfür müssen der SEC vor Ausschluß schriftlich mitgeteilt werden[591]. Oder die Gesellschaft bestimmt schon vorab durch entsprechende Satzungsgestaltung die ausschließbaren Proposals[592]. Ein abgelehnter Vorschlag würde auf einer separaten Website veröffentlicht werden. Die Gesellschaft regt dadurch bei anderen Aktionären im für sie günstigsten Fall zustimmende Reaktionen an und entspricht zugleich ihrer dem betroffenen Aktionär gegenüber bestehenden Benachrichtigungspflicht[593]. Den Vorteil der Informationsverteilung über das Internet sieht *Kobler* in der Möglichkeit, sehr viel mehr Informationen sehr viel einfacher und schneller kommunizieren zu können. Die für traditionelle Proposals in Papierformat geltende Beschränkung auf 500 Worte[594] ist damit überflüssig. Eine E-Mail informiert die Aktionäre über die bevorstehende Abstimmung. Sie erfolgt nach entsprechender Legitimierung über die Aktionärsseite. Die dafür bemessene Zeit muß ausreichend lange sein, um sicherzustellen, daß ein Quorum zustande kommt[595].

Kobler sieht in diesem Modell den Vorteil eines erhöhten Informationsflusses zu einem geringen Preis, was letztlich eine effiziente Entscheidungsfindung fördern soll[596]. Seine Schwäche liege in der möglichen Überfrachtung mit Informationen sowie in der Annahme, daß jeder Aktionär über einen Internetanschluß verfüge[597]. Das Modell *Koblers* leidet jedoch entscheidend an anderer Stelle. Nicht so sehr ins Gewicht, weil austauschbar, fällt dabei sein Sicherheitssystem, das technisch kaum durchführbar ist. Die typische Anbindung an

---

589 *Kobler*, a.a.O., 696

590 *Kobler*, a.a.O.

591 17 C.F.R. § 240.14a-8.

592 *Kobler* schlägt vor, zur Erhöhung der Transparenz die Satzung selbst auf der Website zu veröffentlichen, a.a.O., 696 Fußn. 169.

593 17 C.F.R. § 240.14a-8 (f) Question 6 (1).

594 17 C.F.R. § 240.14a-8 (d) Question 4.

595 *Kobler*, a.a.O., 697.

596 *Kobler* gebraucht die Stichworte "shareholder activism" und "management responsiveness", a.a.O., 697.

597 A.a.O.

das Internet geschieht in der Weise, daß sich der Nutzer bei seinem Server anmeldet und dieser ihm eine einzigartige IP-Adresse zuweist. Diese Adresse gilt jedoch nur für diese Sitzung und wird beim nächsten Login neu generiert. Ein Vergleich von IP-Adressen zwecks Identifikation ist daher nicht möglich. Auf der technischen Seite müßte also ein Alternativkonzept erarbeitet werden, das sich beispielsweise des Public-Key-Verfahrens bedient. Das Modell begegnet jedoch rechtlichen Bedenken. *Kobler* schlägt kein virtuelles Hauptversammlungsverfahren vor, sondern ein System, daß überhaupt keine Versammlung mehr erfordert[598]. Information, Diskussion und Abstimmung geschieht zeitversetzt. Eine irgendwie geartete Zusammenkunft der Investoren im virtuellen Raum zu einem festen Zeitpunkt zwecks abschließender Beratung und Abstimmung entfällt. Eine Bild- oder Tonübertragung fehlt. *Kobler* sieht sich daher nicht mit dem Auslegungsproblem konfrontiert, ob virtuell teilnehmende Aktionäre "in person or by proxy" anwesend sind, sondern damit, daß er jene einzelstaatlichen Normen mißachtet, die eine Hauptversammlung zwingend vorschreiben – in welcher Form auch immer[599]. Sein Modell verstößt damit gegen geltendes Recht und es darf bezweifelt werden, ob die einzelstaatliche Legislative in naher Zukunft das Versammlungserfordernis gänzlich abschaffen wird.

Einen Schritt weiter geht *Brown*, der das aktienrechtliche Mandat, Versammlungen abzuhalten, berücksichtigt[600]. Hieraus könne nach *Brown* aber nicht notwendigerweise der Schluß gezogen werden, daß allenfalls die elektronische Abstimmung, nicht aber die elektronische Versammlung erlaubt sei. Denn der Aktionär, der nicht über entsprechendes technisches Gerät verfüge, um an der Hauptversammlung teilzunehmen, sei mit jenem Aktionär vergleichbar, der aus finanziellen Gründen nicht zur Hauptversammlung fahren könne. Soweit das Unternehmen daher Computer-Räume zur Verfügung stellt, über die Aktionäre an der Versammlung teilnehmen könnten, erfüllt es nach *Brown* die gesetzlichen Vorgaben[601]. Der Vorschlag kann schon aus tatsächlichen Gründen nicht überzeugen. Jedes Unternehmen wird eine virtuelle Hauptversammlung nur dann durchführen, wenn hiermit Vorteile, insbesondere Kostenvorteile verbunden sind. Dem Unternehmen die Last aufzubürden, für die technische Anbindung seiner Aktionäre zu sorgen, geht zu weit, da die hiermit verbundenen Kosten viel zu hoch sind, von logistischen Schwierigkeiten ganz abgesehen. Das Verfahren ist nicht durchdacht, wie folgende Überlegungen verdeutlichen. Die, möglichst noch weltweite, Zurverfügungstellung technischer Kapazitäten an jeden einzelnen Aktionär steht außer Frage. In

598 Die Überschrift des Kapitels, in dem er das Modell vorschlägt, lautet denn auch: "Voting through a Corporate Homepage", 695.

599 Vgl. §§ 211 (a) Del. Gen. Corp. Law; § 600 (a) Cal. Corp. Code; § 602 (a) N.Y. Bus. Corp. Law; § 7.01 (a) RMBCA: "A corporation shall hold a meeting of shareholders annually at a time stated in or fixed in accordance with the bylaws."

600 *Brown*, Corporate Disclosure, § 9.07 [3] (S. 9-26).

601 *Brown*, a.a.O.

Frage kämen Computer-Räume daher allenfalls in Ballungsgebieten. Die Frage bliebe, nach welchen Kriterien solche Ballungsgebiete definiert würden. Die Definition könnte ortsgebunden erfolgen (Räume nur in Städten mit mindestens 1 Mio. Einwohnern) oder mitgliedergebunden (Räume überall dort, wo mindestens 500 Mitglieder zusammenkommen). Zumindest im letzten Fall müßte ein Anmeldeverfahren stattfinden, um das Erreichen der Mindestzahl zu gewährleisten. Man mag sich ferner vorstellen, es fänden sich tatsächlich 500 Personen in entsprechend technisch hergerichteten Räumen ein. Entweder würden 500 Rechner für die Abstimmung zur Verfügung stehen oder es müßten lange Wartezeiten in Kauf genommen werden, bis jeder Investor an nur wenigen Terminals sein Stimmrecht wahrgenommen hat. Keine der beiden Varianten scheint erstrebenswert. Für die reine virtuelle Hauptversammlung ist es also unumgänglich, daß jeder Investor (oder höchstens Gruppen bis zu zehn Personen) über einen eigenen Zugang verfügt.

Zusammenfassung

Das Internet ist heute fester Bestandteil US-amerikanischer Unternehmenskultur. Die elektronische Kommunikation repräsentiert einen Bereich, der nicht mehr länger ignoriert werden kann. Die Vorbereitung von Hauptversammlungen ist in wichtigen Teilen vom Einsatz des Internets geprägt. Der Versand von umfangreichen Dokumenten auf elektronischem Weg bringt erhebliche Kosteneinsparungen und fördert Rationalisierungsmaßnahmen. Ein schneller Informationsfluß verkürzt zudem die Reaktionszeiten und bietet die Möglichkeit, intensiver Sacharbeit zu leisten. Auch für den Anleger bietet ein elektronisches System Vorteile. Standardisierte Prozesse können bequem vom heimischen Computer aus erledigt werden. Das Internet ermöglicht schnelle Anlageentscheidungen, da die Unternehmenstransparenz erhöht wird.

Kurzfristig unüberwindbare Sicherheitssysteme sind für das reibungslose Funktionieren und die Gewährleistung legitimierter und authentifizierter elektronischer Entscheidungsprozesse unumgänglich. Auf dem Markt existieren hochentwickelte Verschlüsselungsverfahren, deren Anwendung möglich und rechtlich zulässig ist, aber noch aussteht. Angesichts in jüngster Zeit immer wieder erfolgter und erfolgreicher Angriffe auf selbst leistungsstarke Server muß sich jedes Verfahren, das sich des Internets bedient, die Frage gefallen lassen, ob es nicht ein zu hohes Risiko eingeht. Fehler im Verfahren könnten zu entsprechenden Aktionärsklagen führen und ein Unternehmen auf lange Sicht zeitlichen und finanziellen Risiken aussetzen. Vorhandene technische Möglichkeiten müssen daher sorgfältig geprüft werden. Im Einsatz sind zur Zeit nur PINs, die zur Legitimation im Proxy Voting benutzt werden. Bevor sich digitale Signaturen durchsetzen können, müssen entsprechende gesetzliche Vorschriften geschaffen werden. Der US-Kongreß befindet sich bereits im Gesetzgebungsverfahren. Ob sie sich danach durchsetzen werden, wird die Wirtschaftlichkeit ihres Einsatzes zeigen.

Einzelstaatliche Gesetze erlauben den Einsatz moderner Kommunikationsmethoden nur im Zusammenhang mit dem Proxy Voting, einem standardisierten und verfestigten Verfahren in den USA, um das für Abstimmungen nötige Quorum zu erreichen. Die SEC läßt seit einigen Jahren Electronic Proxy Voting bei Einhaltung relativ konkreter Vorgaben, das heißt Zustimmung, Benachrichtigung und Zugang des Aktionärs zu elektronischen Dokumenten, zu. Diese Entwicklung ist stürmisch begrüßt worden. Viele Unternehmen bieten seitdem in Zusammenarbeit mit Broker und Banken die elektronische Abstimmung bereits an, was die Zuwachsraten von ADP belegen. Allerdings hemmt das ausdrückliche Zustimmungserfordernis der SEC noch vielfach die stärkere Ausbreitung des Verfahrens.

Online- oder virtuelle Hauptversammlungen können kein vergleichbar starkes Wachstum aufweisen. Nur wenige, kleine Unternehmen nutzen sie. Die Gründe hierfür sind praktischer Art. Einige einzelstaatliche Gesetze lassen virtuelle Hauptversammlungen zwar zu, verlangen aber die vollständige Vernetzung aller Teilnehmer untereinander. Im übrigen gibt es keinen gefestigten rechtlichen Boden. Kein Präzedenzfall bestimmt Ausmaß und Umfang elektronischer Hauptversammlungen. Online-Abstimmungen sind zwar möglich und werden durch Einsatz eines Bevollmächtigten, der vor Ort auf Weisungen wartet, auch praktiziert. Es ist aber abzusehen, daß nur dieses Modell sich durchsetzen wird, soweit hierfür angesichts des weitentwickelten Proxy-Verfahrens überhaupt Bedarf besteht.

7. Kapitel: Vorbereitung der Hauptversammlung

I. Organisatorische Vorbereitung

Der für die Vorbereitung einer Hauptversammlung zu treibende organisatorische Aufwand darf nicht unterschätzt werden. Vorlaufzeiten von mehreren Monaten sind die Regel. Bisweilen berichtet die Praxis, daß die Vorbereitung der nächsten Hauptversammlung bereits mit Ablauf der letzten Hauptversammlung beginnt[602]. Perfektionismus steht dabei weniger im Vordergrund als das Bestreben, dem Aktionär die ordnungsgemäße Wahrnehmung seiner mitgliedschaftlichen Verwaltungsrechte umfassend zu ermöglichen. Denn eine mangelhaft vorbereitete Hauptversammlung kann wichtige Aktionärsrechte verletzen, was wiederum Anfechtungs- oder Nichtigkeitsklagen nach sich ziehen kann. Organisatorische Vorbereitungshandlungen sind gesetzlich nicht fixiert. Erforderliche Maßnahmen drängen sich daher aus allein praktischen Erwägungen auf und können je nach Profil der Aktiengesellschaft unterschiedlich verkürzt oder ergänzt werden. Die folgende Darstellung behandelt daher nur einige Maßnahmen, die sinnvollerweise im Vorfeld jeder Hauptversammlung einer Publikumsaktiengesellschaft berücksichtigt werden sollten. Sie orientiert sich dabei am zeitlichen Ablauf der Vorbereitungen.

1. Planungsstab und Ablaufplan

Zu Beginn der Vorbereitungen sollte die Aufstellung des Planungsstabes stehen, der die erforderlichen Maßnahmen koordiniert und in Abstimmung mit dem Vorstand alle wichtigen Entscheidungen trifft. Die den jeweiligen Abteilungen der Gesellschaft obliegenden Aufgaben werden von hier verteilt und ihre Erfüllung in regelmäßigen Sitzungen überwacht, so daß der Vorstand stets über den Fortgang der Vorbereitungen informiert ist und entsprechend reagieren kann. In diesem Zusammenhang stellen viele Unternehmen einen detaillierten Ablaufplan auf, der alle notwendigen Schritte den verantwortlichen Abteilungen[603] zuweist und ein Zeitlimit zur Erledigung festsetzt[604]. Der Plan wird ständig aktualisiert und verschafft dem Planungsstab auf diese Weise die notwendige Übersicht[605].

---

[602] *Schaaf*, Rz. 19.

[603] Mit der Vorbereitung der Hauptversammlung 1999 der Dresdner Bank AG waren etwa befaßt: Beschaffung/Logistik, Flächenmanagement, Emissionsfolgegeschäfte, Finanzen/Controlling, Vorstand-Sekretariat, Konzernbetreuung, Recht, Investor Relations, Maketing-Kommunikation, Presse/News & Services u. WP-Folgearbeiten.

[604] *Schaaf*, Rz. 23; *Rappers*, in: Semler/Volhard, Rz. I B 125 f.

[605] Ein Muster eines solchen Ablauf- oder Generalplans ist abgedruckt bei *Schaaf*, Anlage 1 (S. 305).

2. Festlegung des Veranstaltungstermins und -orts

Die ordentliche Hauptversammlung hat in den ersten acht Monaten des Geschäftsjahres stattzufinden[606]. Da bei vielen Gesellschaften das Geschäftsjahr mit dem Kalenderjahr übereinstimmt, ist nach Aufstellung des Jahresabschlusses in den ersten drei Monaten des Geschäftsjahres[607] in der Zeit von April bis August verstärkt mit Hauptversammlungen zu rechnen. Bei der Wahl des Veranstaltungstermins sollte daher eine Kollision mit Terminen anderer Gesellschaften vermieden werden, vor allem dann, wenn die Mitglieder des Vorstands oder Aufsichtsrats zugleich Mandatsträger in diesen Gesellschaften sind. Denn für Mitglieder der Verwaltung besteht auf Hauptversammlungen grundsätzlich Anwesenheitspflicht[608], der naturgemäß nur an einem Ort nachgekommen werden kann. Die Wahl des Veranstaltungsortes hängt nicht weniger von vorhandenen Kapazitäten entsprechender Hallen oder Säle, deren Verfügbarkeit sowie von der Kollision mit parallel stattfindenen Großveranstaltungen ab. Nur wenige Lokalitäten bieten Platz genug, um mehrere tausend Aktionäre aufzunehmen, und meist sind sie bereits Monate, wenn nicht Jahre im voraus ausgebucht. Je nach zu erwartender Größe der nächsten Hauptversammlung muß also sehr frühzeitig mit der Planung begonnen werden. Sie reicht von der Miete entsprechender Hallen und Ausweichmöglichkeiten im Falle der Kapazitätsüberschreitung über die Koordination verkehrsleitender Maßnahmen mit den örtlichen Ordnungsbehörden, der Abstimmung mit Unternehmen des öffentlichen Personennahverkehrs bis hin zu vorbereitenden technischen Maßnahmen mit Medienvertretern. Nicht zuletzt muß bei der Anmietung von großen Versammlungslokalen – insbesondere Messehallen – beachtet werden, daß zum einen die Akustik nicht sehr gut ist, was entsprechende technische Vorbereitungen erforderlich macht, und solche Hallen zum anderen über sehr viele Ein- und Ausgänge verfügen, was ein Sicherheitsrisiko darstellt und die Definition des Präsenzbereichs erschwert[609]. Ausreichende Absperr- und Kontrolleinrichtungen müssen daher gleichfalls langfristig eingeplant werden.

3. Bestimmung der Anzahl der teilnehmenden Aktionäre

Da den Aktionären ein unentziehbares Teilnahmerecht in der Hauptversammlung zusteht[610], ist eine zuverlässige Prognose der zu erwartenden Besucherzahl zwecks Vorbereitung davon abhängender Maßnahmen (Anmietung entsprechender Räumlichkeiten, Vorbereitung von Informationsmaterial, Bereitstellung von Personal und Verpflegung) von großer Bedeutung, bereitet in der Praxis aber zugleich erhebliche Schwierigkeiten. Selbst wenn die Satzung für

---

606 § 175 Abs. 1 Satz 2 AktG.

607 § 264 Abs. 1 Satz 2 HGB.

608 § 118 Abs. 2 AktG; siehe *Hüffer*, § 118 Rz. 10.

609 *Rappers*, in: Semler/Volhard, Rz. I B 138; *Schaaf*, Rz. 42 f.

610 *Hüffer*, § 118 Rz. 12 f.; *Eckardt*, in: Geßler/Hefermehl, § 118 Rz. 15; KK-*Zöllner*, §§ 118 Rz. 20.

die Teilnahme die vorherige Anmeldung vorsieht[611], muß die Anmeldung erst drei Tage vor der Hauptversammlung erfolgen. Die dann verbleibende Zeit reicht bestenfalls noch dafür aus, kurzfristige Kapazitätserweiterungen durch Anmietung weiterer Säle sowie der entsprechenden Übertragungstechnik vorzunehmen, nicht jedoch, einen neuen Versammlungsort festzulegen. Denn nach Einberufung der Hautpversammlung[612] ist die Änderung der Teilnahmebedingungen grundsätzlich nicht mehr möglich[613]. Die Auswechslung des Versammlungslokals am gleichen Ort ist dagegen ohne erneutes Einberufungsverfahren zulässig[614]. Der Weg dorthin muß den Aktionären jedoch genau bezeichnet werden, sein Erreichen rechtzeitig möglich und zumutbar sein[615]. In allen anderen Fällen ist die Hauptversammlung abzusetzen und neu einzuberufen[616], um Anfechtungsrisiken auszuschließen. Die Einschätzung, wie viele Aktionäre teilnehmen werden, ist daher letztlich ein Erfahrungswert, vornehmlich gestützt auf die Besucherzahl bei der letzten Hauptversammlung. In diesen Wert einzubeziehen sind zwischenzeitlich eingetretene Veränderungen des Streubesitzes (z.B. nach Kapitalerhöhung), die Attraktivität des Versammlungsortes und der Verpflegung. Sind diese Faktoren noch einigermaßen kalkulierbar, trifft dies nicht ohne weiteres für außerordentliche Umstände zu, die zu einem größeren Besucherandrang in der Hauptversammlung führen können. Dazu zählen beispielsweise negative Geschäftsentwicklung, gegebenenfalls verbunden mit Dividendenausfall, bedeutende Investitionsentscheidungen, feindliche Übernahmeversuche, wichtige Personalentscheidungen oder andere unvorhergesehene, öffentlichkeitswirksame Entwicklungen[617]. All diese Faktoren erschweren die Prognose und Organisation beträchtlich und sollten Anlaß dafür sein, genügend Ausweichkapazitäten bereitzuhalten.

4. EDV-Unterstützung zur Identifizierung und Abstimmung

Eine rechtliche Vorgabe, Hauptversammlungen durch EDV-Systeme zu unterstützen, existiert nicht. Auf welche Weise eine Gesellschaft daher Sorge trägt dafür, daß die Identifizierung der Aktionäre sowie ein ordnungsgemäßes Abstimmungsverfahren gewährleistet ist, bleibt ihr überlassen. Die Durchführung dieser Aufgaben ohne entsprechende technische Unterstützung ist allerdings zumindest bei Hauptversammlungen großer Publikumsgesellschaften kaum noch vorstellbar. Die Notwendigkeit einer Identifizierung der Aktionäre folgt aus dem Charakter der Hauptversammlung als nichtöffentliche Veranstaltung.

---

611 § 123 Abs. 4 AktG.

612 § 121 Abs. 3 AktG; zur Einberufung siehe u. II.1 (S. 99).

613 KK-*Zöllner*, § 121 Rz. 41.

614 KK-*Zöllner*, § 121 Rz. 41; *Hüffer*, § 121 Rz. 18; *Steiner*, § 1 Rz. 24.

615 *Reichert/Schlitt*, in: Semler/Volhard, Rz. I B 280; *Schaaf*, Rz. 110b.

616 Vgl. hierzu im einzelnen *Werner*, in: Großkommentar AktG, § 121 Rz. 69 ff.; *Hüffer*, § 121 Rz. 18; KK-*Zöllner*, § 121 Rz. 39 ff.; *Reichert/Schlitt*, in: Semler/Volhard, Rz. I B 299 ff.

617 Vgl. die ausführliche Aufstellung bei *Rappers*, in: Semler/Volhard, Rz. I B 132.

Teilnahmeberechtigt sind neben Verwaltungsmitgliedern also nur Aktionäre[618]. Eine Einlaßkontrolle ist daher notwendig und wird sinnvollerweise mit EDV-Unterstützung durchgeführt. Die Vorbereitung hierfür erfolgt durch Installation eines entsprechenden Systems, das bereits die notwendigen Verwaltungsarbeiten im Vorfeld der Hauptversammlung unterstützt und die Arbeit während der Hauptversammlung erleichtert[619]. Dazu gehört die Anfertigung von Einladungsschreiben, Eintritts- und Stimmkarten sowie gegebenenfalls Lagepläne und Parkberechtigungen. Eintrittskarten werden bei der Produktion codiert, sodaß entsprechende Lesegeräte vor Einlaß in den Präsenzbereich die anwesenden Aktionäre ermitteln. Anhand der so gewonnenen Daten wird die Teilnehmerliste erstellt, die als Grundlage für Wahlen und Abstimmungen dient und (noch) in der Hauptversammlung auszulegen ist[620]. Die Ermittlung von Abstimmungs- und Wahlergebnissen ist der Gesellschaft gleichfalls in freier Verantwortung überlassen. Das angewandte System muß lediglich verläßliche und genaue Ergebnisse produzieren. Soweit Druckereien bereits auf Eintrittskarten Codierungen vornehmen, sollte dies gleich auch bei Stimmkarten erfolgen. Ein Computer kann daraufhin die Auszählung durchführen. Berücksichtigt werden muß allerdings, daß nur wenige Druckereien für dieses Verfahren ausgerüstet sind und die Produktion einer entsprechend großen Zahl von Unterlagen eine lange Vorlaufzeit in Anspruch nimmt.

II. Rechtliche Vorbereitung

Etwa zwei Monate vor der Hauptversammlung beginnen verstärkt die rechtlichen Vorbereitungen. Sie umfassen insbesondere die Einberufung und die damit im Zusammenhang stehenden Veröffentlichungserfordernisse, die Bearbeitung von Gegenanträgen sowie die Weiterleitung aller gesetzlich vorgesehenen Informationen durch Gesellschaft und Kreditinstitute. Letztlich werden in dieser Zeit ausführliche Regieanweisungen für die Leitung der Hauptversammlung ausgearbeitet sowie Antworten auf antizipierte Fragen in der Versammlung formuliert. Im einzelnen:

1. Einberufung

Die Hauptversammlung ist das Forum der Aktiengesellschaft, durch das Aktionäre ihre mitgliedschaftlichen Verwaltungsrechte wahrnehmen[621]. Sie dient als solche der gesellschaftsinternen Willensbildung und ist im Gegensatz zu Vorstand und Aufsichtsrat kein ständiges Gesellschaftsorgan[622]. Stattdessen ist

---

618 Sowie in engen Grenzen Dritte, vgl. *Hüffer*, § 118 Rz. 16; Näher dazu siehe u. 10. Kapitel, II.1. (S. 131).

619 Zum sogenannten DAMBA-System vgl. *Rappers*, in: Semler/Volhard, Rz. I B 144 ff.

620 § 129 Abs. 5 Satz 1 AktG. Zur geplanten Gesetzesänderung siehe u. 9. Kapitel, II.1.b) (S. 113).

621 § 118 Abs. 1 AktG.

622 *Hüffer*, § 118 Rz. 5.

die Hauptversammlung aufgrund gesetzlicher Einzelregelungen[623], in durch Satzung bestimmten Fälle[624] oder dann einzuberufen, wenn dies das Wohl der Gesellschaft fordert[625]. Zuständig für die Einberufung ist in erster Linie der Vorstand der Aktiengesellschaft[626]. Nur in Ausnahmefällen sind weitere Zuständigkeiten begründet, die entweder gesetzlich[627] festgelegt sind oder durch Satzung[628] bestimmt werden können[629]. Die Einberufungsfrist beträgt einen Monat, vom Tag der Hauptversammlung an rückwärts gerechnet[630]. Soweit die Satzung für die Teilnahme an der Hauptversammlung die Hinterlegung der Aktien[631] oder die Anmeldung vorsieht, verlängert sich die Einberufungsfrist um die Zeit, während der Aktien zu hinterlegen sind bzw. die Anmeldung erfolgen muß[632]. Die Einberufung ist in den Gesellschaftsblättern bekanntzumachen[633]. Neben Firma, Sitz, Zeit und Ort der Hauptversammlung ist ferner die Tagesordnung bekanntzugeben[634]. Gesellschaftsblatt ist jedenfalls der

---

623 Vgl. exemplarisch: Entgegennahme des festgestellten Jahresabschlusses u. Beschlußfassung über die Verwendung des Bilanzgewinns, § 175 Abs. 1 AktG; Entlastung, § 120 AktG; Wahl der Abschlußprüfer, § 318 Abs. 1 HGB; ferner Bestellung der Aufsichtsratsmitglieder, § 101 AktG; Verlust der Hälfte des Grundkapitals, § 92 Abs. 1 AktG.

624 Der Grundsatz der Satzungsstrenge (§ 23 Abs. 5 AktG) läßt hierfür allerdings nur wenig Raum, vgl. Werner, in: Großkommentar, § 121 Rz. 10 ff. Im Gesetz genannt ist der Fall der Veräußerung vinkulierter Namensaktien, § 68 Abs. 2 Satz 3 AktG.

625 § 121 Abs. 1 AktG. Wann dies der Fall ist, läßt sich allgemein nur schwer festlegen, siehe KK-*Zöllner*, § 121 Rz. 12, die praktische Relevanz ist daher gering, vgl. *Hüffer*, § 121 Rz. 5. Zu nennen sind vorderhand Vorgänge im Rahmen der "Holzmüller"-Entscheidung des *BGH* (BGHZ 83, 122), vgl. *Steiner*, § 1 Rz. 4 ff.; *Semler*, in: Semler/Volhard, Rz. I A 1 Fußn. 1 m. w. Nachw.

626 § 121 Abs. 2 Satz 1 AktG

627 Nach § 111 Abs. 3 ist der Aufsichtsrat zuständig, wenn das Wohl der Gesellschaft es fordert. Die Einberufung erfolgt ferner, wenn dies eine Aktionärsminderheit, die den zwanzigsten Teil des Grundkapitals erreicht, verlangt, § 122 Abs. 1 Satz 1 AktG. Weitere Zuständigkeiten ergeben sich aus § 85 AktG (Notvorstand) sowie § 268 Abs. 2 AktG (Abwickler).

628 Die Satzung kann jede Person benennen, z.B. den Vorsitzenden des Aufsichtsrats, jedes einzelne Vorstands- oder Aufsichtsratsmitglied, Prokuristen, einzelne Aktionäre oder Aktionärsgruppen, selbst gesellschaftsfremde Dritte (Behörden, Stiftungen), vgl. *Werner*, in: Großkommentar AktG, § 121 Rz. 38; *Hüffer*, § 121 Rz. 8.

629 § 121 Abs. 2 Satz 3 AktG

630 § 123 Abs. 1 AktG. Für die Fristberechnung gelten die allgemeinen Regelungen der §§ 187, 188 BGB. Danach ist der Tag der Einberufung nicht in die Monatsfrist einzubeziehen. Dennoch ist nicht ganz unstreitig, ob zwischen dem Tag der Veröffentlichung u. der Hauptversammlung ein voller Monat liegen muß (so *Hüffer*, § 123 Rz. 3) oder nicht (so die h.M., vgl. *Werner*, in: Großkommentar AktG, § 123 Rz. 3; KK-*Zöllner*, § 123 Rz. 5; *Steiner*, § 1 Rz. 30 f.; *Semler*, in: MünchHdb AG, § 35 Rz. 27).

631 Diese Regelung ist nur bei Inhaberaktien geboten. Der Nachweis der Mitgliedschaft für Namensaktien folgt bereits aus § 67 Abs. 2 AktG.

632 § 123 Abs. 2 Satz 2 AktG.

633 § 121 Abs. 3 Satz 1 AktG.

634 § 124 Abs. 1 Satz 1 AktG.

Bundesanzeiger[635]. Hierbei ist zu beachten, daß der Verlag Bundesanzeiger GmbH für die Veröffentlichung mindestens drei Werktage ansetzt. Diese Frist kann nicht dadurch abgekürzt werden, daß der zu setzende Text bereits als Diskette oder E-Mail zur Verfügung gestellt wird, da nur gedruckte Vorlagen akzeptiert werden. Für die Wahrung der Einberufungsfrist ist schließlich bedeutsam, daß der Bundesanzeiger nur dienstags bis samstags erscheint[636]. Läuft die Frist daher an einem Montag ab, muß die Einladung schon am vorhergehenden Samstag erfolgen.

2. Mitteilungspflicht nach § 125 AktG

Der Vorstand ist verpflichtet, innerhalb von zwölf Tagen nach Bekanntmachung der Einberufung Kreditinstituten und Aktionärsvereinigungen die Einberufung mitzuteilen[637]. Die Mitteilungspflicht erstreckt sich auf die Tagesordnung, etwaige Gegenanträge samt Begründung sowie die Stellungnahmen der Verwaltung hierzu. Die Vorschrift bezweckt in erster Linie die Unterrichtung der Aktionäre[638]. Kreditinstitute sind daher verpflichtet, die Mitteilungen nach Eingang[639] sogleich an die Aktionäre weiterzuleiten, deren Aktien sie verwahren[640]. Allerdings übernehmen in der Praxis die Kreditinstitute nicht die Vervielfältigung der ihnen zugegangenen Mitteilungsunterlagen, sondern verteilen lediglich die von der Gesellschaft vorgedruckten und ihnen zur Verfügung gestellten Exemplare. Die Anzahl der überreichten Exemplare richtet sich nach der vorausgehenden Bedarfsmeldung der Banken. Der Zeitrahmen, der der Gesellschaft zur Erfüllung ihrer Mitteilungspflicht zur Verfügung steht, kann im Einzelfall sehr knapp bemessen sein. Das gilt insbesondere für die Fälle, in denen von den Vorschlägen der Verwaltung abweichende Aktionärsanträge gestellt werden[641]. Denn sie sind der Mitteilung an die Kreditinstitute und Aktionärsvereinigungen beizufügen[642]. Das gleiche gilt für die Tagesordnung, deren Ergänzung nach zulässigen Gegenanträgen erst noch bewirkt und im Bundesanzeiger veröffentlicht werden muß[643]. Da Gegenanträge erst innerhalb einer Woche nach Bekanntmachung der Einberufung der Gesellschaft

---

635 § 25 Satz 1 AktG.

636 Vgl. AGB für entgeltliche Veröffentlichungen im "Bundesanzeiger", Stand: September 1999.

637 § 125 Abs 1 Satz 1 AktG.

638 *Hüffer*, § 128 Rz. 1.

639 An welchen Verwahrungszeitpunkt anzuknüpfen ist, ist streitig. Wie hier KK-*Zöllner*, § 128 Rz. 10; *Hüffer*, § 128 Rz. 2; *Werner*, in: Großkommentar AktG, § 128 Rz. 9; *Reichert/Schlitt*, in: Semler/Volhard, Rz. I B 439. Für den Ablauf der Zwölftagesfrist des § 125 Abs. 1 AktG *Obermüller*, DB 1966, Beil. Nr. 6, S. 1, 3. Für die Weiterleitung, solange die Zeit bis zur Hauptversammlung noch ausreicht, *Eckardt*, in: Geßler/Hefermehl, § 128 Rz. 13; *Burmeister*, AG 1976, 262, 264.

640 § 128 Abs. 1 AktG.

641 § 126 Abs. 1 AktG. Die Antragsvoraussetzungen folgen aus § 122 Abs. 2 AktG.

642 § 125 Abs. 1 Satz 1 AktG.

643 § 124 Abs. 1 Satz 2 AktG.

zugehen müssen[644] bzw. die Ergänzung der Tagesordnung binnen zehn Tagen erfolgen muß[645], bleiben für das Erstellen der endgültigen Fassung der Mitteilungen sowie deren Druck im ungünstigsten Fall nur noch fünf Tage. Der Versand aller Unterlagen bis zum Ablauf der Zwölf-Tages-Frist reicht im Gegensatz zu § 126 Abs. 1 AktG allerdings aus, da der Vorstand andernfalls die zeitliche Vorgabe des § 125 Abs. 1 Satz 1 AktG kaum einhalten könnte[646]. Zumindest die einzelnen Tagesordnungspunkte, den Bericht des Vorstands sowie etwaige Gegenänträge der Aktionäre sollte die Gesellschaft den Kreditinstituten schon vor Versand der Mitteilungen zukommen lassen, um ihnen die Ausarbeitung eigener Vorschläge für die Ausübung des Stimmrechts möglichst frühzeitig zu ermöglichen[647].

3. Erstellung einer Anmeldeliste / Teilnahmevoraussetzungen

Das Aktiengesetz kennt die Pflicht, eine Anmeldeliste zu erstellen, nicht. Gleichwohl wird eine solche Liste regelmäßig angefertigt, da sie zwei Vorteile bietet. Sie verschafft einen letzten Überblick über die zu erwartenden Besucher und dient als Grundlage für das während der Hauptversammlung zu erstellende Teilnehmerverzeichnis[648]. Die Anmeldeliste ist bis wenige Tage vor der Hauptversammlung zu ergänzen, da sich die Teilnahmevoraussetzungen durch Veräußerung noch ändern können. Da die meisten börsennotierten Aktiengesellschaften in Deutschland kraft entsprechender Satzungsbestimmung für die Teilnahme Hinterlegung und Anmeldung vorsehen[649], soll im folgenden kurz auf diese Voraussetzungen näher eingegangen werden.
Zweck der Hinterlegung ist die Legitimation des Aktionärs[650]. Üblicherweise ist die Hinterlegung daher nur für Inhaberaktien vorgesehen, damit die Vorlage der Aktien zu Beginn der Hauptversammlung entfallen kann. Für Namensaktien hingegen reicht die einfache Anmeldung aus, da sich die Legitimation bereits aus dem Aktienbuch ergibt[651]. Die Hinterlegung erfolgt, indem der Aktionär einer Hinterlegungsstelle den unmittelbaren Besitz an der Aktienurkunde verschafft. Hinterlegungsstellen sind neben Notar[652], Wertpapiersam-

---

644 So zutreffen die h.M., vgl. *Eckardt*, in: Geßler/Hefermehl, § 126 Rz. 30; *Hüffer*, § 126 Rz. 4; *Werner*, in: Großkommentar AktG, § 126 Rz. 30; KK-*Zöllner*, §§ 125-127 Rz. 11; *Prigge*, ZIP 1998, 1866, 1867 f.

645 § 124 Abs. 2 Satz 2 AktG.

646 H.M., vgl. *Werner*, in: Großkommentar AktG, § 125 Rz. 73; *Hüffer*, § 125 Rz. 5; KK-*Zöllner*, §§ 125-127 Rz. 45; a. A. *Boetius*, DB 1968, 1845.

647 Zutreffend *Rappers*, in: Semler/Vorhard, Rz. I B 169.

648 § 129 Abs. 1 Satz 2 AktG.

649 § 123 Abs. 2 Satz 1 AktG; vgl. bspw. § 14 der Satzung der ProSieben Media AG vom 15.5.1997 (künftig § 14 Abs. 1 der ProSiebenSAT.1 Media AG) oder § 17 der Satzung der Deutschen Bank AG vom 12.10. 1999.

650 *Hüffer*, § 123 Rz. 6.

651 § 67 Abs. 2 AktG.

652 Nach h.M. kommt nur ein inländischer Notar in Betracht, vgl. KK-*Zöllner*, § 123 Rz. 19; *Hüffer*, § 123 Rz. 11; a. A. *Schaaf*, Rz. 326.

melbank[653] sowie der Gesellschaft selbst[654] die Kreditinstitute, die nach üblicher Satzungsregelung in der Einberufung näher bezeichnet werden. In der Praxis ist der Übertragung des unmittelbaren Besitzes meist schon dadurch genüge getan, daß sich die Aktienurkunden in Depotverwahrung befinden. Depotbanken wiederum vertrauen vertretbare Wertpapiere der Giro-Sammelverwahrung[655] bei der Clearstrem Banking AG an, die als Wertpapiersammelbank zwingend hinterlegungsfähig ist[656]. Der unmittelbare Besitz der Depotbank ist daher nicht notwendig. Es reicht aus, daß sie erststufiger und der Aktionär zweitstufiger mittelbarer Besitzer ist[657].

Die Aktien müssen spätestens am zehnten Tage vor der Hauptversammlung hinterlegt sein[658], die Satzung kann die Frist jedoch verkürzen[659]. Hintergrund der Fristenregelung ist, sowohl den Hinterlegungsstellen genügend Zeit zu geben, die Gesellschaft von der Hinterlegung zu informieren, als auch der Gesellschaft, sich gegebenenfalls auf eine höhere Teilnehmerzahl vorzubereiten[660]. Ist die Hinterlegung fristgerecht erfolgt, wird der entsprechende Nachweis grundsätzlich durch eine Hinterlegungsbescheinigung erbracht[661]. Selten bekommt sie der Aktionär ausgehändigt. Stattdessen schickt ihm die Hinterlegungsstelle[662] entweder eine Eintrittskarte, die vor Beginn der Hauptversammlung in eine Stimmkarte umgetauscht wird, oder er erhält gleich die Stimmkarte[663]. Die Hinterlegungsstellen unterrichten die Gesellschaft schließlich, daß die Hinterlegung erfolgt ist und daß die hinterlegten Wertpapiere bis zum Ablauf der Hauptversammlung gesperrt sind, um eine Doppelvertretung der Aktien auszuschließen[664]. Die Rücknahme der Aktien ist dadurch nicht ausgeschlossen. Die Hinterlegungsstelle gibt die Aktien jedoch nur gegen Rückgabe der Hinterlegungsbescheinigung (bzw. Eintritts- oder Stimmkarte) wieder frei, da sie sich andernfalls gegenüber der Gesellschaft schadensersatzpflichtig macht[665]. Der Aktionär kann seine Aktien daher auch noch wäh-

---

653 Vgl. § 1 Abs. 3 DepG.

654 *Hüffer*, § 123 Rz. 11.

655 Siehe § 5 DepG.

656 KK-*Zöllner*, § 123 Rz. 25. Die Clearstrem Banking AG entstand aus der Fusion von Deutscher Kassenverein und Cedel International.

657 *Werner*, in: Großkommentar AktG, § 123 Rz. 36.

658 § 123 Abs. 3 Satz 1 AktG; zur geplanten Änderung der Fristenregelung durch das NaStraG (o. Fußn. 741) vgl. Anhang II (S. 187).

659 KK-*Zöllner*, § 123 Rz. 30.

660 KK-*Zöllner*, a.a.O.

661 Auch Banken, die hinterlegte Aktien nicht selbst verwahren, sondern beim Kassenverein in Sammelverwahrung verbracht haben, können als Zwischenverwahrer Hinterlegungsbescheinigungen ausstellen, KK-*Zöllner*, § 123 Rz. 22.

662 Bzw. mit Zustimmung der Satzung eine Drittbank.

663 *Schaaf*, Rz. 331.

664 *Werner*, in: Großkommentar AktG, § 123 Rz. 45.

665 *Werner*, a.a.O.

rend der Hinterlegungsdauer veräußern[666]. Er bleibt damit formell legitimiert, muß aber, um die Aktionärsrechte in der Hauptversammlung ausüben zu dürfen, vom Erwerber hierzu ermächtigt werden[667]. Will der Erwerber selbst teilnehmen, muß er entweder die Hinterlegungsbescheinigung noch umschreiben lassen oder den Erwerb vor Einlaß nachweisen[668].
Sieht die Satzung darüber hinaus (bei Namensaktien) die Anmeldung vor, dient diese nicht der Legitimation des Aktionärs, sondern lediglich der Vorbereitung des Teilnehmerverzeichnisses bzw. der Beseitigung etwaiger Unklarheiten im Aktienbuch[669]. Die Satzung kann eine Anmeldefrist vorsehen. Die Anmeldung drei Tage vor der Hauptversammlung genügt[670]. Die Frist ist kürzer bemessen als bei der Hinterlegung, weil die erforderliche Mitwirkungshandlung eines weiteren Beteiligten (Hinterlegungsstelle) entfällt.

4. Errichten der Informationsstände / Mitarbeitereinweisung / Generalprobe

Kurz vor der Hauptversammlung werden in der Regel Informationsstände errichtet, an denen während der Hauptversammlung das Teilnehmerverzeichnis ausliegt und die die Besucher mit allgemeinen Serviceleistungen (z.B. Besuchsbescheinigungen) versorgen. Stehen weitreichende Unternehmensentscheidungen auf der Hauptversammlung zur Abstimmung an, ist die Auslage entsprechender Unterlagen (Unternehmens- oder Verschmelzungsverträge, Eingliederungsbeschlüsse, entsprechende Prüfberichte, Jahresabschlüsse und Lageberichte) in der Hauptversammlung gesetzlich gefordert[671]. Diese Unterlagen sollten an den Informationsständen verfügbar sein.
Die den Ablauf der Hauptversammlung begleitenden Mitarbeiter müssen ferner zur Verfügung stehen und ausreichend eingewiesen sein. Dazu gehören nicht nur die Mitarbeiter vor Ort (Einlaßkontrolle, Wortmeldetisch, Informationsstände) sondern auch ein meist mit Juristen besetztes Back Office, das mindestens telefonisch erreichbar sein sollte und in Zweifelsfällen rechtliche Auskünfte erteilt. Das Back Office hat darüber hinaus vor allen Dingen die Aufgabe, bei der Beantwortung der während der Diskussion mit den Aktionären aufgeworfenen Fragen rechtliche Hilfestellung zu leisten und das korrekte Verhalten bei eventuellen Ordnungsmaßnahmen zu überwachen.
Am letzten Tag vor der Hauptversammlung wird das Versammlungslokal letztmalig besichtigt, die Technik einschließlich der Notstromaggregate kontrolliert und eine Sicherheitsüberprüfung vorgenommen. Einige Gesellschaften

---

666 Die Übereignung erfolgt durch Abtretung des Herausgabeanspruchs nach den §§ 929 Satz 1, 931 BGB i.V. mit § 7 Abs. 1 DepG.

667 §§ 134 Abs. 3, 129 Abs. 3 AktG.

668 KK-*Zöllner*, § 123 Rz. 24.

669 KK-*Zöllner*, § 123 Rz. 31.

670 § 123 Abs. 4 AktG; zur geplanten Änderung der Fristenregelung durch das NaStraG (o. Fußn. 741) vgl. Anhang II (S. 188).

671 Vgl. §§ 293g Abs. 1 i.V. mit 293f Abs. 1, 319 Abs. 3 Satz 1 i.V. mit Satz 3 AktG; §§ 63 Abs. 1 i.V. mit 64 Abs. 1 Satz 1 UmwG.

führen zusätzlich eine Generalprobe durch, in der meist in Anwesenheit aller Verwaltungsmitglieder sowie Beratern und sonstigen Personals die Hauptversammlung in allen möglichen Varianten durchgespielt wird.

5. Vorbereitung des Notars

In jeder Hauptversammlung hat ein Notar beurkundungspflichtige Entscheidungen und Maßnahmen niederzuschreiben[672]. Weitergehende Prüfungs-, Beratungs- oder Belehrungspflichten ergeben sich aus dem Gesetz nicht[673], folgen nach allgemeiner Meinung aber aus dem Grundsatz, daß der Notar als Träger eines öffentlichen Amtes den gesetzmäßigen Ablauf der Hauptversammlung zu überwachen hat[674]. Daher sollte der Notar schon vor der Hauptversammlung zwecks Anfertigung eines Protokollentwurfs mit dem Verlauf der Hauptversammlung vertraut gemacht werden. Insbesondere ist er über den allgemeinen Versammlungsablauf zu informieren einschließlich der Tagesordnung mit etwaigen Ergänzungen, Gegenanträge und der Abstimmungsmethode. Ferner ist es hilfreich, wenn er Kenntnis von dem Leitfaden hat, den der Versammlungsleiter während der Veranstaltung benutzt[675]. Schließlich sollte sich der Notar noch von der Funktionsfähigkeit der technischen Einrichtungen, der Zuverlässigkeit der Zugangskontrollen sowie davon überzeugen, daß der Präsenzbereich allen sich aus dem (vorläufigen) Teilnehmerverzeichnis ergebenden Aktionären Zugang bietet[676].

8. Kapitel: Rechte des Aktionärs in der Hauptversammlung

Die Erörterung neuer Kommunikationsmethoden ist nur sinnvoll, wenn zuvor die Aktionärsrechte konkretisiert werden, die in der Hauptversammlung geltend gemacht werden können. Erst die Bestimmung dieser Rechte schärft den Blick für die Reichweite und Grenzen moderner Verfahren. Der Einsatz dieser Verfahren darf den Aktionär nicht schlechter stellen als er in einer auf traditionelle Weise durchgeführten Hauptversammlung stünde. Nachfolgend soll daher auf Inhalt und Umfang der wichtigsten Aktionärsrechte, darunter das Auskunfts- und Stimmrecht, näher eingegangen werden.

---

672 § 130 AktG.

673 § 130 AktG, § 17 BeurkG.

674 *Hüffer*, § 130 Rz. 12; *Werner*, in: Großkommentar AktG, § 130 Rz. 96 f.; KK-*Zöllner*, § 130 Rz. 62; *Semler*, in: MünchHdb AG, § 40 Rz. 6; *Wilhelmi*, BB 1987, 1331, 1335; *Schaaf*, Rz. 47; vgl. ferner u. 10. Kapitel, I.3. (S. 127).

675 Vgl. *Reichert/Schlitt*, in: Semler/Volhard, Rz. I B 177.

676 *Schaaf*, Rz. 47c f.; u. 10. Kapitel, I.3. (S. 127).

I. Rederecht

Aus dem Teilnahmerecht folgt, daß jeder Aktionär berechtigt ist, auf der Hauptversammlung das Wort zu ergreifen[677]. Eine inhaltliche Vorgabe existiert nicht. Der Aktionär – auch der Vorzugsaktionär ohne Stimmrecht – ist daher nicht verpflichtet, die Verwaltung zu adressieren oder Fragen zu stellen. Er kann vielmehr auch allgemein gehaltene Erklärungen abgeben. Eine Einschränkung besteht nur insoweit, als die Beiträge sich im weitesten Sinne auf die Angelegenheit der Gesellschaft beziehen müssen[678]. Über die Reihenfolge der Worterteilung entscheidet der Versammlungsleiter, der an die zeitliche Reihenfolge der Wortmeldungen nicht gebunden ist[679]. Eine generelle Redezeitbeschränkung ist grundsätzlich nicht zulässig[680]. Wegen der vielfach sehr hohen Zahl von Wortmeldungen und der damit abzusehenden langen Dauer der Debatte ist eine geordnete Versammlung praktisch jedoch kaum durchführbar[681], sodaß in der Regel jedem Aktionär dennoch nur eine bestimmte Redezeit zugestanden wird. Sie ist nach entsprechender Abmahnung insbesondere dort zulässig, wo der Redner sich langatmig wiederholt oder nicht zur Sache spricht[682]. Als ultima ratio ordnet der Versammlungsleiter den Wortenzug oder Saalverweis an, wenn der Redner trotz wiederholter Mahnungen sich nicht an die Redezeitbeschräkung hält bzw. weiterhin sachfremde, irreführende oder ehrverletzende Ausführungen macht[683].

II. Auskunftsrecht

Das Auskunftsrecht ist ein aus dem mitgliedschaftlichen Verhältnis folgendes Mitverwaltungsrecht, das jedem Aktionär zusteht, unabhängig von der Höhe oder Art der Beteiligung[684]. Auch Inhaber stimmrechtsloser Vorzugsaktien sind daher auskunftsberechtigt[685]. Das Auskunftsrecht bezweckt, dem Aktionär die notwendigen Informationen zu verschaffen, die er zur Ausübung seiner Interessen, insbesondere des Stimmrechts, in der Hauptversammlung braucht[686]. Da es sich nicht um ein höchstpersönliches Recht handelt, kann es neben dem teilnahmeberechtigten Aktionär auch durch einen Bevollmächtigten oder Legitimationsaktionär ausgeübt werden[687]. Anspruchsverpflichteter ist stets der

---

677 Ausführlich *Siepelt*, Das Rederecht des Aktionärs in der Hauptversammlung (1992).

678 *Volhard*, in: Semler/Volhard, Rz. I F 1.

679 *Stützle/Walgenbach*, ZHR 155 (1991), 516, 527 f.; *Max*, AG 1991, 77, 85.

680 *Steiner*, § 10 Rz. 4.

681 *Martens*, WM 1981, 1010, 1013; *Volhard*, in: Semler/Volhard, Rz. I F 9.

682 *BGHZ* 44, 245, 248; *Max*, AG 1991, 77, 93.

683 *BGHZ* 44, 245, 248; *Steiner*, § 10 Rz. 7; *Martens*, WM 1981, 1010, 1016.

684 § 131 Abs. 1 Satz 1 AktG; *Semler*, in: MünchHdb AG, § 37 Rz. 1 f.; *Volhard*, in: Semler/Volhard, Rz. I F 13.

685 KK-*Zöllner*, § 131 Rz. 9; *Steiner*, § 11 Rz. 5.

686 KK-*Zöllner*, § 131 Rz. 2; *Hüffer*, § 131 Rz. 1.

687 *Hüffer*, § 131 Rz. 4; *Steiner*, § 11 Rz. 5.

Vorstand, nicht der Versammlungsleiter[688]. Ob hingegen der Vorstandssprecher oder das jeweils zuständige Mitglied entsprechende Fragen beantwortet, ist gesetzlich nicht geregelt und daher nur eine Frage des Stils.

Grundsätzlich erstreckt sich das Auskunftsrecht auf alle Angelegenheiten der Gesellschaft, umfaßt also sowohl gesellschaftsinterne als auch geschäftliche Vorgänge. Eine Einschränkung erfährt das Auskunftsrecht nur insoweit, als es zur sachgemäßen Beurteilung des Gegenstandes der Tagesordnung erforderlich sein muß. Ob dies der Fall ist, richtet sich nach objektiven Kriterien[689].

Dem Aktionär ist die Auskunft in der Hauptversammlung zu erteilen[690]. Der Vorstand muß auf Fragen, mit denen im Zusammenhang mit der Behandlung der Tagesordnung gerechnet werden muß, vorbereitet sein[691]. Soweit den Vorstand eine Frage unvorbereitet trifft, muß er durch Bereitstellung von Personal (Back Office) und Unterlagen Sorge dafür tragen, daß die notwendigen Informationen ohne wesentliche Verzögerung herbeigeschafft werden. Grundsätzlich kann der Aktionär nicht darauf verwiesen werden, sein Auskunftsverlangen bereits vor der Hauptversammlung geltend zu machen. Die Ankündigung von Fragen vor der Hauptversammlung ist allerdings dann erforderlich, wenn man dem Vorstand aufgrund der Komplexität der Fragen und des für die Beantwortung erforderlichen Rechercheaufwandes eine angemessene Vorbereitungszeit einräumen muß[692]. Unterläßt der Aktionär die Ankündigung und ist der Vorstand daher in der Hauptversammlung zur Beantwortung der Frage nicht in der Lage, entfällt die Auskunftspflicht[693]. Der Aktionär muß sein Auskunftsbegehren nicht begründen, aber gegebenenfalls darlegen, inwieweit die Beantwortung der Frage zur sachgerechten Behandlung der Tagesordnung erforderlich ist[694]. Die begehrte Auskunft ist mündlich zu erteilen[695]. Sie kann entweder direkt im Anschluß an die Frage oder bei Generaldebatten gesammelt erfolgen. Ausnahmsweise kann sich ein Anspruch auf Verlesung einzelner Urkunden oder Einsichtnahme schriftlicher Unterlagen ergeben, wenn es auf bestimmte Formulierungen ankommt oder andernfalls die sachgerechte Unterrichtung der Hauptversammlung nicht möglich ist[696]. Die Grundsätze einer gewissenhaften und getreuen Rechenschaft[697] erfordern die klare und vollständige Beantwortung aller Fragen. Entscheidungserhebliche Tatsachen dürfen weder ausgelassen noch verändert werden. Auf pauschale Fragen darf

---

688 § 131 Abs. 1 Satz 1 AktG.

689 *Volhard*, in: Semler/Volhard, Rz. I F 21 m. w. Nachw.

690 § 131 Abs. 1 Satz 1 AktG; vgl. aber u. 10. Kapitel, II.2.a) (S. 136).

691 KK-*Zöllner*, § 131 Rz. 77.

692 KK-*Zöllner*, § 131 Rz. 77; *Semler*, in: MünchHdb AG, § 37 Rz. 22.

693 *BGH*, NJW 1960, 1150, 1152; KK-*Zöllner*, § 131 Rz. 56; *Steiner*, § 11 Rz. 18.

694 KK-*Zöllner*, § 131 Rz. 80.

695 *BGHZ* 101, 1, 15.

696 *BGHZ* 101, 1, 15; *Volhard*, in: Semler/Volhard, Rz. I F 26.

697 § 131 Abs. 2 AktG.

der Vorstand allerdings auch pauschal antworten[698]. Genügt dies dem Aktionär nicht, muß er nachfragen.
Umstritten ist, ob der Vorstand auch dann noch zur Auskunft verpflichtet ist, wenn sich der auskunftsbegehrende Aktionär noch vor Beantwortung der Frage aus der Präsenzzone entfernt. Die wohl herrschende Meinung sieht in dem Fortgang den konkludenten Verzicht auf Auskunft. Sie muß nur dann erteilt werden, wenn sich ein anderer Aktionär die Frage zu eigen macht[699]. Die Gegenansicht verweist darauf, daß sich der Aktionär auch aus anderen Gründen als Desinteresse aus der Hauptversammlung entfernt haben kann und geht daher von der Beantwortungspflicht des Vorstands aus[700]. Letztgenannter Ansicht ist mit der Begründung *Steiners* zu folgen, daß der Fortgang des Aktionärs nicht zwingend den Schluß zuläßt, er lege auf die begehrte Auskunft keinen Wert mehr. Im übrigen muß bezweifelt werden, ob es für die Beantwortung von Fragen auf der Hauptversammlung allein auf das Interesse des auskunftsbegehrenden Aktionärs ankommt. Das Auskunftsrecht ist kein individuelles Recht des einzelnen Aktionärs auf Information, sondern geht inhaltlich auf Unterrichtung des Organs Hauptversammlung[701]. Folglich kann die Auskunftserteilung, solange die Hauptversammlung tagt und die Debatte nicht geschlossen ist, nicht von der Anwesenheit des fragenden Aktionärs abhängen. Zu fordern, die Fragen des abwesenden Aktionärs durch anwesende Aktionäre wieder aufzugreifen, ist daher kaum sachgerecht und verlängert die Hauptversammlung nur unnötig.

III. Stimmrecht

Das Stimmrecht berechtigt den Aktionär zur Mitwirkung am Zustandekommen von Hauptversammlungsbeschlüssen[702]. Es ist ein zentrales Mitverwaltungsrecht und grundsätzlich unentziehbar[703]. Folglich steht es jedem Aktionär zu und beginnt, sofern die Satzung nichts anderes bestimmt, mit der vollständigen Leistung der Einlage[704]. Für den Nachweis des Stimmrechts vor der Abstimmung gelten dieselben Ausführungen wie beim Nachweis des Teilnahmerechts[705], das heißt fristgerechte Hinterlegung oder Anmeldung nach Eintrag im Aktienbuch. Die Form der Stimmrechtsausübung bestimmt die Satzung[706]. Sie kann unverkörpert und offen geschehen (Handaufheben, Zuruf, Aufstehen)

---

698 *Semler*, in: MünchHdb AG, § 37 Rz. 27; *Hüffer*, § 131 Rz. 21; *Schaaf*, Rz. 615c.

699 KK-*Zöllner*, § 131 Rz. 79; *Simon*, AG 1996, 540, 542; *LG Mainz*, AG 1988, 169; *Schaaf*, Rz. 615e.

700 *v.Godin/Wilhelmi*, § 131 Anm. 2; *Steiner*, § 11 Rz. 20; *Semler*, in: MünchHdb AG, § 37 Rz. 26.

701 KK-*Zöllner*, § 131 Rz. 3, 81.

702 KK-*Zöllner*, § 134 Rz. 4; *Steiner*, § 13 Rz. 1.

703 Ausnahme: Vorzugsaktien ohne Stimmrecht, § 12 Abs. 1 Satz 2 AktG.

704 § 134 Abs. 2 Satz 1 u. 2 AktG. Zur Stimmkraft vgl. § 134 Abs. 1 AktG.

705 Siehe o. 7. Kapitel, II. 3. (S. 95).

706 § 134 Abs. 4 AktG.

oder verkörpert und verdeckt. Letzteres empfiehlt sich wegen der großen Zahl der Aktionäre bei Hauptversammlungen großer Publikumsgesellschaften. In diesem Fall werden Stimmkarten ausgegeben, die der Aktionär bei Einlaß in das Hauptversammlungslokal überreicht bekommt. Die Stimmkarten sind in der Regel in Stimmabschnitte unterteilt und mit einer Nummer versehen, unter der der Aktionär im Teilnehmerverzeichnis geführt wird.

1. Stimmrechtsvollmacht

Das Stimmrecht braucht vom Aktionär in der Hauptversammlung nicht selbst, sondern kann durch einen Bevollmächtigten ausgeübt werden[707]. Hierzu ist schriftliche Vollmachtserteilung notwendig, die sich nach den allgemeinen Regeln richtet[708]. Die Schriftform ist zwingend und daher Voraussetzung für die Gültigkeit der Vollmacht[709]. Daraus folgt, daß nach noch geltendem Recht[710] die Vollmachtserteilung auch nicht durch Telefax oder E-Mail erteilt werden kann, da die gesetzliche Schriftform stets die eigenhändige Unterzeichnung erfordert[711]. Über die Vollmachtserteilung hinaus muß sich der Bevollmächtigte bei der Gesellschaft (vertreten durch den Vorstand), spätestens jedoch vor der Abstimmung in der Hauptversammlung (vertreten durch den Versammlungsleiter) legitimieren, was durch Vorlage der Vollmachtsurkunde erfolgt. Die Gesellschaft behält die Urkunde in Verwahrung[712], um die Abstimmungsberechtigung nach Ende der Hauptversammlung etwa vor dem Registergericht oder im Anfechtungsverfahren nachweisen zu können[713]. Den ungenügend legitimierten Vertreter kann die Gesellschaft zurückweisen, ist hierzu nach überwiegender Auffassung jedoch nicht verpflichtet[714]. Die nachträgliche Vorlage der Vollmachtsurkunde reicht aus. Der Aktionär bestimmt grundsätzlich selbst, wer ihn vertritt. Die Vertretung durch die Gesellschaft oder Verwaltung der Gesellschaft selbst (Vorstand, Aufsichtsrat) nach Vorbild des amerikanischen Proxy-Voting ist wegen des Verbots, die Stimmabgabe an die Vorschläge des Verwaltungsorgane zu binden[715], jedoch nicht möglich[716]. Unberührt davon bleibt, ein einzelnes Verwaltungsmitglied zu bevollmächtigen[717]. Die Auswahl-

---

707 § 134 Abs. 3 Satz 1 AktG.

708 § 167 Abs. 1 BGB.

709 §§ 23 Abs. 5, 134 Abs. 3 Satz 2 AktG; *BGHZ* 49, 183, 194.

710 Vgl. die geplante Änderung durch das NaStraG, u. 9. Kapitel, II.1.c) (S. 114).

711 § 126 Abs. 1 BGB; zur Unzulässigkeit der Telefax-Vollmachtserteilung *OLG Hamm*, NJW 1991, 1185.

712 § 134 Abs. 3 Satz 3 AktG.

713 KK-*Zöllner*, § 134 Rz. 91.

714 *RGZ* 106, 258, 261; *OLG Düsseldorf*, AG 1991, 444, 445; *Baumbach/Hueck*, § 134 Anm. 16; *Eckardt*, in: Geßler/Hefermehl, § 134 Rz. 49; *v.Godin/Wilhelmi*, § 134 Anm. 16; *Hüffer*, § 134 Rz. 24; a.A KK-*Zöllner*, § 134 Rz. 90.

715 § 136 Abs. 2 AktG.

716 H.M., vgl. KK-*Zöllner*, § 134 Rz. 79; *Hüffer*, § 134 Rz. 25; *Semler*, in: MünchHdb AG, § 38 Rz. 52; *Steiner*, § 13 Rz. 39; a. A. *Wiethölter*, S. 334 ff.

717 *Eckardt*, in: Geßler/Hefermehl, § 134 Rz. 37.

freiheit des Aktionärs kann ferner durch die Satzung auf bestimmte Personen zumutbar beschränkt werden. Dazu zählt in der Regel eine Bestimmung, nach der der Bevollmächtigte selbst Aktionär sein muß[718]. Der Bevollmächtigte kann neben der Stimmrechtsausübung im fremden Namen vom Aktionär auch zur Ausübung im eigenen Namen ermächtigt werden (Legitimationsaktionär)[719]. Hierbei handelt sich nicht um einen Fall der verdeckten Stellvertretung[720], sondern um eine Ermächtigung nach dem Vorbild des § 185 BGB[721]. Die verdeckte Stellvertretung ist nur Kreditinstituten, Aktionärsvereinigungen oder anderen diesen gleichgestellten Personen erlaubt[722]. Der Legitimationsaktionär braucht den Namen des ermächtigenden Aktionärs dann nicht zu offenbaren, muß jedoch Betrag und Gattung der Legitimationsaktien im Teilnehmerverzeichnis als Fremdbesitz gesondert angeben. Der Legitimationsaktionär muß formell sowie materiell legitimiert sein. Dies setzt in formeller Hinsicht Übertragung des Besitzes an der Aktienurkunde oder Abtretung des Herausgabeanspruches und materiell eine stillschweigende oder ausdrückliche Ermächtigung voraus. Meist werden diese Voraussetzungen durch Anweisung an die Hinterlegungsstelle erfüllt, die Hinterlegungsbescheinigung oder Stimmkarte auf den Legitimationsaktionär auszustellen[723]. Die Satzung kann Abweichendes festlegen[724].

2. Bankenstimmrecht

Der in der Praxis überwiegende Teil der Stimmen wird in der Form der verdeckten Stellvertretung durch Kreditinstitute oder Aktionärsvereinigungen im Namen dessen, den es angeht, ausgeübt[725]. Das als Banken- oder Depotstimmrecht bezeichnete Stimmrecht der Kreditinstitute für die von ihnen im Rahmen des Depotgeschäfts verwalteten Aktien ist seit Jahrzehnten umstritten[726]. Die Kritik entzündet sich insbesondere an der durch das Bankenstimmrecht ermöglichten Machtkonzentration ohne eigenes Kapitalrisiko und der grundsätzlichen Unvereinbarkeit der Eigeninteressen der Kreditinstitute (als Aktionär, Kreditgeber usw.) mit den Interessen der durch sie vertrete-

---

718 *Eckardt*, in: Geßler/Hefermehl, § 134 Rz. 39; *Hüffer*, § 134 Rz. 26; *Steiner*, § 13 Rz. 40; a. A. KK-*Zöllner*, § 134 Rz. 76.

719 § 129 Abs. 3 Satz 1 AktG.

720 So aber KK-*Zöllner*, § 129 Rz. 7; *Steiner*, § 13 Rz. 43.

721 Zutreffend *Hüffer*, § 129 Rz. 12.

722 §§ 129 Abs. 2, 135 Abs. 4 u. Abs. 9 AktG.

723 *Steiner*, § 13 Rz. 43; Kritisch zu dieser Praxis KK-*Zöllner*, § 134 Rz. 100.

724 KK-*Zöllner*, § 134 Rz. 104.

725 §§ 129 Abs. 2 Satz 1, 135 AktG. Einen Überblick über die von Banken gehaltenen Stimmrechtsanteile für die 24 größten, 1992 mehrheitlich im Streubesitz befindlichen Gesellschaften geben *Baums/Fraune*, AG 1995, 97, 98, 102 f. Bei 18 dieser Gesellschaften betrug der Anteil über 50 Prozent.

726 Aus dem jüngeren Schrifttum *Assmann*, AG 1997, August-Sonderheft, 100, 107 f.; *Baums*, AG 1996, 11; *Raiser*, NJW 1996, 2257; *Peltzer*, JZ 1996, 842; *Baums/v.Randow*, AG 1995, 145; *Körber*, Die Stimmrechtsvertretung (1989).

nen Aktionäre[727]. Trotz dieser Einwände ist das Depotstimmrecht nach wie vor herrschende Praxis und auch die letzte Reform des Aktiengesetzes durch das KonTraG[728] hat keine strukturelle Änderung erbracht. Das liegt zum einen an der Befürchtung, ein generelles Verbot des Bankenstimmrechts könne zu einer erheblichen Abnahme der auf Hauptversammlungen vertretenen Stimmen führen und zum anderen daran, daß sich die angeblichen Gefahren des gegenwärtigen Systems praktisch kaum nachweisbar realisiert haben[729]. Der Gesetzgeber sieht namentlich zum System des Bankenstimmrechts keine nennenswerten Alternativen[730]. Weder der Vorschlag eines unabhängigen, vom Unternehmen finanzierten professionellen Aktionärvertreters[731] noch die Anlehnung an das amerikanische Proxy-Verfahren[732] wurden ernsthaft erwogen.
Das Gesetz erlaubt die Ausübung des Stimmrechts durch Kreditinstitute nur, wenn es der Aktionär schriftlich dazu bevollmächtigt hat[733]. Üblicherweise verwendet dieser hierzu die von seiner Depotbank bereitgestellten Vollmachtsformulare, die eigenhändig[734] zu unterzeichnen sind. Um die Weitergabe von Stimmen zu verhindern, untersagt das Gesetz Inhabervollmachten[735]. Die jederzeit widerrufliche Vollmacht kann längstens 15 Monate erteilt werden, sodaß der Aktionär die Vollmachtserteilung regelmäßig überdenken muß[736].
Für die Legitimation des Kreditinstitutes ist danach zu unterscheiden, ob Inhaber- oder Namensaktien vertreten werden und weitergehend, ob offene oder verdeckte Vertretung bezweckt ist. Bei Inhaberaktien ist das Gesetz dafür konzipiert, die vertretenen Aktien wie eigene Aktien zu behandeln. Das Kreditinstitut legt mangels abweichender Satzungsbestimmung eine Hinterlegungsbescheinigung vor und stimmt die Aktien anonym im Namen dessen, den es angeht[737]. Die offene Stellvertretung ist zwar möglich, erfordert aber die Übergabe der Vollmachtsurkunde an die Gesellschaft[738], was unzweckmäßig ist, weil die Vertretung in diesem Fall nur einmal möglich ist. Werden Stimmen

727 Vgl. nur *Raiser*, NJW 1996, 2257 f.

728 Gesetz zur Kontrolle und Transparenz im Unternehmensbereich (KonTraG) v. 27.4.1998 (BGBl. I, 786).

729 Dies gesteht auch *Raiser*, NJW 1996, 2257, 2262 (r.Sp.), zu.

730 Noch im RegE v. 6.11.1997 zum KonTraG (abgedruckt in ZIP 1997, 2059) wurde es als "intelligentes und unbürokratisches System, zu dem überzeugende Alternativen bislang nicht aufgezeigt sind", bezeichnet (a.a.O., 2063).

731 Dazu *Baums/v.Randow*, AG 1995, 145 (156 ff.).

732 Befürwortend *Wiethölter*, S. 322 ff. (insbes. S. 334 ff.); ablehnend *Möhring*, FS für Geßler, S. 127, 133 ff., der auf die Unvereinbarkeit der Stimmrechtsausübung durch die Verwaltung mit der im deutschen Aktiengesetz zugrunde gelegten gesellschaftsinternen Gewaltenteilung verweist.

733 § 135 Abs. 1 Satz 1 AktG.

734 § 126 Abs. 1 BGB.

735 § 135 Abs. 2 Satz 1 Halbs. 1 AktG.

736 § 135 Abs. 2 Satz 2 AktG.

737 § 135 Abs. 4 Satz 4 AktG.

738 § 135 Abs. 4 Satz 3 AktG.

für Namensaktien ausgeübt, muß das Kreditinstitut, wenn es selbst im Aktienbuch eingetragen ist, entweder dazu vom Aktionär ermächtigt werden oder, wenn es nicht im Aktienbuch steht, schriftliche Vollmacht vorlegen und den Aktionär benennen[739]. Die verdeckte Stimmrechtsausübung für den, den es angeht, ist bei Namensaktien daher nicht möglich.
Das Kreditinstitut muß das Stimmrecht gemäß den Weisungen des Aktionärs ausüben, sofern dieser solche erteilt hat. Ist dies nicht der Fall, kann es entsprechend den eigenen Vorschlägen stimmen, die es dem Aktionär mitgeteilt hat[740]. In der eigenen Hauptversammlung hingegen muß eine ausdrückliche Weisung erfolgt sein, andernfalls darf das Stimmrecht nicht ausgeübt werden[741]. Neu durch das KonTraG[742] eingeführt ist die Bestimmung, wonach eine ausdrückliche Weisung auch dann erforderlich ist, wenn das Kreditinstitut an der Gesellschaft unmittelbar oder mittelbar mit mindestens fünf Prozent beteiligt ist[743]. Zwecks Vermeidung von Interessenkollisionen ist das Kreditinstitut damit vor die Alternative gestellt, entweder die Aktionärs- oder eigenen Stimmrechte auszuüben[744].

IV. Widerspruchsrecht

Hält ein Aktionär einen in der Hauptversammlung gefaßten Beschluß für mit dem Gesetz oder der Satzung unvereinbar, steht ihm hierfür die Anfechtungsklage zur Seite[745]. Antragsbefugt ist er jedoch nur, wenn er in der Hauptversammlung gegen den fraglichen Beschluß Widerspruch zur Niederschrift erklärt hat[746]. Das Recht zum Widerspruch steht jedem Aktionär zu und ist unabhängig vom Stimmrecht oder der Form des Widerspruchs. Es muß nur deutlich werden, daß er sich gegen den Beschluß wehren will[747]. Die Erklärung muß weder das Wort "Widerspruch" enthalten noch muß sie begründet werden[748]. Der Widerspruch muß zur Niederschrift so erklärt werden, daß der Notar ihn als solchen erkennen kann. Gegebenenfalls muß er nachfragen[749]. Die Aufnahme in das Protokoll ist allerdings nicht Klagevoraussetzung, da das Gesetz nur von "Erklärung" spricht. Der Anfechtungskläger trägt im Prozeß hierfür jedoch die Beweislast[750].

---

739 § 135 Abs. 7 AktG.

740 §§ 135 Abs. 5 i.V. mit 128 Abs. 2 AktG.

741 § 135 Abs. 1 Satz 2 AktG.

742 Art. 1 Nr. 19 b KonTraG (o. Fußn. 728).

743 § 135 Abs. 1 Satz 3 AktG.

744 Kritisch zur Neuregelung *Assmann*, AG 1997, August-Sonderheft, S. 100, m. w. Nachw. in Fußn. 3.

745 §§ 243 Abs. 1, 246 AktG.

746 § 245 Ziff. 1 AktG.

747 *Hüffer*, § 245 Rz. 14.

748 KK-*Zöllner*, § 245 Rz. 35.

749 *Hüffer*, § 245 Rz. 15.

750 *Richter*, in: Semler/Volhard, Rz. III C 65.

9. Kapitel: Hauptversammlung im Wandel

I. Kritik am bisherigen System

1. Hauptversammlungspräsenzen

Neben dem Bankenstimmrecht, das zuletzt kurz vor Verabschiedung des KonTraG Gegenstand zahlreicher kritischer Beiträge war[751], beunruhigen seit längerer Zeit die in zunehmendem Maße abnehmenden Hauptversammlungspräsenzen. Die veröffentlichten Zahlen differieren zwar etwas voneinander, der Trend aber ist unverkennbar. Die Präsenz sank von rund 70 Prozent noch Mitte der Siebziger Jahre auf etwa 57 Prozent 1999[752]. Bei einigen börsennotierten Aktiengesellschaften lag sie letztes Jahr sogar unter 40 Prozent[753]. Die Gründe hierfür sind sehr verschieden. Zum einen spielt der organisatorische Aufwand eine Rolle. Der Aktionär muß zum Ort der Versammlung reisen und sich – da die meisten Hauptversammlungen wochentags stattfinden – gegebenenfalls Urlaub dafür nehmen. Die Depotvollmacht bietet demgegenüber eine viel bequemere und kostengünstigere Alternative. Entschließt sich der Kleinaktionär dennoch zur Teilnahme, lassen Dauer der Veranstaltung sowie zähe Redebeiträge das Interesse schnell ermüden. Zudem stellt sich das Gefühl ein, angesichts der starken Bankenpräsenz kaum maßgeblich am Entscheidungsprozeß beteiligt zu sein[754]. Ein verstärktes Engagement lohnt kaum. Der investierte Einsatz rechtfertigt den Aufwand selten und käme ohnehin allen Aktionären zugute: die Trittbrettfahrerproblematik. Es kann daher nicht verwundern, daß die durch die mitgliedschaftliche Stellung vermittelte Verantwortung für gesellschaftliche Prozesse und Entscheidungen immer mehr zugunsten bloßer Gewinnmaximierung abnimmt. Die Identifikation mit dem Unternehmen fehlt. Letztlich spielt die in den letzten Jahren zunehmende Globalisierung der Unternehmen mit international breit gestreuten Aktionären eine nicht zu unterschätzende Rolle. Der überwiegende Teil dieser Aktionäre ist auf den Hauptversammlungen nicht vertreten, da ihnen die Einberufung nicht nach §§ 125, 128 AktG mitgeteilt worden ist. Das deutsche Aktiengesetz

---

751 O. Fußn. 726.

752 Vgl. *Kropff*, ZGR-Sonderheft 12 (1994), 3, 10 (für 1975); einen Vergleich der Jahre 1980 u. 1990 bieten *Schneider/Burgard*, FS für Beusch, S. 783, 786; für das Jahr 1992 ausführlich *Baums/Fraune*, AG 1995, 97, 102 (Tab. 4); ab 1994 bis 1999 *Kofler*, ProSieben Media AG-Studie, S. 5 (ausgegeben anläßlich des vom DAI am 5.10.1999 in Frankfurt/Main ausgerichteten Börsenforums 1999 mit dem Thema "Hauptversammlung der Zukunft").

753 Zitiert nach der Begrüßungsansprache von *v.Rosen* auf dem Börsenforum 1999 (o. Fußn. 752). Auf der HV 2000 der Deutschen Bank AG betrug sie knappe 32 Prozent.

754 Die empirische Untersuchung von *Baums/Fraune*, AG 1995, 97, 102 (Tab. 4), zeigt, daß der durchschnittlichen Präsenz der Banken in Höhe von rund 72 Prozent nur 1,7 Prozent Private gegenüberstanden. Rechnet man institutionelle Anleger u. sonstige Unternehmen, Vereine sowie die öffentliche Hand noch hinzu, ergibt sich eine Präsenz Nichtprivater von fast 98 Prozent.

findet auf im Ausland verwahrte Aktien keine Anwendung[755]. Und selbst wenn eine Mitteilung erfolgt, zeigt die Praxis, daß sich ausländische Aktionäre nicht vertreten lassen[756]. Das Interesse reicht nur so weit, als Gewinne eingefahren werden. Bleiben diese aus oder ist die Unternehmensperformance nicht zufriedenstellend, greift die Wall-Street-Rule: die Aktien werden verkauft.
Niedrige Präsenzen sind rechtspolitisch nicht erwünscht, da sie die Entstehung von Zufallsmehrheiten fördern. Dies kann insbesondere bei bedeutenden gesellschaftlichen Entscheidungen negative Auswirkungen haben und das Unternehmen in ungewollte Abhängigkeiten bringen, was sich wiederum ungünstig auf die Kursentwicklung auswirkt. Daneben stellt sich ein System, das nicht in der Lage ist, einen breiten demokratischen Konsens herbeizuführen, in zunehmendem Maße ordnungspolitischen Bedenken aus[757]. Vorschläge zur Verbesserung der Hauptversammlungspräsenzen reichten in der Vergangenheit von der Forderung nach der Abschaffung[758] oder Reform der organisierten Stimmrechtsvertretung durch Einführung abhängiger[759] oder unabhängiger[760] Stimmrechtsvertreter bis hin zur Stimm- oder Präsenzpflicht in der Hauptversammlung[761]. Keiner dieser Vorschläge drang bislang durch.

2. Kosten der Hauptversammlung

Eine weiterer Kritikpunkt ist die enorme zeitliche und finanzielle Belastung bei der Vorbereitung und Durchführung der alljährlichen Hauptversammlungen. Die umfangreiche Einbindung von Personal und Sachresourcen schon Monate im voraus wurde bereits angesprochen[762]. Die Kosten der Hauptversammlungen bewegen sich regelmäßig im Bereich von mehreren Millionen Euro. Die Hauptversammlung 1999 der Deutschen Bank AG beispielsweise kostete rund 12 Mio. Euro. Über die Hälfte davon (63 Prozent) entfiel auf Herstellung und Versand bzw. Veröffentlichung von Pflichtmitteilungen oder sonstigen Berichten sowie auf interne Planungskosten[763]. Der übrige Betrag verteilte sich auf die für die Ausrichtung der Hauptversammlung anfallenden Sachaufwendungen sowie die Mietkosten.

---

755 Dies ist nicht unstreitig. Für die Anwendung KK-*Zöllner*, §§ 125-127 Rz. 33; ablehnend *Eckardt*, in: Geßler/Hefermehl, § 125 Rz. 25; *Baumbach/Hueck*, §§ 125-128 Anm. 3; vermittelnd *Werner*, in: Großkommentar AktG, § 125 Rz. 33 (Mitteilungen sind nur zuzustellen, wenn ausländische Kreditinstitute dies verlangen).

756 *Schneider/Burgard*, FS für Beusch, S. 783, 788.

757 *Schneider/Burgard*, FS für Beusch, S. 783 f.

758 *Wenger*, in: Der Markt für Unternehmenskontrollen, S. 73, 81; dagegen *Baums*, AG 1996, 11, 17.

759 *Leutheusser-Schnarrenberger*, DB 1995, 2355.

760 *Baums/v.Randow*, AG 1995, 145, 153; *Baums*, AG 1996, 11, 21 ff.

761 Vgl. die Diskussion bei *Baums*, AG 1996, 11, 19; *Schneider/Burgard*, FS für Beusch, S. 783, 797.

762 Siehe o. 7. Kapitel, I. (S. 89).

763 Dies war auf der HV 1998 der Dresdner Bank AG kaum anders. Allein die Herstellung u. Versand des Geschäftsberichtes verschlang ca. ein Drittel der sich auf 9,3 Mio DM belaufenden Gesamtkosten.

II. Aktuelle Gesetzesentwürfe

Die Verbesserung moderner Technologien in den letzten Jahren ermöglicht es, über neue Ansätze zur Vorbereitungen und Durchführung von Hauptversammlungen nachzudenken. Gegenwärtig befindet sich mit dem NaStraG[764] ein Regierungsentwurf in der Abstimmung, der neben der Renaissance der Namensaktie[765] die "Einführung moderner Verfahren der Informations-Technologie in [die] Abwicklung der Hauptversammlungen börsennotierter Gesellschaften" zum erklärten Ziel hat[766]. Auf das NaStraG wird daher im folgenden einzugehen sein. Der Gedanke, moderne Verfahren in das Aktiengesetz einzuführen, ist nicht ganz neu. Bereits vor Verabschiedung des KonTraG sah dessen Referentenentwurf eine Änderung des § 135 Abs. 1 Satz 1 AktG vor, wonach mit Blick auf das Electronic Banking die Vollmachtserteilung elektronisch möglich sein sollte[767]. Der Vorschlag wurde jedoch wieder fallen gelassen, nicht etwa, weil ihm grundsätzlich der Konsens verwehrt geblieben wäre, sondern, weil er nach Ansicht des Regierungsentwurfes zum KonTraG besser in das parallel laufende Gesetzgebungsverfahren zur Deregulierung der Formvorschriften im Privatrecht passte[768]. Von dem aus diesem Verfahren hervorgegangenen Referentenentwurf[769] soll daher ebenfalls die Rede sein.

1. NaStraG

Das Namensaktiengesetz ist die Reaktion des Gesetzgebers auf die wachsende Akzeptanz dieser Aktienform in der Wirtschaft und der zunehmenden Internationalisierung der Anlegerstruktur, die neue Formen der Stimmrechtsvollmacht und -ausübung erforderlich macht[770]. Das Gesetz ist auf die Kommunikation zwischen Aktionär und Unternehmen im Vorfeld der Hauptversammlung zugeschnitten. In den letzten zwei Jahren haben bereits einige große börsennotierte Gesellschaften auf die Namensaktie umgestellt[771]. Gegenüber der Inhaberaktie jahrzehntelang unterrepräsentiert, ist die Namensaktie

---

764 Entwurf eines Gesetzes zur Namensaktie und zur Erleichterung der Stimmrechtsausübung – Namensaktiengesetz (RegE, Stand: 10.5.2000); Für eine synoptische Gegenüberstellung des AktG vor und nach Inkrafttreten des NaStraG vgl. Anhang II (S. 183). Der vollständige Entwurf kann beim Bundesjustiz-ministerium bezogen werden unter <http://www.bmj.bund.de/ggv/ggv008.pdf>.

765 Hierzu eingehend *Noack*, ZIP 1999, 1993.

766 RegE NaStraG, Allgemeine Begründung (S. 13).

767 Vgl. Art. 18 a) aa) RefE KonTraG, ZIP 1996, 2129, 2135 f.; zustimmend *Assmann*, AG 1997, 100, 105.

768 So die Begründung in Art. 19 a) RegE KonTraG, ZIP 1997, 2059, 2065; vgl. auch *Seibert*, AG 1997, 65, 67.

769 Vgl. Entwurf eines Gesetzes zur Anpassung der Formvorschriften des Privatrechts an den modernen Rechtsgeschäftsverkehr (Stand: 5.6.2000) (u. Fußn. 829).

770 RegE NaStraG, Allgemeine Begründung (S. 13). Die Auswirkungen internationalen Anlegerschaft wurde bereits weiter oben angesprochen, vgl. 9. Kapitel, I.1. (S. 106).

771 Den Anfang machte 1998 die DaimlerChrysler AG, gefolgt von der Siemens AG, Dresdner u. Deutschen Bank AG, Mannesmann AG u. Deutsche Telekom AG. Weitere Gesellschaften werden folgen.

aus einer Reihe von Gründen für Gesellschaften interessant geworden. Zum einen benutzt die Clearstream Banking AG[772] als Zentralverwahrer eine neue Abwicklungs- und Verwahrsoftware (CASCADE-RS)[773], wodurch die Namensaktie girosammelverwahrfähig und damit frei handelbar wird[774]. Die umständlichere und kostspieligere Streifbandverwahrung entfällt. Zum anderen ist die Namensaktie das ideale Instrument zur Pflege der Beziehungen zwischen Gesellschaft und Aktionär (Investor Relations), da der Gesellschaft ihre Anteilseigner nunmehr direkt bekannt sind. Schließlich ermöglicht die Namensaktie die Notierung an internationalen, insbesondere US-amerikanischen Börsen, die nur auf Namensaktien eingerichtet sind[775]. Der mit Inhaberaktien umständliche Weg zum amerikanischen Kapitalmarkt über American Depository Receipts ist damit nicht mehr nötig[776].

Wesentlichen Reformbedarf sieht das NaStraG in drei Teilbereichen im Zusammenhang mit der Vorbereitung und Abwicklung von Hauptversammlungen: bei den Bestimmungen über Mitteilungen an Aktionäre (§§ 25, 125, 128 AktG), bei den Vorschriften über Führung des Teilnehmerverzeichnisses und Niederschrift (§§ 129, 130 AktG) sowie bei den Stimmrechtsregelungen (§§ 134, 135 AktG).

a) Mitteilungen an Aktionäre

Soweit die Gesellschaft bestimmte Mitteilungen im Bundesanzeiger bekannt machen muß[777], kann die Satzung nach § 25 Satz 2 AktG-E die Bekanntmachung künftig auch in elektronischen Informationsmedien vorsehen, in der Regel auf der gesellschaftseigenen Homepage. Wegen der damit verbundenen Zeit- und Kostenvorteile war die Forderung, die elektronische Publikation zuzulassen, schon zuvor mehrfach erhoben worden[778]. Das NaStraG folgt diesen Vorschlägen insoweit, als die elektronische Publikation neben die herkömmliche Variante tritt, ohne daß eine gesetzliche Verpflichtung dazu besteht. Die Bekanntmachung im Gesellschaftsblatt bleibt also die gesetzliche Grundnorm[779]. Das ist umso bedauerlicher, als die Bevorzugung des Printmediums Bundesanzeiger die damit verbundenen Zeit- und Kostennachteile kaum be-

---

772 Vormals Deutsche Börse Clearing AG und Cedel International.

773 Auch die Frankfurter Wertpapierbörse (FWB) setzt zunehmend auf elektronischen Austausch von Dokumenten. Als Testlauf sind daher seit dem November 1999 die Konsortialbanken der an der FWB vertretenen Emissionshäuser aufgerufen, Prospekte nach VerkProspG sowie Unternehmensberichte neben der üblichen Form auch per E-Mail zu versenden.

774 *Diekmann*, BB 1999, 1985; *v.Rosen*, Chancen mit Namensaktien, Börsen Zeitung v. 13.5.1998, S. 23.

775 In den USA werden ausschließlich Namensaktien gehandelt.

776 Zu American Depository Receipts vgl. *v.Rosen/Seifert* (Hrsg.), Zugang zum US-Kapitalmarkt für deutsche Aktiengesellschaften (1998).

777 Etwa die Einberufung zur Hauptversammlung, § 121 Abs. 3 Satz 1 AktG u. die Tagesordnung, § 124 Abs. 1 Satz 1 AktG; vgl. o. 7. Kapitel, II.1. (S. 94).

778 *Noack*, ZGR 1998, 592, 597; *Seibert*, BB 1998, 2536, 2537.

779 § 25 Satz 1 AktG wird durch das NaStraG nicht berührt.

seitigt. Auch ist der Verbreitungsgrad gering. Man wird nur schwerlich bestreiten können, daß die regelmäßige Lektüre des Bundesanzeigers kaum verbreitet ist[780]. Ferner tritt die gesetzgeberische Intention, den Bundesanzeiger als Pflichtblatt zu statuieren, um eine allgemein zugängliche Quelle für Unternehmensinformationen zur Verfügung zu stellen[781], angesichts der fortschreitenden Verbreitung von öffentlichen Stellen, die den Zugang zum Internet anbieten[782], weiter zurück. Sinnvoller scheint es daher, die Reihenfolge von elektronischer und Printpublikation umzukehren[783]. Die elektronische Bekanntmachung ist die gesetzlich vorgeschriebene Grundform[784]. An sie werden alle Rechtsfolgen geknüpft. Der Blick in die USA zeigt, daß dieses System durchaus funktionieren kann. Alle unternehmensrelevanten Informationen werden der SEC elektronisch zugespielt und in kürzester Zeit auf der EDGAR-Datenbank veröffentlicht[785]. Ein ähnliches Ergebnis läßt sich auch in Deutschland erzielen, wenn man die elektronische Publikation auf einer entsprechend dafür vorgesehenen Internet-Seite der Bundesanzeiger Verlagsgesellschaft mbH vorschreibt[786]. Die Wahl einer neutralen Stelle als Veröffentlichungsforum verhindert zugleich Mißbrauchmöglichkeiten. Die Kostenpflichtigkeit einer solchen Publikation wird man zwar nicht umgehen können, angesichts der entfallenden Druckkosten dürfte die Pauschale aber erheblich niedriger ausfallen, von der Zeitersparnis ganz abgesehen. Über die elektronische Bekanntmachung hinaus kann das Gesetz ferner die Verwendung von Printmedien satzungsdispositiv stellen. Den Aktionären oder sonstigen Adressaten, die über keinen unmittelbaren Internetzugang verfügen, würde so der Informationszugang erleichtert. Die Veröffentlichung hätte jedoch nur deklaratorischen Charakter.

§ 125 Abs. 2 AktG statuiert in bestimmten Fällen die Pflicht des Vorstandes, die Einberufung der Hauptversammlung nicht nur Kreditinstituten und Aktionärsvereinigungen, sondern den Aktionären direkt mitzuteilen. Nach dem Wortlaut des Gesetzes hat er die Mitteilungen "zu übersenden". Schon nach allgemeinem Sprachverständnis wird man hier nur an eine schriftliche Mittei-

---

780 Das bestreitet auch *Noack*, ZGR 1998, 592, 596, nicht.

781 *Hüffer*, § 25 Rz. 2.

782 Z.B. sog. Internet-Cafés. Die Presseberichte zum Wachstumsmarkt Internet überschlagen sich fast täglich, vgl. FAZ v. 28.12.1999, S. 1 (Die Stadt Hamburg will ab Mitte 2000 ihren Bürgern einen Internetzugang ohne Providergebühren anbieten), HB v. 7.2.2000 (10-12 Prozent Anstieg der Internet-Nutzer pro Halbjahr), FAZ v. 10.2.2000, S. 4 (Der Bayerische Ministerpräsident *Stoiber* verspricht allen Bayern einen einfachen Zugang zum Internet).

783 Für die Ablösung der Veröffentlichung in Gesellschaftsblättern durch eine Veröffentlichung im Internet auch *Mutter*, FAZ. v. 26.2.1999, S. 22.

784 Dieser Gedanke scheint dem Bundesjustizministerium jedenfalls nicht ganz fremd zu sein, vgl. *Seibert*, BB 1998, 2536, 2537.

785 Vgl. o. 4. Kapitel, II.2. (S. 47).

786 Ähnlich schon *Noack*, ZGR 1998, 592, 597.

lung denken können[787]. Schriftliche Verfahren haben sich zwar bewährt, sind aber zeit- und kostenintensiv. Wenn jedoch die verbreiteten Mitteilungen ohnehin veröffentlicht werden und es erkennbar nicht auf die Legitimation als Aktionär ankommt, wird man gegen kostengünstigere elektronische Mitteilungen in Form von E-Mails, Mailings-Lists usw. kaum etwas einwenden können[788]. Als Konsequenz sieht § 125 Abs. 2 AktG-E vor, daß der Vorstand den Aktionären Mitteilungen "zu machen" hat. Die Formulierung ist offener und schließt elektronische Mitteilungsformen jedenfalls nicht aus[789]. Sofern dies vom Depotkunden gewünscht wird, kann ganz auf briefliche Mitteilungen verzichtet werden. Allerdings soll die elektronische Publikation nicht zwingend sein, sondern eine Alternative bieten. Ob das eine System das andere nach und nach ablösen wird, bleibt abzuwarten[790]. Die zwingende Schriftform in § 125 Abs. 4 AktG wird gleichfalls aufgehoben, da es ausreichend ist, wenn die Gesellschaft die Informationen bereit hält und den Aktionären "mitteilt"[791]. Dies kann auch auf der Homepage der Gesellschaft geschehen[792].

§ 128 AktG sieht mehrere Änderungen vor. In Verbindung mit der Neufassung des § 125 Abs. 2 Nr. 3 AktG wird nunmehr in § 128 Abs. 1 AktG klargestellt, daß ein Kreditinstitut Mitteilungen nur noch dann an Aktionäre weiterleiten soll, wenn es Inhaberaktien verwahrt oder bei Namensaktien statt des Aktionärs im Aktienregister eingetragen ist. Die mit einer zusätzlichen Kostenlast verbundenen Doppelmitteilungen werden damit ausgeschlossen[793]. Von der Pflicht der Kreditinstitute[794], den Aktionären die Weisungserteilung auf einem Formblatt und somit schriftlich zu ermöglichen, nimmt § 128 Abs. 2 Satz 5, Abs. 3 AktG-E Abstand[795]. Damit ist der Weg frei für die elektronische Weisungserteilung über Internet, E-Mail oder Telefon[796].
Für die Hauptversammlung der DaimlerChrysler AG am 19. April 2000 bestand erstmals die Möglichkeit, Weisungen elektronisch über die Homepage der Gesellschaft zu erteilen. Nach Unternehmensangaben machten mehrere tausend Aktionäre von dieser Möglichkeit Gebrauch[797]. Bevollmächtigt wurden

---

787 Ebenso *Hüffer*, § 125 Rz. 6; *Noack*, Entwicklungen im Aktienrecht 1999/2000, S. 36.

788 *Seibert*, BB 1998, 2536, 2537; *Noack*, DB 1999, 1306, 1309.

789 Vgl. RegE NaStraG zu § 125 Abs. 2 AktG (S. 21).

790 *Seibert*, BB 1998, 2536, 2537.

791 Es bleibt in § 125 Abs. 4 AktG-E bei der alten Formulierung.

792 RegE NaStraG zu § 125 Abs. 4 AktG (S. 22).

793 RegE NaStraG zu § 128 Abs. 1 AktG (S. 23); siehe ferner hierzu *Bachmann*, WM 1999, 2100, 2101; *Diekmann*, BB 1999, 1985, 1988.

794 Auf Verlangen seiner Mitglieder auch Aktionärsvereinigungen, § 128 Abs. 5 AktG.

795 Das Kreditinstitut ist freilich auch an ohne Einhaltung der Schriftform erteilte Weisungen gebunden, da die Schriftform nicht zwingend nach § 128 Abs. 2 Satz 4 AktG vorgeschrieben ist. Allerdings muß das Kreditinstitut in diesem Fall die Vorschlagspflicht nach § 128 Abs. 3 AktG erfüllen. Vgl. KK-*Zöllner*, § 128 Rz. 13.

796 RegE NaStraG zu § 128 Abs. 2 Satz 5, Abs. 3 AktG (S. 25 f.).

797 Vgl. auch die Presseberichte, z.B. FAZ v. 12.4.2000, S. 22; Börsen Zeitung v. 15.4.2000, S. 11.

zwei von der Gesellschaft eingesetzte Vertrauenspersonen als Stimmrechtsvertreter. Diese Praxis ist rechtlich nicht unbedenklich. Dabei steht weniger die Form der Weisungserteilung[798] im Vordergrund als die Frage, ob es sich nicht um ein unzulässiges, weil mit dem Rechtsgedanken des § 136 Abs. 2 AktG unvereinbares Verwaltungsstimmrecht handelt[799]. Den Ausschlag für die Vorgehensweise der DaimlerChrysler AG dürfte eine Entscheidung des *LG Baden-Baden*[800] gegeben haben. In dem Fall erbot sich ein von der beklagten Deutschen Telekom AG beauftragter und bezahlter Treuhänder[801], für die Aktionäre der Beklagten deren Stimmrechte in der Hauptversammlung wahrzunehmen. Das *LG* sah darin keinen Verstoß gegen § 136 Abs. 2 AktG, sondern bejahte eine analoge Anwendung des § 135 Abs. 1 Satz 2 AktG[802]. Das Gericht verneinte eine mögliche Interessenkollision, nachdem sich die Beklage durch Unterlassungs- und Verpflichtungserklärung bereit fand, nur Vollmachtsformulare zu berücksichtigen, die ausdrückliche Weisungen der Aktionäre zu den einzelnen Tagesordnungspunkten vorsahen[803]. Entsprechend ist die Internet-Weisung an die von der DaimlerChrysler AG eingesetzten Vertrauenspersonen nur möglich, wenn ausdrückliche Weisungen erteilt werden.
Von einer virtuellen Live-Abstimmung zu sprechen, wäre allerdings verfehlt. Die Aktionäre konnten gerade nicht während der laufenden Hauptversammlung ihre Stimmrechte ausüben und auch nicht die hierfür vorgesehenen Stimmrechtsvertreter noch in letzter Sekunde anweisen. Stattdessen war zunächst der Gesellschaft die Absicht, elektronisch anzuweisen, mitzuteilen und den Stimmrechtsvertretern gleichzeitig schriftliche Vollmacht zu erteilen. Erst daraufhin wurde die individuelle Zugangsnummer des Aktionärs freigeschaltet, die die Erteilung von Weisungen über die Homepage der Gesellschaft bis zwei Tage vor der Hauptversammlung ermöglichte[804]. Von einer virtuellen Hauptversammlung kann daher keine Rede sein. Zu eng noch sind die Vorgaben des Aktiengesetzes. Die Entscheidung, das Verfahren als erstes europäisches

---

798 Man könnte argumentieren, daß § 128 AktG nur für Kreditinstitute u. Aktionärsvereinigungen gilt, anderen Gesellschaften daher die Art u. Weise, mit der sie Weisungen einholen, freisteht. Insofern wäre unerheblich, daß das NaStraG noch nicht in Kraft ist.

799 So vor allem *Möhring*, FS für Geßler, S. 127, 133 ff., der das Verwaltungsstimmrecht nach amerikanischem Vorbild des Proxy-Voting mit den Struktur- u. Ordnungsprinzipien des AktG für unvereinbar hält; ihm folgend KK-*Zöllner*, § 134 Rz. 79. A.A. *Schilling*, FS für Möhring, S. 257, 268, der eine Regelungslücke bejaht u. daher § 135 Abs. 1 Satz 2 AktG analog anwendet.

800 Urteil v. 29.4.1998, NZG 1998, 685 ("Forum T-Aktie"); bestätigt durch Urteil des *OLG Karlsruhe* vom 24.2.1999, ZIP 1999, 750, 752 f.

801 Gegen die in diesem Fall rechtliche Wertung als Treuhänder vgl. *Singhof*, NZG 1998, 670, 671.

802 Ablehnend *Singhof*, NZG 1998, 670, 673; *v.Randow*, ZIP 1998, 1564, 1567.

803 Dies war ursprünglich nicht der Fall. Die Vollmacht sah automatisch die Abstimmung im Sinne der Verwaltung vor, wenn der Aktionär keine ausdrückliche Weisung erteilte.

804 Vgl. die hierfür verwendeten Masken im Anhang III (S. 199). In gleicher Weise verfuhr die Deutsche Telekom AG am 25.5.2000 auf ihrer Hauptversammlung in Köln sowie die Deutsche Bank AG am 9.6.2000 in Frankfurt/Main.

Unternehmen dennoch durchzuführen, beruht daher allenfalls auf dem Gedanken, sich als weltoffene und fortschrittliche Gesellschaft zu präsentieren, die neuen Techniken offen gegenübersteht und ist ferner eine Konzession an die vielen US-amerikanischen Aktionäre, die mit Proxy-Voting an ein ganz ähnliches Verfahren gewöhnt sind.

Ein größerer Spielraum wird künftig auch Aktionärsvereinigungen eingeräumt, da die zwingende Unterrichtung[805] ihrer Mitgliedern darüber, wie sie abzustimmen gedenken, entfällt. § 128 Abs. 5 Satz 3 AktG-E stellt den Aktionären frei, auf die Einhaltung von unnötigen Förmlichkeiten zu verzichten[806]. Zu Recht betont die Begründung zum NaStraG, daß Aktionärsvereinigungen längst über alternative Informationskanäle (Mitgliedszeitschriften, Website) verfügen, um beabsichtigtes Stimmverhalten zu kommunizieren. Zudem dürften diese Kanäle weitaus weniger kostenintensiv sein.

b) Teilnehmerverzeichnis und Niederschrift

Die wichtigste Neuregelung in § 129 AktG betrifft die Änderung des Absatzes 4. Nach bisherigem Recht ist das Teilnehmerverzeichnis auszulegen und vom Vorsitzenden zu unterzeichnen. "Auslegen" bedeutet nach der Entwurfsbegründung, daß das Verzeichnis in Papierform geführt wird[807], üblicherweise als Liste, die bei Publikumsgesellschaften schnell über 1000 Seiten lang sein kann[808]. Das macht die Handhabung schwierig, zunächst, was die Reihenfolge der aufzunehmenden Aktionäre betrifft, besonders aber, wenn es gilt, das Verzeichnis auf dem laufenden zu halten[809]. Viele Unternehmen sind daher bereits dazu übergegangen, das Teilnehmerverzeichnis mittels EDV aufzustellen und nach Änderungen erneut auszulegen[810]. § 129 Abs. 4 AktG-E geht noch einen Schritt weiter und verzichtet darauf, die Auslegung des Teilnehmerverzeichnisses zu fordern. Statt dessen ist es den Teilnehmern "zugänglich zu machen", was etwa elektronisch auf mehreren Bildschirmen im Versammlungsraum geschehen kann[811]. Das Unterzeichnungserfordernis, bei dem bislang ohnehin strittig war, in welchem Zeitpunkt es zur Anwendung kommt[812], wird aufgehoben, da es verzichtbar ist. An dessen Stelle tritt ein zwei Jahre lang währendes Einsichtsrecht für jeden Aktionär, das dieser gegenüber der Gesellschaft geltend machen kann. Das Einsichtsrecht beim Handelsregister entfällt, da gemäß § 130 Abs. 3 Satz 1, Abs. 5 AktG-E das Teilnehmerver-

---

805 § 128 Abs. 5 Satz 2 i.V. mit Abs. 2 Satz 1 AktG.

806 Nämlich auf § 128 Abs. 2 Satz 1 u. 3 AktG. Vgl. RegE NaStraG zu § 128 Abs. 5 Satz 3 AktG (S. 26).

807 RegE NaStraG zu § 129 Abs. 4 Satz 1 AktG (S. 27). Eine zwar naheliegende, aber nicht zwingende Auslegung, vgl. u. 10. Kapitel, II.4. (S. 146).

808 Vgl. *Werner*, in: Großkommentar AktG, § 129 Rz. 14 f.

809 Die Gesellschaft ist hierzu nach überwiegender Ansicht verpflichtet, vgl. KK-Zöllner, § 129 Rz. 13 m. w. Nachw.

810 *Werner*, in: Großkommentar AktG, § 129 Rz. 15.

811 RegE NaStraG zu § 129 Abs. 4 Satz 1 AktG (S. 27).

812 Zum Streitstand *Hüffer*, § 129 Rz. 14.

zeichnis künftig nicht mehr zu den als Anlage zur Niederschrift beim Handelsgericht einzureichenden Unterlagen gehört. Der Grund hierfür ist zum einen die Vermeidung unnötiger Kosten, die bislang mit der Einreichung des umfangreichen und unübersichtlichen Verzeichnisses verbunden waren[813]. Zum anderen soll die Anonymität der Aktionäre vor Nachforschungen neugieriger Nichtaktionäre, die ohne Nachweis eines berechtigten Interesses das Handelsregister nach § 9 Abs. 1 HGB einsehen können, gewahrt bleiben[814].

c) Stimmrecht

Um es vorwegzunehmen: Das NaStraG ändert nichts am grundsätzlichen System der Stimmrechtsausübung, sondern – der Name sagt es – schafft nur Erleichterungen. Es wird also auch in Zukunft keine Briefwahl wie in den USA eingeführt, sondern es bleibt bei der persönlichen oder vertretungsweisen Abstimmung. Die durch das NaStraG beabsichtigten Änderungen betreffen vowiegend Formerleichterungen.

Das Gesetz unterscheidet bei der Ausübung des Stimmrechts durch Dritte zwischen Privat- und Bankenvollmachten. Für die Privatvollmacht gilt weiterhin grundsätzlich die Schriftform, § 134 Abs. 3 Satz 2 AktG-E läßt aber eine abweichende Satzungsregelung zu. Damit ist demnächst die Vollmachtserteilung per Telefon, Fax oder E-Mail möglich, bei kleineren Aktiengesellschaften kann auch ganz auf die Einhaltung von Förmlichkeiten verzichtet werden. In Zweifelsfällen muß die Bevollmächtigung der Gesellschaft nachgewiesen werden[815].

Bei der Bevollmächtigung von Banken verzichtet § 135 Abs. 1 Satz 1 AktG-E ganz auf das Schriftformerfordernis. Die Schriftform sei nicht mehr zeitgemäß und entspreche nicht mehr den praktischen Bedürfnissen einer weltweit gestreuten Aktionärsstruktur[816]. Darüber hinaus will sich das Aktiengesetz mit Formvorgaben dort zurückziehen, wo diese keinem Schutzbedürfnis entspringen, sondern lediglich dem Dokumentationsinteresse zwischen den Beteiligten dienen. Der Einsatz moderner Technologien soll dadurch jedenfalls nicht behindert werden. Der Nachweis der Bevollmächtigung erfolgt letztlich durch Abgleich mit dem Aktienregister. Damit der Nachweis auch gelingt, bestimmt § 135 Abs. 2 Satz 4 AktG-E ferner, daß die Erteilung der Stimmrechtsvollmacht vom Kreditinstitut "nachprüfbar festzuhalten" ist. Dies kann je nach Form der Vollmachtserteilung in verschiedener Weise erfolgen. Die Begründung spricht von Speicherung der entsprechenden E-Mails einschließlich deren Pfad, Aufzeichnung von Telefongesprächen, Nachprüfung der Identität anhand PIN-,

---

813 Vgl. RegE NaStraG zu § 130 Abs. 3 AktG (S. 28).

814 *Noack*, DB 1999, 1306, 1309 f. u. ZIP 1999, 1993, 1999. Die verdeckte Stellvertretung durch Kreditinstitute nach § 129 Abs. 2 Satz 2 AktG gilt bei Namensaktien wegen § 135 Abs. 7 Satz 1 AktG gerade nicht.

815 RegE NaStraG zu § 134 Abs. 3 AktG (S. 29). Dies rechtfertigte wohl auch die ersatzlose Streichung des § 134 Abs. 3 Satz 3 AktG.

816 Vgl. RegE NaStraG zu § 135 Abs. 1 Satz 1 AktG (S. 30).

TAN oder Aktionärsnummern[817]. Durch die übrigen Änderungen des § 135 AktG werden insbesondere die Regelungen für Inhaber- und Namensaktien angeglichen. Dazu gehört etwa die Zulassung der verdeckten Stimmrechtsausübung bei Namensaktien, ohne daß die Vollmachtsurkunde mehr vorgelegt werden muß[818] oder der Verzicht auf die Schriftlichkeit der Ermächtigung zur Stimmrechtsausübung[819]. Schließlich wird infolge der zunehmenden Eintragung von Depotbanken im Aktienregister als Treuhänder für ihre Kunden der Kontrahierungszwang auch auf die Depotbanken erstreckt[820].

d) Bewertung

Das NaStraG ist ein gut durchdachter Gesetzesentwurf. Er ist die notwendige Reaktion des Gesetzgebers auf die sich international ausweitende Aktionärsstruktur und ein sich wandelndes Verständnis unternehmensinterner Kommunikationskultur. Überholte Formerfordernisse werden dort abgeschafft, wo sie aktienrechtlich keine Bedeutung haben und man die Gestaltung der "Investor Relations" besser den Beteiligten überläßt. Kritisch anzumerken ist, daß die Reform des § 25 AktG sich darauf beschränkt, die elektronische Bekanntmachung nur als freiwillige Alternative vorzusehen. So begrüßenswert es ist, daß das NaStraG das Aktiengesetz für moderne Verfahren der Informations-Technologie fruchtbar machen will, so zaghaft ist die Umsetzung für § 25 AktG. Die Zeit- und Kostenvorteile der elektronischen Publikation lassen sich auch ohne Aufgabe des gesetzlichen Ziels, einem unbestimmten Adressatenkreis eine öffentlich zugängliche Quelle für Unternehmsinformationen zu eröffnen, wahren. Die Verankerung der elektronischen Bekanntmachung als gesetzliche Grundform wäre daher wünschenswert gewesen.
Fraglich ist ferner, ob nicht auch § 126 Abs. 1 AktG sprachlich geändert werden müßte, als dort von "übersenden" die Rede ist. Es ist nicht ganz einzusehen, warum der elektronische Kommunikationsfluß nur in Richtung Aktionär geebnet werden soll, nicht aber umgekehrt. So ist durchaus denkbar, daß der Aktionär etwaige Gegenanträge per E-Mail "zugänglich macht" oder auf einer eigenen Homepage für den Abruf bereit hält.
Soweit das NaStraG den Anspruch erhebt, moderne Verfahren der Informations-Technologie in die Hauptversammlungspraxis einzuführen, darf man nicht darüber hinwegsehen, daß nur – aber immerhin! – der Anfang gemacht ist. Eine radikale Umstellung auf allein elektronische Verfahren war auch nicht zu erwarten, die Hoffnung auf die elektronische Briefwahl daher verfrüht. Der

---

817 RegE NaStraG zu § 135 Abs. 2 Satz 3 u. 4 AktG (S. 31). Besonders der Bundesrat dringt darauf, daß die Erteilung der Vollmacht von der Gesellschaft sicher nachweisbar ist. Die Freistellung von Formzwängen könne andernfalls zu Mißbräuchen einladen und zu Streitigkeiten über die Wirksamkeit von Beschlüssen führen, vgl. FAZ v. 17.7.2000, S. 19.

818 § 135 Abs. 7 Satz 1 Halbs. 2 sowie Satz 2 Halbs. 2 i.V. mit Abs. 4 Satz 3 AktG werden gestrichen. Vgl. Anhang II (S. 195 f.).

819 § 135 Abs. 7 Satz 1 AktG-E.

820 § 135 Abs. 10 Satz 1 AktG-E.

Wandel ist jedoch eingeleitet. Davon geht auch der Entwurf aus, wenn es in der Begründung heißt, daß die künftige Fortentwicklung nicht abgeschnitten sein solle, auch wenn der Wechsel zum elektronischen System mit dem Entwurf noch nicht vollzogen sei[821]. Zu klären wird daher insbesondere die Frage sein, ob das Aktiengesetz zwingend eine körperliche Versammlung voraussetzt[822]. Verneint man sie, wird man über Änderungen der Vorschriften über den Ort der Hauptversammlung[823], das Rede-, Frage-, Stimm- und Widerspruchsrecht[824], das Einsichtsrecht in bestimmte Unterla-gen[825] sowie die notarielle Niederschrift[826] nachdenken müssen[827].

2. Gesetz zur Anpassung der Formvorschriften des Privatrechts an den modernen Rechtsgeschäftsverkehr

Die elektronische Vollmachtserteilung, die noch im Referentenentwurf des KonTraG vorgesehen war[828], wird demnächst möglich sein, wenn der Regierungsentwurf zur Anpassung der Formvorschriften des Privatrechts an den modernen Rechtsgeschäftsverkehr[829] in Kraft tritt. Dann könnte ein Aktionär einen Dritten selbst dann elektronisch bevollmächtigen, wenn die Satzung nach § 134 Abs. 3 Satz 2 AktG-E (NaStraG) keine Erleichterung von der Schriftform für die Vollmacht bestimmt[830]. Denn der Entwurf sieht die Einführung von zwei neuen Formvorschriften in das BGB vor, um es auf diese Weise für die Anforderungen des elektronischen Geschäftsverkehrs zu rüsten[831]. Dabei handelt es sich einerseits um eine gegenüber der Schriftform erleichterte Textform (§ 126b BGB-E) und andererseits um eine spezielle auf moderne Medien ausgerichtete elektronische Form (§ 126a BGB-E).

a) Textform

Die Textform bezweckt vor allen Dingen, eine neue verkehrsfähige Form in das BGB einzuführen. Sie ersetzt die alte Schriftform dort, wo der Erklärung weniger Beweiswirkung als vielmehr Informationsfunktion zukommt und die Folgen leicht rückgängig zu machen sind. § 126b BGB-E verlangt daher nur noch, daß die Erklärung in Schriftzeichen lesbar ist, den Urheber erkennen läßt und der Abschluß der Erklärung in geeigneter Weise erkennbar gemacht ist. Auf eine eigenhändige Unterschrift kommt es nicht mehr an, was sie für

---

821 Vgl. RegE NaStraG zu § 135 Abs. 2 Satz 3 u. 4 AktG (S. 31).

822 § 118 Abs. 1 AktG. Dazu u. 10. Kapitel, I.1. (S. 122 ff.).

823 § 121 Abs. 5 AktG.

824 Vgl. o. 8. Kapitel (S. 99 ff.).

825 §§ 293g Abs. 1, 319 Abs. 3 Satz 1 AktG, § 64 Abs. 1 Satz 1 UmwG.

826 § 130 Abs. 1 AktG.

827 Dazu u. 10. Kapitel (S. 120 ff.).

828 Art. 18 a) aa) (o. Fußn. 728), vgl. ZIP 1996, 2129, 2135.

829 Der Entwurfstext (Stand: 6.9.2000) kann beim Bundesjustizministerium bezogen werden unter <http:// www.bmj.bund.de/ggv/bgbrege1.pdf>.

830 *Noack*, Entwicklungen im Aktienrecht 1999/2000, S. 35.

831 RegE, Allgemeiner Teil der Begründung, I.1. (S. 17 f.).

das elektronische Medium einsetzbar macht. Typische Anwendungen, so die Begründung, seien Massenvorgänge mit sich wiederholenden, meist gleichlautenden Erklärungen[832]. Geändert werden soll beispielsweise § 410 Abs. 2 BGB, wonach der Schuldner die Aushändigung der Abtretungsurkunde vom neuen Gläubiger dann nicht verlangen kann, wenn ihm der alte Gläubiger die Abtretung schriftlich angezeigt hat. Die Neufassung ermöglicht nun die Verwendung standardisierter Abtretungsanzeigen ohne eigenhändige Unterschrift. Dies bringt besonders bei der Abtretung einer Gesamtheit von Forderungen (z.B. im Factoring) eine wesentliche Arbeitserleichterung[833]. Ein weiteres Beispiel ist § 109 Abs. 3 AktG. Der Entwurf sieht vor, daß verhinderte Aufsichtsratsmitglieder bei entsprechender Satzungsregelung dritte Personen "in Textform" ermächtigen können, an Sitzungen des Gremiums teilzunehmen. Eine per (Computer-)Fax oder E-Mail erteilte Ermächtigung wäre daher künftig ohne weiteres wirksam.

b) Elektronische Form

Als Alternative zur traditionellen Schriftform wird die elektronische Form eingeführt. Sie wird als Option zur Schriftform eingeführt[834], bleibt zur Begründung bestimmter Schuldverhältnisse aber zwingend erhalten[835]. Die Anwendung der elektronischen Form ist ferner dann ausgeschlossen, wenn die Parteien deren Benutzung nicht ausdrücklich oder durch schlüssiges Handeln vereinbart haben[836]. Die Schriftform bleibt daher vermutlich zunächst die Regel. Der einzige Unterschied zwischen beiden Formen besteht darin, daß der elektronischen Form a priori das Element der Verkörperung fehlt. Im übrigen aber muß auch ein in elektronischer Form verfaßtes Dokument digital signiert sein und so den für ein eigenhändig unterschriebenes Schriftstück typischen Funktionskatalog erfüllen[837]. Die Voraussetzungen der Signierung bestimmt das Signaturgesetz vom 22.7.1997[838], auf den § 126a Abs. 1 BGB-E verweist.

---

832 RegE, Allgemeiner Teil der Begründung, II. (S. 21)

833 Vgl. RegE, Erläuterung zu § 410 Abs. 2 BGB (S. 41 f.).

834 RegE, Allgemeiner Teil der Begründung, II. (S. 22).

835 Vgl. die §§ 766 Satz 2 (Bürgschaft), 780 Satz 2 (Schuldversprechen) u. 781 Satz 2 (Schuldanerkenntnis) BGB-E. Der Entwurf bezweifelt zwar nicht die Warnfunktion einer digitalen Signatur, zeigt sich aber aus den schon im 5. Kapitel, II.2.d) (S. 71), angesprochenen Erwägungen skeptisch, ob die Reichweite einer durch "Mausklick" abgegebenen Erklärung im Bewußtsein der Menschen genauso verankert ist wie die eigenhändig signierte Erklärung. Die elektronische Form wird für diese Schuldverhältnisse daher noch zurückgestellt, vgl. RegE, Erläuterung zu §§ 766, 780, 781 (S. 44).

836 Dies wird durch die Gesetzesformulierung deutlich: "Soll die gesetzlich vorgeschriebene Form durch die elektronische Form ersetzt werden,...", vgl. § 126a Abs. 1 BGB-E.

837 Dazu gehören: Abschlußfunktion, Perpetuierungsfunktion, Identitätsfunktion, Echtheitsfunktion, Verifikationsfunktion, Beweisfunktion, Warnfunktion u. Kontrollfunktion, vgl. ausführlich RegE, Erläuterung zu § 126a Absatz 1 (S. 29 ff.).

838 BGBl. I, 1872. Da das dem SigG zugrunde liegende technische Verfahren auf der Public-Key-Verschlüsselung beruht (vgl. § 2 Abs. 1 SigG), kann insoweit auf die obigen Ausführungen (5. Kapitel, II.2.d) [S. 72]) verwiesen werden.

Um die Rechtssicherheit und Verkehrsfähigkeit der digitalen Signatur nicht zu beeinträchtigen, soll der Empfänger einer Willenserklärung in elektronischer Form in zweifacher Hinsicht geschützt werden. Zum einen sollen die von der Rechtsprechung und der Literatur entwickelten Grundsätze zur Anfechtung und zum Ersatz des Vertrauensschadens auch für elektronische Willenserklärungen gelten. Der Empfänger kann also bei Willensmängeln vom Signaturschlüssel-Inhaber Schadensersatz verlangen, wenn Dritte mit der Chipkarte des Signaturschlüssel-Inhabers unbefugt seinem Willen nicht entsprechende Erklärungen abgeben[839]. Zum anderen werden durch die Einfügung eines neuen § 292a ZPO die von der Lehre und Rechtsprechung entwickelten Grundsätze zum Beweis des ersten Anscheins positivrechtlich kodifiziert[840]. Dem Empfänger wird damit die Beweisführung im Prozeß wesentlich erleichtert. Denn künftig kann er den Beweis, daß die Erklärung vom Signaturschlüssel-Inhaber herrührt, schon durch eine Überprüfung der Signatur nach dem Signaturgesetz erbringen. Der Gegegenbeweis bleibt zwar weiterhin möglich, ist aber erschwert.
Diese Rechtswirkungen der elektronischen Signatur decken sich mit § 5 Abs. 1 der Europäischen Signaturrichtlinie vom 13.12.1999[841], wonach elektronische Signaturen die gleichen rechtlichen Anforderungen an eine Unterschrift erfüllen wie handschriftliche Unterschriften auf Papier und ferner im Gerichtsverfahren als Beweismittel zugelassen sind. Zwecks Umsetzung der Europäischen Signaturrichtlinie soll das deutsche Signaturgesetz noch in der laufenden Legislaturperiode reformiert werden[842]. Da die schriftliche Bevollmächtigung der Depotbank nach dem NaStraG-Entwurf entfallen soll, wird sich der Anwendungsbereich der elektronischen Form auf die Bevollmächtigung eines Privaten nach § 134 Abs. 3 AktG konzentrieren. Denkbar ist dann nicht nur, daß der Bevollmächtigte sich durch eine elektronisch signierte Vollmacht Zutritt zur Hauptversammlung verschafft, sondern auch, daß er noch bzw. erst kurz vor der Abstimmung eine digital signierte E-Mail-Weisung des Aktionärs erhält. Voraussetzung dafür ist allerdings die elektronische Verbindung des Bevollmächtigten mit dem Aktionär[843].

c) Änderung des Aktiengesetzes

Der Gesetzesentwurf sieht auch die Änderungen des AktG vor, unter anderem der §§ 121, 122 AktG[844]. Nach § 121 Abs. 4 Satz 1 AktG kann die Einberufung

---

839 RegE, Allgemeiner Teil der Begründung, II. (S. 23 f.).

840 RegE, Art. 2 Nr. 4. Die Ausweitung der ZPO für elektronische Verfahren ist seit einiger Zeit unverkennbar. Mit einem am 19.7.2000 veröffentlichten Beschluß (FAZ v. 20.7.2000, S. 17) erst hat der *Gemeinsame Senat der obersten Gerichtshöfe des Bundes* entschieden, daß eine Berufung auch durch Computerfax mit eingescannter Unterschrift eingelegt werden könne (Az. GmS-OGB 1/98).

841 ABl. EG Nr. L 13, S. 12; in Kraft getreten am 19.1.2000.

842 Dazu u. 10. Kapitel, II.3. (S. 143).

843 Eine entsprechende technische Anbindung könnte in der Präsenzzone zur Verfügung gestellt werden.

844 RegE, Art. 27 Nr. 2 u. 3.

statt durch Bekanntgabe in den Gesellschaftsblättern auch durch eingeschriebenen Brief erfolgen. Der Absatz ist erst 1994 durch das Gesetz für kleine Aktiengesellschaften und zur Deregulierung des Aktienrechts[845] eingeführt worden und bezweckt den Abbau von Versammlungsförmlichkeiten. In der Praxis wird sie eher bei kleinen Aktiengesellschaften angewandt[846]. Nach dem Willen des Entwurfes soll die Regelung weiter dereguliert werden, indem die Einberufung vollständig satzungsdispositiv gestellt wird[847]. In Zukunft kann die Hauptversammlung also auch telefonisch oder elektronisch einberufen werden. Der Abbau von unnötigen Förmlichkeiten ist grundsätzlich zu begrüßen. Fraglich ist, ob die Änderung nicht auch Publikums-AGs mit Namensaktien die elektronische Einberufung ermöglicht, § 121 Abs. 3 AktG also gar nicht mehr zur Anwendung kommt. § 121 Abs. 4 Satz 1 AktG trifft seinem Wortlaut nach nicht zwingend nur auf kleine Aktiengesellschaften zu, sondern verlangt lediglich, daß dem Vorstand Namen und Anschrift der Aktionäre bekannt sind. Das ist aber bei Gesellschaften mit Namensaktionären wegen § 67 Abs. 1 und 2 AktG immer der Fall[848]. Eine Publikums-AG mit Namensaktionären könnte also (nach entsprechender Satzungsänderung) mit Hinweis auf § 121 Abs. 4 Satz 1 AktG-E die Einberufung der Hauptversammlung nur noch elektronisch (z.B. auf der Homepage der Gesellschaft) bekannt machen.
Im Zweifelsfall wird eine teleologische Reduktion der Vorschrift zu dem Ergebnis führen, daß § 121 Abs. 3 AktG für Publikumsgesellschaften mit Namensaktionären unanwendbar bleibt. § 121 Abs. 4 AktG ist eben nur auf kleine Aktiengesellschaften zugeschnitten. Gleichwohl stellt sich die Frage, ob die Praxis, elektronisch zu publizieren, für Publikumsgesellschaften nicht dennoch akzeptabel wäre. Dem Normzweck des § 121 AktG, der darin besteht, die Rechte der Aktionäre zu wahren und sie zur Teilnahme am Gesellschaftsleben zu animieren[849], wäre auch durch elektronische Einberufung genüge getan. Der Aktionär wird umfassend über die Einberufung informiert. Man wird kaum einwenden können, daß die noch spärliche Verbreitung von Internetverbindungen in Privathaushalten der Unterrichtung entgegensteht, da es auf die tatsächliche Kenntnisnahme des Aktionärs nicht ankommt, sondern nur, daß er die Möglichkeit dazu hat. Öffentliche Stellen, die den Zugang anbieten[850], bieten diese Möglichkeit.
Gegen die alleinige elektronische Einberufung spricht auch nicht, daß die Einberufung Fristen in Gang setzt[851], deren Einhaltung nicht nachvollziehbar ist, wenn der Tag der Einberufung nicht von dritter Seite zweifelsfrei festgehalten wird. Eine unternehmenseigene Homepage ist zwar nachträglich jederzeit ma-

845 Gesetz v. 2.8.1994 (BGBl. I, 1961).

846 RegE, Erläuterung zu § 121 Abs. 4 Satz 1 AktG (S. 64).

847 Auch die Einberufung durch eingeschriebenen Brief hält der Entwurf als eine im Einzelfall hinderliche Förmlichkeit, vgl. Erläuterung zu § 121 Abs. 4 Satz 1 AtkG (S. 63).

848 Vgl. *Hüffer*, § 121 Rz. 11b.

849 Vgl. *Werner*, in: Großkommentar AktG, § 121 Rz. 2.

850 Sog. Internet-Cafés, zum Teil auch Bibliotheken.

851 Z.B. §§ 123 Abs. 1, 125 Abs. 1 Satz 1, 126 Abs. 1 AktG.

nipulierbar und für Beweiszwecke kaum geeignet. Wie bereits weiter oben dargelegt[852], könnte aber der Eintritt der für § 121 Abs. 3 AktG maßgeblichen Rechtfolgen von der Veröffentlichung auf der Internet-Seite einer dritten, staatlich kontrollierten Stelle abhängen. Daß das NaStraG bei der Reform des § 25 AktG darauf verzichtet hat, von der Pflicht abzurücken, Bekanntmachungen der Gesellschaft im Bundesanzeiger zu veröffentlichen, überzeugt jedenfalls nicht.

§ 122 Abs. 1 Satz 2 AktG soll neu gefasst werden, sieht aber eigentlich nur die Einfügung der Wörter "an eine andere Form" nach den Wörtern "zu verlangen," vor[853]. Da die Befugnis, die Einberufung zu verlangen, die Schriftform nach § 126 BGB voraussetzt[854], ist eine schnelle Reaktion der Minderheitsaktionäre erschwert. Der Entwurf will dies ändern und Meinungsbündelung, Antrag und Legitimation der Aktionäre künftig auch über moderne Foren durch eine "vollständig nach unten dispositiv gestellte" Bestimmung eröffnen[855]. Der Vorschlag ist durchweg zu begrüßen.

d) Bewertung

Das Gesetz zur Anpassung der Formvorschriften des Privatrechts an den modernen Rechtsgeschäftsverkehr setzt den Trend, die gesetzlichen Vorschriften den Erfordernissen der Informations- und Kommunikationstechnologie anzupassen, fort. Wie das NaStraG zielt der Gesetzesentwurf auf eine begrüßenswerte Liberalisierung enger, meist entbehrlicher Formalien. Wenngleich § 121 Abs. 4 Satz 1 AktG-E künftig dem Wortlaut nach auch auf große Publikumsgesellschaften mit Namensaktien Anwendung findet, ist die praktische Durchführung angesichts der Zielrichtung des Gesetzes unwahrscheinlich. Die Förderung schneller elektronischer Kommunikationsmöglichkeiten zwischen Minderheitsaktionären durch Änderung des § 122 Abs. 1 Satz 2 AktG ist ebenfalls ein begrüßenswerter Schritt in Richtung ausgeglichene Unternehmskultur.

10. Kapitel: Moderne Hauptversammlungsmodelle

Der Einsatz neuer Medien in den Hauptversammlungen deutscher Aktiengesellschaften wird in den engen Grenzen des Aktiengesetzes bereits seit zwei Jahren geprobt. Die ProSieben Media AG, Deutsche Bank AG, Deutsche Telekom AG, RWE AG, DaimlerChrysler AG, Commerzbank AG sind nur einige der Unternehmen, die seit 1998 Teile ihrer Hauptversammlungen live ins In-

---

852 Vgl. o. II.1.a) (S. 109 f.).

853 RegE, Art. 27 Nr. 3.

854 Vgl. KK-*Zöllner*, § 122 Rz. 15; *Werner*, in: Großkommentar AktG, § 122 Rz. 14; *Hüffer*, § 122 Rz. 4.

855 RegE, Erläuterung zu § 122 Abs. 1 Satz 2 AktG (S. 63).

ternet übertragen[856]. Vor- und nachbereitende Veranstaltungen wie Analysten- oder (Bilanz-)Pressekonferenzen werden ebenfalls elektronisch übertragen, ohne daß die Beschränkungen des Aktiengesetzes unmittelbare Auswirkungen hätten[857]. In der wissenschaftlichen Diskussion ist diese Entwicklung mit unterschiedlichen Beiträgen vor- bzw. nachbereitet worden. Hierauf ist einzugehen. Die Terminologie ist nicht immer einheitlich, in der Regel wird aber zwischen Tele-Hauptversammlung, Online-Hauptversammlung und virtueller oder Cyber-Hauptversammlung unterschieden.

I. Tele-Hauptversammlung

Die Tele-Hauptversammlung ist eine Variante des Verfahrens, das schon heute bei einigen Hauptversammlungen praktiziert wird[858]. Bei überdurchschnittlich gut besuchten Hauptversammlungen wird am selben Ort auf zusätzlich angemietete Säle, notfalls auf Zelte ausgewichen[859]. In diese Räumlichkeiten, die als Präsenzzone gelten, werden die Redebeiträge im Hauptsaal durch entsprechendes audio-visuelles Gerät übertragen. Dieses Verfahren ist unbestritten zulässig, da es sich um eine Veranstaltung an nur einem Ort handelt[860]. Bei der Tele-Hauptversammlung befinden sich die Versammlungsräume nicht mehr am selben, sondern an mehreren Orten. Ferner kann danach unterschieden werden, ob die Versammlungsräume gänzlich dezentralisiert sind oder ob der Versammlungsraum mit Verwaltung, Notar und einem Teil der Aktionäre als Hauptraum dient, wohingegen alle weiteren nur zugeschaltete Satellitenräume sind[861]. In beiden Fällen dürfe die Logistik kaum problematisch sein. In allen Räumen finden Einlaßkontrollen statt, die Bereitstellung von Leinwänden und Kameras sichert die Wahrnehmung der Vorgänge in den anderen Versammlungsräumen und die Möglichkeit, sich durch Redebeiträge und Fragen aktiv zu beteiligen. Abstimmungen werden in jedem Raum separat durchgeführt und das Ergebnis gesammelt an die zur Auszählung bestimmte Stelle übermittelt. Das Verfahren vermeidet die Überwindung größerer Distanzen, was für alle Beteiligten Zeit und Kosten spart.

---

856 Hierbei handelt es sich meist um die Rede des Vorstandsvorsitzenden. Für eine Auswahl aus den entsprechenden Presseberichten vgl. HB v. 1.4.1998, S. 19 (Commerzbank), HB v. 5./6.6.1998, S. 20 (Telekom), FR v. 22.5.1998 (Deutsche Bank), Pressemitteilung v. 21.11.1997 (ProSieben), Börsen Zeitung v. 18.9.1998 (Daimler Benz).

857 Vgl. Börsen Zeitung v. 31.10.1998; Für eine Liste aller Veranstaltungen der DaimlerChrysler AG, die im Internet zum Abruf bereit stehen, siehe <http://daimlerchrysler.com/investor/archives/av_1_g.htm>.

858 Z.B. bei der Deutschen Telekom AG, der Commerzbank AG oder der DaimlerChrysler AG.

859 Diese Möglichkeit muß bei der Vorbereitung berücksichtigt werden, vgl. o. 7. Kapitel, I.3. (S. 91).

860 Vgl. nur *Schaaf*, Rz. 913; *Volhard*, in: Semler/Volhard, Rz. I H 94.

861 *Riegger/Mutter*, ZIP 1998 637, 639; *Noack*, Entwicklungen im Aktienrecht 1999/2000, S. 38 f.; *Zätzsch/Gröning*, NZG 2000, 393, 395.

Die juristische Hürde, die die Tele-Hauptversammlung zu nehmen hat, wird im allgemeinen darin gesehen, daß das Aktiengesetz von einer physischen Versammlung aller Aktionäre an einem Ort ausgeht. Mehrere Argumente werden für diese Auffassung angeführt. Zum einen wird sie aus den Auslegungspflichten nach § 129 Abs. 4 AktG, § 69 Abs. 1 UmwG, der Anwesenheitspflicht der Verwaltungsmitglieder nach § 118 Abs. 2 AktG sowie insbesondere aus § 121 Abs. 5 Satz 1 AktG gefolgert, wonach die Hauptversammlung grundsätzlich am Sitz und also an einem einzigen Ort stattfindet[862]. Ferner wird sie mit dem sich aus dem Teilnahmerecht der Aktionäre ergebenden Anwesenheits- und Rederecht begründet, das die körperliche Präsenz aller Berechtigten voraussetzt[863] und schließlich auf § 121 Abs. 3 Satz 2 AktG gestützt, in dem vom "Ort der Hauptversammlung" die Rede ist[864]. Damit stehe für die Tele-Hauptversammlung, die notwendigerweise von Veranstaltungen an verschiedenen Orten ausgeht, fest, daß sie mit geltendem Aktienrecht unvereinbar sei[865].
Ob das Aktiengesetz dieses apodiktisch scheinende Ergebnis tatsächlich uneingeschränkt trägt, muß allerdings bezweifelt werden. Weder § 118 noch § 121 AktG bestimmen ausdrücklich die physische Versammlung der Aktionäre an nur einem Ort. Da das Gesetz insoweit mehrdeutig ist, muß es ausgelegt werden. Entgegen *Noack*[866] bietet hierfür die klassische Methodenlehre das richtige Instrumentarium.

1. Zulässigkeit

Soweit in § 118 Abs. 1 AktG von der Rechtsausübung "in der Hauptversammlung" gesprochen wird, ist aus dem allgemeinen Sprachverständnis heraus die Reichweite des Begriffs der Versammlung zu ermitteln. "Sich versammeln" bedeutet, sich an einen bestimmten Ort begeben, um dort für einige Zeit mit anderen zusammen zu sein[867]. Neben einer inneren Bindung kommt es für die Versammlung also auf physisches Zusammentreten an. Diese Auslegung

---

862 *Riegger/Mutter*, ZIP 1998, 637, 639 f.; *Schaaf*, Rz. 917 f.

863 *Bärwaldt*, in: Semler/Volhard, Rz. I C 5; *Hüffer*, § 118 Rz. 12.

864 *Zätzsch/Gröning*, NZG 2000, 393, 395; *Noack*, BB 1998, 2533, 2534; *ders.*, ZGR 1998, 592, 600. Widersprüchlich hierzu allerdings *Noacks* Feststellung, daß "aus der Redeweise in § 121 III 2 AktG, es sei in der Einberufung der 'Ort der Hauptversammlung' anzugeben, nichts Gegenteiliges gefolgt werden (kann)", Entwicklungen im Aktienrecht 1999/2000, S. 39.

865 So *Riegger/Mutter*, ZIP 1998, 637, 640; *Zätzsch/Gröning*, NZG 2000, 393, 395 f.; *Bärwaldt*, in: Semler/Volhard, Rz. I C 5, der aber das Verfahren bei Universalversammlungen, bei denen einstimmig auf die Einhaltung von Formvorschriften verzichtet wird, sowie bei Hauptversammlungen nichtbörsennotierter Aktiengesellschaften gleichwohl für zulässig hält.

866 BB 1998, 2533, 2535 li.Sp.; gleichwohl begründet *Noack* sein Ergebnis im selben Beitrag mit dem "Zweck der Versammlung", ein – wie mir scheint – typisches Werkzeug juristischer Hermeneutik.

867 Duden, Band 10 (Bedeutungswörterbuch), 2. Auflage, Mannheim, Leipzig, Wien, Zürich 1985.

herrscht auch im Verfassungs- und öffentlichen Versammlungsrecht vor. Hiernach wird die zufällige Ansammlung[868] von Personen zur Versammlung, wenn sich eine innere Verbindung einstellt[869]. Sie ist Zusammenkunft mehrerer Menschen zu gemeinsamen Zweck[870]. Die Zusammenkunft soll nach § 121 Abs. 5 Satz 1 AktG "am Sitz der Gesellschaft stattfinden". Dieser Wortlaut allein läßt die Auslegung, es handele sich nur um einen Ort, nicht zu. Entscheidend hierfür ist die Bedeutung, die das Gesetz dem Begriff "Sitz" beimißt. § 5 Abs. 2 AktG bestimmt als Sitz regelmäßig den Ort, also nur den einen Ort, an dem sich Betrieb, Geschäftsleitung oder Verwaltung befindet. Sind die Aktien des Unternehmens börsennotiert, kann nach § 121 Abs. 5 Satz 2 AktG auch der Börsensitz Ort der Hauptversammlung sein. Die Verwendung des Singulars in dieser Regelung läßt auch nur einen Ort der Zusammenkunft zu. Der Wortlaut der §§ 118 Abs. 1, 121 Abs. 5 Satz 1 AktG und der systematische Zusammenhang dieser Vorschriften zueinander sowie zu § 5 Abs. 2 AktG läßt daher zunächst nur die Auslegung zu, daß das Aktiengesetz bei der Hauptversammlung von einer physischen Zusammenkunft an einem einzelnen Ort ausgeht.

Fraglich ist, ob sich dieses Ergebnis mit der historischen Regelungsabsicht des Gesetzgebers deckt. Nicht selten wird mit dem Hinweis auf die sachliche Verknüpfung von Regelungen eine größere Systematik in das Gesetz hineingelesen, als sie tatsächlich vorhanden ist[871]. Hilfreich kann daher ein Blick in die Gesetzesmaterialien sein, um herauszufinden, welchen Zweck der Gesetzgeber im historischen, politischen und sozialen Kontext mit der entsprechenden Regelung verfolgte. §§ 118 Abs. 1, 121 Abs. 3 und 5[872] AktG sind bei der Neufassung 1965 nahezu unverändert aus dem geltenden Recht übernommen worden[873]. Damit steht fest, daß der Gesetzgeber von 1965 die Vorschriften der §§ 102 Abs. 1, 105 Abs. 2 Satz 1 und Abs. 3 AktG 1937 in ihrem jeweiligen Beziehungsgehalt zueinander perpetuieren wollte. Allein die Tatsache, daß mangelnde technische Möglichkeiten dem Gesetzgeber von 1937 gar nicht erst den Anlaß gaben, über eine andere als physische Versammlung an einem Ort nachzudenken, spricht für den historischen gesetzgeberischen Willen, den Aktionären ein Forum zu verschaffen, in dem diese durch körperliche Präsenz ihre Teilnahmerechte in Angelegenheiten der Gesellschaft wahr-

---

868 Unter einer "Ansammlung" wird das Zusammenfinden einer größeren Anzahl von Personen verstanden, vgl. *Göhler*, OwiG, § 113 Rz. 4.

869 *Jarass*, in: Jarass/Pieroth, GG, Art. 8 Rz. 2; *Pieroth/Schlink*, Rz. 777.

870 *Schenke*, in: Steiner, Bes. VerwR, II. Kapitel: Polizei- u. OrdnungsR, Rz. 135. Der gemeinsame Zweck im Sinne des Versammlungsrechts ist freilich stets auf Meinungsäußerung gerichtet.

871 *Larenz*, S. 344.

872 Der heutige Abs. 5 entspricht § 121 Abs. 4 AktG 1965; vgl. o. Fußn. 845.

873 *Kropff*, AktG, Begründung RegE zu § 118 (S. 164) u. § 121 (S. 169).

nehmen konnten[874]. Das durch die Wortlautauslegung gefundenen Ergebnis wird also von der historisch-teleologischen Interpretation gestützt.

Kennzeichnend für jede historischen Auslegung ist ihr subjektivierter Ansatz. Sie bewegt sich allein im historischen Kontext und sucht den Willen des Gesetzgebers, nicht aber den des Gesetzes selbst zu erforschen[875]. Sie bleibt daher beim Entstehungsakt des Gesetzes stehen und berücksichtigt nicht, daß sich der Sinn des Gesetzes wandeln kann[876]. Eine objektiv-teleologische Auslegung sucht nach gesetzesimmanenten Gerechtigkeits- und Ordnungsvorstellungen, die der Gesetzgeber vernünftigerweise berücksichtigt, auch wenn ihm der entsprechende Bedeutungsgehalt des Gesetzes nicht immer bewußt gewesen ist[877]. "Die objektive Auslegung greift zurück auf die Vernunft des Gesetzes, also auf den inneren Sachzusammenhang, das innere sachliche Ziel des Gesetzes"[878]. Vor diesem Hintergrund kann kaum zweifelhaft sein, daß das Aktiengesetz nicht die körperliche Versammlung der Aktionäre an einem fixierten Ort bezweckt, sondern in erster Linie, ein Forum zu schaffen, in dem sie ihre mitgliedschaftlichen Teilnahmerechte ordnungsgemäß ausüben können[879]. 1965 war dies nur durch physische Präsenz vor Ort möglich. Der technologische Wandel eröffnet heute jedoch alternative Foren, die so lange nicht mit dem Gesetzeszweck unvereinbar sind, als gewährleistet ist, daß sie den Aktionären die Ausübung ihres Rede-, Auskunfts-, Stimm- und gegebenenfalls Widerspruchsrechts ermöglichen. Geeignete technische Vorrichtungen in den Versammlungsräumen, durch die Ton und Bild in alle anderen Räume transportiert werden sowie ein Abstimmungssystem, das Stimmen sammelt und zur Auszählung weiterleitet, dürften diesem Anspruch daher genügen. Daß eine offene Aussprache notwendigerweise voraussetzt, "sich die Dinge ins Gesicht zu sagen"[880], ist dem Gesetz dagegen kaum zu entnehmen, sondern nur, daß jeder die Möglichkeit zur Aussprache hat[881].

---

874 *Schmidt/Meyer-Landrut*, in: Großkommentar AktG 1937, §§ 102 Anm. 2, 105 Anm. 10, spricht denn auch von der Hauptversammlung, in der die Aktionäre "zusammentreten", von "Anwesenheit aller Aktionäre" auf der Hauptversammlung, die an "einem" durch die Satzung bestimmten Ort stattzufinden hat.

875 *Engisch*, S. 97 u. Fußn. 82d); *Coing*, S. 270; *Larenz*, S. 328 f.; für diese Praxis wohl auch der *BGH*, BGHZ 49, 221, 223, der insofern jedoch auch den objektivierten Willen des Gesetzgebers für maßgeblich hält.

876 *Zippelius*, S. 58 f.

877 *Larenz*, S. 433.

878 *Coing*, S. 270.

879 *Hüffer*, § 118 Rz. 1, spricht von "Mediatisierung der Einflußmöglichkeiten"; für ein zweckorientiertes Verständnis des § 121 Abs. 3 Satz 2 AktG auch *Spindler*, ZGR 2000, 420, 433.

880 *Zätzsch/Gröning*, NZG 2000, 393, 396.

881 Für *Noack*, BB 1998, 2533, 2535, besteht der Zweck der Versammlung, mit Auge u. Ohr dabeizusein. Der Katalog sollte noch um "Sprache" erweitert werden.

Soweit sich die Vereinbarkeit der Tele-Hauptversammlung mit dem geltenden Recht erst aufgrund einer objektiv-teleologischen Auslegung ergibt, könnte freilich zweifelhaft sein, ob diese Form der Auslegung überhaupt zur Anwendung kommt. Die juristische Methodenlehre formuliert zwar Auslegungstheorien, kennt aber keine "Meta-Regel"[882] der Auslegung selbst. Folgt man daher der Ansicht, daß die einzelnen Theorien in einem festen Stufenverhältnis zueinander stehen, bleibt die nachfolgende Auslegungstheorie unbeachtet, wenn die näherliegende bereits zu einem eindeutigen Ergebnis führte. Die Vertreter dieser Stufentheorie führen verschiedene Gründe für ihre Auffassung an. Nach *Bydlinski*[883] gebieten es "ökonomische Prinzipien", stets die einfachere vor der schwierigeren Methode zu versuchen. *Alexy*[884], *Koch/Rüßmann*[885] und *Hassold*[886] begründen die Stufentheorie mit dem Vorrang der Gesetzesbindung. Danach steht zwar der Normzweck beherrschend im Vordergrund; dieser wird aber durch Wortlaut und Willen des historischen Gesetzgebers begrenzt[887]. Eine andere Auslegung will *Alexy* nur gelten lassen, wenn sie sich im juristischen Diskurs durch vernünftige Gründe rechtfertigen läßt[888]. Hiernach kommt es auf den objektiv-teleologischen Zweck des Gesetzes nicht mehr an, da Wortlaut und historische Auslegung die Hauptversammlung als körperliche, örtliche fixierte Versammlung verstehen. Die Tele-Hauptversammlung wäre für die Anhänger der Stufentheorie daher unzulässig.
Demgegenüber sind für *Hassemer* die Auslegungsregeln lediglich Angebote, das gewünschte Ergebnis zu legitimieren. Eine Stufenfolge sei theoretisch nicht einleuchtend und würde praktisch kaum beachtet[889]. Ähnlich argumentiert *Larenz*, der kein festes Rangverhältnis erkennen kann. Für ihn "hängt das jeweilige Gewicht der verschiedenen Kriterien nicht zuletzt davon ab, was sie im einzelnen Fall hergeben"[890]. Er führt, wie auch *Coing*, aus, daß die Methoden sich nicht gegenseitig ausschließen, sondern unterstützen sollten[891]. Nach dieser Gegenauffassung bleibt es vertretbar, auch nach dem objektiven Zweck der §§ 118, 121 AktG zu fragen.
Der ersten Auffassung kommt das Verdienst zu, sich um eine gewisse Methodik der juristischen Hermeneutik zu bemühen. Sie kann gleichwohl nicht überzeugen, da sie den Auslegenden allzu sehr in das Korsett sturer Begrifflich-

---

882 *Hassemer*, ARSP 1986, 195, 204.

883 *Bydlinski*, S. 556 f.

884 *Alexy*, S. 305.

885 *Koch/Rüßmann*, S. 182

886 *Hassold*, FS für Larenz, S. 231 ff.

887 In diesem Sinne wohl auch *BGHZ* 49, 221, 223.

888 *Alexy*, S. 305.

889 *Hassemer*, ARSP 1986, 195, 204; ebenso *Coing*, S. 271.

890 *Larenz*, S. 345.

891 *Larenz*, S. 345; *Coing*, S. 272. Gegen eine feste Rangordnung sprechen sich ferner *Engisch*, S. 96 f., u. *Zippelius*, S. 57 ff., aus. Es komme vor allem darauf an, den Zweck des Gesetzes zu ermiteln (*Zippelius*) u. sich hierzu für eine bestimmte Auslegungstheorie zu entscheiden (*Engisch*).

keiten zwängt. Gesetzessprache ist fast nie eindeutig und jeder Versuch, sie auszulegen, ist Wertung. Das Dilemma der "Wertungsjurisprudenz" ist jedoch, daß die Bewertung der im Gesetz genannten unbestimmten Begriffe Informationen erfordert, die dem Gesetz selbst gerade nicht zu entnehmen sind[892]. Nicht viel anders ergeht es dem Gesetzesanwender, wenn er sich hilfesuchend in der Methodenlehre umsieht. Ohne genaue Regel, die bestimmt, wann welches Auslegungsverfahren zur Anwendung kommt, fehlt gerade jene Grundlage, die der Auslegende für seine Arbeit braucht. Dann aber kann es auch keinen bindenden Methodenkanon geben. Auslegungsregeln sind daher – mit *Hassemer* – nur "Mittel der Darstellung, nicht der Herstellung der Gesetzesauslegung"[893].

2. Teilnehmerverzeichnis

Nach der grundsätzlichen Legitimierung der Tele-Hauptversammlung erfordert die Einhaltung des § 129 Abs. 4 AktG einen geringeren Begründungsaufwand. Hiernach ist das Teilnehmerverzeichnis vor der ersten Abstimmung zur Einsicht für alle Teilnehmer auszulegen. Nach gängiger Praxis werden bei gut besuchten Hauptversammlungen großer Publikumsgesellschaften in jedem Versammlungsraum Teilnehmerverzeichnisse, die meist mit Hilfe von EDV-Systemen erstellt werden, ausgelegt[894]. Verzeichnisse können daher grundsätzlich auch in räumlich weit voneinander entfernten Versammlungsräumen ausliegen[895]. Die Unterzeichnung des Verzeichnisses gemäß § 129 Abs. 4 Satz 2 AktG noch während der Hauptversammlung ist damit zwar nicht möglich, doch wird die Frage, zu welchem Zeitpunkt die Unterzeichnung zu erfolgen hat, ohnehin nicht einheitlich beantwortet. Vertreten wird Unterzeichnung noch vor der ersten Abstimmung[896], während der Hauptversammlung[897] und bis zur Einreichung zum Handelsregister[898]. Letztgenannter Auffassung ist zu folgen, da die Vorschrift Kontrollfunktion hat. Der Vorsitzende dokumentiert mit seiner Unterschrift die Ordnungsmäßigkeit des Verzeichnisses. Ihm muß daher zunächst Gelegenheit gegeben werden, die ordnungsmäßige Aufstellung und Führung zu überprüfen. Bereits vor der ersten Abstimmung ist dies nur schwerlich möglich. Künftig wird sich der Streit kaum mehr auf den Einsatz moderner Methoden in der Hauptversammlung auswirken. Der Regierungsentwurf des NaStraG will das Unterschrifterfordernis streichen, da es verzichtbar ist[899].

---

892 *Larenz*, S. 119 f.

893 *Hassemer*, ARSP 1986, 195, 204.

894 *Hüffer*, § 129 Rz. 13; *Schaaf*, Rz. 369.

895 *Noack*, BB 1998, 2535, 2535.

896 *Westrick*, BB 1958, 726; *Henseler*, BB 1962, 1023, 1024; *Eckardt*, in: Geßler/Hefermehl, § 129 Rz. 16; *Steiner*, § 5 Rz. 14; *Schaaf*, Rz. 377.

897 *van Hülsen*, in: Semler/Volhard, Rz. I D 32 (nur Empfehlung!).

898 *v.Godin/Wilhelmi*, § 129 Anm. 5; *v.Falkenhausen*, BB 1966, 337, 341 ff.; KK-*Zöllner*, § 129 Rz. 29; *Werner*, in: Großkommentar AktG, § 129 Rz. 20; *Hüffer*, § 129 Rz. 14.

899 Vgl. o. 9. Kapitel, II.1.b) (S. 113) u. RegE NaStraG zu § 129 Abs. 4 AktG.

3. Notarielle Beurkundung

Die Durchführung einer Tele-Hauptversammlung wirft die Frage auf, ob in jedem Versammlungsraum ein bezirklich zuständiger Notar erforderlich ist oder nur dort, wo sich die Verwaltung befindet[900]. Für die erste Auffassung werden Zweifel an der Authentizität der Übertragung angeführt, die entstehen, wenn sie der Notar nicht vor Ort persönlich überprüft[901]. Für die zweite Auffassung scheint der Wortlaut des § 130 AktG zu sprechen sowie sein Rollenverständnis als unparteiischer Betreuer der Beteiligten, der Beurkundungen grundsätzlich alleine vornimmt[902]. Die Beantwortung der Streitfrage hängt letztlich von Art und Reichweite des notariellen Aufgabenkatalogs ab. Unbestritten gehört zu seinen Aufgaben die Anfertigung einer Niederschrift über bestimmte, gesetzlich genannte Vorgänge in der Hauptversammlung. Dazu zählen insbesondere Hauptversammlungsbeschlüsse jeglicher Art[903] sowie die Aufnahme von Widersprüchen und anderer Vorgänge kraft Sonderverweisung[904]. Streitig ist, ob den Notar darüber hinaus eine allgemeine Prüfungs-, Belehrungs- oder Einwirkungspflicht trifft oder er sonst beratend tätig werden muß. Dies wird zum Teil mit dem Hinweis abgelehnt, daß die aus § 17 BeurkG folgenden Prüfungs- und Belehrungspflichten nur für die Beurkundung von Willenserklärung gelten, nicht aber für sonstige Beurkunden[905]. Dem folgt die überwiegende Ansicht jedoch nur eingeschränkt. Zwar nimmt auch sie mangels Anwendbarkeit des § 17 BeurkG keine allgemeine Prüfungspflicht an, folgert aber aus der Amtsstellung des Notars und dem Regelungszweck der Vorschrift, daß dieser nicht über evidente Rechtsverstöße hinwegsehen darf[906]. Dem ist zuzustimmen, da der Zweck der Vorschrift, Entscheidungen der Gesellschaft verläßlich zu dokumentieren, nicht erreicht wird, wenn der Prozeß der Willensbildung mit wesentlichen Mängeln behaftet ist. Neben den gesetzlichen Angaben des § 130 Abs. 2 AktG hat die Niederschrift daher noch Wahrnehmungen des Notars zu enthalten über die Ordnungsmäßigkeit der Einberufung, die Beachtung von Stimmverboten, das zahlenmäßige und rechtliche Ergebnis der Abstimmungen sowie die Richtigkeit des Teilnehmerverzeichnisses[907]. Die Wahrnehmungen dieser Vorgänge durch den Notars müssen jedoch nicht in personam vor Ort gewonnen werden. Besonders bei großen Hauptversammlungen wird dies ohne stundenlange Unterbrechung auch kaum möglich sein. Zwar

---

900 Letzteres bejahen *Noack*, BB 1998, 2533, 2535 (ohne Begründung) u. wohl auch *Hasselbach/Schu-macher*, ZGR 2000, 258, 274 f.

901 *Riegger/Mutter*, ZIP 1998, 637, 640.

902 § 14 BNotO, §§ 6 ff., 36 ff. BeurkG.

903 Also nicht nur Sachbeschlüsse, vgl. § 130 Abs. 1 Satz 1 AktG: "Jeder Beschluß...".

904 §§ 245 Ziff. 1; 50 Satz 1, 93 Abs. 4 Satz 3, 116; 131 Abs. 5; 302 Abs. 3 Satz 3, 309 Abs. 3 Satz 1, 310 Abs. 4, 317 Abs. 4, 318 Abs. 4, 323 Abs. 1 Satz 2 AktG.

905 *Eckardt*, in: Geßler/Hefermehl, § 130 Rz. 56.

906 *v.Godin/Wilhelmi*, § 130 Anm. 5; KK-*Zöllner*, § 130 Rz. 64 f.; *Werner*, in: Großkommentar AktG, § 130 Rz. 96 f.; *Wilhelmi*, BB 1987, 1331, 1335; *Schaaf*, Rz. 47; *Steiner*, § 21 Rz. 17; *Hüffer*, § 130 Rz. 12; *Semler*, in: MünchHdb AG, § 40 Rz. 6.

907 *Steiner*, § 21 Rz. 17.

darf er sich zur Feststellung der Richtigkeit der Zählung nicht allein auf die Hinweise des Versammlungsleiters verlassen, sondern muß sich durch stichprobenartige Überprüfung des zur Auszählung eingesetzten EDV-System vor und während der Hauptversammlung selbst von der Richtigkeit der Zählung überzeugen[908]. Das schließt eine akribische Überprüfung der Einzelheiten aber nicht ein; vielmehr darf er auf die von den Zählern gelieferten Daten vertrauen und zur Prüfung des Abstimmungsergebnisses Hilfspersonen einsetzen[909]. Es kann folglich nicht darauf ankommen, daß sich in jedem Versammlungsraum ein Notar aufhält. Vielmehr muß nur gewährleistet sein, daß Personen oder technische Einrichtungen vorhanden sind, die ihm bei der Wahrnehmung beurkundungsrelevanter Vorgänge unterstützen. Dies können Hilfspersonen an den Versammlungsorten, Kameras oder sonstige Überwachungssoftware sein, die eine audio-visuelle Kontrolle ermöglichen.

4. Hauptversammlung mit Auslandsbezug

Die zunehmende Internationalisierung der Anlegerstruktur führt zu der Überlegung, das Verfahren der Tele-Hauptversammlung auch im Verhältnis zu ausländischen Aktionären anzuwenden. Allzu häufig wird beklagt, daß ausländische Aktionäre mangels Anwendbarkeit des § 125 Abs. 1 AktG kaum in die Entscheidungsfindung inländischer Aktiengesellschaften eingebunden sind[910], ein Zustand, der zumindest in einer zusammenwachsenden Europäischen Union nur Verwunderung hervorrufen kann. Denkbar ist daher, mehrere Satellitenräume entweder im Ausland einzurichten oder – umgekehrt – einige Satellitenräume im Inland bereitzustellen und die zentrale Hauptversammlung ins Ausland zu verlagern. Kollisionsrechtliche Schwierigkeiten stellen sich dabei nicht, da aufgrund des deutschen Gesellschaftsstatuts für beide Fälle deutsches Aktienrecht anwendbar ist[911]. Die erste Variante unterscheidet sich daher nicht von der Hauptversammlung mit mehreren Versammlungsräumen im Inland. Dies gilt nicht ohne weiteres für die zweite Variante. Die Frage, ob Hauptversammlungen deutscher Aktiengesellschaften auch im Ausland zulässig sind, ist im Gesetz nicht geregelt und wird daher unterschiedlich beantwortet. Die wohl überwiegende Ansicht verneint die Zulässigkeit und verlangt, daß die Hauptversammlung im Inland stattfinde[912]. Begründet wird dies einerseits mit dem Schutz der Aktionäre vor langen Anfahrtswegen, die die Teilnahme unzulässig erschwerten sowie andererseits damit, daß Notare keine

---

908 *Wilhelmi*, BB 1987, 1331, 1334; *Schaaf*, Rz. 851.

909 *Wilhelmi*, BB 1987, 1331, 1335 f.; *Schaaf*, Rz. 851.

910 *Noack*, ZGR 1998, 592, 596 f.; *Baums*, Arbeitspapier für die "Conference on Comparative Corporate Governance" des Max-Planck-Institut für Ausländisches u. Internationales Privatrecht vom 15.-17.5.1997 in Hamburg, S. 2.

911 Art. 11 Abs. 1 Alt. 1 EGBGB; vgl. auch *Bungert*, AG 1995, 26, 29.

912 *v.Godin/Wilhelmi*, § 121 Anm. 10; KK-*Zöllner*, § 121 Rz. 34; *Werner*, in: Großkommentar AktG, § 121 Rz. 48; *Volhard*, in: Semler/Volhard, Rz. I H 17; *Wilhelmi*, BB 1987, 1331; *Henn*, § 21 Rz. 769; *Schaaf*, Rz. 113; *OLG Hamburg*, OLGZ 1994, 42, 43; *OLG Hamm*, OLGZ 1974, 149.

Auslandsbeurkundungen vornehmen könnten und der Einsatz ausländischer Notare mangels erforderlicher Kenntnisse des deutschen Rechts nicht in Betracht komme[913]. Die Gegenansicht[914] beruft sich auf den Wortlaut des Gesetzes, wonach primär die Satzung den Versammlungsort bestimmt[915]. Die Schutzbedürftigkeit der Aktionäre sei dort nicht gegeben, wo die Veranstaltung der Hauptversammlung im Ausland bei Aktienerwerb voraussehbar war. Im übrigen seien auch innerhalb Deutschlands zum Teil erhebliche Distanzen zu überwinden, ein benachbarter Ort im Ausland daher unter Umständen viel leichter erreichbar[916]. In formeller Hinsicht ändere das Erfordernis notarieller Beurkundung nichts an der Zulässigkeit, da nach Art. 11 Abs. 1 Alt. 1 EGBGB zur Einhaltung der Formvorschriften die Beachtung des Wirkungsstatuts genüge[917]. Das sei dann der Fall, wenn die Niederschrift des ausländischen Notars der eines deutschen Notars funktionell gleichwertig sei[918]. Letztgenannter Auffassung ist zuzustimmen. Funktionelle Gleichwertigkeit ist zumindest für ausländische Notare aus dem lateinischen Rechtskreis anzunehmen und wird nicht dadurch ausgeschlossen, daß den Notar über den Wortlaut des § 130 AktG hinausgehende Prüfungs- und Hinweispflichten treffen. Denn zum einen wird man dem ausländischen Notar bei eingehender Vorbereitung kaum ein entsprechendes Judiz absprechen können. Insbesondere aber können die Beteiligten auf weitergehende Hinweise und Prüfungen wirksam verzichten. Ein Verzicht könnte bereits in der Beauftragung eines ausländischen Notars zu sehen sein[919]. Da sich diese Praxis noch nicht durchgesetzt hat und die Registerrichter zum Teil hohe Anforderungen an die funktionelle Gleichwertigkeit stellen[920], empfiehlt sich gleichwohl die vorherige Anfrage beim Registergericht. Der Auslandshauptversammlung begegnen daher von rechtlicher Seite keine Bedenken. Fraglich ist, ob dies auch für die organisatorische und logistische Durchführung gilt.

Zu denken ist hier zunächst an den Zeitunterschied, der bei weit auseinanderliegenden Versammlungsräumen zu überbrücken wäre. Eine Versammlung in Deutschland mit Satellitenräumen in den USA oder Japan würde in den letztgenannten Ländern die Teilnahme zu ungewöhnlichen Zeiten unumgänglich machen. § 121 Abs. 3 AktG überläßt die Bestimmung der Zeit der Hauptver-

---

913 *OLG Hamburg*, OLGZ 1994, 42, 44 f.; *Schaaf*, Rz. 113a.

914 *Eckardt*, in: Geßler/Hefermehl, § 121 Rz. 42; *Hüffer*, § 121 Rz. 15; *Semler*, in: MünchHdb AG, § 35 Rz. 32; *Steiner*, § 1 Rz. 25; *Schiessl*, DB 1992, 823; *Bungert* AG 1995, 26.

915 § 121 Abs. 5 Satz 1 AktG.

916 *Semler*, in: MünchHdb AG, § 35 Rz. 33, *Schiessl*, DB 1992, 823; *Bungert*, AG 1995, 26, 28.

917 Zur str. Frage, ob nicht bereits die Beachtung der ausländischen Ortsform nach Art. 11 Abs. 1 Alt. 2 EGBGB für gesellschaftsrechtliche Vorgänge genügt vgl. Palandt-*Heldrich*, Art. 11 EGBGB Rz. 13 m. zahlr. w. Nachw.

918 *BGHZ* 80, 76, 79 f.

919 *BGHZ* 80, 76, 79; *Semler*, in: MünchHdb AG, § 35 Rz. 35; *Bungert*, AG 1995, 26, 30 f.

920 *Schaaf*, Rz. 113a.

sammlung dem Einberufenden. Das Gebot von Treu und Glauben beschränkt ihn jedoch auf die Verkehrssitte und danach, was den Beteiligen zumutbar ist. Hauptversammlungen zur Nachtzeit oder an Sonn- und Feiertagen sind nach herrschenden Meinung daher unzulässig[921]. Die Regelung steht der Durchführung einer Tele-Hauptversammlung gleichwohl nicht entgegen, denn sie bezweckt nur, daß das Teilnahmerecht des Aktionärs nicht durch Versammlungen zur Unzeit beeinträchtigt wird[922]. Hiervon kann aber bei Durchführung zu normalen Zeiten im Land der zentralen Versammlung keine Rede sein. Das Teilnahmerecht des amerikanischen oder japanischen Aktionärs wird nicht beeinträchtigt, denn es steht ihm frei, die zentrale Versammlung zu besuchen. Wählt er den bequemeren Weg und bleibt ihr fern, muß er die Zeitverschiebung in Kauf nehmen und kann sich nicht auf eine Verletzung des § 121 Abs. 3 AktG berufen. Für den umgekehrten Fall, daß die zentrale Hauptversammlung im Ausland stattfindet und daher eine unübliche Versammlungszeit für inländische Aktionäre mit sich bringt, kann nichts anderes gelten. Er ist im übrigen unwahrscheinlich, da die Forderung der Registergerichte, in solchen Versammlungen nur funktionell gleichwertige, ausländische Notare einzusetzen, für außereuropäische Notare kaum zutreffen wird.
Soweit sich Satellitenräume im Ausland befinden, wird ferner vertreten, sämtliche Redebeiträge simultan zu übersetzen[923]. Dies mag im Einzelfall eine begrüßenswerte Investor Relations Maßnahme sein, eine gesetzliche Notwendigkeit besteht aber nicht. Zwar kann, wenn alle Teilnahmeberechtigten einverstanden sind oder wenn dies die Satzung vorsieht, die Verhandlung auch in einer Fremdsprache erfolgen[924]. Widerspricht jedoch eine teilnahmeberechtigte Person, muß in deutscher Sprache verhandelt werden[925]. Es ist insofern Sache jeden Teilnehmers, dafür zu sorgen, daß er der Verhandlung folgen kann, auch wenn er hierfür einen Dolmetscher beiziehen muß[926].
Schließlich gelten die Ausführungen zur Niederschrift auch für Beurkundungen von Hauptversammlungen mit Auslandsbezug. Weder muß ein Notar in sämtlichen Versammlungsräumen vorhanden sein noch muß er sich zuvor persönlich rund um den Globus von der Funktionstüchtigkeit der eingesetzten Kontroll- und Abstimmungssysteme überzeugt haben. Der Einsatz von Hilfspersonal oder technischen Einrichtungen sowie die Gelegenheit, vor und während

---

921 KK-*Zöllner*, § 121 Rz. 38; *Hüffer*, § 121 Rz. 17.

922 *Eckardt*, in: Geßler/Hefermehl, § 121 Rz. 46.

923 *Balz*, Arbeitsunterlage für das Forum-Seminar "Die Online-Hauptversammlung" am 10.12.1999 in Frankfurt/Main, S. 14 f.

924 KK-*Zöllner*, § 119 Rz. 74; *Eckardt*, in: Geßler/Hefermehl, § 130 Rz. 6; *Bungert*, AG 1995, 26, 34 f.; *Hüffer*, § 130 Rz. 11. Die Niederschrift erfolgt stets in deutscher Sprache (§ 5 Abs. 1 BeurkG), KK-*Zöllner*, a.a.O.; a. A. *Eckardt*, in: Geßler/Hefermehl, a.a.O.

925 KK-*Zöllner*, § 119 Rz. 74; *Eckardt*, in: Geßler/Hefermehl, § 130 Rz. 6.

926 KK-*Zöllner*, § 130 Rz. 77.

der Hauptversammlung stichprobenartig die eingesetzten Programme zu überprüfen, genügen den Anforderungen des § 130 AktG[927].

5. Anfechtungsrisiko

Der Durchführung der Tele-Hauptversammlumg wird schließlich ein hohes Anfechtungsrisiko entgegengehalten[928]. Der Entscheidung des *BGH* vom 8.11.1993[929] läßt sich jedoch nicht entnehmen, daß eine erweiterte Auslegung des § 121 Abs. 5 AktG verwehrt ist. Gegenstand der Entscheidung war die Frage, ob ein Hauptversammlungsbeschluß, der der Hauptversammlung die freie Bestimmbarkeit des Ortes der nächsten Hauptversammlung überläßt, mit § 121 Abs. 4 AktG a.F. vereinbar ist. Der *BGH* verneint die Frage und stützt sich zur Begründung auf den Zweck der Vorschrift, insbesondere Minderheitsaktionäre vor der willkürlichen Auswahl des nächsten Versammlungsortes zu schützen[930]. Dem Schutzbedürfnis ist nach *BGH* aber genüge getan, wenn der vom Sitz der Gesellschaft abweichende Ort der Hauptversammlung in der Satzung verankert ist, so daß hiervon nur im Wege einer weiteren Satzungsänderung abgewichen werden kann[931]. Das heißt, daß eine Satzungsbestimmung, die jene Orte oder die geographischen Regionen, in denen Versammlungsräume zur Verfügung gestellt werden, genau bestimmt, mit der *BGH*-Rechtsprechung im Einklang steht. Das vermehrte Angebot von Versammlungsräumen wird sich im übrigen kaum dem Vorwurf aussetzen, Minderheitsaktionäre zu benachteiligen. Vielmehr das Gegenteil ist der Fall. Die Wahrscheinlichkeit, daß sich die Anreise zum nächsten Versammlungsort verkürzt, ist höher als es bei Veranstaltung der Hauptversammlung nur am Sitz der Aktiengesellschaft der Fall ist. Es darf daher bezweifelt werden, ob sich ein Unternehmen durch entsprechende Praxis einem hohen Anfechtungsrisiko aussetzt. Ohne gesetzliche Klarstellung wird gleichwohl ein Restrisiko bleiben, dem sich vermutlich kein Unternehmen aussetzen wird, will es nicht den "Minenhund"[932] spielen[933].

6. Ergebnis

Die Tele-Hauptversammlung ist mit dem geltenden Gesetzeswortlaut vereinbar. Ohne gesetzliche Klarstellung wird jedoch nicht auszukommen sein, will man nicht riskieren, daß sie ein theoretisches Modell bleibt.

---

927 *Hasselbach/Schumacher*, ZGR 2000, 258, 275.

928 *Riegger/Mutter*, ZIP 1998, 637, 640; *Spindler*, ZGR 2000, 420, 433.

929 ZIP 1993, 1867, 1869 f. ("ASS") mit Anm. *Rittner*, EWiR 1994, 111.

930 *BGH*, ZIP 1993, 1867, 1870; vgl. dazu auch *Schmidt/Meyer-Landrut*, in: Großkommentar AktG 1937, § 105 Anm. 10.

931 *BGH*, ZIP 1993, 1867, 1870.

932 *Noack*, BB 1998, 2533, 2535.

933 Für eine gesetzliche Klarstellung auch *Noack*, BB 1998, 2533, 2535; *Riegger/Mutter*, ZIP 1998, 637, 640; *Balz*, Arbeitsunterlage für das Forum-Seminar "Die Online-Hauptversammlung" am 10.12.1999 in Frankfurt/Main, S. 15; *Hasselbach/Schumacher*, ZGR 2000, 258, 276 ff.

II. Online-Hauptversammlung

Die Online-Hauptversammlung ist eine Hauptversammlung im traditionellen Stil, zu der ein Teil der Aktionäre über Internet "online" zugeschaltet ist[934]. Für den Aktionär bedeutet dieses Verfahren nochmals einen weiteren Schritt hin zur bequemeren Teilnahme an der Hauptversammlung. Die Erhöhung der Präsenzquote ist daher wahrscheinlich.

1. Zulässigkeit

Rechtlichen Bedenken begegnet die Online-Hauptversammlung insoweit, als sie durch Einsatz des Internets eine Breitenwirkung erzielt, die im Aktiengesetz nicht vorgesehen zu sein scheint. Letztlich geht es darum, ob die Hauptversammlung eine öffentliche Veranstaltung ist, eine Frage, die bereits Gegenstand der Diskussion um den Einsatz von Rundfunk- und Fernsehen ist[935]. Nach herrschender Meinung sind Rundfunk- und Fernsehaufnahmen in Hauptversammlungen nur unter eingeschränkten Voraussetzungen möglich. In erster Linie steht hierbei die Überlegung, daß die Hauptversammlung ihrem Charakter nach eine nichtöffentliche Veranstaltung ist[936]. Nach § 118 Abs. 1 AktG ist die Hauptversammlung eine Versammlung der Aktionäre. Daneben ist nur die Teilnahme der Verwaltung, des Abschlußprüfers sowie der Vertreter staatlicher Aufsichtsbehörden geregelt[937]. Dritte Personen haben keinen Zugang und können allenfalls als Gäste durch den Versammlungsleiter zugelassen werden[938]. Nach überwiegender Meinung haben daher auch Vertreter von Presse, Rundfunk und Fernsehen[939] kein selbständiges Teilnahmerecht[940], was einer zulassungsfreien Übertragung durch das Internet entgegenstehe[941]. Hervorgehoben wird, daß die Nichtöffentlichkeit der Hauptversammlung gerade darauf abziele, Schaden von der Gesellschaft durch Verbreitung von Informationen an Nichtaktionäre abzuwenden[942]. Demgegenüber setzt sich immer mehr die Auffassung durch, daß die Presse zumindest für die Berichterstattung von Hauptversammlungen großer Publikumsgesellschaften, deren

---

934 Siehe bereits o. US-Teil 6. Kapitel, I. (S. 78).

935 *Riegger/Mutter*, ZIP 1988, 637 f.

936 KK-*Zöllner*, § 119 Rz. 75; *Eckardt*, in: Geßler/Hefermehl, § 118 Rz. 42; *Hüffer*, § 118 Rz. 16; *Mülbert*, in: Großkommentar AktG, vor §§ 118-147 Rz. 63; *Henn*, § 23 Rz. 806; *Max*, AG 1991, 77, 81.

937 §§ 118 Abs. 2, 176 Abs. 2 AktG, § 44 Abs. 4 KWG, § 83 Abs. 3 VersAufG, § 3 HypBankG.

938 *Mülbert*, in: Großkommentar AktG, § 118 Rz. 75.

939 Eine Unterscheidung zwischen Presse einerseits sowie Rundfunk u. Fernsehen andererseits besteht grundsätzlich nicht. Alle diese Medien bezwecken die Veröffentlichung von Informationen, vgl. *Eckardt*, in: Geßler/Hefermehl, § 118 Rz. 42; *Henn*, § 23 Rz. 808; a. A. KK-*Zöllner*, § 119 Rz. 76 f.

940 *Hüffer*, § 118 Rz. 16; *Bärwaldt*, in: Semler/Volhard, Rz. I C 51; *Zätzsch/Gröning*, NZG 2000, 393, 395.

941 *v.Godin/Wilhelmi*, § 119 Anm. 16; *Eckardt*, in: Geßler/Hefermehl, § 118 Rz. 42; KK-*Zöllner*, § 119 Rz. 77; *Steiner*, § 4 Rz. 10.

942 *Zätzsch/Gröning*, NZG 2000, 393, 395.

Aktien amtlich oder im Freiverkehr zum Börsenhandel zugelassen sind, eine Sonderstellung einnehme. Hier bestehe ein besonderes öffentliches Informationsbedürfnis[943]. Interessante Verlautbarungen ließen sich ohnehin nicht nur auf den Kreis der Aktionäre begrenzen[944]. Daß auf der Hauptversammlung vertrauliche Unternehmensinformationen verbreitet werden, deren Veröffentlichung der Gesellschaft Nachteile bringen oder gar Schaden anrichten, steht kaum zu befürchten. Der Vorstand darf gerade die Auskünfte verweigern, die geeignet sind, der Gesellschaft einen nicht unerheblichen Nachteil zuzufügen[945]. Im übrigen sind alle Tagesordnungspunkte veröffentlicht, von denen weder bei Aussprache noch Beschlußfassung abgewichen werden darf[946]. Schließlich ist auch der Stand der Handelsbücher aufgrund Bilanzpressekonferenz und zahlreicher Analystenveranstaltungen bekannt. Gleichwohl oder gerade deswegen besteht bei großen Gesellschaften zusätzlicher Informationsbedarf, da sich die Hauptversammlung außer an die Aktionäre auch an den Kapitalmarkt wendet[947].

Hieraus zu folgern, die Übertragung der Hauptversammlung im Internet sei uneingeschränkt möglich, wäre jedoch verfrüht. Die Auffassung, die Medien hätten ein Recht auf Teilnahme[948], wird nämlich keineswegs mehrheitlich vertreten[949]. Statt dessen müssen auch Medienvertreter ausdrücklich zugelassen werden. Dies kann entweder durch Satzungsregelung bzw. in der Geschäftsordnung für die Hauptversammlung[950] geschehen[951]. In diesem Fall ist der Widerspruch der Aktionäre unerheblich[952]. Oder die Zulassung erfolgt mangels Regelung nach Unterrichtung der Hauptversammlung durch den Versammlungsleiter[953]. Erhebt sich Widerspruch, ist streitig, wer die letzte Entscheidungskompetenz hat. Eine Mindermeinung weist sie allein dem Versammlungsleiter zu und begründet dies mit seiner Leitungsmacht sowie Praktikabilitätserwägungen[954]. Die überwiegende Meinung jedoch verlangt einen Be-

---

943 *Henn*, § 23 Rz. 808; *Max*, AG 1991, 77, 83; *Noack*, BB 1998, 2533, 2534; *Riegger/Mutter*, ZIP 1998, 637, 638; *Schaaf*, Rz. 909; *Semler*, in: MünchHdb AG, § 36 Rz. 50.

944 *Schaaf*, Rz. 909.

945 § 131 Abs. 3 Ziff. 1 AktG.

946 O. 8. Kapitel, II. (S. 100).

947 *Noack*, BB 1998, 2533, 2534.

948 In dieser Form nur *Henn*, § 23 Rz. 808.

949 So aber *Zätzsch/Gröning*, NZG 2000, 393, 395.

950 § 129 Abs. 1 Satz 1 AktG. Zur durch das KonTraG neu eingeführten Regelung vgl. *Hennerkes/Kögel*, DB 1999, 81.

951 *Riegger/Mutter*, ZIP 1988, 637, 638.

952 Ähnlich *Noack*, Arbeitsunterlage für das Forum-Seminar "Die Online-Hauptversammlung" am 10.12. 1999 in Frankfurt/Main, S. 8.

953 KK-*Zöllner*, § 119 Rz. 77; *Martens*, WM 1981 1010, 1014; *Hüffer*, § 118 Rz. 16; *Eckardt*, in: Geßler/He-fermehl, § 118 Rz. 42. Nach *Riegger/Mutter*, ZIP 1998, 637, 638, soll er die Hauptversammlung auch unterrichten, wenn die Teilnahme der Presse gesellschaftsüblich ist.

954 *Schaaf*, Rz. 910.

schluß der Hauptversammlung, da diese durch Herstellung der Öffentlichkeit ihr Wesen ändere[955]. Der erstgenannten Auffassung ist zuzugeben, daß jede Abstimmung in der Hauptversammlung eine logistische Hürde ist. Eine Verzögerung ist jedoch in Kauf zu nehmen, wenn die Hauptversammlung in ihrem Selbstverständnis zur Debatte steht. Sie ist eine nichtöffentliche Veranstaltung und der Eintritt der Internettechnik in die Hauptversammlung ändert dies. Der Vergleich zur Zulässigkeit von Tonbandaufnahmen, über die der Versammlungsleiter allein entscheidet[956], verbietet sich, da hierbei nur die Dokumentation der Hauptversammlung bezweckt wird[957], nicht die Veränderung ihres Charakters.

Skeptiker der Online-Übertragung verweisen andererseits gerade wegen des veränderten Versammlungscharakters darauf, daß für Aktionäre die Hemmschwelle, vor laufende Kameras zu treten, steige. Ferner sei das allgemeine Persönlichkeitsrecht betroffen[958]. Zu differenzieren ist, was Gegenstand der Übertragung im Internet ist. Handelt es sich lediglich um die Beiträge der Verwaltung, steht einer Übertragung nichts im Wege[959]. Die Persönlichkeitsrechte der Verwaltungsmitglieder als Personen des öffentlichen Interesses haben hinter das allgemeine Informationsinteresse zurückzutreten[960]. Aktionäre sind nicht betroffen. Dieses Verfahren wird daher schon heute auf zahlreichen Hauptversammlungen praktiziert[961]. Anders ist die Zulässigkeit der Übertragung zu beurteilen, wenn auch die Beiträge der Aktionäre gesendet werden sollen. Hier ist ihr Persönlichkeitsrecht betroffen. Dabei macht es grundsätzlich keinen Unterschied, ob nur Aktionäre nach entsprechender Legitimation[962] der Hauptversammlung zugeschaltet sind oder ob sie jedermann offensteht[963]. Die Internet-Übertragung verschafft jedem Online-Teilnehmer die Möglichkeit, sowohl Abbilder als auch Redebeiträge der Akteure am Ort der zentralen Versammlung ohne deren Wissen dauerhaft zu speichern. Dies müsse kein Aktionär dulden[964]. Das grundsätzliche Interesse der Gesellschaft an wirksamer Öffentlichkeitsarbeit, das auch im Interesse der Aktionäre liegt, bleibe davon

---

955 *Zöllner*, § 119 Rz. 77; *Hüffer*, § 118 Rz. 16; *Stützle/Walgenbach*, ZHR 155 (1991), 516, 526; *Noack*, BB 1998, 2533, 2534; *Riegger/Mutter*, ZIP 1998, 637, 638; unklar *Eckardt*, in: Geßler/Hefermehl, § 118 Rz. 42.

956 KK-*Zöllner*, § 119 Rz. 80; *Max*, AG 1991, 77, 82; *Steiner*, § 8 Rz. 1; *Noack*, BB 1998, 2533, 2534; *Schaaf*, Rz. 878; die alte herrschende Lehre, *v.Godin/Wilhelmi*, § 119 Anm. 17; *Schmidt/Meyer-Landrut*, § 103 Anm. 16; *Eckardt*, in: Geßler/Hefermehl, vor § 118 Rz. 62, gilt als überholt.

957 *Max*, AG 1991, 77, 83.

958 *Zätzsch/Gröning*, NZG 2000, 393, 395.

959 *Noack*, BB 1998, 2533, 2534.

960 *BVerfGE* 34, 269, 282; 71, 206, 219 f.

961 In der HV-Saison 2000 wurden Reden der Vorstandsvorsitzenden u.a. der DaimlerChrysler AG, Celanese AG, Deutsche Telekom AG oder Deutsche Bank AG ins Internet übertragen.

962 Hierzu näher u. II.3. (S. 142).

963 *Spindler*, ZGR 2000, 420, 435; a. A. *Hasselbach/Schumacher*, ZGR 2000, 258, 263.

964 *BGHZ* 27, 284, 286.

zwar unberührt[965]. Es werde jedoch durch das allgemeine Persönlichkeitsrecht des Aktionärs beschränkt[966]. Dies steht im Einklang mit den Grundsätzen, die der *BGH* im Zusammenhang mit der Aufzeichnung der Hauptversammlung auf Tonband entwickelt hat. Hiernach ist die Tonbandaufnahme der Hauptversammlung durch die Gesellschaft zulässig. Der Versammlungsleiter muß sie nur zuvor angekündigt haben und die Aufnahme auf Verlangen des Aktionärs für die Dauer seines Beitrages unterbrechen[967]. Jeder dissentierende Aktionär ist durch die dargestellten *BGH*-Grundsätze also hinreichend geschützt[968].
Man mag im übrigen daran zweifeln, ob eine Unterbrechung wirklich gefordert werden kann. Weder besteht bei einer Übertragung durch die Gesellschaft die Gefahr, daß sie unkontrollierte Aufnahmen vornimmt, noch wird die Interessenabwägung zugunsten des allgemeinen Persönlichkeitsrechts des einzelnen Aktionärs ausfallen. Denn die vom *BGH* entwickelten Grundsätze zu heimlichen Tonbandaufnahmen sind nicht auf die Situation zugeschnitten, in der ein Aktionär auf einer großen Hautpversammlungen mit einer nicht mehr überschaubaren Teilnehmerzahl das Wort ergreift[969]. Das Problem, Hemmschwellen wegen laufender Kameras zu überwinden, kann vernachlässigt werden. Die Hemmschwelle, vor mehreren tausend Aktionären zu sprechen, dürfte durch eine Aufzeichnung kaum stärker ins Gewicht fallen.
Unter der Voraussetzung also, daß mangels Satzungsregelung letztinstanzlich die Hauptversammlung den Einsatz neuer Medien beschließt und daß die Beiträge der Aktionäre bei Widerspruch ausgeblendet werden, ist die Online-Hauptversammlung zulässig. Eine gesetzliche Ermächtigung, den Einsatz neuer Medien in der Satzung zu regeln, ist gleichwohl wünschenswert.

2. Ausübung der Aktionärsrechte

Die technische Anbindung an die Präsenz-Hauptversammlung ermöglicht dem Online-Aktionär die Teilnahme zunächst nur in einer Form: er ist passiver Zuschauer dessen, was auf der zentralen Versammlung vor sich geht. Dieser Zustand ist dauerhaft unbefriedigend, steht doch hinter der Idee der Online-Teilnahme die Erhöhung der Präsenzen, dem Aktionär also zur aktiven Ausübung seiner Rechte zu verhelfen. Im einzelnen sind besonders das Rede- und Auskunftsrecht sowie das Stimmrecht betroffen[970].

---

965 *Max*, AG 1991, 77, 83.

966 A.A. *Henn*, § 23 Rz. 808; *Semler*, in: MünchHdb AG, § 36 Rz. 50.

967 *BGH*, ZIP 1994, 1597; vgl. zuvor schon *v.Godin/Wilhelmi*, § 119 Anm. 17: "Kein Aktionär braucht sich Aufnahmen seiner Reden gefallen zu lassen. Die Hauptversammlung kann daher über die Benutzung von Tonbändern nicht durch Mehrheitsbeschluß derart entscheiden, daß alle Teilnehmer daran gebunden sind".

968 Der Widerspruch wird – wie auf der Hauptversammlung der Telekom AG 1998 – zweckmäßigerweise vor Beginn des Redebeitrages auf dem Wortmeldeformular erklärt, vgl. *Schaaf*, Rz. 906.

969 *Spindler*, ZGR 2000, 420, 435.

970 Näher zu den Aktionärsrechten vgl. 8. Kapitel (S. 98 ff.).

a) Rede- und Auskunftsrecht

Bei der Prüfung der Zulässigkeit ging es soeben um das Verhältnis von physisch präsenten Aktionären zu außerhalb der Versammlung stehenden Dritten. Die Frage nach den Aktionärsrechten muß umgekehrt lauten. Wie weit reichen die Rechte der physisch außerhalb der Hauptversammlung stehenden Aktionäre in die Hauptversammlung hinein? Sie wirft rechtliche und technische Probleme auf.

Als rechtliche Hürde erweist sich der Gesetzestext, wonach dem Aktionär "in der Hauptversammlung" Auskunft zu erteilen ist[971]. § 131 Abs. 4 AktG behandelt zwar auch den Fall, daß Auskünfte außerhalb der Hauptversammlung erteilt worden sind. Dies ist demnach zulässig. Verpflichtet ist der Vorstand dazu jedoch nicht[972]. Nach herrschender Meinung sind das Rede- und Auskunftsrecht daher versammlungsgebundene Rechte[973], die Ausübung außerhalb der Hauptversammlung folglich unbeachtlich. Diese Ansicht ist konsistent mit der Rechtsauffassung, daß die Rechtsausübung in der Hauptversammlung nach § 118 Abs. 1 AktG notwendigerweise die körperliche Anwesenheit der Aktionäre voraussetzt. Da dies nach der hier vertretenen Auffassung aber nicht zwingend aus dem Zweck der Norm folgt[974], kann für das Rede- und Auskunftsrecht nichts anderes gelten. Bei weiter, auf den Telos ausgerichteter Auslegung des § 118 Abs. 1 AktG bleibt die Rechtsausübung gleichwohl versammlungsgebunden. Sie ist nur möglich, wenn der Aktionär der Versammlung online zugeschaltet ist.

Will man dieser Konstruktion nicht folgen, bleibt allein die Gesetzeskorrektur[975]. Die Versammlungsanwesenheit des Aktionärs könnte dabei – wie in den Gesetzen einiger amerikanischer Bundesstaaten[976] – fingiert werden. Voraussetzung der Fiktion sollte allerdings nicht die Pflicht zur Simultanübertragung sein. Die legitimierte Online-Anbindung genügt.

Neuerdings wird das aktienrechtliche Auskunftsrecht durch die hinreichende Erfüllung kapitalmarktrechtlicher Informationspflichten grundsätzlich in Frage gestellt[977]. § 15 Abs. 1 Satz 1 WpHG verpflichtet den Emittenten börsennotierter Wertpapiere zur Veröffentlichung kursbeeinflussender Maßnahmen (sog. Ad-Hoc-Publizität). Die Veröffentlichung hat nach § 15 Abs. 3 Ziff. 2 WpHG über ein elektronisch betriebenes Informationsverbreitungs-system zu

---

971 § 131 Abs. 1 Satz 1 AktG.

972 Hierzu u. zur Zielrichtung des § 131 Abs. 4 AktG *Eckardt*, in: Geßler/Hefermehl, § 131 Rz. 160 f.

973 KK-*Zöllner*, § 131 Rz. 77; *Eckardt*, in: Geßler/Hefermehl, § 131 Rz. 25; *Hüffer*, § 118 Rz. 7.

974 Dazu o. I.1. (S. 122 ff.).

975 *Riegger/Mutter*, ZIP 1998, 637, 639 schlagen noch die Einsetzung eines Bevollmächtigten vor. Dazu u. 2. b).

976 Vgl. o. Fußn. 570.

977 *Hirte*, in: FS für Buxbaum, S. 283, 292 ff.

erfolgen. Über die Internetseite der Deutschen Börse AG sind daher letztlich alle Mitteilungen nach § 15 WpHG abrufbar. Dies solle nun die Erforderlichkeit der Aus-kunftspflicht nach § 131 AktG ausschließen, vorausgesetzt, die begehrte Information sei bereits im Internet erteilt worden. Der Emittent könne daher den Umfang seiner Auskunfts-pflicht in der Hauptversammlung durch entsprechende Vorabveröffentlichung steuern[978].

Diese Ansicht überzeugt aus zwei Gründen nicht. Zum einen sollte das verbandsrechtliche vom kapitalmarktrechtlichen Auskunftsrecht unterschieden werden. Im Gegensatz zu letztem gewährt das erste zwingend nur Aktionären, also Verbandsmitgliedern, ein Recht auf Auskunft. Es hat damit eine andere Qualität. Dem Aktionär dieses Recht zu versagen, nur weil zuvor Informationen auf dem Kapitalmarkt verbreitet wurden, berücksichtigt die innere Verbandsqualität des Auskunftsrechts nicht und vernachlässigt, daß dieses Verbandsrecht weiter reichen kann. Zum anderen muß die unterschiedliche Zielrichtung der Informationsvergabe berücksichtigt werden. Mitteilungen nach § 15 WpHG sind kursbeeinflussend und also zukunftsgerichtet. Sie dienen der Gleichbehandlung der Kapitalmarktteilnehmer. Auskünfte nach § 131 AktG hingegen betreffen Vorgänge in der Vergangenheit, in der Regel das abgelaufene Geschäftsjahr. Ihr Zweck besteht darin, dem Aktionär eine Grundlage für verbandsinterne Entscheidungen, insbesondere zur Entlastung der Verwaltung für das letzte Geschäftsjahr, zu geben. Beide Vorschriften daher in ein Spezialitätsverhältnis zu setzen, wird ihrem Zweck nicht gerecht.

Technisch problematisch ist, daß Eingang und Verarbeitung einer großen Zahl audio-visueller Anfragen und Beiträge innerhalb kürzester Zeit aus aller Welt selbst die momentan leistungsstärksten Systeme überfordern dürfte. Man steht damit vor der Wahl, dem Aktionär Rede- und Auskunftsrecht entweder zu versagen oder über alternative Kommunikationswege nachzudenken. Der erste Weg ist bedenklich, da er den zwingenden Charakter des Auskunftsrechts[979] vernachlässigt. Wer dem Online-Aktionär denselben Status einräumen will wie dem körperlich anwesenden Aktionär, muß auch Vorkehrungen treffen, die die Ausübung seiner Rechte ermöglichen. Ihn darauf zu verweisen, bei Online-Teilnahme auf die Geltendmachung seiner Rechte zu verzichten, greift zu kurz, da er es im Zweifel nicht tun wird; de lege ferenda eine entsprechende Fiktion zu statuieren, ist rechtspolitisch kaum wünschenswert. Eine Zwei-Klassen-Gesellschaft von Online- und Präsenz-Aktionären überzeugt daher nicht[980].

---

978 *Hirte*, a.a.O., S. 293.

979 H.M., vgl. KK-*Zöllner*, § 131 Rz. 5; *Eckardt*, in: Geßler/Hefermehl, § 131 Rz. 14; *Semler*, in: MünchHdb AG, § 37 Rz. 1; *Steiner*, § 11 Rz. 1.

980 So aber *Noack*, BB 1998, 2533, 2535; *ders*., Entwicklungen im Aktienrecht 1999/2000, S. 40.

Es bleibt, neue Wege zu beschreiten. Die Vorschläge reichen von Video-Konferenz-Systemen, mit denen wechselseitig kommuniziert werden kann hin bis zur übergangsweisen Lösung, ein Foto als Standbild der Hauptversammlung zur Verfügung zu stellen, während der Aktionär – allseits vernehmbar – über Telefon Auskunft begehrt[981]. Sie überzeugen beim gegenwärtigen Stand der Technik nur teilweise. Gerade der Einsatz von Video-Konferenz-Systemen über das Internet wird jene technischen Engpässe verursachen, die bereits angesprochen wurden. Dies gilt jedenfalls dann, wenn eine große Anzahl von Aktionären mit Wortmeldungen in die Server der Gesellschaft dringen, was bei großen Publikumsgesellschaften schnell der Fall sein wird. Es darf nicht verkannt werden, daß das Internet konzeptionell für die massenhafte und schnelle Verarbeitung großer Bild- und Tondateien nicht ausgelegt ist. Der Vorschlag ist daher zwar nicht gänzlich von der Hand zu weisen, ohne wesentliche technische Weiterentwicklung aber in naher Zukunft nicht realisierbar. Für ein Verfahren mit Standbild und gewöhnlicher Telefonschaltung wird dies zwar nicht in gleicher Weise gelten. Da der Aktionär für ein Telefongespräch (insbesondere Ferngespräch) aber höhere Verbindungsentgelte zahlen muß als für eine Internet-Verbindung, ist auch die Attraktivität dieses Verfahrens eingeschränkt.

Die Frage ist daher, ob man den Online-Aktionär nicht darauf verweisen sollte, sein Auskunftsverlangen schriftlich über E-Mail zu stellen. Diese Methode ist rechtlich zulässig[982]. § 131 Abs. 1 AktG sagt nichts über die Form, in der der Aktionär Auskunft verlangen muß. Die herrschende Meinung geht daher zutreffend davon aus, daß auch schriftlich Auskunft verlangt werden kann[983]. Die Satzung sollte zu diesem Zweck E-Mail-Anfragen während der Aussprache zulassen. Die Fragen würden thematisch zusammengefasst und dem Versammlungsleiter vorgelegt. Der besseren Verständlichkeit wegen werden sie – ähnlich wie auf der Hauptversammlung von Bell & Howell[984] – allen anderen Teilnehmern vorgelesen. Daß die Vorleseverpflichtung nur gelten soll, wenn die Fragen in der Hauptversammlung unbeantwortet bleiben[985], ist nicht einzusehen. Die Teilnehmer müssen der Hauptversammlung folgen können[986], und es gilt zu verhindern, daß Fragen wiederholt gestellt werden. Hierzu ist aber die Kenntnis dieser Fragen notwendig. Die Antworten werden schließlich

---

981 *Zuther*, in: Semler/Volhard, Rz. I B 588 f.; *Hasselbach/Schumacher*, ZGR 2000, 258, 272.

982 A.A. wohl *Hasselbach/Schumacher*, ZGR 2000, 258, 272.

983 *LG Köln*, AG 1991, 38; *Eckardt*, in: Geßler/Hefermehl, § 131 Rz. 26; *Hüffer*, § 131 Rz. 8; *Schaaf*, Rz. 615b; *Meilicke/Heidel*, DStR 1992, 72, 74; a. A. *Kubis*, FS für Kropff, S. 171, 187, mit der zweifelhaften Begründung, "nur durch die mündliche Frage (werde) eine ausreichende Verständnisgrundlage für die kollektive Willensbildung geschaffen."

984 Siehe o. 6. Kapitel, I. (S. 79).

985 *Hüffer*, § 131 Rz. 8; grundsätzlich gegen Vorlesen *Eckardt*, in: Geßler/Hefermehl, § 131 Rz. 26; *Meilicke/Heidel*, DStR 1992, 72, 74 re. Sp.

986 *LG Köln*, AG 1991, 38.

mündlich erteilt und in das Internet eingespeist. Der technische Aufwand für dieses Verfahren ist gering und belastet die Systemresourcen des Unternehmens bei weitem nicht in dem Maße wie eine audio-visuelle Übertragung. Freilich bedeutet es auch einen Verzicht darauf, von der Hauptversammlung gesehen und gehört zu werden. Einen gesetzlichen Anspruch auf eine bestimmte Kommunikationsform in der Hauptversammlung gibt das Aktiengesetz aber nicht[987]. Wenn man also schon eine Klassifizierung der Aktionäre vornehmen will, dann doch diese: Der physisch anwesende Aktionär kann seinen Beitrag durch Tonfall und Gestik unterstützen, der Online-Aktionär nicht.

b) Stimmrecht

Liegt die schriftliche (und erst recht audio-visuelle) Beteiligung vieler Online-Aktionäre gar nicht im Interesse der Gesellschaft, da sie das Funktionieren der Hauptversammlung in Frage stellt, gilt dies nicht für das Stimmrecht. Es schafft eine breite Legitimationsbasis, und die elektronische Ausübung ist technisch unkompliziert, weil auf eine einfache Dafür-Dagegen-Enthaltung-Alternative reduziert[988].

Die juristischen Gründe gegen das elektronische Stimmrecht unterscheiden sich nicht von denen gegen das Rede- und Auskunftsrecht. Vor allem das Stimmrecht könne nur in der Hauptversammlung ausgeübt werden[989], entweder persönlich oder durch einen Bevollmächtigten[990]. Daran will zunächst auch das NaStraG nichts ändern, wenngleich das Bundesjustizministerium einer weiteren Reform nicht abgeneigt zu sein scheint[991]. In der Reformdiskussion befinden sich gegenwärtig drei Modelle.

Zum einen wird nach amerikanischem Vorbild ein Bevollmächtigter mit der Stimmrechtsausübung betraut[992]. Diese Person ist in der Hauptversammlung körperlich anwesend und über E-Mail mit den Aktionären verbunden, die über Internet das Geschehen in der Versammlung verfolgen können. Spätestens kurz vor der Abstimmung werden die Weisungen beim Bevollmächtigten gebündelt und ausgeführt. Die Gesellschaft stellt dem Stimmrechtsbroker hierfür einen technischen Anschluß zur Verfügung. Die Stimmrechtsvollmacht wird man sinnvollerweise bereits vor Beginn der Hauptversammlung erteilen und

---

987 Dies räumen auch *Hasselbach/Schumacher*, ZGR 2000, 258, 272, ein.

988 *Seibert*, BB 1998, 2536, 2537.

989 KK-*Zöllner*, § 118 Rz. 8.

990 § 131 Abs. 3 Satz 1 AktG.

991 Vgl. *Däubler-Gmelin*, HB v. 19.11.1998, S. 5: "Es ist nicht einzusehen, daß im Zeitalter des Electronic Banking eine elektronische Stimmrechtsausübung auf den Hauptversammlungen der Aktiengesellschaften nicht möglich ist."; *Seibert*, BB 1998, 2536, 2539 (für elektronische Briefwahl); ferner RegE NaStraG zu § 135 Abs. 2 AktG u. o. 9. Kapitel, II.1.c) u. d) (S. 114 ff.).

992 *Rieger/Mutter*, ZIP 1998, 637, 639; *Noack*, Entwicklungen im Aktienrecht 1999/2000, S. 41.

kurz vor Beginn der Abstimmung Weisungen elektronisch nachschicken[993]. Die Vollmachtserteilung erst in der Hauptversammlung[994] schafft ein Legitimationsproblem bei Einlaß in den Versammlungsbereich, will man nicht eine umständliche Doppelbevollmächtigung vornehmen[995].
Von der bereits in der Vergangenheit intensiv geführten Debatte um die Einführung unabhängiger Stimmrechtsvertreter[996] unterscheidet sich dieses Modell – abgesehen von der Form der Weisungserteilung – dadurch, daß die Weisungen den Bevollmächtigten noch zeitlich kurz vor der eigentlichen Abstimmung erreichen können. Dies gibt dem Aktionär die Möglichkeit, die Debatte noch über Internet zu verfolgen und sich erst kurzfristig eine Meinung zu bilden. Dem Aktionär ist damit zwar noch immer keine unmittelbare Einflußmöglichkeit in der Hauptversammlung gegeben[997], die Unterscheidung zwischen mittelbarer und unmittelbarer Möglichkeit zur Partizipation verringert sich angesichts kurzer Reaktionszeiten aber zusehends. Dieses Modell ist mit dem geltenden Aktienrecht noch vereinbar[998].

Auf den ersten Blick nur unwesentlich unterscheidet sich hiervon der zweite Vorschlag, die Teilnahmerechte der Aktionäre durch eine Vertreterversammlung ausüben zu lassen[999] oder gleich ganz zum Proxy-System der USA überzugehen[1000]. Entscheidender Unterschied ist jedoch, daß das Präsenzteilnahmerecht des Aktionärs damit wenn nicht aufgehoben, so doch einzuschränkt wäre. Das Modell ähnelt daher stark der von *Latham* für die Diskussion in den USA entwickelten Corporate Monitoring Firm[1001]. Aus deutscher Sicht wäre es der Vertreterversammlung im Genossenschaftsrecht angenähert[1002]. Angesichts der gerade jüngst verworfenen Vorschläge, professionelle Stimmrechts-

---

993 *Riegger/Mutter*, ZIP 1998, 637, 639. Vgl. o. 9. Kapitel, II.1.a) (S. 111) und Fußn. 804 (Einige Gesellschaften haben in der HV-Saison 2000 bereits ein ähnliches Verfahren angewandt: schriftliche Bevollmächtigung von Stimrechtsvertretern, Weisungen per Internet bis zwei Tage vor der Versammlung).

994 Davon geht offenbar *Noack*, Entwicklungen im Aktienrecht 1999/2000, S. 41, aus. Zur künftigen Form der Bevollmächtigung vgl. § 134 Abs. 3 Satz 2 AktG nach NaStraG (o. 9. Kapitel, II.1.c) [S. 114]).

995 Die erste Vollmacht müßte dazu dienen, sich Zugang zu verschaffen, die zweite, das Stimmrecht zu gewähren. Etwas anderes gilt nur, wenn man fordert, daß der Bevollmächtigte jedenfalls auch Aktionär sein muß, vgl. *Hüffer*, § 134 Rz. 26.

996 Vgl. nur *Baums*, AG 1996, 11, 21; *Peltzer*, AG 1996, 26, 29 f.

997 Weshalb dieses Modell nur als Übergangslösung bezeichnet wird, vgl. *Hasselbach/Schumacher*, ZGR 2000, 258, 273 Fußn. 42.

998 Die Celanese AG will bereits auf der Hauptversammlung 2001 die elektronische Weisungserteilung während der Hauptversammlung zulassen. Das Stimmrecht soll von einem Proxy Committee ausgeübt werden, vgl. Börsen Zeitung v. 19.4.2000, S. 25.

999 *Noack*, Entwicklungen im Aktienrecht 1999/2000, S. 43; *Spindler*, ZGR 2000, 420, 443 f.

1000 *Spindler*, ZGR 2000, 420, 443 f.

1001 Vgl. o. 5. Kapitel, III. (S. 76).

1002 § 43a GenG.

vertreter ins Aktiengesetz einzuführen, muß an der Zukunftsfähigkeit eines Aktionärsparlaments aber gezweifelt werden[1003]. Dem Übergang zum Proxy-System können ebenfalls nur geringe Chancen eingeräumt werden. Zum einen wird die Forderung bereits seit vierzig Jahren erhoben[1004], ohne daß sie ernsthaft in Betracht gezogen worden wäre; zum anderen beruht das amerikanische Proxy-System auf einer anderen historischen Notwendigkeit: der Bildung von Quoren zwecks Herstellung der Beschlußfähigkeit. Dieser Gedanke aber ist dem deutschen Aktienrecht grundsätzlich fremd. Es gilt das Prinzip der einfachen Stimmenmehrheit des erschienenen Kapitals[1005].

Die Wahrnehmung des Stimmrechts durch einen mit konkreten Weisungen ausgestatteten Bevollmächtigten ist eine mechanische Angelegenheit. Er ist verlängerter Arm des Aktionärs, Spielraum gibt es kaum. Die Frage ist daher berechtigt, ob sich die Funktion des Bevollmächtigten nicht auch durch einen Rechner, der die Weisungen sammelt und bei Bedarf ausführt, wahrnehmen ließe. Der Einsatz natürlicher Personen ist hierfür nicht notwendig. Freilich können nur solche – und nicht Maschinen – bevollmächtigt werden. Fraglich ist, ob Online-Aktionäre nicht direkt ihre Stimmen in das EDV-System der Gesellschaft einspeisen könnten[1006]. Hiervon gehen das dritte Reformmodell sowie offenbar auch die unverbindlichen OECD-Principles of Corporate Governance vom 19.4.1999 aus[1007]. Art. I, C. 3. der Principles lautet: " Shareholders should be able to vote in person or in absentia, and equal effect should be given to votes wheter cast in person or in absentia." In der Kommentierung hierzu heißt es weiter: "The objective of broadening shareholder participation suggests that companies consider favourably the enlarged use of technology in voting, including telephone and electronic voting."
Technisch ist das Verfahren unkompliziert[1008] und auch die rechtliche Bewertung muß sich daran orientieren, dem Aktionär eine dem traditionellen Verfahren gleichwertige Alternative zu bieten. Und es ist nicht erkennbar, daß die elektronische Methode der persönlichen nachsteht. Mit der gleichen Begründung wird versucht, den Änderungsbedarf zur Ermöglichung externer Stimm-

---

1003 Der auf den Vorschlag von *Baums/v.Randow*, AG 1995, 145, 156, gestützte Gesetzesentwurf der SPD-Bundestagsfraktion zur Einführung eines Stimmrechtsverwalters (BT-Drucks. 13/367 – abgedruckt in ZIP 1995, 332) wurde bekanntlich nicht in das KonTraG übernommen.

1004 *Wiethölter*, S. 334 ff.

1005 § 133 Abs. 1 AktG.

1006 *Noack*, Entwicklungen im Aktienrecht 1999/2000, S. 41 f. Fußn. 139; *Hasselbach/Schumacher*, ZGR 2000, 258, 273.

1007 Zu beziehen unter <http://www.oecd.org//daf/governance/principles.htm>. Deutschland gehört seit 1961 der OECD an.

1008 Praxismodelle bei *Zuther*, in: Semler/Volhard, Rz. I B 590 u. *Blank* unter <www.ton-art.de/online-hv/on-line-hv.htm>; vgl. ferner *Hasselbach/Schumacher*, ZGR 2000, 258, 273; zur Frage der Legitimation siehe sogleich.

abgabe auf die Satzung zu beschränken[1009]. § 23 Abs. 5 AktG stehe der Online-Stimmabgabe nicht entgegen, da er nur einen Mindeststandard garantieren wolle und ein gleichwertiges Verfahren nicht verbiete. In der Tat ist die kapitalmarktrechtliche Legitimation des § 23 Abs. 5 AktG überholt[1010]. Die Funktionsfähigkeit des Kapitalmarktes kann nicht allein nur durch zwingendes Recht gewährleistet werden. Der Blick in die USA beweist es: erhöhte Publizitätspflichten, die zu einer Professionalisierung der Kapitalmarktteilnehmer führen, sowie Treuepflichten bieten einen flexiblen Rahmen für eigenverantwortliche Satzungsgestaltung[1011]. § 23 Abs. 5 AktG ist nur Mindestnorm, die durch eine gleichwertige statutarische Lösung ersetzt werden kann[1012].
Auch wenn daher das Online-Stimmrecht der Satzungsautonomie überlassen werden kann, ist eine gesetzgeberische Berichtigung zumindest anzuraten.

3. Sicherheit und Legitimation

Neben der juristischen Frage der Zulässigkeit und Durchführung der Online-Hauptversammlung darf die Sicherheit nicht außer Betracht bleiben. Wenn die Online-Teilnahme möglich sein soll, muß sichergestellt sein, daß sich nur berechtigte Personen in die Hauptversammlung einwählen und beteiligen können.
Bereits der Hinterlegungsauftrag soll hierfür nach einer Literaturmeinung elektronisch erfolgen können[1013], was praktisch kaum relevant sein wird, da der Übertragung des unmittelbaren Besitzes an den Aktien durch Depotverwahrung genüge getan ist[1014]. Eines gesonderten Hinterlegungsauftrages bedarf es dann nicht mehr. Ob ferner das statutarische Anmeldeerfordernis bei Online-Teilnahme entfallen kann[1015], wird von der Höhe des Streubesitzanteils abhängen. Je höher er ist, desto größer die Wahrscheinlichkeit, daß eine Vielzahl von Aktionären online wird teilnehmen wollen. Die Gesellschaft muß sich darauf durch Bereitstellung entsprechender Systemresourcen einstellen können. Das Anmeldeerfordernis ist daher nur bei kleineren Gesellschaften verzichtbar.

Mittel der Legitimation sind gegenwärtig noch PIN- und TAN-Nummer oder Aktionärsnummern. Der Einsatz digitaler Signaturen ist im Gegensatz zu den USA zwar bereits seit dem 22. Juli 1997 mit Inkrafttreten des Informations-

---

1009 *Noack*, Entwicklungen im Aktienrecht 1999/2000, S. 41 (anders noch *ders.*, BB 1998, 2533, 2535: Gesetzesänderung); *Hasselbach/Schumacher*, ZGR 2000, 258, 273, 275 f.

1010 *Hirte*, ZGR-Sonderheft 13 (1998), 61, 97.

1011 *Mertens*, ZGR 1994, 426, 441; *Spindler*, AG 1998, 53, 73.

1012 *Hirte*, ZGR-Sonderheft 13 (1998), 61, 97; *ders.*, FS für Buxbaum, S. 283, 289.

1013 *Hasselbach/Schumacher*, ZGR 2000, 258, 265 f.

1014 Vgl. o. 7. Kapitel, II.3. (S. 95 f.).

1015 So *Noack*, Entwicklungen im Aktienrecht 1999/2000, S. 41.

und Kommunikationsdienste-Gesetz (IuKDG)[1016], dessen Artikel 3 das Signaturgesetz einführte, möglich. Angesichts des hohen Sicherheitsniveaus des Signaturgesetzes und der fehlenden Verbindlichkeit im Rechtsverkehr hat sich bislang aber noch kein Markt dafür entwickeln können[1017]. Die Europäische Signaturrichtlinie[1018] schafft hier vielleicht Abhilfe. Sie reduziert das Sicherheitsniveau durch Aufgabe der Genehmigungspflicht für Zertifizierungsstellen[1019]. Das Bundesministerium für Wirtschaft und Technologie bereitet deswegen zur Zeit eine Neuregelung des Signaturgesetzes vor, die am 1. Januar 2001 in Kraft treten soll[1020]. Das "Gesetz über Rahmenbedingungen für elektronische Signaturen"[1021] sieht darüber hinaus vor, die Rechtswirkungen der elektronischen Signatur stärker ins Bewußtsein der Benutzer zu rükken. So werden die für die Vergabe von Signaturschlüsselzertifikaten zuständigen Zertifizierungsstellen gesetzlich verpflichtet, die Antragsteller über die Wirkungen der digitalen Signatur im Rechtsverkehr aufzuklären, insbesondere auf die Rechtswirkungen nach Artikel 5 Abs. 1 a) der Europäischen Signaturrichtlinie[1022] hinzuweisen[1023]. Unterbleibt der Hinweis, hat die Zertifizierungstelle einem redlichen Dritten den aus der Verletzung entstehenden Schaden zu ersetzen[1024].

Der Einsatz digitaler oder elektronischer Signaturen gewährleistet einen hohen Standard, den der Gesetzgeber zwar nicht ausschließt, aber auch nicht verlangt[1025]. Demnach kann es für die Legitimation von Aktionären zunächst bei der Verwendung von Identifikationsnummern bleiben, was aber nur kurzfristig überzeugen kann. Zum einen ist der Einsatz von PIN- und TAN-Nummern aufwendig und wenig benutzerfreundlich. Allein um Sicherheitsbedenken gegen die Online-Hauptversammlung auszuschließen und die Beweiswirkung digitaler Signaturen vor Gericht zu nutzen[1026], sollte zum anderen baldmöglichst

---

1016 BGBl. I, 1870, 1872; zur Entstehungsgeschichte *Roßnagel*, DuD 1997, 75; zur digitalen Signatur *Geis*, NJW 1997, 3000.

1017 FAZ v. 7.10.1999, S. 30; zum Experimentiercharakter des SigG *Roßnagel*, NJW 1999, 1591, 1592 ff.

1018 O. Fußn. 841; einen Überblick über die Richtlinie verschaffen *Gravesen/Dumortier/van Eecke*, MMR 1999, 577.

1019 Art. 3 Abs. 1; kritisch zur Genehmigungspflicht des SigG bereits *Roßnagel*, MMR 1998, 75, 76 ff.

1020 Der Text des Entwurfs sowie weitere Informationen sind erhältlich unter <http://www.iid.de/iukdg/>.

1021 So soll der künftige Name lauten.

1022 Vgl. o. 9. Kapitel, II.2.b) (S. 118).

1023 § 6 Abs. 2 SigG-E.

1024 § 11 Abs. 1 SigG-E; zur Haftung der Zertifizierungsstellen nach dem SigG *Leier*, MMR 2000, 13.

1025 Vgl. RegE NaStraG zu § 135 Abs. 2 Sätze 2 u. 3 AktG: PIN- u. TAN-Nummern sind völlig ausreichend.

1026 Art. 5 Abs. 1 b) Europäische Signaturrichtlinie (o. Fußn. 841); im SigG-E ist eine entsprechende Regelung nicht vorhanden. Die Beweiswirkung der elektronischen Form soll aber durch den einen neuen § 292a ZPO (o. Fußn. 840) gewährleistet sein.

die Verwendung elektronischer Signaturen als Legitimationsbasis für den Zugang zur Hauptversammlung vorgeschrieben werden[1027]. Dies kann praktisch durch Verwendung von Smart Cards oder PKI-Identifikationssystemen (Public Key Infrastructure) auf Chipkarten-Basis erfolgen. Sie sind heute neben dem HBCI-Standard (Homebanking Computer Interface), das ebenfalls auf asymmetrischer Verschlüsselungstechnik[1028] beruht und im Oktober 1998 unter Federführung des Zentralen Kreditausschusses für alle Kreditinstitute verabschiedet wurde, besonders im Online-Banking-Geschäft im Einsatz[1029]. Zu diesem Zweck sollten die Gesellschaften ihren Aktionären ein Paket zur Verfügung stellen, das neben der eigentlichen Smart Card über das erforderliche Lesegerät und die dazugehörige Software verfügt. Vor dem Login in die Hauptversammlung erfolgt die Legitimation offline anhand der auf der Smart Card eingelassenen Informationen[1030]. Das reduziert das Hakker-Risiko erheblich. Soweit daneben noch immer der Einsatz von PIN-Nummern verlangt wird, wird zu Recht auf deren Verzichtbarkeit hingewiesen, wenn unverfälschbare biometrische Erkennungsverfahren mit Smart Cards kombiniert werden[1031]. Elektronische Signaturen ermöglichen nicht zuletzt dem Notar am Ort der zentralen Versammlung eine genauere Überprüfung der Teilnahmevoraussetzungen.

Neben der Legitimationsfrage wird vereinzelt die Gefahr problematisiert, daß das Internet ein offenes System und daher feindlichen Angriffen schutzlos ausgesetzt sei sowie, daß die Online-Teilnahme nicht verhindere, daß der Online-Aktionär Dritten über seinen Rechner Zugang zur Versammlung gewähre[1032].

Der ersten Einwand betrifft die Verfälschung des Beschlußergebnisses durch unbefugtes Eindringen (und Abstimmen) von Hackern in das elektronische Abstimmungssystem der Gesellschaft[1033]. Damit wäre der Beschluß fehlerhaft zustande gekommen und daher grundsätzlich nach § 243 Abs. 1 AktG anfechtbar. Die herrschende Meinung in Rechtsprechung und Literatur will je-

---

1027 Auch in den USA ist die für digitale Signaturen verwendete Public-Key-Cryptography seit langem die bevorzugte Methode, die Identität im Internet festzustellen, vgl. *Bulkeley*, The Wall Street Journal v. 21.10.1998, S. B1.

1028 Zu den technischen Grundlagen der Kryptografie vgl. o. 5. Kapitel, II.2.c) (S. 68).

1029 *Corell*, FAZ-Beilage (Bank der Zukunft) v. 20.3.2000, S. B 5; leider wird der HBCI-Standard nur von sehr wenigen Kreditinstituten eingesetzt. Zur Begründung heißt es, man wolle die weitere technische Entwicklung abwarten.

1030 Die Smart Card enthält einen Mikroprozessor, auf dem der Kodierungsschlüssel, der Private Key, u. das digitale persönliche Zertifikat des Benutzers mit dem Public Key gespeichert sind.

1031 *Corell*, a.a.O. (o. Fußn. 1029); zu den "Kinderkrankheiten" der Biometrie *Lange*, HB-Beilage (Cebit 2000) v. 16.2.2000, S. B 4.

1032 *Hasselbach/Schumacher*, ZGR 2000, 258, 268 ff.

1033 Einen technischen Schutz hiergegen bieten sog. "Firewalls". Sie werden definiert als "Schwelle zwischen zwei Netzen, die überwunden werden muß, um Systeme im jeweils anderen Netz zu erreichen", vgl. *Groeneveld/Wächter*, CR 1999, 390, 392 ff.

doch nicht jeden Verfahrensfehler der Nichtigerklärung aussetzen, sondern nur solche Verstöße, die sich auf die Beschlußfassung ausgewirkt haben[1034]. Nach der Rechtsprechung reicht bereits die potentielle Kausalität zwischen Normverstoß und Beschlußergebnis aus. Die beklagte Gesellschaft trägt die Beweislast für die Widerlegung der Kausalität[1035]. Die von der Literatur favorisierte Lehre von der Relevanz der Verfahrensfehler sieht hingegen in § 243 Abs. 4 AktG einen allgemeinen Rechtsgedanken und gesteht dem Aktionär stets – unabhängig vom Einwand der Mehrheit – das Anfechtungsrecht zu, wenn spezifische mitgliedschaftliche Rechte betroffen sind[1036]. Beide Auffassungen kommen jedoch zum selben Ergebnis bei fehlerhaften Beschlußfeststellungen, wenn die erforderliche Merheit auch nach Abzug der unrichtig mitgezählten Stimmen erhalten bleibt. Mitgliedschaftsrechte sind dann nicht berührt[1037]. Selbst wenn also die technischen Sicherheitssysteme der Gesellschaft von Hackern überwunden werden sollten, führt dies nicht zwangsläufig zur Unwirksamkeit der gefaßten Beschlüsse. Dies gilt umso mehr, je größer die Gesellschaft ist. Einzelne ungültige Stimmen fallen angesichts der regelmäßig anzutreffenden Mehrheitsverhältnisse auf Hauptversammlungen deutscher Aktiengesellschaften von weit über 90 Prozent nicht ins Gewicht. Dies entbindet die Gesellschaften freilich nicht davon, ein hoch standardisiertes und möglichst lückenloses Sicherheitssystem zu unterhalten[1038].
Der zweite Einwand zielt auf die Nichtöffentlichkeit der Hauptversammlung. Neben den bereits genannten Argumenten, daß die Hauptversamlung insbesondere großer Gesellschaften durch Gäste und Pressevertreter ohnehin einer breiten Öffentlichkeit zugänglich ist und in den wenigsten Fällen Unternehmensgeheimnisse diskutiert[1039], ist zu bedenken, daß jeder Aktionär durch das Recht zur Bevollmächtigung sowie zur Unterbevollmächtigung den Kreis der Nichtaktionäre, die an der Hauptversammlung teilnehmen könnten, selbst bestimmen kann. Insofern ist nicht einzusehen, daß es einen Unterschied machen soll, ob sich der Aktionär durch einen oder mehrere Nichtaktionäre auf der Versammlung vertreten läßt oder ob er seine Teilnahmerechte vor dem Rechner selbst ausübt und ihm hierbei eine oder mehrere Personen zusehen.

1034 *RGZ* 167, 151, 165; *BGHZ* 14, 264, 267; *BGHZ* 36, 121, 139; *BGHZ* 103, 184, 186; *Hüffer*, § 243 Rz. 12; *ders.*, in: Geßler/Hefermehl, § 243 Rz. 28; KK-*Zöllner*, § 243 Rz. 81 ff.; *Richter*, in: Semler/Volhard, Rz. III C 12; *Steiner*, § 23 Rz. 26.

1035 St. Rspr., *RGZ* 167, 151, 165; *BGHZ* 14, 264, 267; *BGHZ* 36, 121, 139; *BGHZ* 49, 209; *BGHZ* 59, 369, 375; *BGHZ* 86, 1, 22; *BGHZ* 103, 184, 186; w. Nachw. bei *Hüffer*, § 243 Rz. 12.

1036 KK-*Zöllner*, § 243 Rz. 81 ff.; *Hüffer*, § 243 Rz. 13; *ders.*, in: Geßler/Hefermehl, § 243 Rz. 28; *K.Schmidt*, in: Großkommentar AktG, § 243 Rz. 21 ff.

1037 *OLG Frankfurt*, GmbHR 76, 110; *Hüffer*, § 243 Rz. 19; *ders.*, in: Geßler/Hefermehl, § 243 Rz. 30; KK-*Zöllner*, § 243 Rz. 97 ff.; *K.Schmidt*, in: Großkommentar AktG, § 243 Rz. 39.

1038 Ebenso *Hasselbach/Schumacher*, ZGR 2000, 258, 269.

1039 O. II.1. (S. 133).

4. Teilnehmerverzeichnis und notarielle Beurkundung

Im Unterschied zur Tele-Hauptversammlung haben Online-Aktionäre naturgemäß keinen Zugang zum Teilnehmerverzeichnis, wenn sie nicht den Ort der zentralen Versammlung besuchen. Nach herrschendem Verständnis ist das Teilnehmerverzeichnis somit nicht zur Einsicht im Sinne des § 129 Abs. 4 Satz 1 AktG ausgelegt, da die Einsichtnahme nicht ohne wesentlichen zeitlichen Aufwand möglich ist[1040]. Das ist richtig, wenn man davon ausgeht, daß das Teilnehmerverzeichnis notwendig in Papierform vorliegen muß, eine Interpretation, die der Wortlaut "auslegen" zwar nahelegt, aber nicht erzwingt[1041]. Soweit § 129 Abs. 4 Satz 1 AktG nach der Reform des Aktiengesetzes durch das NaStraG ohne-hin nur noch fordert, das Teilnehmerverzeichnis dem Teilnehmer "zugänglich zu ma-chen"[1042], kommt es darauf aber nicht mehr an. Vielmehr wird ausreichen, daß das Teil-nehmerverzeichnis ständig im Internet und auf der Hauptversammlung im Intranet abruf-bar und daher für jeden Aktionär einsehbar ist.

In bezug auf die notarielle Beurkundung kann weitgehend auf die Ausführungen zur Tele-Hauptversammlung verwiesen werden[1043]. Dem im günstigsten Fall technisch versierten Notar muß nur die stichprobenartige Überprüfung der Legitimations- und Abstimmungssoftware möglich sein. Hierzu kann er sich fachkundigen Personals oder technischen Geräts bedienen.

5. Ergebnis

Die Online-Hauptversammlung ist mit dem geltenden Aktienrecht vereinbar. Bei Einhaltung hinreichender technischer Sicherheitsstandards kann das nähere Verfahren der Satzungsautonomie überlassen bleiben. Von seiner Konzeption her ist es der traditionellen Hauptversammlung gleichwertig, die Ausübung der Aktionärsrechte ist gewährleistet. Um der Praxis eine verläßliche Arbeitsgrundlage zu geben, ist gleichwohl eine gesetzgeberische Klarstellung vorzunehmen.

III. Virtuelle Hauptversammlung

Die virtuelle Hauptversammlung sieht keine körperliche Zusammenkunft wenigstens eines Teils der Anteilseigner mehr vor. Sie findet allein im Cyberspace statt. Allenfalls ist daran zu denken, daß zumindest die Verwaltung (sowie der Notar) physisch am Tage der Versammlung an einem Ort zusammentritt. Von dort aus ist sie über moderne Kommunikationssysteme, die ein wechselseitiges Senden und Empfangen von Bild und Ton ermöglichen, mit den Aktionären verbunden.

[1040] *Hüffer*, § 129 Rz. 13.

[1041] Vgl. *Hasselbach/Schumacher*, ZGR 2000, 258, 270 u. o. 9. Kapitel, II.1.b) (S. 113).

[1042] O. 9. Kapitel, II.1.b) (S. 113).

[1043] 10. Kapitel, I.3. u. 4. (S. 127 ff.).

1. Zulässigkeit

Nach der hier vertretenen Auffassung ist an der rechtlichen Zulässigkeit dieses Verfahrens grundsätzlich nicht zu zweifeln, eine entsprechende gesetzliche Klarstellung vorausgesetzt. Die physische Präsenzhauptversammlung wird vom Aktiengesetz nicht bezweckt, die Zusammenkunft im virtuellen Raum daher möglich, solange die Aktionärsrechte gewahrt werden. Die Ausübung des Frage- sowie Stimmrechts ist theoretisch möglich. Die Öffentlichkeit der Hauptversammlung kann durch Verwendung entsprechender Legitimationssysteme ausgeschlossen werden, wenngleich zumindest bei großen Gesellschaften Informationsbedarf besteht.

Rechtliche Schwierigkeiten bereitet allenfalls § 121 Abs. 3 Satz 2 AktG. Bei der Tele-Hauptversammlung wurde bereits dargelegt, daß die Hauptversammlung nicht zur Nachtzeit stattfinden darf[1044]. Gegen eine Verletzung des § 121 AktG sprach dort, daß es jedem Aktionär freisteht, sich am Ort der zentralen Versammlung einzufinden. Dieses Argument kann hier nicht gelten, da es keinen Ort der zentralen Versammlung mehr gibt. Dem Aktionär scheint damit die Alternative genommen. Hier kann nur eine wertende Betrachtung helfen. § 121 Abs. 3 Satz 2 AktG will verhindern, daß den Aktionären die Ausübung ihrer Rechte durch Einberufung der Hauptversammlung zur Unzeit unzumutbar ist[1045]. Betroffen hiervon wären alle Aktionäre. Das gilt nicht bei einer virtuellen Hauptversammlung. Es liegt in ihrer Natur, daß nicht alle Aktionäre zu einer zumutbaren Zeit teilnehmen können, mit hoher Wahrscheinlichkeit aber ein Großteil. Mehr kann gesetzlich nicht gewollt sein, insbesondere vor dem Hintergrund, daß die virtuelle Hauptversammlung für den Aktionär grundsätzlich eine organisatorische Erleichterung sein soll. Vernüftigerweise sollte man die Zeit der Hauptversammlung daher am Sitz der Gesellschaft festmachen. Liegt dieser in Deutschland, gilt die mitteleuropäische Zeitzone als zumutbare Hauptversammlungszeit. Der amerikanische oder japanische Aktionär, der sehenden Auges den Wert einer deutschen oder europäischen Gesellschaft erworben hat, die ihre Hauptversammlungen im Internet ausrichten will, hat sich danach zu richten.

2. Technische Realisierbarkeit

Die technische Umsetzung der virtuellen Hauptversammlung ist gewiß das größte praktische Problem. Hier gilt nichts anderes als bei der Online-Hauptversammlung. Die technische Koordination vieler tausend audiovisueller Beiträge ist nach dem derzeitigen Stand der Technik nicht realisierbar. Dies gilt auch für telefonische Beiträge[1046]. Ob man auch hier die Aktionäre auf schriftlich-elektronische Beiträge wird verweisen können[1047], ist zweifelhaft. Denn dieses Verfahren entfernt sich immer mehr von der Versamm-

---

1044 Vgl. o. I.4. (S. 130).

1045 *Eckardt*, in: Geßler/Hefermehl, § 121 Rz. 45; KK-*Zöllner*, § 121 Rz. 38; *Werner*, in: Großkommentar AktG, § 121 Rz. 53; *Hüffer*, § 121 Rz. 17.

1046 *Hasselbach/Schumacher*, ZGR 2000, 258, 272.

1047 Vgl. o. II.2.a) (S. 138).

lungsidee des Aktiengesetzes. Man mag das Versammlungsverfahren überdenken und durch Neuerungen attraktiver gestalten, letztlich muß aber eine Versammlung stattfinden. Ob dies auch noch der Fall ist, wenn alle Aktionäre ausschließlich schriftlich mit der Verwaltung verkehren müssen, ist zweifelhaft. Auch die USA anerkennen mit ihrer Forderung, daß sich für eine Hauptversammlung alle Teilnehmer gleichzeitig hören können müssen[1048], einen kommunikativen Mindeststandard. Die Kritk an dieser Regelung bezog sich nicht auf "hören", sondern auf "gleichzeitig"[1049]. Schriftlichkeit allein genügt also nicht. Hiergegen wird man nicht einwenden können, daß dies auch nicht der Fall sei, schließlich könnten die Aktionäre die Verwaltung sehen und hören. Diese Sicht vernachlässigt, daß dieses Verfahren nur eine kommunikative Einbahnstraße ist, die mit der Versammlungskommunikation nur wenig gemein hat. Eine auf audio-visuelle Gegenseitigkeit ausgerichtete elektronische Hauptversammlung wird daher nur dort technisch realisierbar sein, wo der Aktionärskreis überschaubar ist, das heißt bei kleinen, nicht börsennotierten Gesellschaften[1050]. Im gleichen Sinne entschied der US-Bundesstaat Montana, der die virtuelle Hauptversammlung nur zuläßt bei Gesellschaften mit fünfzig oder weniger Aktionären[1051].

Ein weiterer technischer Gesichtspunkt ist die Erwägung, daß die virtuelle Hauptversammlung einen Internetanschluß jedes Aktionärs voraussetzt. Davon kann aber keine Rede sein. Wenngleich die Anzahl der Internetnutzer jeden Monat stark zunimmt, haben erst 30 Prozent der Bevölkerung im Bundesgebiet einen Zugang zum Internet[1052]. Wird daher die Hauptversammlung ausschließlich virtuell veranstaltet, sind die Teilnahmerechte der technisch nicht ausgestatteten Aktionäre nicht gewahrt[1053]. Zugegeben ist, daß die zu erwartende flächendeckende Versorgung mit Internet-Zugängen dieses Argument künftig entkräften wird. Solange die Versorgung jedoch nicht gewährleistet ist, sollte auf die Durchführung einer rein virtuellen Hauptversammlung verzichtet werden. Die Forderung, den Aktionär darauf zu verweisen, notfalls die technischen Voraussetzungen für die Teilnahme zu schaffen[1054], verkennt, daß mitgliedschaftliche Teilnahmerechte allein mit Leistung der Einlage begründet werden[1055]. Eine darüber hinausgehende Investitionspflicht kennt das AktG nicht[1056].

[1048] O. Fußn. 570

[1049] 6. Kapitel, I. (S. 80).

[1050] *Noack*, Entwicklungen im Aktienrecht 1999/2000, S. 42; *ders.*, FAZ v. 6.5.2000, S. 23.

[1051] § 35-1-516 (4) Mont. Code Ann.

[1052] Das entspricht etwa 16 Millionen Personen: Erhebung der Nürnberger Gesellschaft für Konsumforschung (GfK), vgl. FAZ v. 23.2.2000, S. 24.

[1053] *Riegger/Mutter*, ZIP 1998, 637, 638; *Schaaf*, Rz. 915; *Hüffer*, § 118 Rz. 12.

[1054] *Hasselbach/Schumacher*, ZGR 2000, 258, 264.

[1055] § 54 Abs. 2 AktG.

[1056] Vgl. auch Art. II, A. 3. der OECD-Principles of Corporate Governance (o. Fußn. 1007): "Processes and procedures for general shareholder meetings should allow for equi-

3. Praktisches Bedürfnis

Mag die virtuelle Hauptversammlung demnach rechtlich zulässig, wenngleich technisch für Publikumsgesellschaften noch nicht realisierbar sein, so stellt sich die Frage, ob überhaupt ein praktisches Bedürfnis für eine virtuelle Hauptversammlung besteht.

a) Nachfrage

Die hierfür vorgebrachten Argumente beschränken sich in der Regel auf die Vermeidung der aus der Globalisierung der Aktionärsstruktur erklärten sinkenden Hauptversammlungspräsenzen[1057], die Vereinfachung der Teilnahme für (internationale) Anleger[1058], auf Kosteneinsparungseffekte[1059] oder einfach nur darauf, daß der Einsatz des Internets für ein weltoffenes Unternehmen heute zum guten Ton gehöre[1060]. Diese Ziele sind jedoch ebenso gut durch eine Online-Hauptversammlung erreichbar. Sie ist es, die in der Praxis am meisten nachgefragt wird[1061], die virtuelle Hauptversammlung dagegen kaum[1062]. Dies liegt an mehreren Gründen.

Zunächst ist eine Hauptversammlung heute weniger denn je nur noch reines Arbeitsplenum der Aktionäre, sondern trägt unverkennbar Züge einer wichtigen PR-Veranstaltung. Große, börsennotierte Gesellschaften laden Pressevertreter ein, häufig sind auch Rundfunk sowie Fernsehen vertreten und Gäste (Schulklassen, Studenten usw.) werden zugelassen. Selten wird versäumt, auf die umfangreiche Produktpalette des Hauses durch zahlreiche Informationsstände und kostenlose Broschüren sowie kleine Präsente hinzuweisen, was unter den Aktionären meist eine wahre Sammelleidenschaft weckt. Auch spielt die Verpflegung eine nicht zu unterschätzende Rolle[1063]. Man hat nicht selten den Eindruck, daß diese Form der Naturaldividende für viele Aktionäre der einzige Grund ist, überhaupt Aktien zu erwerben[1064]. Dies alles entfiele, fände

---

table treatment of all shareholders. Company procedures should not make it unduly difficult or expensive to cast votes."

1057 *v.Rosen*, in: Feddersen/Hommelhoff/Schneider, Corporate Governance, 289, 299.

1058 *Seibert*, BB 1998, 2536, 2539.

1059 *Noack*, BB 1998, 2533, 2536.

1060 *Hasselbach/Schumacher*, ZGR 2000, 258, 259.

1061 *v.Rosen*, Begrüßungsansprache zum Börsenforum 1999 am 5.10.1999 in Frankfurt/Main, S. 5 (Rund 75 Prozent der Aktiengesellschaften würden das Internet-Stimmrecht begrüßen); *Balz*, Arbeitsunterlage für das Forum-Seminar "Die Online-Hauptversammlung" am 10.12.1999 in Frankfurt/Main, S. 106 (Zulassung der Stimmabgabe per E-Mail kurzfristig realistisch, wenn Satzungsermächtigung vorhanden); ferner *Noack*, Entwicklungen im Aktienrecht 1999/2000, S. 39.

1062 Auf der Forum-Veranstaltung (o. Fußn. 1061) war zu erfahren, daß weder die DaimlerChrysler AG noch die Deutsche Telekom AG zur Zeit an der virtuellen Hauptversammlung interessiert sind.

1063 Man denke nur an den Vesperle Kalender der Schwäbischen Bank.

1064 Vgl. die amüsante Darstellung bei *Schaaf*, Rz. 8a.

die Hauptversammlung nur noch im Cyberspace statt. Wenige Gesellschaften werden auf dieses Forum verzichten wollen.
Ein weiterer Grund für die physische Versammlung ist die Frage, ob die Erhöhung der Aktionärspräsenzen überhaupt erstrebenswert ist. Auf der einen Seite schafft sie zwar eine breitere Legitimationsbasis, führt aber auch zur Verwässerung der Stimmrechtsanteile. Dies könnte insbesondere Großaktionäre treffen, wenn der Streubesitz mit Hilfe des Internets stärker präsent ist. Eine negative Wirkung auf den Shareholder-Value wäre die Folge. Schließlich darf die Wirkung einer Präsenz-Hauptversammlung nicht vernachlässigt werden. Sie ist ein gruppendynamischer Prozeß, ein Führungsmittel nach innen, das den kollektiven Willen bildet und bündelt.

b) Corporate Governance

Eine neuere Argumentationslinie versucht daher, das Bedürfnis für die virtuelle Teilnahme der Aktionäre aus Gründen einer effizienteren Corporate Governance wenigstens für "Interimshauptversammlungen"[1065] zu wecken[1066]. Es geht um die Nutzbarmachung moderner Technik, um das innere Struktur- und Funktionsgefüge der Aktiengesellschaft zwar nicht grundsätzlich zu verändern, aber doch neu zu definieren. Die Diskussion steht erst am Anfang; im einzelnen sind drei Ansätze auszumachen.

Der erste geht zurück auf die Kritik am Holzmüller-Urteil des *BGH*[1067]. Dieser hatte vor knapp zwanzig Jahren entschieden, daß der Vorstand einer Aktiengesellschaft eine Entscheidung der Hauptversammlung nach § 119 Abs. 2 AktG herbeiführen müsse, wenn grundlegende Mitgliedschafts- und Vermögensinteressen der Aktionäre betroffen seien[1068]. Im konkreten Fall ging es um die Ausgliederung von achtzig Prozent des Aktivvermögens der AG auf eine hundertprozentige Tochtergesellschaft. Die Kritik entzündete sich unter anderem daran, daß eine stärkere Beteiligung der Aktionäre schon angesichts der logistischen Schwierigkeiten, die die Vorbereitung jeder Hauptversammlung veursachten, unpraktikabel sei[1069]. Der Vorwurf wäre jedoch entkräftet, wenn die Akteure in einer virtuellen Hauptversammlung zusammentreten könnten. Denn diese sei leichter zu organisieren[1070].

1065 *Hirte* meint wohl die außerordentliche Hauptversammlung.

1066 *Hirte*, FS für Buxbaum, S. 283, 295 ff.

1067 *BGHZ* 83, 122.

1068 *BGH*, a.a.O., 131.

1069 *Ebenroth*, AG 1998, 1, 5; *ders./Daum*, DB 1991, 1105, 1110; *Werner*, ZHR 147 (1983), 429, 435 Fußn. 9; *Heinsius*, ZGR 1984, 383, 391; die von *Noack*, Entwicklungen im Aktienrecht 1999/2000, S. 43 Fußn. 145, angegebenen Quellen stützen diese Kritik allerdings nicht, sondern hinterfragen lediglich die vom *BGH* vorgenommene Kompetenzzuweisung, vgl. *Joost*, ZHR 163 (1999), 164, 166 ff.; *Priester*, ZHR 163 (1999), 187, 193 ff.; *Liebscher*, S. 61 ff.

1070 *Noack*, Entwicklungen im Aktienrecht 1999/2000, S. 43; *ders.*, BB 1998, 2533, 2536; *Hirte*, FS für Buxbaum, S. 283, 295.

Das Argument überzeugt nicht. Abgesehen vom Stand der Technik, der eine Einbeziehung aller Aktionäre in eine Grundlagendiskussion noch nicht ermöglicht, sollten bedeutende verbandsrechtliche Strukturentscheidungen nicht ausschließlich einer unpersönlichen, mechanischen Abstimmung im Cyberspace zugeführt werden. Organisatorische Hürden dürfen keine Rolle spielen. Bei aller gegenwärtiger Begeisterung für die neuen Medien sollte die Erkenntnis im Vordergrund stehen, daß der persönlichen Begegnung eine ganz andere Qualität zukommt als dem virtuellen Vis-à-vis[1071]. Die Interaktion zwischen Aktionären und der Verwaltung ist wesentlich effizienter und effektiver als dies im virtuellen Raum denkbar ist. Nicht zuletzt aus diesem Grunde ist eine traditionelle Hauptversammlung besser für den Meinungsbildungs- und Meinungsänderungssprozeß geeignet, was für den Ausgang der Abstimung entscheidend sein kann[1072]. Der alleinige Einsatz neuer Medien empfiehlt sich daher nur bei standardisierten Routinehauptversammlungen mit unspektakulären Beschlußvorlagen, nicht aber bei (außerordentlichen) Hauptversammlungen, die die Vermögensinteressen der Aktionäre in grundlegender Weise betreffen. Im übrigen ist darauf hinzuweisen, daß der Streit um die dogmatische Begründung des Holzmüller-Urteils auch nach zwei Jahrzehnten noch nicht abgeklungen ist. Die praktische Umsetzung der Vorgaben des *BGH* bleibt davon nicht unbeeinflußt[1073]. Die Frage, wann der Vorstand eine Hauptversammlungskompetenz und daher seine Vorlagepflicht annehmen muß und wann es bei reinen Geschäftsführungsmaßnahmen bleibt, ist bis heute Gegenstand vieler Auseinandersetzungen geblieben[1074]. Der Aktionär – auch der institutionelle Anleger – ist in erster Linie Kapitalgeber und nicht an der Geschäftsführung interessiert[1075]. Die primäre Frage ist daher nicht, ob der Einsatz neuer Medien die logistische Schwierigkeit, eine stärkere Aktionärspartizipation herbeizuführen, kompensiert, sondern, unter welchen Voraussetzungen diese Partizipation überhaupt notwendig ist. Weder haben der *BGH* noch die Befürworter der virtuellen Hauptversammlung hierzu praktisch hilfreiche Linien vorgegeben.

"Die rechtliche Konstruktion des genehmigten Kapitals (...) könnte sich als überprüfungsbedürftig erweisen, wenn die Hauptversammlung durch die Neuen Medien aktionsfähiger wird." Mit diesen Worten umschreibt *Noack*[1076] den

---

1071 *Spindler*, ZGR 2000, 420, 436 f.; *Hirte*, FS für Buxbaum, S. 283, 290 f.; a. A. *Hasselbach/Schumacher*, ZGR 2000, 258, 272 Fußn. 41, mit Hinweis auf den Wandel der Kommunikationgewohnheiten. Diese durchaus zutreffende Beobachtung gilt aber nur für die standardisierte Kommunikation. Es kann kaum ernsthaft bezweifelt werden, daß die persönliche Krisensitzung eine andere Wirkung hat als der elektronische Schlagabtausch.

1072 *Spindler*, ZGR 2000, 420, 437.

1073 Zu den Schwierigkeiten vgl. *Heinsius*, ZGR 1984, 383 ff.

1074 Instruktiv *Joost*, ZHR 163 (1999), 164, 166 ff.

1075 *Wiedemann*, GesR I, § 2 I 3 b), S. 103 f.

1076 *Noack*, Entwicklungen im Aktienrecht 1999/2000, S. 43; *ders.*, BB 1998, 2533, 2536; ferner *Hirte*, FS für Buxbaum, S. 283, 294 f.

zweiten Diskussionsansatz und verweist auf ein weiteres, jüngeres Urteil des *BGH* zur Frage des Bezugsrechtsausschlusses im Rahmen des genehmigten Kapitals[1077]. Nach dessen ständiger Rechtsprechung ist der Ausschluß der Bezugsrechts (oder die Ermächtigung hierzu) wegen der Schwere der mitgliedschaftlichen Beeinträchtigung nur zulässig, wenn er durch sachliche Gründe im Interesse der Gesellschaft gerechtfertigt ist[1078]. Später weitete der *BGH* seinen Standpunkt aus und entschied, die Gründe müssten bereits im Zeitpunkt der Beschlußfassung erkennbar sein und den Aktionären mitgeteilt werden[1079]. Hieran hält das "Siemens"-Urteil nun nicht mehr fest. Dem Zweck des genehmigten Kapitals, der Gesellschaft einen schnellen und flexiblen Entscheidungsspielraum zu eröffnen, laufe die Forderung, der Hauptversammlung bereits im Beschluß- oder Ermächtigungszeitpunkt die für die Ausschließung des Bezugsrechts maßgeblichen sachlichen Gründe offen zu legen, zuwider, da diese in der Regel noch gar nicht konkret absehbar seien[1080]. Stattdessen muß die Maßnahme, zu der der Vorstand ermächtigt werden soll, nur noch allgemein umschrieben und der Hauptversammlung bekanntgegeben werden sowie im Interesse der Gesellschaft liegen[1081].

Daß die Unvereinbarkeit von schneller Entscheidungsspraxis und schwerfälliger Hauptversammlung für den *BGH* eine tragende Säule seiner Argumentation ist, soll nicht bestritten werden[1082]. Hieraus zu folgern, die Figur des genehmigten Kapitals sei überprüfbar oder verzichtbar, wenn nur durch Einsatz moderner Medien ein schneller Zusammentritt der Aktionäre gewährleistet sei[1083], ist gleichwohl zweifelhaft. Denn das "Siemens"-Urteil hat gerade zum Wiedererstarken des genehmigten Kapitals beigetragen[1084], die Notwendigkeit der raschen Herbeiführung eines Hauptversammlungsbeschlusses besteht also weniger denn je. Daß dies, soweit der Beschluß mit dem Ausschluß oder der Ermächtigung zum Ausschluß des Bezugsrechts verbunden wird, nicht auch ohne weiteres für kleine, nicht börsennotierte (Familien-)Aktiengesellschaften gilt, überzeugt[1085]. Der Gefahr der Verwässerung der Anteile und der Minderung der Mitverwaltungsrechte kann hier nicht einfach durch Zukauf an der Börse begegnet werden, da für diese Aktien kein Börsenpreis existiert. Die besondere sachliche Rechtfertigung des Bezugsrechtsausschlusses im Zeitpunkt der Beschlußfassung bleibt daher notwendig. Dies mag die genehmigte Kapitalerhöhung vielleicht unpraktikabel machen. Auf eine schnelle Entscheidung der Hauptversammlung muß dennoch nicht ver-

---

1077 *BGHZ* 136, 133 ("Siemens/Nold").

1078 Erstmals *BGHZ* 71, 40, 46 ("Kali + Salz").

1079 *BGHZ* 83, 319, 322 ("Holzmann").

1080 *BGH* (o. Fußn. 1077), 137.

1081 *BGH* (o. Fußn. 1077), 139.

1082 Im "Holzmann"-Urteil freilich war dieser Widerspruch für den *BGH* noch nicht unüberwindbar, vgl. a.a.O. (o. Fußn. 1079), 322 f.

1083 Vgl. ähnlich *Hirte*, FS für Buxbaum, S. 283, 295.

1084 *Volhard*, AG 1998, 397, 404.

1085 Zutreffend daher *Lutter*, JZ 1998, 50, 52; *ders.*, FS für Zöllner, 363, 374.

zichtet werden. Seit 1994 bestehen erleichterte Einberufungsförmlichkeiten[1086]. Die Einhaltung der Monatsfrist des § 123 Abs. 1 AktG etwa entfällt. Ein Bedürfnis für eine virtuelle Hauptversammlung besteht daneben nicht.

Der letzte Ansatz betrifft die Bildung von Quoren für das Einberufungsverlangen[1087] oder Geltendmachung von Schadensersatzansprüchen gegen die Verwaltung durch eine Minderheit[1088]. Hierfür solle die unternehmenseigene Internet-Seite der Gesellschaft zur Sammlung der Aktionärsstimmen zur Verfügung stehen[1089]. Hiergegen ist nichts einzuwenden, soweit es sich um die Einberufung einer ordentlichen Hauptversammlung handelt. Nach der geplanten Änderung des § 122 Abs. 1 Satz 2 AktG durch das Gesetz zur Anpassung der Formvorschriften des Privatrechts an den modernen Rechtsgeschäftsverkehr[1090] wird diese Praxis ohnehin in das Ermessen jeder Gesellschaft gestellt werden und der Markt wird entscheiden, ob sie sich durchsetzt. Mit einer virtuellen Hauptversammlung hat dies freilich nichts zu tun.
Anders ist die Sache zu beurteilen, soweit die virtuelle Quorenbildung zur Einberufung einer virtuellen "Interims-"Hauptversammlung dient. Diese Hauptversammlung solle in diesem Fall nur einschränkenden Vorgaben gehorchen und eine Beteiligung an ihr von der Meldung der an einer regelmäßigen Beteiligung interessierten Aktionäre abhängen[1091]. Das praktische Bedürfnis für eine virtuelle Hauptversammlung wird aber einerseits nicht dadurch geschaffen, daß man eine virtuelle Anmeldung fordert. Andererseits ist nicht ersichtlich, unter welchen Umständen eine erleichterte virtuelle Hauptversammlung zu rechtfertigen ist, wenn auf ihr Vermögensentscheidungen getroffen werden sollen, die alle Aktionäre gleichermaßen treffen. Deren Schutzbedürfnis darf von der Entscheidung, nicht an der Hauptversammlung teilzunehmen, nicht beeinträchtigt werden.

Erwähnt werden sollte schließlich, daß nicht nur auf Vorteile der virtuellen Hauptversammlung für die Corporate Governance hingewiesen wird, sondern auch nicht ohne weiteres zu vernachlässigende Nachteile aufgezeigt werden. Abgesehen von querulatorischen oder populistischen Tendenzen, denen durch den Einsatz der virtuellen Technik Vorschub geleistet würde[1092], besteht die Befürchtung, die Überfrachtung des Aktionärs mit Informationen wirke sich

---

1086 Vgl. §§ 121 Abs. 4 u. 6, 124 Abs. 1 Satz 3, 130 Abs. 1 Satz 3 AktG, eingeführt durch Gesetz für kleine Aktiengesellschaften und zur Deregulierung des Aktienrechts v. 2.8.1994 (BGBl. I, 1961).

1087 *Hirte*, FS für Buxbaum, S. 283, 296.

1088 §§ 122 Abs. 1 Satz 1, 147 Abs. 1 Satz 1 AktG.

1089 *Noack*, ZGR 1998, 592, 613; *ders.*, Entwicklungen im Aktienrecht 1999/2000, S. 43.

1090 Dazu o. 9. Kapitel, II.2.c) (S. 120).

1091 So *Hirte*, FS für Buxbaum, S. 283, 296.

1092 Zur Ordnungsmacht des Versammlungsleiters im virtuellen Raum vgl. *Hasselbach/Schumacher*, ZGR 2000, 258, 273.

negativ auf sein Stimmverhalten aus[1093]. Zwar verbillige sich die Distribution der Informationen, deren Evaluation werde aber nicht durch die Technik erleichtert. Die Kosten der Informationsbewertung aber, die bislang von den Kapitalmarktintermediären (z.B. Finanzanalysten) getragen worden seien, müßten künftig von den Aktionären übernommen werden, wenn diese sich einfacher und ohne Zwischenstationen über das Internet mit relevanten Informationen versorgen könnten. Das führe zur rationalen Apathie, was Nachteile für die Corporate Governance mit sich bringe, da der Kapitaleinsatz je nach Aktionärsstruktur mit größeren Risiken verbunden sei. Populistische Abstimmungsvorlagen könnten große ungewollte Mehrheiten erreichen, komplexe Themen hingegen das notwendige Engagement vermissen lassen[1094].
Richtig an dieser Argumentation ist, daß das Internet keine Informationsbewertung vornehmen kann. Überzeugend ist sie gleichwohl nicht, da sie offensichtlich von zwei unzutreffenden Prämissen ausgeht: das Internet mache die Kapitalmarktintermediäre überflüssig und der Aktionär bedürfe der Leitung. Weder das eine noch das andere ist zutreffend. Das Internet wird die Kapitalmarktteilnehmer nicht ersetzen, sondern allenfalls ergänzen. Die Anlage- bzw. Abstimmungsentscheidung wird auch nach flächendeckender Etablierung des Internets nicht unwesentlich von der Informationsevaluation durch professionelle Marktbeobachter und von der Effizienz und Präsentation der Verwaltung anhängen. Die Gefahr der Übersättigung mit Informationen besteht im übrigen schon jetzt. Kaum zu überblicken sind die (zum Teil sich widersprechenden) Anlageempfehlungen führender Investmenthäuser, die Finanzpresse boomt, ebenso Business-Fernsehkanäle, die rund um die Uhr mit minütlich wechselnden Headlines die Aufmerksamkeit des anlagesuchenden Publikums auf sich zu ziehen versuchen. Alleine am Neuen Markt sind im letzten Jahr rund 140 Gesellschaften neu gelistet worden, in diesem Jahr sind es schon über 70. Die Pflicht zur Erstellung von Quartalsberichten besteht dabei neuerdings auch für Neue-Markt-Unternehmen[1095]. Gleichwohl werden die Dienste der Kapitalmarktteilnehmer in Anspruch genommen. Zu erwarten, daß dies sich durch Einsatz des Internets ändere und der Aktionär allein darauf als Informationsquelle rekurrieren werde, ist unrealistisch.
Daß der Aktionär ferner durch entsprechende Informationsvergabe zur "richtigen" Entscheidung hingeführt werden müsse, ist lediglich eine unbeachtliche Wunschvorstellung. Eine prognostizierbare Hauptversammlung mit von vornherein wahrscheinlich feststehendem Ergebnis mag aus unternehmerischer Sicht Planungssicherheit geben. Allein einen Anspruch darauf gibt es nicht. Die Aktionärsdemokratie via Internet deshalb zu verneinen, weil nicht sein kann, was nicht sein darf, überzeugt daher kaum. Die Aktionäre üben ihre Rechte in den Angelegenheiten der Gesellschaft in der Hauptversammlung

---

1093 *Spindler*, ZGR 2000, 420, 442 f.; *ders./Hüther*, RIW 2000, 329, 337.

1094 *Spindler*, ZGR 2000, 420, 442 f.

1095 Zur nachlässigen Informationsvergabe am Neuen Markt vgl. *Maier/Herr*, FAZ v. 6.6.2000, S. 30.

aus und die Mehrheit der abgegebenen Stimmen entscheidet[1096]. Jede Verwaltung und jeder Aktionär muß sich mit dieser gesetzlichen Grundentscheidung abfinden. Die Furcht vor irrationalen oder populistischen Motiven rechtfertigt keine andere Bewertung. Das Risiko, das jeder Investor trägt, ist ohnehin auf die Einlage beschränkt[1097].
Gegen die virtuelle Hauptversammlung spricht also nicht das Problem der Informationsevaluation, sondern die unterschiedliche Versammlungsqualität.

c) Europäische Regelung
Der Einsatz neuer Medien bei der Ausübung aktienrechtlicher Teilnahmerechte ist ein über die nationalen Grenzen hinausreichendes Thema. Langfristig ist der Sache nur gedient, wenn die Europäische Union mit ihrer Richtlinien-Kompetenz sich des grenzüberschreitenden elektronischen Austauschs zwischen europaweit gestreuten Aktionären und ihren Gesellschaften annimmt ("cross-border-voting")[1098]. Ob das Statut einer Europäischen Aktiengesellschaft hierfür die richtige Arbeitsgrundlage bietet, muß angesichts des seit Jahrzehnten in Fragen der Arbeitnehmermitbestimmung umstrittenen Projekts bezweifelt werden[1099]. Wahrscheinlicher ist daher, daß eine neue Richtlinie, die Bundesjustizministerin *Däubler-Gmelin* im März 1999 in Brüssel bei Kommissionsmitglied *Monti* angeregt hat, einen schnelleren Erfolg verspricht. Im Interesse eines raschen Konsenses sieht der Vorschlag eine virtuelle Hauptversammlung jedoch auch auf europäischer Ebene nicht vor. Er beschränkt sich vielmehr auf folgende Punkte:

- Alle börsennotierten Gesellschaften in der EU veröffentlichen Termin, Tagesordnung, Anträge und Gegenanträge zur Hauptversammlung im Internet;

- sie bieten ferner einen Mailing-Service für Unternehmensmitteilungen an;

- schließlich sehen alle Rechtssysteme sowohl die schriftliche als auch elektronische Briefwahl vor bzw. Vollmachtserteilung unmittelbar an die Gesellschaft oder mittelbar über depotführende Institute.

Der Vorschlag ist zu begrüßen, läßt die Notwendigkeit einer virtuellen Hauptversammlung aber nicht erkennen. Daß dies für die Online-Hauptversammlung im gleichen Maße gilt, ist zwar richtig. In Anbetracht der näherliegenden Konsensfähigkeit ist eine europäische Regelung hier in Zukunft aber wahrscheinlicher.

1096 §§ 118 Abs. 1, 133 Abs. 1 AktG.

1097 § 1 Abs. 1 Satz 2 AktG; *Kübler*, GesR, § 14, I.1.a).

1098 *Seibert*, BB 1998, 2536, 2539; *Noack*, ZGR 1998, 593, 597.

1099 Dazu *Monti*, WM 1997, 607; *Heinze*, AG 1997, 289; *Hopt*, ZIP 1998, 96.

4. Ergebnis

Festzuhalten bleibt: Die virtuelle Hauptversammlung ist rechtlich zulässig, nach dem gegenwärtigen Stand der Technik jedoch nicht durchführbar. Einsetzbar ist sie allenfalls in einer Aktiengesellschaften, die wie die GmbH über einen kleinen Gesellschafterkreis verfügt[1100]. Schwerer als die technische Machbarkeit wiegt allerdings, daß für eine rein virtuelle Aktionärsversammlung kein praktisches Bedürfnis besteht, was eine mittelfristige Realisierung – auch auf europäischer Ebene – unwahrscheinlich macht. Eine Klarstellung des Aktiengesetzes ist insoweit entbehrlich.

1100 Zur Zulässigkeit der GmbH-Gesellschafterversammlung im Internet *Zwissler*, GmbHR 2000, 28.

11. Kapitel: Zusammenfassender Vergleich mit den USA

Der Vergleich der Rechtslage in Deutschland und den USA zeigt, daß die bisher vollzogenen Entwicklungen sich allenfalls in ihren Schwerpunktsetzungen, nicht aber grundlegend unterscheiden. Dies gilt sowohl für die Vorbereitung als auch Durchführung der Hauptversammlung.

I. Vorbereitung der Hauptversammlung

US-State Corporate Statutes verlangen nicht die persönliche Anwesenheit des Aktionärs auf der Hauptversammlung, sondern erlauben die Briefwahl. Gleichzeitig setzen sie Mindestquoren fest. Die Vorbereitung amerikanischer Hauptversammlungen ist daher geprägt durch den Proxy-Prozeß. Er ist notwendiges Mittel, um die Stimmen der über den nordamerikanischen Kontinent verstreuten Aktionäre zu konzentrieren und so die Beschlußfähigkeit der Hauptversammlung herzustellen. Das Proxy-Soliciting, also das Werben um Stimmrechtsvollmachten, wird daher nicht selten als die eigentliche Hauptversammlung betrachtet, die gesetzliche Hauptversammlung hingegen nur als Formalität. Typisches Beispiel hierfür ist das Special Meeting der Chrysler Corporation vom 16. September 1998, in der über die Fusion mit der Daimler Benz AG abgestimmt wurde. Bei einer Präsenz von über 80 Prozent des Grundkapitals und in Anwesenheit von 139 Aktionären stimmte die Hauptversammlung nach zweistündiger Debatte mit großer Mehrheit für die Fusion. Zum Vergleich: Auf der außerordentlichen Hauptversammlung der Daimler Benz AG waren lediglich 62 Prozent des Grundkapitals vetreten, dafür jedoch über 15 000 Aktionäre, die mehr als 13 Stunden debattierten, bis sie der Fusion zustimmten[1101]. Dies zeigt, daß amerikanische Unternehmen aufgrund der strengen Publizitätsvorschriften gezwungen sind, wichtige Informationen sofort zu veröffentlichen und auf der Hauptversammlung daher nur noch wenige Neuigkeiten bekannt werden.

Bemühungen, das amerikanische Aktienrecht für das Internet fruchtbar zu machen, zielen daher in erster Linie auf das Proxy-Verfahren ab. Dem unter den Bundesstaaten zersplitterten Corporate Law kommt dabei zugute, daß das Proxy-Soliciting in die nationale Zuständigkeit der Securities and Exchange Commission fällt, die mir ihrer fortschrittlichen Haltung die treibende Kraft für die Implementierung moderner Medien ist. Der Vorteil, den die SEC bietet, besteht in der ihr zugewiesenen Regelungskompetenz. Eine Änderung des Gesetzes für die Pflege des elektronischen Verfahrens ist im Gegensatz zu Deutschland nicht nötig, was eine rasche Reaktionszeit auf sich verändernde Marktbedingungen erlaubt. Eine vergleichbare Behörde ist in Deutschland nicht in Sicht. Schließlich tragen die stärkere Akzeptanz und Verbreitung des Internets in der amerikanischen Bevölkerung sowie die Tatsache, daß für die

---

[1101] FAZ v. 21.9.1998, S. 23.

Benutzung des Internets keine Online-Gebühren anfallen, nicht zuletzt zur Attraktivität der elektronischen Kommunikation mit der Gesellschaft bzw. dem elektronischen Proxy Voting bei.

Das deutsche Aktiengesetz in der Form, die das NaStraG vorsieht, braucht sich vor dieser Entwicklung nicht zu verstecken. Der Entwurf bereitet den Einstieg in die virtuelle Welt mit vorsichtigen Schritten vor. Der Abbau überflüssiger Formerfordernisse, insbesondere bei der Stimmrechtsvollmacht, steht dabei im Mittelpunkt. Der Ansatz ist daher der gleiche wie in den USA, wo die Einhaltung noch strengerer Mitteilungs- und Publizitätsvorschriften seit 1995 durch elektronische Verfahren möglich ist. Das Briefwahlsystem der USA begünstigte hierbei die Abkehr von der reinen Papierform. Die Einführung des elektronischen Briefwahlsystem in Deutschland sieht das NaStraG zwar nicht vor, schließt es jedoch für die Zukunft nicht völlig aus. Statt dessen bleibt es bei der Grundentscheidung der persönlichen oder vertretungsweisen Stimmrechtsausübung, was die Implementierung eines elektronischen Verfahrens offenbar nicht behindert hat.

Eine über die Vorschläge des NaStraG hinausgehende Adaption des amerikanischen Systems steht daher gegenwärtig außer Frage.

II. Durchführung der Hauptversammlung

Die virtuelle Hauptversammlung ist in den USA lediglich auf dem Papier Realität. Zwar sehen einige State Corporate Statutes die Möglichkeit vor, die Hauptversammlung unter Zuhilfenahme elektronischer Mittel durchzuführen. Die gesetzliche Forderung nach einer Simultanschaltung aller Teilnehmer läßt aber erkennen, daß das Gesetz die virtuelle Zusammenkunft nur für kleine, Closely Held Corporations konzipiert hat, hingegen nicht auf Publikumsgesellschaften angewendet wissen will. Versuche, die Hauptversammlungspraxis großer Gesellschaften dennoch für die virtuelle Technik fruchtbar zu machen, unterscheiden sich nur unwesentlich von der derzeitigen Entwicklung in Deutschland. Theoretisch besteht der Vorschlag, die Tele- oder Videokonferenz-Hauptversamlung auszuprobieren. In der Praxis wurde bislang die elektronische Stimmrechtsbevollmächtigung und Weisungserteilung noch während der Hauptversammlung erprobt – mit beachtlichem, wenngleich nicht überschießendem Erfolg. Zu tief sitzt in den USA die Gewöhnung an das allseits praktizierte Proxy-Verfahren. Man kann daher sagen, daß die virtuelle Hauptversammlung in den USA nahezu erreicht und praktiziert wird. Es fehlt allein an der unmittelbaren Teilnahme des Aktionärs.

In Deutschland wurden in diesem Jahr erstmals Versuche mit Internet-Weisungen praktiziert, jedoch allesamt nur im Vorfeld der Hauptversammlung und erst nach entsprechender schriftlicher Vollmachterteilung nach traditionellem Muster. Das Verfahren hat daher vornehmlich eine werbewirksame Funktion, schafft aber keine Erleichterungen für den Anleger. Daran wird auch das NaStraG nichts ändern. Fragen der Zulässigkeit der Online- oder virtuellen Hauptversammlung regelt der Entwurf nicht und geht auch nicht so weit, dies wie in den USA wenigstens kleinen Aktiengesellschaften zuzubilligen. Offensichtlich will der Entwurf auf sicherem Boden bleiben und die weitere Entwicklung abwarten. Ob sich ein Neuanlauf zur Einsetzung eines professionellen Stimmrechtsvertreters, der wie in den USA online bevollmächtigt und angewiesen werden kann, lohnt, muß bezweifelt werden. Zum einen ist der bereits vor Inkrafttreten des KonTraG unterbreitete Vorschlag trotz intensiver Diskussion nicht Gesetzesrealität geworden und zum anderen wäre er auch nur eine Übergangslösung bis zur vollständigen Akzeptanz der unmittelbaren Online-Teilnahme. Über die gegenwärtig in den USA erhobenen Forderungen hinaus sollte daher in Deutschland auf die entsprechende gesetzliche Akzeptanz gedrungen werden.

Nach der hier vertretenden Auffassung sind die Tele- sowie Online-Hauptversammlung bereits mit dem geltenden Recht vereinbar. Eine strukturelle Änderung des Aktiengesetzes ist daher nicht nötig. Dennoch sollten einige Bestimmungen klargestellt werden, um der Praxis eine verläßlich Arbeitsgrundlage für entsprechende Satzungsregelungen zu geben.
Die Klarstellung betrifft die Einfügung eines neuen § 118 Abs. 3 und § 134 Abs. 3 sowie die Ergänzung oder Neufassung der §§ 121 Abs. 4 bis 6 und 131 Abs. 1 AktG.

§ 118 AktG

(3) [1]Die Hauptversammlung findet als körperliche Versammlung der Aktionäre statt. Die Satzung kann jedoch den Aktionären die Teilnahme an der Hauptversammlung unter Einsatz audio-visueller oder elektronischer Kommunikationsmittel gestatten. [2]Der auf diese Weise teilnehmende Aktionär gilt als persönlich anwesend, wenn seine Legitimation nachprüfbar sichergestellt ist.

§ 121 AktG

(4) [1]Sind die Aktionäre der Gesellschaft namentlich bekannt, so kann die Hauptversammlung mit eingeschriebenem Brief einberufen werden. [2]Die Einberufung kann auch durch elektronischen Brief erfolgen, soweit der Aktionär zugestimmt hat; in beiden Fällen gilt der Tag der Absendung als Tag der Bekanntmachung. [3]Die §§ 125 bis 127 gelten sinngemäß.

(5) [3]§ 118 Abs. 3 bleibt unberührt.

(6) [1]Die Satzung kann vorsehen, daß die Hauptversammlung ausschließlich unter Einsatz audio-visueller oder elektronischer Kommunikationsmittel stattfindet, soweit die Teilnahme aller Aktionäre gewährleistet ist; § 118 Abs. 3 Satz 2 gilt sinngemäß. [2]Sind alle Aktionäre anwesend oder vertreten, kann die Hauptversammlung Beschlüsse ohne Einhaltung der Bestimmungen dieses Unterabschnitts fassen, soweit kein Aktionär der Beschlußfassung widerspricht.

§ 131 AktG

(1) [1]Jedem Aktionär ist auf Verlangen in der Hauptversammlung vom Vorstand Auskunft über Angelegenheiten der Gesellschaft zu geben, soweit sie zur sachgerechten Beurteilung des Gegenstands der Tagesordnung erforderlich ist; die Satzung kann elektronische Anfragen durch anwesende Aktionäre zulassen. (...)

§ 134 AktG

(3) [1]Das Stimmrecht wird durch anwesende Aktionäre in der Hauptversammlung ausgeübt. [2]Der Vorstand schafft die Voraussetzungen dafür, daß bei elektronischer Ausübung des Stimmrechts die Legitimation des Aktionärs nachprüfbar erfolgt ist. [3]Das Nähere regelt die Satzung.

(4) (entspricht § 134 Abs. 3 AktG)

(5) (entspricht § 134 Abs. 4 AktG)

Schluß und Thesen

Die Praxis der Hauptversammlung befindet sich im Umbruch. Die Globalisierung der Kapitalmärkte und Anlegerstrukturen zwingt zur Weiterentwicklung traditioneller Hauptversammlungsmodelle. Die rasch fortschreitende Technologisierung des täglichen Lebens und der Einsatz moderner Medien kann hierfür das richtige Instrumentarium zur Verfügung stellen, sollte in seinen Möglichkeiten und seiner Wirkung jedoch nicht überschätzt werden. Dies ist nicht nur auf die zur Zeit noch eingeschränkten technischen Möglichkeiten zurückzuführen, sondern insbesondere auf die Erkenntnis, daß das persönliche Gespräch nicht umfassend durch das virtuelle Gespräch ersetzbar ist. Die Nutzung des Internets sollte daher vor allen Dingen als Hilfsmittel bei der Vorbereitung der Hauptversammlung verstanden werden, nicht jedoch als Arbeitsplattform für die Hauptversammlung selbst. Den gleichen Weg weist das NaStraG, das eine begrüßenswerte Liberalisierung des Aktiengesetzes von überkommenen Förmlichkeiten bei der Vorbereitung der Hauptversammlung vorsieht, sich jedoch nicht zur Frage der virtuellen Hauptversammlung selbst äußert. Der Blick in die USA zeigt dasselbe Bild. Das Internet dient der Erleichterung der Stimmrechtsausübung vor der Hauptversammlung. Die virtuelle Versammlung selbst ist dagegen nur für kleine Aktiengesellschaften eine denkbare Alternative. Für das deutsche Aktiengesetz kann nichts anderes gelten. Für Publikumsgesellschaften ist allenfalls die Tele- oder Online-Hauptversammlung eine praktisch interessante Variante.

Zusammenfassend lassen sich daher folgende Thesen formulieren:

1. **Das Internet wird in den USA vornehmlich für die Verbreitung von Unternehmensinformationen und als kostengünstigere Alternative zum Briefversand im Rahmen des Proxy Soliciting-Verfahrens genutzt.**

2. **Die virtuelle Hauptversammlung wird darüber hinaus nicht praktiziert. Einige Einzelstaaten erlauben zwar die elektronische Hauptversammlung, verlangen hierfür jedoch die gegenseitige Vernetzung aller Teilnehmer. Diese Form der Hauptversammlung ist daher nur für Gesellschaften mit kleinem Aktionärskreis nutzbar.**

3. **Der virtuellen Hauptversammlung stark angenähert ist die Praxis in den USA, Stimmrechtsbevollmächtigten noch während der Hauptversammlung Weisungen auf elektronischem Wege zu erteilen. Eine unmittelbare Teilnahmemöglichkeit für Aktionäre über das Internet besteht aber nicht.**

4. **In Deutschland steht dem Aktiengesetz mit dem NaStraG eine gut durchdachte Änderung bevor, die auf unnötige Förmlichkeiten bei der**

Vorbereitung der Hauptversammlung verzichtet. Davon betroffen sind insbesondere die Einberufung der Hauptversammlung sowie die technische Abwicklung der Stimmrechtsvollmacht und Stimmrechtsausübung.

5. Die Internet-Hauptversammlung wird vom NaStraG nicht thematisiert. In der Diskussion sind drei Modelle: Die Tele-, die Online- und die virtuelle Hauptversammlung. Alle drei Modelle sind bereits de lege lata zulässig.

6. § 118 Abs. 1 AktG verlangt nach Sinn und Zweck die persönliche oder vertretungsweise Anwesenheit der Aktionäre in der Hauptversammlung nicht. Die Ausübung der mitgliedschaftlichen Teilnahmerechte ist vielmehr auch den technisch zugeschalteten Aktionären möglich. Dies gilt insbesondere für die Ausübung des Stimmrechts.

7. Mangels Ermächtigung in Satzung oder Geschäftsordnung läßt der Versammlungsleiter die Öffentlichkeit bei Widerspruch nach entsprechendem Beschluß der Hauptversammlung zu. Bei Publikumsgesellschaften kann der Zutritt für Presse- und Medienvertreter jedoch nur in besonderen Fällen versagt werden, da ein grundsätzliches Informationsbedürfnis besteht. Die Beiträge der Aktionäre müssen bei Widerspruch ausgeblendet werden.

8. Für die Geltendmachung des Auskunfts- und Fragerechts wird man den Aktionär darauf verweisen können, sich über ein dafür bereitgestelltes elektronisches Kommunikationsnetz schriftlich an die Verwaltung zu wenden. Die Unterstützung der Frage durch Tonfall und Gestik fällt weg.

9. Allein die Online-Hauptversammlung wird in der Praxis nachgefragt. Für die virtuelle Hauptversammlung besteht dagegen kein Bedürfnis. Das liegt daran, daß die Hauptversammlung einerseits werbewirksames Forum ist und andererseits, daß ihr als Ort der persönlichen Begegnung eine im Gegensatz zum virtuellen Treffen entscheidend andere Qualität zukommt.

10. Das Aktiengesetz bedarf keiner Änderung, sondern nur der Klarstellung. Im Vordergrund dieser Klarstellung sollte das Bemühen stehen, den Gesellschaften durch Ausweitung der Satzungsautonomie einen größeren Handlungsspielraum zuzugestehen als den, den das Aktiengesetz gegenwärtig zuläßt. Letztlich wird der Markt über die Zukunftsfähigkeit einzelner Modelle entscheiden.

ANHANG I

Proxy Voting im Internet in den USA
über proxyvote.com

dargestellt anhand des Annual Meeting der
Lehman Brothers Holdings, Inc., New York,
am 4. April 2000

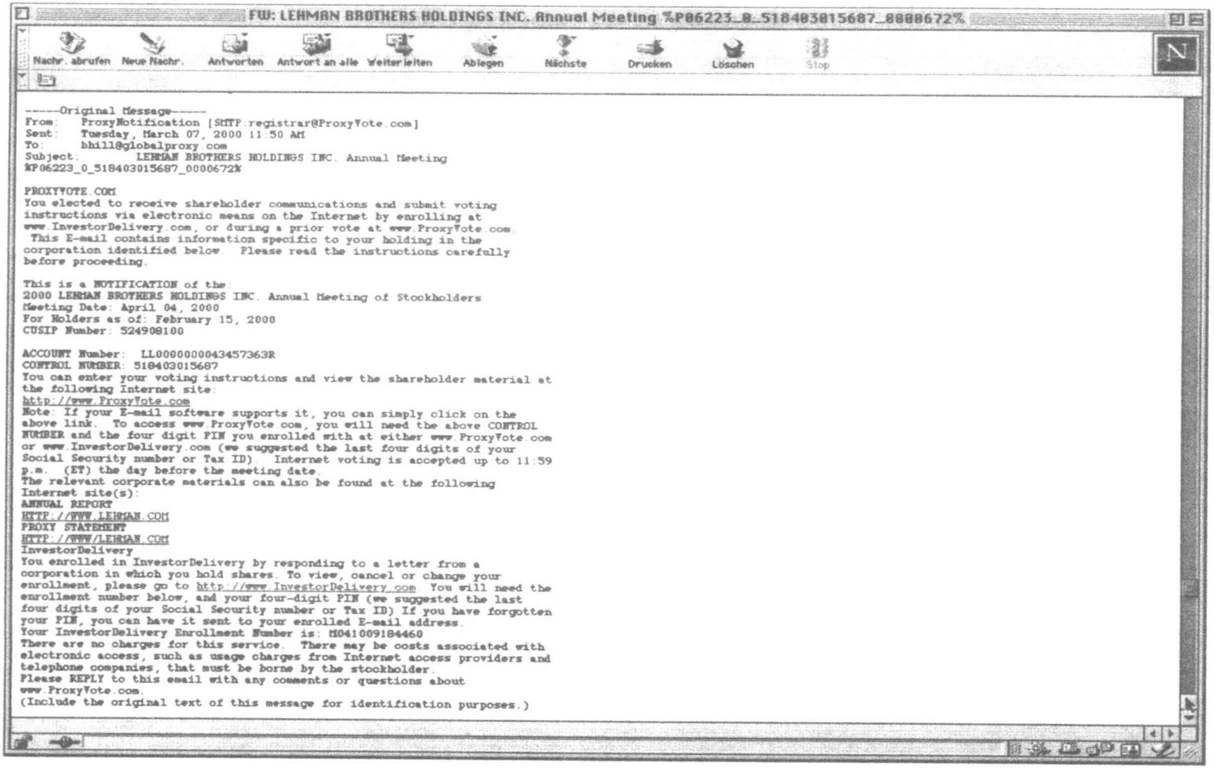

-----Original Message-----
From: ProxyNotification [SMTP:registrar@ProxyVote.com]
Sent: Tuesday, March 07, 2000 11:50 AM
To: bhill@globalproxy.com
Subject: LEHMAN BROTHERS HOLDINGS INC. Annual Meeting %P06223_0_518403015687_0000672%

PROXYVOTE.COM
You elected to receive shareholder communications and submit voting instructions via electronic means on the Internet by enrolling at www.InvestorDelivery.com, or during a prior vote at www.ProxyVote.com. This E-mail contains information specific to your holding in the corporation identified below. Please read the instructions carefully before proceeding.

This is a NOTIFICATION of the:
2000 LEHMAN BROTHERS HOLDINGS INC. Annual Meeting of Stockholders
Meeting Date: April 04, 2000
For Holders as of: February 15, 2000
CUSIP Number: 524908100

ACCOUNT Number: LL0000000043457363R
CONTROL NUMBER: 518403015687
You can enter your voting instructions and view the shareholder material at the following Internet site:
http://www.ProxyVote.com
Note: If your E-mail software supports it, you can simply click on the above link. To access www.ProxyVote.com, you will need the above CONTROL NUMBER and the four digit PIN you enrolled with at either www.ProxyVote.com or www.InvestorDelivery.com (we suggested the last four digits of your Social Security number or Tax ID). Internet voting is accepted up to 11:59 p.m. (ET) the day before the meeting date.
The relevant corporate materials can also be found at the following Internet site(s):
ANNUAL REPORT
HTTP://WWW.LEHMAN.COM
PROXY STATEMENT
HTTP://WWW/LEHMAN.COM
InvestorDelivery
You enrolled in InvestorDelivery by responding to a letter from a corporation in which you hold shares. To view, cancel or change your enrollment, please go to http://www.InvestorDelivery.com. You will need the enrollment number below, and your four-digit PIN (we suggested the last four digits of your Social Security number or Tax ID) If you have forgotten your PIN, you can have it sent to your enrolled E-mail address.
Your InvestorDelivery Enrollment Number is: M041009184460
There are no charges for this service. There may be costs associated with electronic access, such as usage charges from Internet access providers and telephone companies, that must be borne by the stockholder.
Please REPLY to this email with any comments or questions about www.ProxyVote.com.
(Include the original text of this message for identification purposes.)

Mitteilung über Einberufung der HV sowie Kontrollnummer für Abstimmung

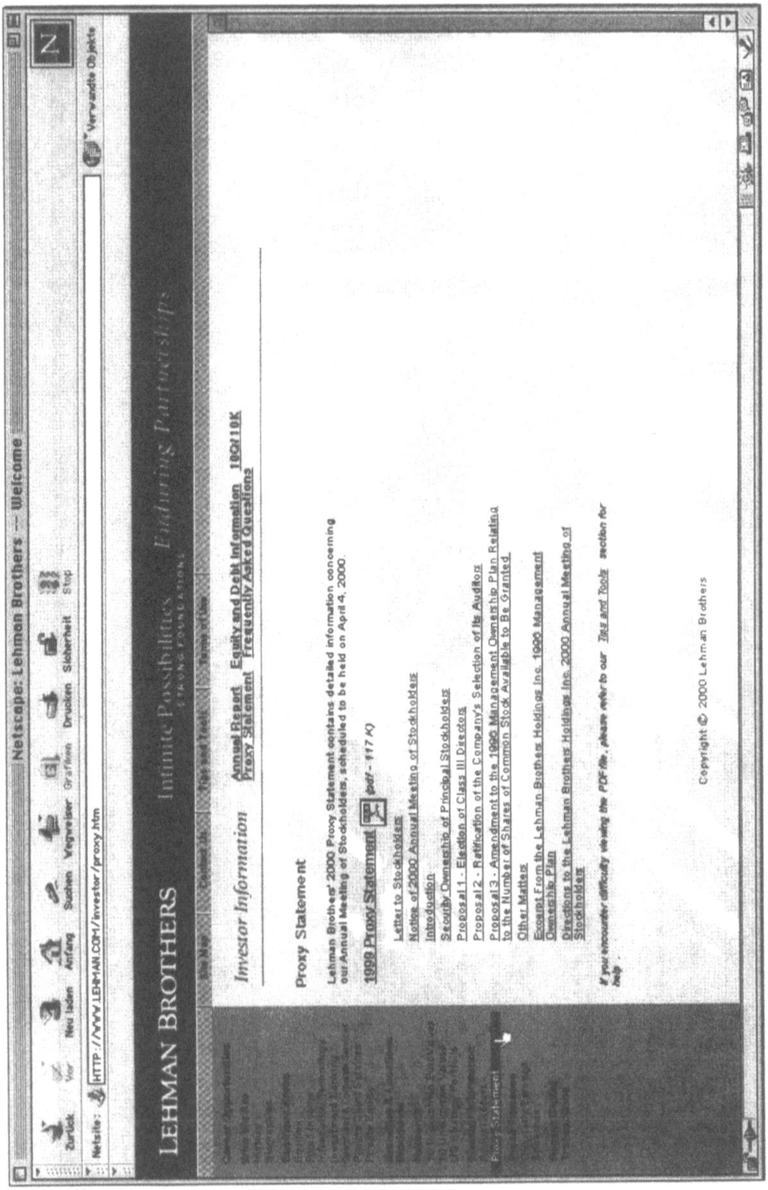

Lehman Brothers - Proxy Statement

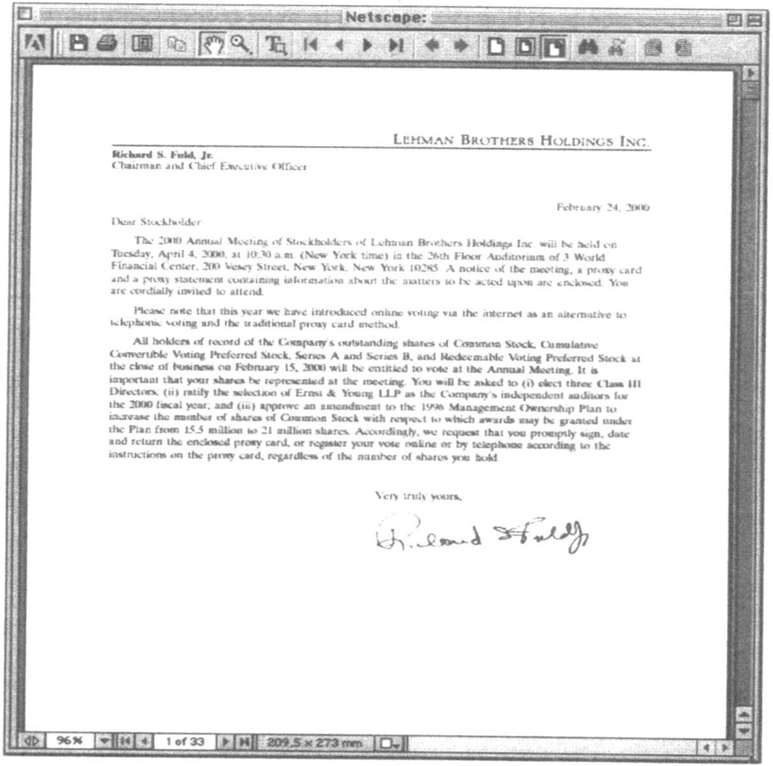
LEHMAN BROTHERS HOLDINGS INC.

Richard S. Fuld, Jr.
Chairman and Chief Executive Officer

February 24, 2000

Dear Stockholder

The 2000 Annual Meeting of Stockholders of Lehman Brothers Holdings Inc. will be held on Tuesday, April 4, 2000, at 10:30 a.m. (New York time) in the 26th Floor Auditorium of 3 World Financial Center, 200 Vesey Street, New York, New York 10285. A notice of the meeting, a proxy card and a proxy statement containing information about the matters to be acted upon are enclosed. You are cordially invited to attend.

Please note that this year we have introduced online voting via the internet as an alternative to telephonic voting and the traditional proxy card method.

All holders of record of the Company's outstanding shares of Common Stock, Cumulative Convertible Voting Preferred Stock, Series A and Series B, and Redeemable Voting Preferred Stock at the close of business on February 15, 2000 will be entitled to vote at the Annual Meeting. It is important that your shares be represented at the meeting. You will be asked to (i) elect three Class III Directors; (ii) ratify the selection of Ernst & Young LLP as the Company's independent auditors for the 2000 fiscal year; and (iii) approve an amendment to the 1996 Management Ownership Plan to increase the number of shares of Common Stock with respect to which awards may be granted under the Plan from 15.5 million to 21 million shares. Accordingly, we request that you promptly sign, date and return the enclosed proxy card, or register your vote online or by telephone according to the instructions on the proxy card, regardless of the number of shares you hold.

Very truly yours,

Lehman Brothers - Letter to Shareholders (Teil des Proxy Statements)

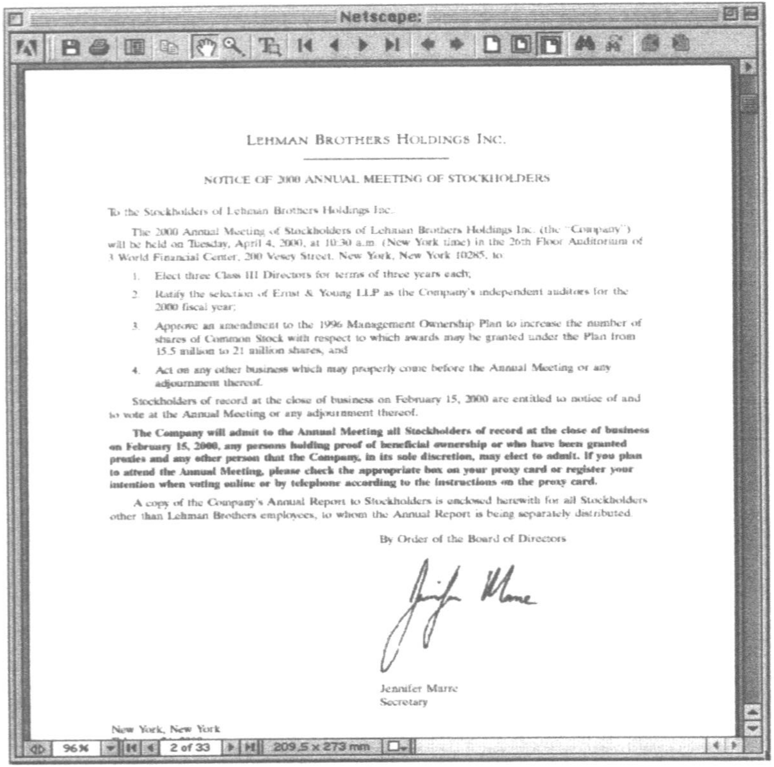

LEHMAN BROTHERS HOLDINGS INC.

NOTICE OF 2000 ANNUAL MEETING OF STOCKHOLDERS

To the Stockholders of Lehman Brothers Holdings Inc.:

The 2000 Annual Meeting of Stockholders of Lehman Brothers Holdings Inc. (the "Company") will be held on Tuesday, April 4, 2000, at 10:30 a.m. (New York time) in the 26th Floor Auditorium of 3 World Financial Center, 200 Vesey Street, New York, New York 10285, to:

1. Elect three Class III Directors for terms of three years each;
2. Ratify the selection of Ernst & Young LLP as the Company's independent auditors for the 2000 fiscal year;
3. Approve an amendment to the 1996 Management Ownership Plan to increase the number of shares of Common Stock with respect to which awards may be granted under the Plan from 15.5 million to 21 million shares, and
4. Act on any other business which may properly come before the Annual Meeting or any adjournment thereof.

Stockholders of record at the close of business on February 15, 2000 are entitled to notice of and to vote at the Annual Meeting or any adjournment thereof.

The Company will admit to the Annual Meeting all Stockholders of record at the close of business on February 15, 2000, any persons holding proof of beneficial ownership or who have been granted proxies and any other person that the Company, in its sole discretion, may elect to admit. If you plan to attend the Annual Meeting, please check the appropriate box on your proxy card or register your intention when voting online or by telephone according to the instructions on the proxy card.

A copy of the Company's Annual Report to Stockholders is enclosed herewith for all Stockholders other than Lehman Brothers employees, to whom the Annual Report is being separately distributed.

By Order of the Board of Directors

Jennifer Marre
Secretary

New York, New York

Lehman Brothers - Notice of Annual Meeting (Teil des Proxy Statements)

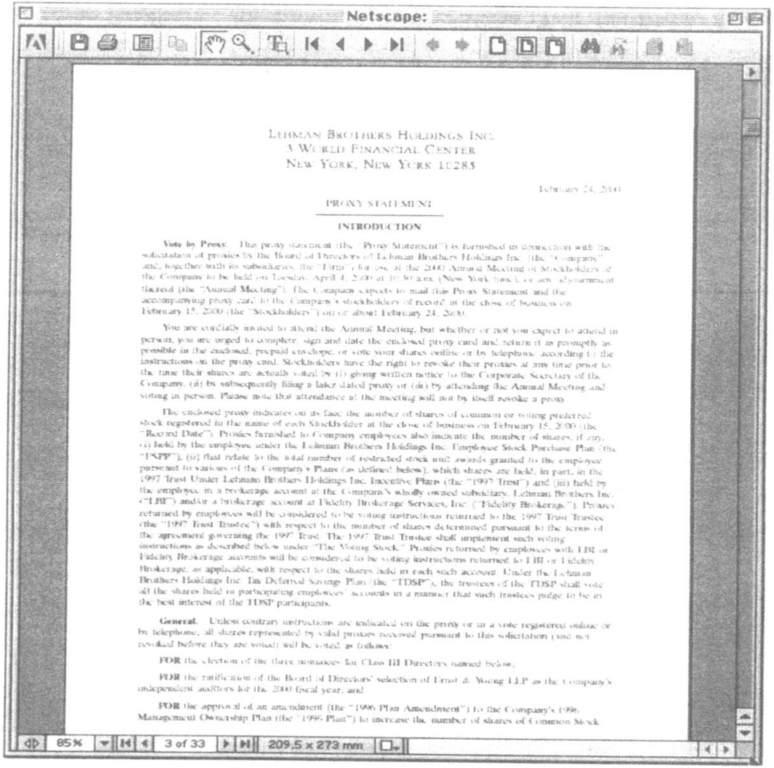

LEHMAN BROTHERS HOLDINGS INC.
3 WORLD FINANCIAL CENTER
NEW YORK, NEW YORK 10285

February 24, 2000

PROXY STATEMENT

INTRODUCTION

Vote by Proxy. This proxy statement (the "Proxy Statement") is furnished in connection with the solicitation of proxies by the Board of Directors of Lehman Brothers Holdings Inc. (the "Company" and, together with its subsidiaries, the "Firm"), for use at the 2000 Annual Meeting of Stockholders of the Company to be held on Tuesday, April 4, 2000 at 10:30 a.m. (New York time), or any adjournment thereof (the "Annual Meeting"). The Company expects to mail this Proxy Statement and the accompanying proxy card to the Company's stockholders of record at the close of business on February 15, 2000 (the "Stockholders") on or about February 24, 2000.

You are cordially invited to attend the Annual Meeting, but whether or not you expect to attend in person, you are urged to complete, sign and date the enclosed proxy card and return it as promptly as possible in the enclosed, prepaid envelope, or vote your shares online or by telephone according to the instructions on the proxy card. Stockholders have the right to revoke their proxies at any time prior to the time their shares are actually voted by (i) giving written notice to the Corporate Secretary of the Company, (ii) by subsequently filing a later dated proxy or (iii) by attending the Annual Meeting and voting in person. Please note that attendance at the meeting will not by itself revoke a proxy.

The enclosed proxy indicates on its face the number of shares of common or voting preferred stock registered in the name of each Stockholder at the close of business on February 15, 2000 (the "Record Date"). Proxies furnished to Company employees also indicate the number of shares, if any, (i) held by the employee under the Lehman Brothers Holdings Inc. Employee Stock Purchase Plan (the "ESPP"), (ii) that relate to the total number of restricted stock unit awards granted to the employee pursuant to various of the Company's Plans (as defined below), which shares are held, in part, in the 1997 Trust Under Lehman Brothers Holdings Inc. Incentive Plans (the "1997 Trust") and (iii) held by the employee in a brokerage account at the Company's wholly owned subsidiary, Lehman Brothers Inc. ("LBI") and/or a brokerage account at Fidelity Brokerage Services, Inc. ("Fidelity Brokerage"). Proxies returned by employees will be considered to be voting instructions returned to the 1997 Trust Trustee (the "1997 Trust Trustee") with respect to the number of shares determined pursuant to the terms of the agreement governing the 1997 Trust. The 1997 Trust Trustee shall implement such voting instructions as described below under "The Voting Stock." Proxies returned by employees with LBI or Fidelity Brokerage accounts will be considered to be voting instructions returned to LBI or Fidelity Brokerage, as applicable, with respect to the shares held in each such account. Under the Lehman Brothers Holdings Inc. Tax Deferred Savings Plan (the "TDSP"), the trustees of the TDSP shall vote all the shares held in participating employees' accounts in a manner that such trustees judge to be in the best interest of the TDSP participants.

General. Unless contrary instructions are indicated on the proxy or in a vote registered online or by telephone, all shares represented by valid proxies received pursuant to this solicitation (and not revoked before they are voted) will be voted as follows:

FOR the election of the three nominees for Class III Directors named below;

FOR the ratification of the Board of Directors' selection of Ernst & Young LLP as the Company's independent auditors for the 2000 fiscal year; and

FOR the approval of an amendment (the "1996 Plan Amendment") to the Company's 1996 Management Ownership Plan (the "1996 Plan") to increase the number of shares of Common Stock

Lehman Brothers - Proxy Statement

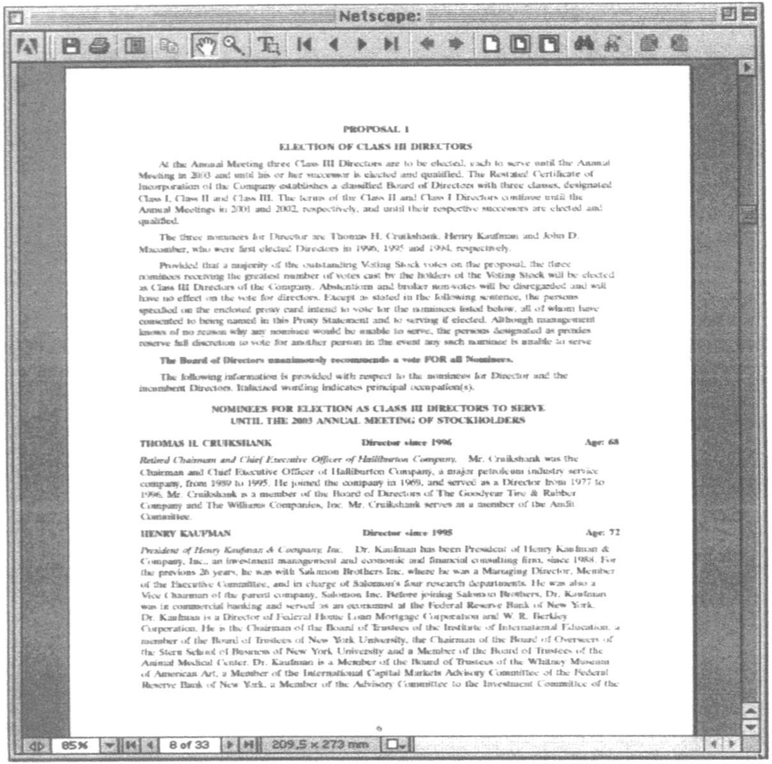

PROPOSAL 1

ELECTION OF CLASS III DIRECTORS

At the Annual Meeting three Class III Directors are to be elected, each to serve until the Annual Meeting in 2003 and until his or her successor is elected and qualified. The Restated Certificate of Incorporation of the Company establishes a classified Board of Directors with three classes, designated Class I, Class II and Class III. The terms of the Class II and Class I Directors continue until the Annual Meetings in 2001 and 2002, respectively, and until their respective successors are elected and qualified.

The three nominees for Director are Thomas H. Cruikshank, Henry Kaufman and John D. Macomber, who were first elected Directors in 1996, 1995 and 1994, respectively.

Provided that a majority of the outstanding Voting Stock votes on the proposal, the three nominees receiving the greatest number of votes cast by the holders of the Voting Stock will be elected as Class III Directors of the Company. Abstentions and broker non-votes will be disregarded and will have no effect on the vote for directors. Except as stated in the following sentence, the persons specified on the enclosed proxy card intend to vote for the nominees listed below, all of whom have consented to being named in this Proxy Statement and to serving if elected. Although management knows of no reason why any nominee would be unable to serve, the persons designated as proxies reserve full discretion to vote for another person in the event any such nominee is unable to serve

The Board of Directors unanimously recommends a vote FOR all Nominees.

The following information is provided with respect to the nominees for Director and the incumbent Directors. Italicized wording indicates principal occupation(s).

NOMINEES FOR ELECTION AS CLASS III DIRECTORS TO SERVE UNTIL THE 2003 ANNUAL MEETING OF STOCKHOLDERS

THOMAS H. CRUIKSHANK **Director since 1996** **Age: 68**

Retired Chairman and Chief Executive Officer of Halliburton Company. Mr. Cruikshank was the Chairman and Chief Executive Officer of Halliburton Company, a major petroleum industry service company, from 1989 to 1995. He joined the company in 1969, and served as a Director from 1977 to 1996. Mr. Cruikshank is a member of the Board of Directors of The Goodyear Tire & Rubber Company and The Williams Companies, Inc. Mr. Cruikshank serves as a member of the Audit Committee.

HENRY KAUFMAN **Director since 1995** **Age: 72**

President of Henry Kaufman & Company, Inc. Dr. Kaufman has been President of Henry Kaufman & Company, Inc., an investment management and economic and financial consulting firm, since 1988. For the previous 26 years, he was with Salomon Brothers Inc, where he was a Managing Director, Member of the Executive Committee, and in charge of Salomon's four research departments. He was also a Vice Chairman of the parent company, Salomon Inc. Before joining Salomon Brothers, Dr. Kaufman was in commercial banking and served as an economist at the Federal Reserve Bank of New York. Dr. Kaufman is a Director of Federal Home Loan Mortgage Corporation and W. R. Berkley Corporation. He is the Chairman of the Board of Trustees of the Institute of International Education, a member of the Board of Trustees of New York University, the Chairman of the Board of Overseers of the Stern School of Business of New York University and a Member of the Board of Trustees of the Animal Medical Center. Dr. Kaufman is a Member of the Board of Trustees of the Whitney Museum of American Art, a Member of the International Capital Markets Advisory Committee of the Federal Reserve Bank of New York, a Member of the Advisory Committee to the Investment Committee of the

6

Lehman Brothers - Abstimmungsvorschläge (Teil des Proxy Statements)

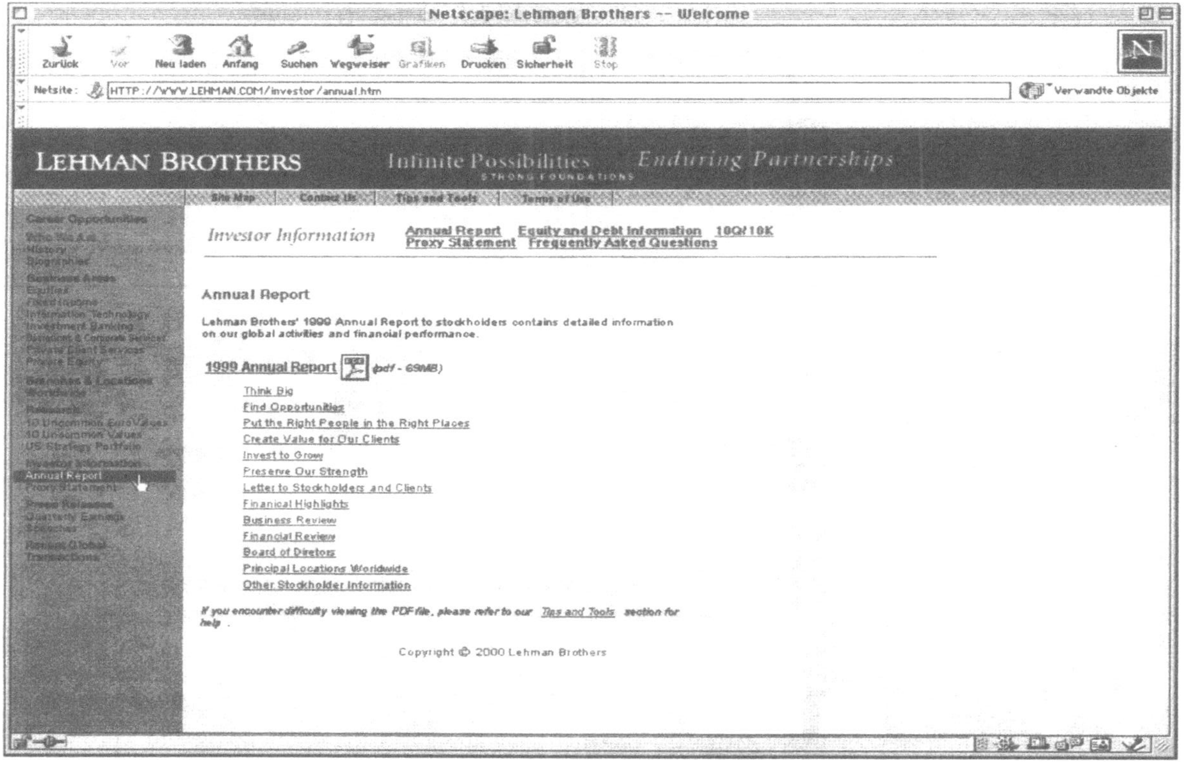

Lehman Brothers - Annual Report

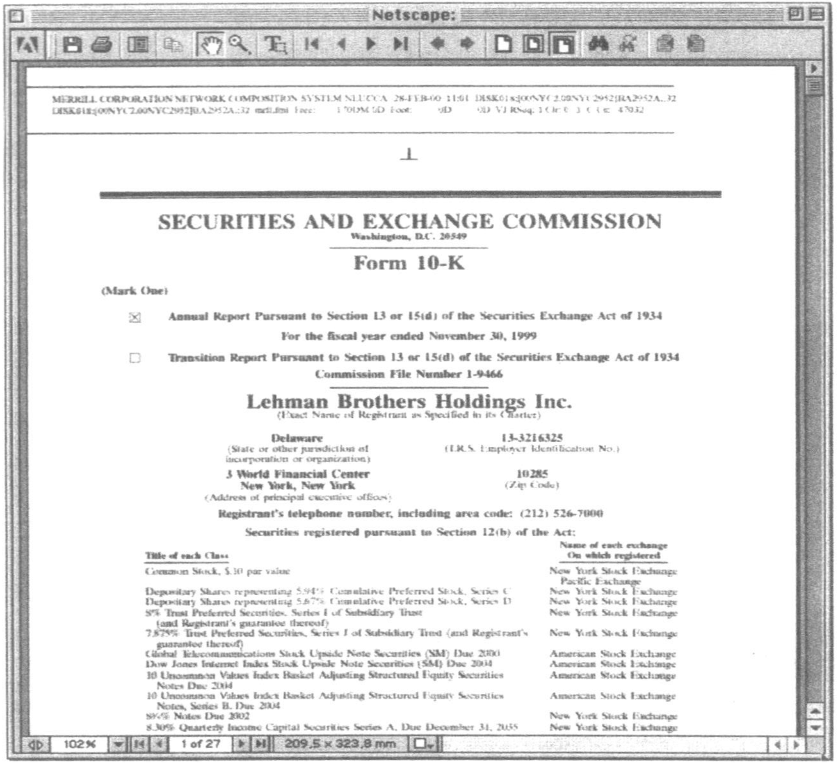

MERRILL CORPORATION NETWORK COMPOSITION SYSTEM NLECCA 28-FEB-00 11:01 DISK01s:[00NYC2.00NYC2952]BA2952A..32
DISK018:[00NYC2.00NYC2952]BA2952A..32 mrll.fmt Free: 170DM/5D Foot: 0D 0D VJ RSeq: 1 Clr: 0 1 C Cs: 47032

SECURITIES AND EXCHANGE COMMISSION

Washington, D.C. 20549

Form 10-K

(Mark One)

☒ Annual Report Pursuant to Section 13 or 15(d) of the Securities Exchange Act of 1934

For the fiscal year ended November 30, 1999

☐ Transition Report Pursuant to Section 13 or 15(d) of the Securities Exchange Act of 1934

Commission File Number 1-9466

Lehman Brothers Holdings Inc.

(Exact Name of Registrant as Specified in its Charter)

Delaware	**13-3216325**
(State or other jurisdiction of incorporation or organization)	(I.R.S. Employer Identification No.)
3 World Financial Center New York, New York	**10285**
(Address of principal executive offices)	(Zip Code)

Registrant's telephone number, including area code: (212) 526-7000

Securities registered pursuant to Section 12(b) of the Act:

Title of each Class	Name of each exchange On which registered
Common Stock, $.10 par value	New York Stock Exchange Pacific Exchange
Depositary Shares representing 5.94% Cumulative Preferred Stock, Series C	New York Stock Exchange
Depositary Shares representing 5.67% Cumulative Preferred Stock, Series D	New York Stock Exchange
8% Trust Preferred Securities, Series I of Subsidiary Trust (and Registrant's guarantee thereof)	New York Stock Exchange
7.875% Trust Preferred Securities, Series J of Subsidiary Trust (and Registrant's guarantee thereof)	New York Stock Exchange
Global Telecommunications Stock Upside Note Securities (SM) Due 2000	American Stock Exchange
Dow Jones Internet Index Stock Upside Note Securities (SM) Due 2004	American Stock Exchange
10 Uncommon Values Index Basket Adjusting Structured Equity Securities Notes Due 2004	American Stock Exchange
10 Uncommon Values Index Basket Adjusting Structured Equity Securities Notes, Series B, Due 2004	American Stock Exchange
8⅛% Notes Due 2002	New York Stock Exchange
8.30% Quarterly Income Capital Securities Series A, Due December 31, 2035	New York Stock Exchange

Lehman Brothers - Form 10-K

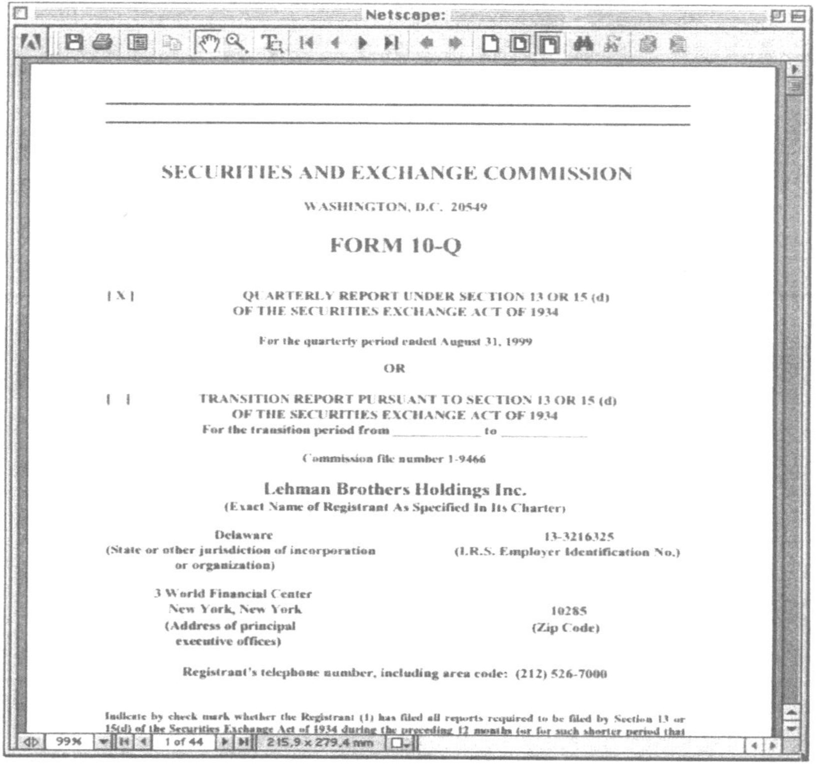

SECURITIES AND EXCHANGE COMMISSION

WASHINGTON, D.C. 20549

FORM 10-Q

[X] QUARTERLY REPORT UNDER SECTION 13 OR 15 (d) OF THE SECURITIES EXCHANGE ACT OF 1934

For the quarterly period ended August 31, 1999

OR

[ ] TRANSITION REPORT PURSUANT TO SECTION 13 OR 15 (d) OF THE SECURITIES EXCHANGE ACT OF 1934
For the transition period from ____________ to ____________

Commission file number 1-9466

Lehman Brothers Holdings Inc.
(Exact Name of Registrant As Specified In Its Charter)

Delaware (State or other jurisdiction of incorporation or organization)	13-3216325 (I.R.S. Employer Identification No.)
3 World Financial Center New York, New York (Address of principal executive offices)	10285 (Zip Code)

Registrant's telephone number, including area code: (212) 526-7000

Indicate by check mark whether the Registrant (1) has filed all reports required to be filed by Section 13 or 15(d) of the Securities Exchange Act of 1934 during the preceding 12 months (or for such shorter period that

Lehman Brothers - Form 10-Q

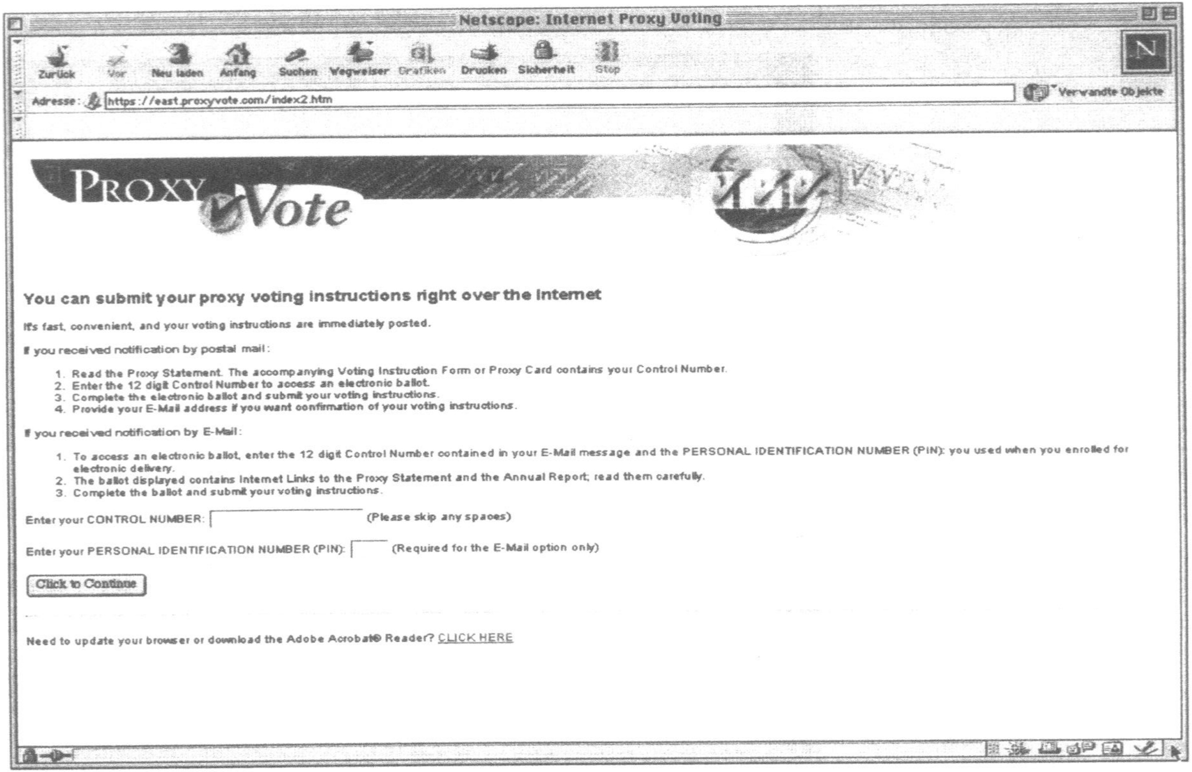

ProxyVote - Startseite

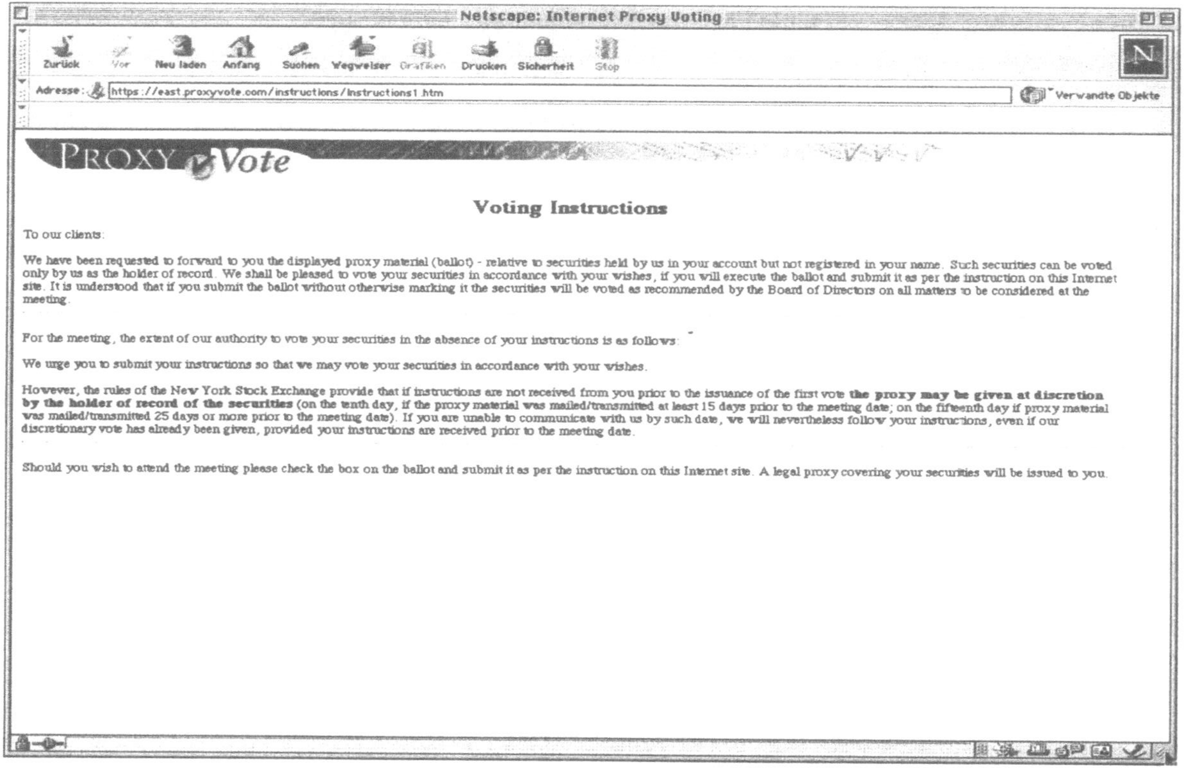

ProxyVote - Voting Instructions

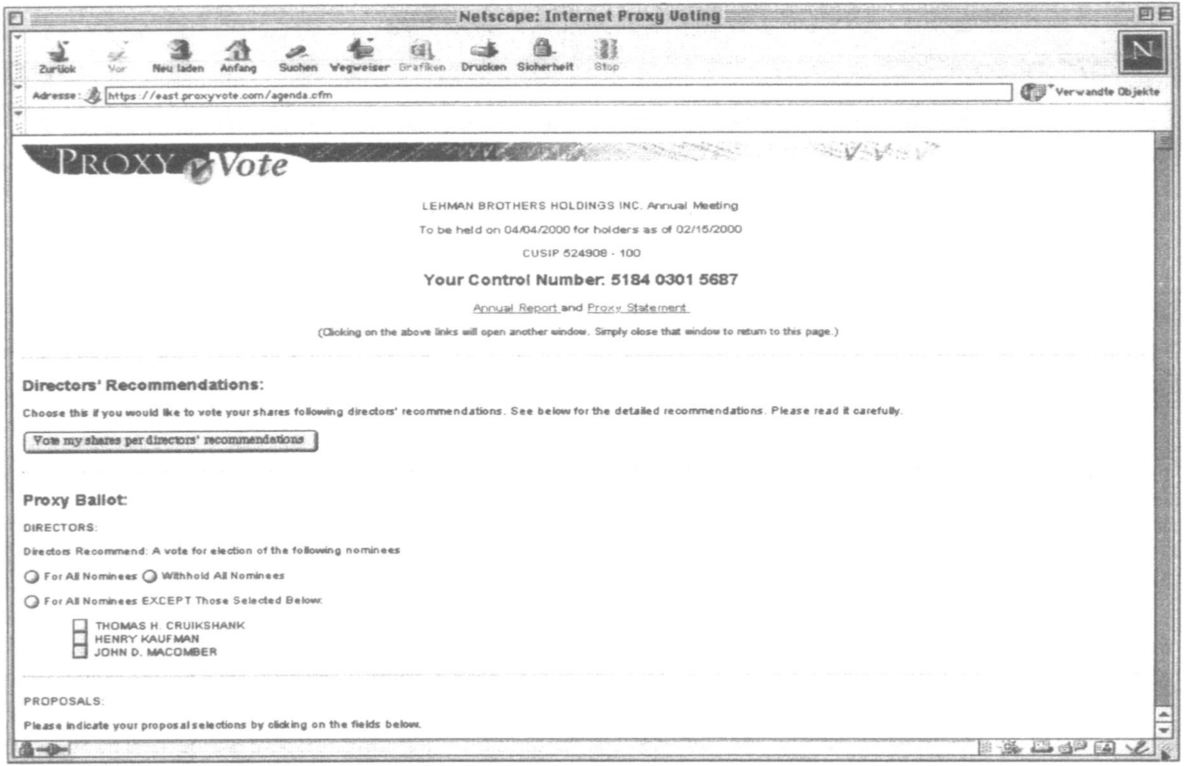

ProxyVote - Abstimmungsformular (Teil1)

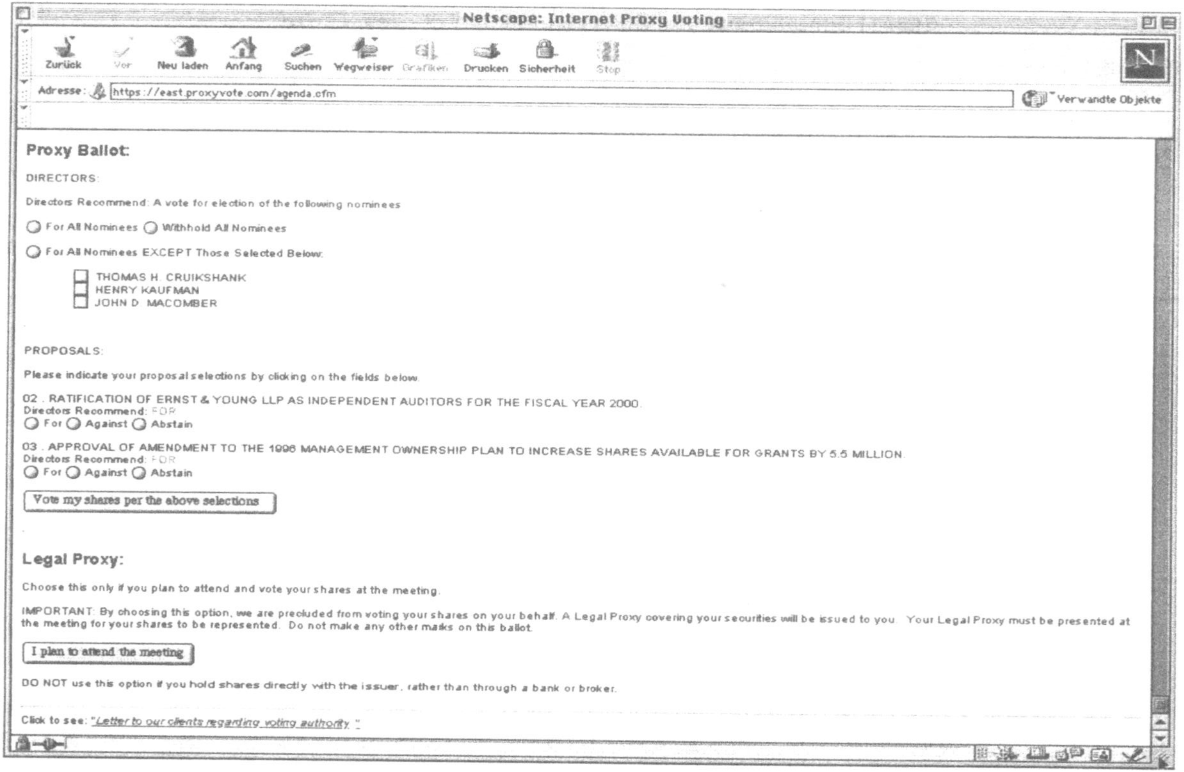

ProxyVote - Abstimmungsformular (Teil2)

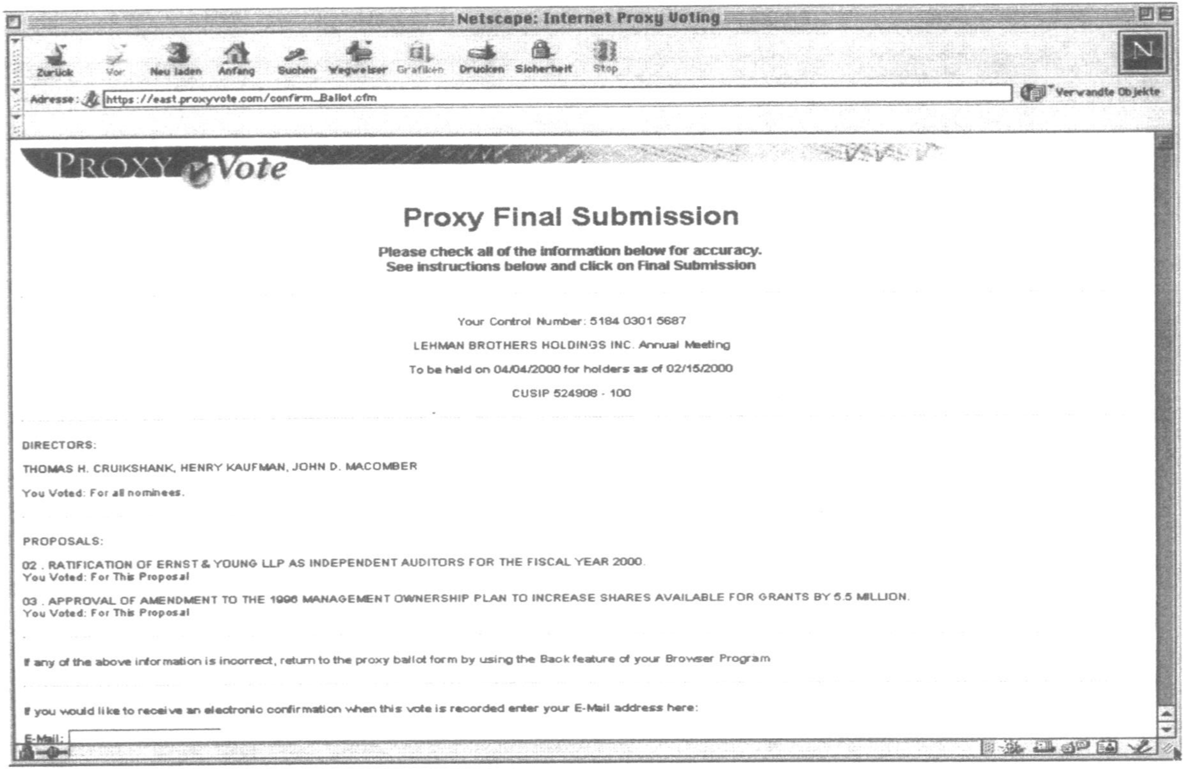

ProxyVote - Zusammenfassung der Abstimmung (Teil1)

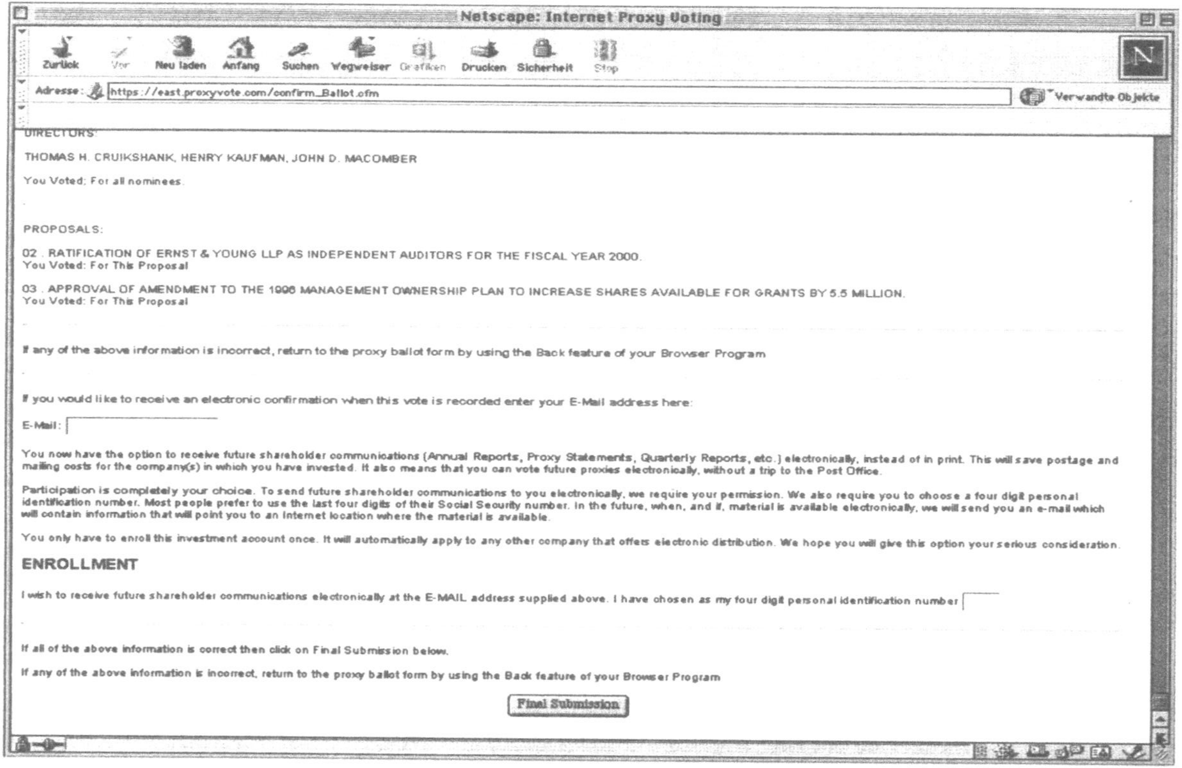

ProxyVote - Zusammenfassung der Abstimmung (Teil2)

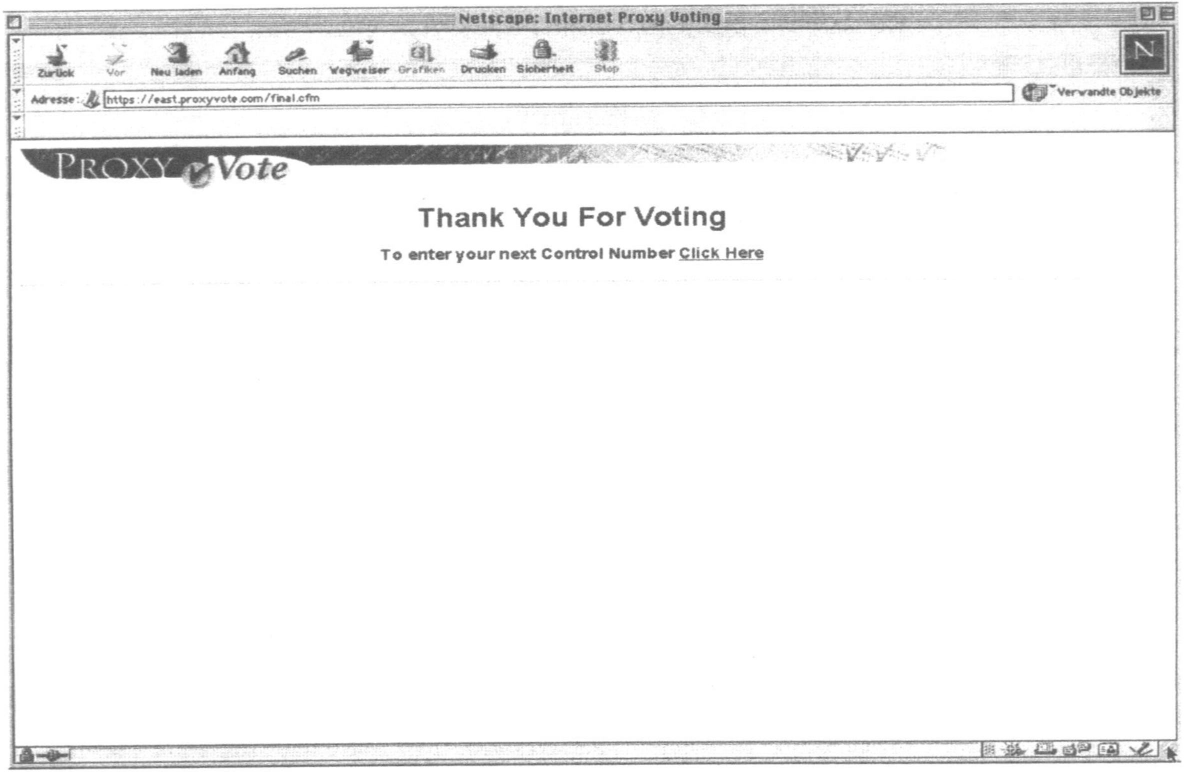

ProxyVote - Ender der Abstimmung

ANHANG II

Synoptische Gegenüberstellung des AktG
vor und nach Inkrafttreten des NaStraG
(Auszug)

Synoptische Gegenüberstellung des AktG vor und nach Inkrafttreten des NaStraG(*) (Auszug)

<u>Zeichenerklärung:</u>
1. Durchgestrichenes in der aktuellen Fassung fällt in der Neufassung weg.
2. Unterstrichenes in der Neufassung ist gegenüber der aktuellen Fassung eingefügt.

AktG - aktuelle Fassung	AktG - Neufassung nach NaStraG
§ 25 Bekanntmachungen der Gesellschaft. [1]Bestimmt das Gesetz oder die Satzung, daß eine Bekanntmachung der Gesellschaft durch die Gesellschaftsblätter erfolgen soll, so ist sie in den Bundesanzeiger einzurücken. [2]Daneben kann die Satzung andere Blätter als Gesellschaftsblätter bezeichnen.	**§ 25 Bekanntmachungen der Gesellschaft.** [1]Bestimmt das Gesetz oder die Satzung, daß eine Bekanntmachung der Gesellschaft durch die Gesellschaftsblätter erfolgen soll, so ist sie in den Bundesanzeiger einzurücken. [2]Daneben kann die Satzung andere Blätter <u>oder elektronische Informationsmedien</u> als Gesellschaftsblätter bezeichnen.
§ 67 Eintragung im Aktien~~buch.~~ (1) Namensaktien sind unter ~~Bezeichnung~~ des Inhabers ~~nach~~ Namen~~, Wohnort und Beruf in das Aktienbuch der Gesellschaft einzutragen.~~	**§ 67 Eintragung im Aktien<u>register.</u>** (1) Namensaktien sind unter <u>Angabe des</u> Namens, <u>Geburtsdatums und der Adresse</u> des Inhabers <u>sowie der Stückzahl oder der Aktiennummer und bei Nennbetragsaktien des Betrags</u> in das Aktien<u>register</u> der Gesellschaft einzutragen.
(2) Im Verhältnis zur Gesellschaft gilt als Aktionär nur, wer als solcher im Aktien~~buch~~ eingetragen ist.	(2) Im Verhältnis zur Gesellschaft gilt als Aktionär nur, wer als solcher im Aktien<u>register</u> eingetragen ist.
	<u>(3)</u> Geht die Namensaktie auf einen anderen über, so <u>erfolgt die Umschreibung im Aktienregister auf Mitteilung und Nachweis.</u>

(*) Der Gegenüberstellung liegt der Regierungsentwurf (Stand: 10.5.2000) zugrunde. Die vom Bundesrat am 14.7.2000 beschlossenen Änderungsvorschläge, denen die Bundesregierung zugestimmt hat, sind kursiv gedruckt. Im einzelnen vgl. BT-Drucks. 14/4051 vom 8.9.2000.

	(4) [1]Die bei Übertragung oder Verwahrung von Namensaktien mitwirkenden Kreditinstitute übermitteln der Gesellschaft die für die Führung des Aktienregisters erforderlichen Angaben. [2]§ 125 Abs. 5 gilt entsprechend.
(3) [1]Ist jemand nach Ansicht der Gesellschaft zu Unrecht als Aktionär in das Aktienbuch eingetragen worden, so kann die Gesellschaft die Eintragung nur löschen, wenn sie vorher die Beteiligten von der beabsichtigten Löschung benachrichtigt und ihnen eine angemessene Frist zur Geltendmachung eines Widerspruchs gesetzt hat. [2]Widerspricht ein Beteiligter innerhalb der Frist, so hat die Löschung zu unterbleiben.	(5) [1]Ist jemand nach Ansicht der Gesellschaft zu Unrecht als Aktionär in das Aktienregister eingetragen worden, so kann die Gesellschaft die Eintragung nur löschen, wenn sie vorher die Beteiligten von der beabsichtigten Löschung benachrichtigt und ihnen eine angemessene Frist zur Geltendmachung eines Widerspruchs gesetzt hat. [2]Widerspricht ein Beteiligter innerhalb der Frist, so hat die Löschung zu unterbleiben.
~~(4)~~ Diese Vorschriften gelten sinngemäß für Zwischenscheine.	
~~(5) Jedem Aktionär ist auf Verlangen Einsicht in das Aktienbuch zu gewähren.~~	(6) [1]Der Aktionär kann von der Gesellschaft Auskunft über die zu seiner Person in das Aktienregister eingetragenen Daten verlangen. [2]Bei nichtbörsennotierten Gesellschaften kann die Satzung Weiteres bestimmen. [3]Die Gesellschaft darf die Registerdaten für ihre Aufgaben im Verhältnis zu den Aktionären verwenden. [4]Zur Werbung für das Unternehmen darf sie die Daten *nutzen*, soweit der Aktionär nicht widerspricht. [5]Die Aktionäre sind in angemessener Weise über ihr Widerspruchsrecht zu informieren.
	(7) Diese Vorschriften gelten sinngemäß für Zwischenscheine
§ 68 Übertragung von Namensaktien. ~~Umschreibung im Aktienbuch.~~	**§ 68 Übertragung von Namensaktien. Vinkulierung.**
(1) [1]Namensaktien können durch Indossament übertragen werden. [2]Für die Form des Indossaments, den Rechtsausweis des Inhabers und seine Verpflichtung zur Herausgabe gelten sinngemäß Artikel 12, 13 und 16 des Wechselgesetzes.	(1) [1]Namensaktien können auch durch Indossament übertragen werden. [2]Für die Form des Indossaments, den Rechtsausweis des Inhabers und seine Verpflichtung zur Herausgabe gelten sinngemäß Artikel 12, 13 und 16 des Wechselgesetzes.

§ 68 AktG

(2) [1]Die Satzung kann die Übertragung an die Zustimmung der Gesellschaft binden. [2]Die Zustimmung erteilt der Vorstand. [3]Die Satzung kann jedoch bestimmen, daß der Aufsichtsrat oder die Hauptversammlung über die Erteilung der Zustimmung beschließt. [4]Die Satzung kann die Gründe bestimmen, aus denen die Zustimmung verweigert werden darf.	(2) [1]Die Satzung kann die Übertragung an die Zustimmung der Gesellschaft binden. [2]Die Zustimmung erteilt der Vorstand. [3]Die Satzung kann jedoch bestimmen, daß der Aufsichtsrat oder die Hauptversammlung über die Erteilung der Zustimmung beschließt. [4]Die Satzung kann die Gründe bestimmen, aus denen die Zustimmung verweigert werden darf.
~~(3) [1]Geht die Namensaktie auf einen anderen über, so ist dies bei der Gesellschaft anzumelden. [2]Die Aktie ist vorzulegen und der Übergang nachzuweisen. [3]Die Gesellschaft vermerkt den Übergang im Aktienbuch.~~	
~~(4)~~ Die Gesellschaft ist verpflichtet, die Ordnungsmäßigkeit der Reihe der Indossamente ~~und der Abtretungserklärungen~~, aber nicht die Unterschriften zu prüfen.	(3) Bei Übertragung durch Indossament ist die Gesellschaft verpflichtet, die Ordnungsmäßigkeit der Reihe der Indossamente, nicht aber die Unterschriften zu prüfen.
~~(5)~~ Diese Vorschriften gelten sinngemäß für Zwischenscheine.	(4) Diese Vorschriften gelten sinngemäß für Zwischenscheine.
§ 108 Beschlußfassung des Aufsichtsrats. (4) Schriftliche, ~~telegrafische~~ oder fernmündliche Beschlußfassungen des Aufsichtsrats oder eines Ausschusses sind nur zulässig, wenn kein Mitglied diesem Verfahren widerspricht.	**§ 108 Beschlußfassung des Aufsichtsrats.** (4) Schriftliche, fernmündliche oder andere vergleichbare Formen der Beschlußfassung des Aufsichtsrats oder seiner Ausschüsse sind vorbehaltlich einer näheren Regelung durch die Satzung oder eine Geschäftsordnung des Aufsichtsrats nur zulässig, wenn kein Mitglied diesem Verfahren widerspricht.
§ 123 Einberufungsfrist. (3) [1]Hängt nach der Satzung die Teilnahme an der Hauptversammlung oder die Ausübung des Stimmrechts davon ab, daß die Aktien bis zu einem bestimmten Zeitpunkt vor der Versammlung hinterlegt werden, so genügt es, wenn sie nicht später als am ~~zehnten~~ Tage vor der Versammlung hinterlegt werden. [2]Die Hinter-legung bei einem Notar oder bei einer Wertpapiersammelbank ist ausreichend.	**§ 123 Einberufungsfrist.** (3) [1]Hängt nach der Satzung die Teilnahme an der Hauptversammlung oder die Ausübung des Stimmrechts davon ab, daß die Aktien bis zu einem bestimmten Zeitpunkt vor der Versammlung hinterlegt werden, so genügt es, wenn sie nicht später als am siebten Tage vor der Versammlung hinterlegt werden. [2]Die Hinterlegung bei einem Notar oder bei einer Wertpapiersammelbank ist ausreichend.

§ 123 AktG

(4) Hängt nach der Satzung die Teilnahme an der Hauptversammlung oder die Ausübung des Stimmrechts davon ab, daß sich die Aktionäre vor der Versammlung anmelden, so genügt es, wenn sie sich nicht später als am ~~dritten~~ Tage vor der Versammlung anmelden.	(4) Hängt nach der Satzung die Teilnahme an der Hauptversammlung oder die Ausübung des Stimmrechts davon ab, daß sich die Aktionäre vor der Versammlung anmelden, so genügt es, wenn sie sich nicht später als am <u>siebten</u> Tage vor der Versammlung anmelden.
§ 125 Mitteilungen für die Aktionäre und an Aufsichtsratsmitglieder.	**§ 125 Mitteilungen für die Aktionäre und an Aufsichtsratsmitglieder.**
(1) [1]Der Vorstand hat binnen zwölf Tagen nach der Bekanntmachung der Einberufung der Hauptversammlung im Bundesanzeiger den Kreditinstituten und den Vereinigungen von Aktionären, die in der letzten Hauptversammlung Stimmrechte für Aktionäre ausgeübt oder die die Mitteilung verlangt haben, die Einberufung der Hauptversammlung, die Bekanntmachung der Tagesordnung und etwaige Anträge und Wahlvorschläge von Aktionären einschließlich des Namens des Aktionärs, der Begründung und einer etwaigen Stellungnahme der Verwaltung mitzuteilen. [2]In der Mitteilung ist auf die Möglichkeiten der Ausübung des Stimmrechts durch einen Bevollmächtigten, auch durch eine Vereinigung von Aktionären, hinzuweisen. [3]Bei börsennotierten Gesellschaften sind einem Vorschlag zur Wahl von Aufsichtsratsmitgliedern Angaben zu deren Mitgliedschaft in anderen gesetzlich zu bildenden Aufsichtsräten beizufügen; Angaben zu ihrer Mitgliedschaft in vergleichbaren in- und ausländischen Kontrollgremien von Wirtschaftsunternehmen sollen beigefügt werden.	(1) [1]Der Vorstand hat binnen zwölf Tagen nach der Bekanntmachung der Einberufung der Hauptversammlung im Bundesanzeiger den Kreditinstituten und den Vereinigungen von Aktionären, die in der letzten Hauptversammlung Stimmrechte für Aktionäre ausgeübt oder die die Mitteilung verlangt haben, die Einberufung der Hauptversammlung, die Bekanntmachung der Tagesordnung und etwaige Anträge und Wahlvorschläge von Aktionären einschließlich des Namens des Aktionärs, der Begründung und einer etwaigen Stellungnahme der Verwaltung mitzuteilen. [2]In der Mitteilung ist auf die Möglichkeiten der Ausübung des Stimmrechts durch einen Bevollmächtigten, auch durch eine Vereinigung von Aktionären, hinzuweisen. [3]Bei börsennotierten Gesellschaften sind einem Vorschlag zur Wahl von Aufsichtsratsmitgliedern Angaben zu deren Mitgliedschaft in anderen gesetzlich zu bildenden Aufsichtsräten beizufügen; Angaben zu ihrer Mitgliedschaft in vergleichbaren in- und ausländischen Kontrollgremien von Wirtschaftsunternehmen sollen beigefügt werden.
(2) Die gleiche Mitteilung hat der Vorstand den Aktionären ~~zu übersenden~~, die 1. eine Aktie bei der Gesellschaft hinterlegt haben, 2. es nach der Bekanntmachung der Einberufung der Hauptversammlung im Bundesanzeiger verlangen oder 3. ~~als Aktionär im Aktienbuch der Gesellschaft eingetragen sind und deren Stimmrechte in der letzten Hauptversammlung nicht durch ein Kreditinstitut ausgeübt worden sind~~.	(2) Die gleiche Mitteilung hat der Vorstand den Aktionären <u>zu machen</u>, die 1. eine Aktie bei der Gesellschaft hinterlegt haben, 2. es nach der Bekanntmachung der Einberufung der Hauptversammlung im Bundesanzeiger verlangen oder 3. <u>am Ende der Frist des Absatz 1 Satz 1 als Aktionär im Aktienregister der Gesellschaft eingetragen sind.</u>

(3) Jedes Aufsichtsratsmitglied kann verlangen, daß ihm der Vorstand die gleichen Mitteilungen übersendet.	(3) Jedes Aufsichtsratsmitglied kann verlangen, daß ihm der Vorstand die gleichen Mitteilungen übersendet.
(4) ~~Jeder Aktionär, der eine Aktie bei der Gesellschaft hinterlegt oder als Aktionär im Aktienbuch der Gesellschaft eingetragen ist, und jedes Aufsichtsratsmitglied kann verlangen, daß der Vorstand ihm die in der Hauptversammlung gefaßten Beschlüsse schriftlich mitteilt~~.	(4) Jedem Aufsichtsratsmitglied und jedem Aktionär sind auf Verlangen die in der Hauptversammlung gefassten Beschlüsse mitzuteilen.
(5) Finanzdienstleistungsinstitute und die nach § 53 Abs. 1 Satz 1 oder § 53b Abs. 1 Satz 1 oder Abs. 7 des Gesetzes über das Kreditwesen tätigen Unternehmen sind den Kreditinstituten nach Maßgabe der vorstehenden Absätze gleichgestellt.	(5) Finanzdienstleistungsinstitute und die nach § 53 Abs. 1 Satz 1 oder § 53b Abs. 1 Satz 1 oder Abs. 7 des Gesetzes über das Kreditwesen tätigen Unternehmen sind den Kreditinstituten nach Maßgabe der vorstehenden Absätze gleichgestellt.
§ 128 Abstimmungsvorschlag im Aktionärsinteresse; Weitergabe von Mitteilungen. (1) Verwahrt ein Kreditinstitut für Aktionäre Aktien der Gesellschaft, so hat es die Mitteilungen nach § 125 Abs. 1 unverzüglich ~~an sie~~ weiterzugeben.	**§ 128 Abstimmungsvorschlag im Aktionärsinteresse; Weitergabe von Mitteilungen.** (1) Verwahrt ein Kreditinstitut für Aktionäre Inhaberaktien der Gesellschaft oder ist es für Namensaktien, die ihm nicht gehören, im Aktienregister eingetragen, so hat es die Mitteilungen nach § 125 Abs. 1 unverzüglich *an die Aktionäre* weiterzugeben.
(2) [1]Beabsichtigt das Kreditinstitut, in der Hauptversammlung das Stimmrecht für Aktionäre auszuüben ~~oder ausüben zu lassen~~, so hat es dem Aktionär außerdem eigene Vorschläge für die Ausübung des Stimmrechts zu den einzelnen Gegenständen der Tagesordnung mitzuteilen. [2]Bei den Vorschlägen hat sich das Kreditinstitut vom Interesse des Aktionärs leiten zu lassen und organisatorische Vorkehrungen dafür zu treffen, daß Eigeninteressen aus anderen Geschäftsbereichen nicht einfließen; es hat ein Mitglied der Geschäftsleitung zu benennen, das die Einhaltung dieser Pflichten sowie die ordnungsgemäße Ausübung des Stimmrechts und deren Dokumentation zu überwachen hat. [3]~~Das~~ Kreditinstitut ~~hat~~ den Aktionär ~~ferner~~ um Erteilung von Weisungen für die Ausübung des Stimmrechts zu bitten und darauf hinzuweisen, daß es, wenn der	(2) [1]Beabsichtigt das Kreditinstitut, in der Hauptversammlung das Stimmrecht für Aktionäre auszuüben, so hat es im Fall des Absatzes 1 dem Aktionär außerdem eigene Vorschläge für die Ausübung des Stimmrechts zu den einzelnen Gegenständen der Tagesordnung mitzuteilen. [2]Verwahrt ein Kreditinstitut für Aktionäre Namensaktien der Gesellschaft, für die es nicht im Aktienregister eingetragen ist, hat es die Vorschläge zugänglich zu machen und nur dann mitzuteilen, wenn es von den nach § 124 Abs. 3 Satz 1 bekannt gemachten Vorschlägen des Vorstandes oder des Aufsichtsrates abweichen möchte; die Aktionäre sind über dieses Verfahren jährlich zu informieren. [3]Bei den Vorschlägen hat sich das Kreditinstitut vom Interesse des Aktionärs leiten zu lassen und organisatorische Vorkehrungen dafür zu treffen, daß Eigeninteressen aus anderen

Aktionär nicht rechtzeitig eine andere Weisung erteilt, das Stimmrecht entsprechend ~~seinen nach Satz 1 mitgeteilten~~ Vorschlägen ausüben werde. [4]~~Das Kreditinstitut hat der Bitte um Erteilung von Weisungen ein Formblatt beizufügen, durch dessen Ausfüllung der Aktionär Weisungen für die Ausübung des Stimmrechts zu den einzelnen Gegenständen der Tagesordnung erteilen kann.~~ [5]Gehört ein Vorstandsmitglied oder ein Mitarbeiter ~~des Kreditinstituts dem Aufsichtsrat der Gesellschaft oder ein Vorstandsmitglied oder ein Mitarbeiter~~ der Gesellschaft dem Aufsichtsrat des Kreditinstituts an, so hat das Kreditinstitut auch dies mitzuteilen. [6]Hält das Kreditinstitut an der Gesellschaft eine Beteiligung, die nach § 21 des Wertpapierhandelsgesetzes meldepflichtig ist, oder gehörte es einem Konsortium an, das die innerhalb von fünf Jahren zeitlich letzte Emission von Wertpapieren der Gesellschaft übernommen hat, so ist auch dies mitzuteilen.	Geschäftsbereichen nicht einfließen; es hat ein Mitglied der Geschäftsleitung zu benennen, das die Einhaltung dieser Pflichten sowie die ordnungsgemäße Ausübung des Stimmrechts und deren Dokumentation zu überwachen hat. [4]Zusammenmit seinen Vorschlägen hat das Kreditinstitut hat den Aktionär ferner um Erteilung von Weisungen für die Ausübung des Stimmrechts zu bitten und darauf hinzuweisen, daß es, wenn der Aktionär nicht rechtzeitig eine andere Weisung erteilt, das Stimmrecht entsprechend den eigenen Vorschlägen ausüben werde. [5]Die Erteilung von Weisungen zu den einzelnen Gegenständen der Tagesordnung ist zu erleichtern, etwa durch ein Formblatt oder Bildschirmformular. [6]Gehört ein Vorstandsmitglied oder ein Mitarbeiter der Gesellschaft dem Aufsichtsrat des Kreditinstituts an, so hat das Kreditinstitut auch dies mitzuteilen. [7]Hält das Kreditinstitut an der Gesellschaft eine Beteiligung, die nach § 21 des Wertpapierhandelsgesetzes meldepflichtig ist, oder gehörte es einem Konsortium an, das die innerhalb von fünf Jahren zeitlich letzte Emission von Wertpapieren der Gesellschaft übernommen hat, so ist auch dies mitzuteilen. [8]Hat das Kreditinstitut seine Vorschläge nach Satz 2 nur zugänglich zu machen, obliegen die Mitteilungspflichten nach den Sätzen 6 und 7 der Gesellschaft.
(3) Soweit ein Aktionär nach Einberufung der Hauptversammlung dem Kreditinstitut zu den einzelnen Gegenständen der Tagesordnung ~~schriftlich~~ Weisungen für die Ausübung des Stimmrechts erteilt hat, braucht das Kreditinstitut keine eigenen Vorschläge nach Absatz 2 mitzuteilen und den Aktionär nicht um Erteilung von Weisungen zu bitten.	(3) Soweit ein Aktionär nach Einberufung der Hauptversammlung dem Kreditinstitut zu den einzelnen Gegenständen der Tagesordnung Weisungen für die Ausübung des Stimmrechts erteilt hat, braucht das Kreditinstitut keine eigenen Vorschläge nach Absatz 2 mitzuteilen und den Aktionär nicht um Erteilung von Weisungen zu bitten.
(4) Die Verpflichtung des Kreditinstituts zum Ersatz eines aus der Verletzung der Absätze 1 oder 2 entstehenden Schadens kann im voraus weder ausgeschlossen noch beschränkt werden.	(4) Die Verpflichtung des Kreditinstituts zum Ersatz eines aus der Verletzung der Absätze 1 oder 2 entstehenden Schadens kann im voraus weder ausgeschlossen noch beschränkt werden.

(5) Gehören einer Vereinigung von Aktionären Aktionäre der Gesellschaft als Mitglieder an, so hat die Vereinigung die Mitteilungen nach § 125 Abs. 1 an diese Mitglieder auf deren Verlangen unverzüglich weiterzugeben. Im übrigen gelten die Absätze 2 bis 4 für Vereinigungen von Aktionären entsprechend.	(5) [1]Gehören einer Vereinigung von Aktionären Inhaberaktionäre der Gesellschaft als Mitglieder an oder ist sie für Namensaktien, die ihr nicht gehören, im Aktienregister eingetragen, so hat die Vereinigung die Mitteilungen nach § 125 Abs. 1 an diese Mitglieder auf deren Verlangen unverzüglich weiterzugeben. [2]Im übrigen gelten die Absätze 2 bis 4 für Vereinigungen von Aktionären entsprechend. [3]Der Aktionär kann auf die Mitteilungen nach Absatz 2 Satz 1, 2 und 4 verzichten, wenn ihm diese anderweitig zugänglich gemacht werden.
(6) [1]Das Bundesministerium der Justiz wird ermächtigt, im Einvernehmen mit dem Bundesministerium für Wirtschaft und dem Bundesministerium der Finanzen durch Rechtsverordnung ~~1. ein Formblatt für die Erteilung von Weisungen durch den Aktionär vorzuschreiben, das die Kreditinstitute und die Vereinigungen von Aktionären ihrer Bitte um Weisungen nach Absatz 2 Satz 3 beizufügen haben,~~ 2. vorzuschreiben, daß die Gesellschaft den Kreditinstituten und den Vereinigungen von Aktionären die Aufwendungen für die Vervielfältigung der Mitteilungen und für ihre Übersendung an die Aktionäre oder an ihre Mitglieder zu ersetzen hat. [2]~~Zur Abgeltung der Aufwendungen kann für jedes Schreiben nach Absatz 1 ein Pauschbetrag festgesetzt werden~~. [3]Die Rechtsverordnung bedarf nicht der Zustimmung des Bundesrates.	(6) [1]Das Bundesministerium der Justiz wird ermächtigt, im Einvernehmen mit dem Bundesministerium für Wirtschaft und Technologie und dem Bundesministerium der Finanzen durch Rechtsverordnung vorzuschreiben, daß die Gesellschaft den Kreditinstituten und den Vereinigungen von Aktionären die Aufwendungen für die Vervielfältigung der Mitteilungen und für ihre Übersendung an die Aktionäre oder an ihre Mitglieder zu ersetzen hat. [2]Es können Pauschbeträge festgesetzt werden. [3]Die Rechtsverordnung bedarf nicht der Zustimmung des Bundesrates.
(7) § 125 Abs. 5 gilt entsprechend.	(7) § 125 Abs. 5 gilt entsprechend.
§ 129 Geschäftsordnung; Verzeichnis der Teilnehmer. (1) [1]Die Hauptversammlung kann sich mit einer Mehrheit, die mindestens drei Viertel des bei der Beschlußfassung vertretenen Grundkapitals umfaßt, eine Geschäftsordnung mit Regeln für die	**§ 129 Geschäftsordnung; Verzeichnis der Teilnehmer.** (1) [1]Die Hauptversammlung kann sich mit einer Mehrheit, die mindestens drei Viertel des bei der Beschlußfassung vertretenen Grundkapitals umfaßt, eine Geschäftsordnung mit Regeln für die

Vorbereitung und Durchführung der Hauptversammlung geben. [2]In der Hauptversammlung ist ein Verzeichnis der erschienenen oder vertretenen Aktionäre und der Vertreter von Aktionären mit Angabe ihres Namens und Wohnorts sowie ~~des Betrags~~ der von jedem vertretenen Aktien unter Angabe ihrer Gattung aufzustellen.	Vorbereitung und Durchführung der Hauptversammlung geben. [2]In der Hauptversammlung ist ein Verzeichnis der erschienenen oder vertretenen Aktionäre und der Vertreter von Aktionären mit Angabe ihres Namens und Wohnorts sowie bei Nennbetragsaktien des Betrags, bei Stückaktien der Zahl der von jedem vertretenen Aktien unter Angabe ihrer Gattung aufzustellen.
(2) [1]Sind einem Kreditinstitut oder einer in § 135 Abs. 9 bezeichneten Person Vollmachten zur Ausübung des Stimmrechts erteilt worden und übt der Bevollmächtigte das Stimmrecht im Namen dessen, den es angeht, aus, so sind ~~der Betrag~~ und die Gattung der Aktien, für die ihm Vollmachten erteilt worden sind, zur Aufnahme in das Verzeichnis gesondert anzugeben. [2]Die Namen der Aktionäre, welche Vollmachten erteilt haben, brauchen nicht angegeben zu werden.	(2) [1]Sind einem Kreditinstitut oder einer in § 135 Abs. 9 bezeichneten Person Vollmachten zur Ausübung des Stimmrechts erteilt worden und übt der Bevollmächtigte das Stimmrecht im Namen dessen, den es angeht, aus, so sind bei Nennbetragsaktien der Betrag, bei Stückaktien die Zahl und die Gattung der Aktien, für die ihm Vollmachten erteilt worden sind, zur Aufnahme in das Verzeichnis gesondert anzugeben. [2]Die Namen der Aktionäre, welche Vollmachten erteilt haben, brauchen nicht angegeben zu werden.
(3) [1]Wer von einem Aktionär ermächtigt ist, im eigenen Namen das Stimmrecht für Aktien auszuüben, die ihm nicht gehören, hat ~~den Betrag~~ und die Gattung dieser Aktien zur Aufnahme in das Verzeichnis gesondert anzugeben. [2]Dies gilt auch für Namensaktien, als deren Aktionär der Ermächtigte im Aktien~~buch~~ eingetragen ist.	(3) [1]Wer von einem Aktionär ermächtigt ist, im eigenen Namen das Stimmrecht für Aktien auszuüben, die ihm nicht gehören, hat bei Nennbetragsaktien den Betrag, bei Stückaktien die Zahl und die Gattung dieser Aktien zur Aufnahme in das Verzeichnis gesondert anzugeben. [2]Dies gilt auch für Namensaktien, als deren Aktionär der Ermächtigte im Aktienregister eingetragen ist.
(4) [1]Das Verzeichnis ist vor der ersten Abstimmung ~~zur Einsicht für~~ alle Teilnehmer ~~auszulegen. [2]Es ist vom Vorsitzenden zu unterzeichnen.~~	(4) [1]Das Verzeichnis ist vor der ersten Abstimmung allen Teilnehmern zugänglich zu machen. [2]Jedem Aktionär ist auf Verlangen bis zu zwei Jahren nach der Hauptversammlung Einsicht in das Teilnehmerverzeichnis zu gewähren.
(5) § 125 Abs. 5 gilt entsprechend.	(5) § 125 Abs. 5 gilt entsprechend.
§ 130 Niederschrift. (1) [1]Jeder Beschluß der Hauptversammlung ist durch eine über die Verhandlung notariell aufgenommene Niederschrift zu beurkunden. [2]Gleiches gilt für jedes Verlangen einer Minderheit nach § 120 Abs.	**§ 130 Niederschrift.** (1) [1]Jeder Beschluß der Hauptversammlung ist durch eine über die Verhandlung notariell aufgenommene Niederschrift zu beurkunden. [2]Gleiches gilt für jedes Verlangen einer Minderheit nach § 120 Abs.

1 Satz 2, §§ 137 und 147 Abs. 1. [3]Bei nichtbörsennotierten Gesellschaften reicht eine vom Vorsitzenden des Aufsichtsrats zu unterzeichnende Niederschrift aus, soweit keine Beschlüsse gefaßt werden, für die das Gesetz eine Dreiviertel- oder größere Mehrheit bestimmt.	1 Satz 2, §§ 137 und 147 Abs. 1. [3]Bei nichtbörsennotierten Gesellschaften reicht eine vom Vorsitzenden des Aufsichtsrats zu unterzeichnende Niederschrift aus, soweit keine Beschlüsse gefaßt werden, für die das Gesetz eine Dreiviertel- oder größere Mehrheit bestimmt.
(2) In der Niederschrift sind der Ort und der Tag der Verhandlung, der Name des Notars sowie die Art und das Ergebnis der Abstimmung und die Feststellung des Vorsitzenden über die Beschlußfassung anzugeben.	(2) In der Niederschrift sind der Ort und der Tag der Verhandlung, der Name des Notars sowie die Art und das Ergebnis der Abstimmung und die Feststellung des Vorsitzenden über die Beschlußfassung anzugeben.
(3) ~~[1]Das Verzeichnis der Teilnehmer an der Versammlung sowie~~ die Belege über die Einberufung sind der Niederschrift als Anlagen beizufügen. ~~[2]Die Belege über die Einberufung brauchen nicht beigefügt zu werden, wenn sie unter Angabe ihres Inhalts in der Niederschrift aufgeführt werden.~~	(3) Die Belege über die Einberufung der Versammlung sind der Niederschrift als Anlage beizufügen, <u>wenn sie nicht unter Angabe ihres Inhalts in der Niederschrift aufgeführt sind.</u>
(4) [1]Die Niederschrift ist von dem Notar zu unterschreiben. [2]Die Zuziehung von Zeugen ist nicht nötig.	(4) [1]Die Niederschrift ist von dem Notar zu unterschreiben. [2]Die Zuziehung von Zeugen ist nicht nötig.
(5) Unverzüglich nach der Versammlung hat der Vorstand eine öffentlich beglaubigte, im Falle des Absatzes 1 Satz 3 eine vom Vorsitzenden des Aufsichtsrats unterzeichnete Abschrift der Niederschrift und ihrer Anlagen zum Handelsregister einzureichen.	(5) Unverzüglich nach der Versammlung hat der Vorstand eine öffentlich beglaubigte, im Falle des Absatzes 1 Satz 3 eine vom Vorsitzenden des Aufsichtsrats unterzeichnete Abschrift der Niederschrift und ihrer Anlagen zum Handelsregister einzureichen.
§ 134 Stimmrecht. (1) [1]Das Stimmrecht wird nach Aktiennennbeträgen, bei Stückaktien nach deren Zahl ausgeübt. [2]Für den Fall, daß einem Aktionär mehrere Aktien gehören, kann bei einer nichtbörsennotierten Gesellschaft die Satzung das Stimmrecht durch Festsetzung eines Höchstbetrags oder von Abstufungen beschränken. [3]Die Satzung kann außerdem bestimmen, daß zu den Aktien, die dem Aktionär gehören, auch die Aktien rechnen,die einem anderen für seine Rechnung gehören. [4]Für den Fall, daß der Aktionär ein Unterneh-	**§ 134 Stimmrecht.** (1) [1]Das Stimmrecht wird nach Aktiennennbeträgen, bei Stückaktien nach deren Zahl ausgeübt. [2]Für den Fall, daß einem Aktionär mehrere Aktien gehören, kann bei einer nichtbörsennotierten Gesellschaft die Satzung das Stimmrecht durch Festsetzung eines Höchstbetrags oder von Abstufungen beschränken. [3]Die Satzung kann außerdem bestimmen, daß zu den Aktien, die dem Aktionär gehören, auch die Aktien rechnen,die einem anderen für seine Rechnung gehören. [4]Für den Fall, daß der Aktionär ein Unterneh-

men ist, kann sie ferner bestimmen, daß zu den Aktien, die ihm gehören, auch die Aktien rechnen, die einem von ihm abhängigen oder ihn beherrschenden oder einem mit ihm konzernverbundenen Unternehmen oder für Rechnung solcher Unternehmen einem Dritten gehören. [5]Die Beschränkungen können nicht für einzelne Aktionäre angeordnet werden. [6]Bei der Berechnung einer nach Gesetz oder Satzung erforderlichen Kapitalmehrheit bleiben die Beschränkungen außer Betracht.	men ist, kann sie ferner bestimmen, daß zu den Aktien, die ihm gehören, auch die Aktien rechnen, die einem von ihm abhängigen oder ihn beherrschenden oder einem mit ihm konzernverbundenen Unternehmen oder für Rechnung solcher Unternehmen einem Dritten gehören. [5]Die Beschränkungen können nicht für einzelne Aktionäre angeordnet werden. [6]Bei der Berechnung einer nach Gesetz oder Satzung erforderlichen Kapitalmehrheit bleiben die Beschränkungen außer Betracht.
(2) [1]Das Stimmrecht beginnt mit der vollständigen Leistung der Einlage. [2]Die Satzung kann bestimmen, daß das Stimmrecht beginnt, wenn auf die Aktie die gesetzliche oder höhere satzungsmäßige Mindesteinlage geleistet ist. [3]In diesem Fall gewährt die Leistung der Mindesteinlage eine Stimme; bei höheren Einlagen richtet sich das Stimmenverhältnis nach der Höhe der geleisteten Einlagen. [4]Bestimmt die Satzung nicht, daß das Stimmrecht vor der vollständigen Leistung der Einlage beginnt, und ist noch auf keine Aktie die Einlage vollständig geleistet, so richtet sich das Stimmenverhältnis nach der Höhe der geleisteten Einlagen; dabei gewährt die Leistung der Mindesteinlage eine Stimme. [5]Bruchteile von Stimmen werden in diesen Fällen nur berücksichtigt, soweit sie für den stimmberechtigten Aktionär volle Stimmen ergeben. [6]Die Satzung kann Bestimmungen nach diesem Absatz nicht für einzelne Aktionäre oder für einzelne Aktiengattungen treffen.	(2) [1]Das Stimmrecht beginnt mit der vollständigen Leistung der Einlage. [2]Die Satzung kann bestimmen, daß das Stimmrecht beginnt, wenn auf die Aktie die gesetzliche oder höhere satzungsmäßige Mindesteinlage geleistet ist. [3]In diesem Fall gewährt die Leistung der Mindesteinlage eine Stimme; bei höheren Einlagen richtet sich das Stimmenverhältnis nach der Höhe der geleisteten Einlagen. [4]Bestimmt die Satzung nicht, daß das Stimmrecht vor der vollständigen Leistung der Einlage beginnt, und ist noch auf keine Aktie die Einlage vollständig geleistet, so richtet sich das Stimmenverhältnis nach der Höhe der geleisteten Einlagen; dabei gewährt die Leistung der Mindesteinlage eine Stimme. [5]Bruchteile von Stimmen werden in diesen Fällen nur berücksichtigt, soweit sie für den stimmberechtigten Aktionär volle Stimmen ergeben. [6]Die Satzung kann Bestimmungen nach diesem Absatz nicht für einzelne Aktionäre oder für einzelne Aktiengattungen treffen.
(3) [1]Das Stimmrecht kann durch einen Bevollmächtigten ausgeübt werden. [2]~~Für die Vollmacht ist die schriftliche Form erforderlich und genügend.~~ [3]~~Die Vollmachtsurkunde ist der Gesellschaft vorzulegen und bleibt in ihrer Verwahrung.~~	(3) [1]Das Stimmrecht kann durch einen Bevollmächtigten ausgeübt werden. [2]Für die Vollmacht gilt schriftliche Form, wenn die Satzung keine Erleichterung bestimmt.
(4) Die Form der Ausübung des Stimmrechts richtet sich nach der Satzung.	(4) Die Form der Ausübung des Stimmrechts richtet sich nach der Satzung.

§ 135 Ausübung des Stimmrechts durch Kreditinstitute und geschäftsmäßig Handelnde.	**§ 135 Ausübung des Stimmrechts durch Kreditinstitute und geschäftsmäßig Handelnde.**
(1) [1]Ein Kreditinstitut darf das Stimmrecht für ~~Inhaber~~aktien, die ihm nicht gehören, nur ausüben ~~oder ausüben lassen~~, wenn es ~~schriftlich~~ bevollmächtigt ist. [2]In der eigenen Hauptversammlung darf das bevollmächtigte Kreditinstitut das Stimmrecht auf Grund der Vollmacht nur ausüben, soweit der Aktionär eine ausdrückliche Weisung zu den einzelnen Gegenständen der Tagesordnung erteilt hat. [3]In der Hauptversammlung einer Gesellschaft, an der es mit mehr als fünf vom Hundert des Grundkapitals unmittelbar oder über eine Mehrheitsbeteiligung mittelbar beteiligt ist, darf es das Stimmrecht nur ausüben oder ausüben lassen, soweit der Aktionär eine ausdrückliche Weisung zu den einzelnen Gegenständen der Tagesordnung erteilt hat; dies gilt nicht, wenn es eigene Stimmrechte weder ausübt noch ausüben läßt.	(1) [1]Ein Kreditinstitut darf das Stimmrecht für Aktien, die ihm nicht gehören und als deren Inhaber es nicht im Aktienregister eingetragen ist, nur ausüben, wenn es bevollmächtigt ist. [2]In der eigenen Hauptversammlung darf das bevollmächtigte Kreditinstitut das Stimmrecht auf Grund der Vollmacht nur ausüben, soweit der Aktionär eine ausdrückliche Weisung zu den einzelnen Gegenständen der Tagesordnung erteilt hat. [3]In der Hauptversammlung einer Gesellschaft, an der es mit mehr als fünf vom Hundert des Grundkapitals unmittelbar oder über eine Mehrheitsbeteiligung mittelbar beteiligt ist, darf es das Stimmrecht nur ausüben oder ausüben lassen, soweit der Aktionär eine ausdrückliche Weisung zu den einzelnen Gegenständen der Tagesordnung erteilt hat; dies gilt nicht, wenn es eigene Stimmrechte weder ausübt noch ausüben läßt.
(2) [1]Die Vollmacht darf nur einem bestimmten Kreditinstitut ~~und nur für längstens fünfzehn Monate~~ erteilt werden. ~~[2]Sie ist jederzeit widerruflich. [3]Die Vollmachtsurkunde muß bei der Erteilung der Vollmacht vollständig ausgefüllt sein und darf keine anderen Erklärungen enthalten. [4]Sie soll das Datum der Ausstellung enthalten. [5]Die Frist in Satz 1 beginnt spätestens mit dem Tage der Ausstellung.~~ [6]Erbietet sich das Kreditinstitut zur Übernahme einer Vollmacht, so hat es auf andere Vertretungsmöglichkeiten (§ 125 Abs. 1 Satz 2) hinzuweisen.	(2) [1]Die Vollmacht darf nur einem bestimmten Kreditinstitut erteilt werden. [2]Das Kreditinstitut hat den Aktionär jährlich und deutlich hervorgehoben auf die jederzeitige Möglichkeit des Widerrufs und auf andere Vertretungsmöglichkeiten (§ 125 Abs. 1 Satz 2) hinzuweisen. [3]Die Vollmachtserklärung muß vollständig sein und darf nur mit der Stimmrechtsausübung verbundene Erklärungen enthalten. [4]Sie ist vom Kreditinstitut nachprüfbar festzuhalten. [5]Erbietet sich das Kreditinstitut zur Übernahme einer Vollmacht, so hat es auf andere Vertretungsmöglichkeiten (§ 125 Abs. 1 Satz 2) hinzuweisen.
(3) [1]Das bevollmächtigte Kreditinstitut darf Personen, die nicht seine Angestellten sind, nur unterbevollmächtigen, wenn die Vollmacht eine Unterbevollmächtigung ausdrücklich gestattet. [2]Gleiches gilt für eine Übertragung der Vollmacht durch das bevollmächtigte Kreditinstitut.	(3) [1]Das bevollmächtigte Kreditinstitut darf Personen, die nicht seine Angestellten sind, nur unterbevollmächtigen, wenn die Vollmacht eine Unterbevollmächtigung ausdrücklich gestattet. [2]Gleiches gilt für eine Übertragung der Vollmacht durch das bevollmächtigte Kreditinstitut.
(4) [1]Auf Grund der Vollmacht kann das Kreditinstitut das Stimmrecht unter Benennung des Aktionärs in dessen Namen ausüben. [2]Wenn	(4) [1]Auf Grund der Vollmacht kann das Kreditinstitut das Stimmrecht unter Benennung des Aktionärs in dessen Namen ausüben. [2]Wenn

es die Vollmacht bestimmt, kann das Kreditinstitut das Stimmrecht auch im Namen dessen, den es angeht, ausüben. [3]~~Übt das Kreditinstitut das Stimmrecht unter Benennung des Aktionärs in dessen Namen aus, ist die Vollmachtsurkunde der Gesellschaft vorzulegen und von dieser zu verwahren.~~ [4]~~Übt es das Stimmrecht im Namen dessen, den es angeht, aus,~~ genügt zum Nachweis seiner Stimmberechtigung gegenüber der Gesellschaft die Erfüllung der in der Satzung für die Ausübung des Stimmrechts vorgesehenen Erfordernisse; enthält die Satzung darüber keine Bestimmungen, genügt die Vorlegung der Aktien oder einer Bescheinigung über die Hinterlegung der Aktien bei einem Notar oder einer Wertpapiersammelbank.	es die Vollmacht bestimmt, kann das Kreditinstitut das Stimmrecht auch im Namen dessen, den es angeht, ausüben. [3]In beiden Fällen genügt zum Nachweis seiner Stimmberechtigung gegenüber der Gesellschaft die Erfüllung der in der Satzung für die Ausübung des Stimmrechts vorgesehenen Erfordernisse; enthält die Satzung darüber keine Bestimmungen, genügt die Vorlegung der Aktien oder einer Bescheinigung über die Hinterlegung der Aktien bei einem Notar oder einer Wertpapiersammelbank.
(5) Hat der Aktionär dem Kreditinstitut keine Weisung für die Ausübung des Stimmrechts erteilt, so hat das Kreditinstitut das Stimmrecht entsprechend seinen eigenen, den Aktionären nach § 128 Abs. 2 mitgeteilten Vorschlägen auszuüben, es sei denn, daß das Kreditinstitut den Umständen nach annehmen darf, daß der Aktionär bei Kenntnis der Sachlage die abweichende Ausübung des Stimmrechts billigen würde.	(5) Hat der Aktionär dem Kreditinstitut keine Weisung für die Ausübung des Stimmrechts erteilt, so hat das Kreditinstitut das Stimmrecht entsprechend seinen eigenen, den Aktionären nach § 128 Abs. 2 mitgeteilten Vorschlägen auszuüben, es sei denn, daß das Kreditinstitut den Umständen nach annehmen darf, daß der Aktionär bei Kenntnis der Sachlage die abweichende Ausübung des Stimmrechts billigen würde.
(6) Die Wirksamkeit der Stimmabgabe wird durch einen Verstoß gegen Absatz 1 Satz 2, Absätze 2, 3 und 5 nicht beeinträchtigt.	(6) Die Wirksamkeit der Stimmabgabe wird durch einen Verstoß gegen Absatz 1 Satz 2, Absätze 2, 3 und 5 nicht beeinträchtigt.
(7) [1]Ein Kreditinstitut darf das Stimmrecht für Namensaktien, die ihm nicht gehören, als deren ~~Aktionär~~ es aber im Aktien~~buch~~ eingetragen ist, nur aufgrund einer ~~schriftlichen~~ Ermächtigung~~, wenn es nicht als deren Aktionär eingetragen ist, nur unter Benennung des Aktionärs in dessen Namen aufgrund einer schriftlichen Vollmacht~~ ausüben. [2]Auf die Ermächtigung ~~oder Vollmacht~~ sind Absatz 1 Satz 2, Absätze 2, 3 und 5~~, auf die Vollmacht außerdem Absatz 4 Satz 3~~ anzuwenden. [3]Im übrigen gilt Absatz 6.	(7) [1]Ein Kreditinstitut darf das Stimmrecht für Namensaktien, die ihm nicht gehören, als deren Inhaber es aber im Aktienregister eingetragen ist, nur aufgrund einer Ermächtigung ausüben. [2]Auf die Ermächtigung sind Absatz 1 Satz 2 und 3 sowie Absätze 2, 3 und 5 anzuwenden. [3]Im übrigen gilt Absatz 6.
(8) Ist das Kreditinstitut bei der Ausübung des Stimmrechts von einer Weisung des Aktionärs oder, wenn der Aktionär keine Weisung	(8) Ist das Kreditinstitut bei der Ausübung des Stimmrechts von einer Weisung des Aktionärs oder, wenn der Aktionär keine Weisung

erteilt hat, von seinem eigenen, dem Aktionär nach § 128 Abs. 2 mitgeteilten Vorschlag abgewichen, so hat es dies dem Aktionär mitzuteilen und die Gründe anzugeben.	erteilt hat, von seinem eigenen, dem Aktionär nach § 128 Abs. 2 mitgeteilten Vorschlag abgewichen, so hat es dies dem Aktionär mitzuteilen und die Gründe anzugeben.
(9) [1]Die Absätze 1 bis 8 gelten sinngemäß für die Ausübung des Stimmrechts durch 1. Vereinigungen von Aktionären, 2. Geschäftsleiter und Angestellte eines Kreditinstituts, wenn die ihnen nicht gehörenden Aktien dem Kreditinstitut zur Verwahrung anvertraut sind, 3. Personen, die sich geschäftsmäßig gegenüber Aktionären zur Ausübung des Stimmrechts in der Hauptversammlung erbieten. [2]Dies gilt nicht, wenn derjenige, der das Stimmrecht ausüben will, gesetzlicher Vertreter oder Ehegatte des Aktionärs oder mit ihm bis zum vierten Grade verwandt oder verschwägert ist.	(9) [1]Die Absätze 1 bis 8 gelten sinngemäß für die Ausübung des Stimmrechts durch 1. Vereinigungen von Aktionären, 2. Geschäftsleiter und Angestellte eines Kreditinstituts, wenn die ihnen nicht gehörenden Aktien dem Kreditinstitut zur Verwahrung anvertraut sind, 3. Personen, die sich geschäftsmäßig gegenüber Aktionären zur Ausübung des Stimmrechts in der Hauptversammlung erbieten. [2]Dies gilt nicht, wenn derjenige, der das Stimmrecht ausüben will, gesetzlicher Vertreter oder Ehegatte des Aktionärs oder mit ihm bis zum vierten Grade verwandt oder verschwägert ist.
(10) [1]Ein Kreditinstitut ist verpflichtet, den Auftrag eines Aktionärs zur Ausübung des Stimmrechts in einer Hauptversammlung anzunehmen, wenn es für den Aktionär Aktien der Gesellschaft verwahrt und sich gegenüber Aktionären der Gesellschaft zur Ausübung des Stimmrechts in derselben Hauptversammlung erboten hat. [2]Die Verpflichtung besteht nicht, wenn das Kreditinstitut am Ort der Hauptversammlung keine Niederlassung hat und der Aktionär die Übertragung der Vollmacht auf oder die Unterbevollmächtigung von Personen, die nicht Angestellte des Kreditinstituts sind, nicht gestattet hat.	(10) [1]Ein Kreditinstitut ist verpflichtet, den Auftrag eines Aktionärs zur Ausübung des Stimmrechts in einer Hauptversammlung anzunehmen, wenn es für den Aktionär Aktien der Gesellschaft verwahrt <u>oder es an seiner Stelle im Aktienregister eingetragen ist</u> und sich gegenüber Aktionären der Gesellschaft zur Ausübung des Stimmrechts in derselben Hauptversammlung erboten hat. [2]Die Verpflichtung besteht nicht, wenn das Kreditinstitut am Ort der Hauptversammlung keine Niederlassung hat und der Aktionär die Übertragung der Vollmacht auf oder die Unterbevollmächtigung von Personen, die nicht Angestellte des Kreditinstituts sind, nicht gestattet hat.
(11) Die Verpflichtung des Kreditinstituts zum Ersatz eines aus der Verletzung der Absätze 1 bis 3, 5, 7, 8 oder 10 entstehenden Schadens kann im voraus weder ausgeschlossen noch beschränkt werden.	(11) Die Verpflichtung des Kreditinstituts zum Ersatz eines aus der Verletzung der Absätze 1 bis 3, 5, 7, 8 oder 10 entstehenden Schadens kann im voraus weder ausgeschlossen noch beschränkt werden.
(12) § 125 Abs. 5 gilt entsprechend.	(12) § 125 Abs. 5 gilt entsprechend.

ANHANG III

Weisungerteilung über Internet in Deutschland

dargestellt anhand der ordentlichen Hauptversammlung
der DaimlerChrysler AG, Stuttgart,
am 19. April 2000

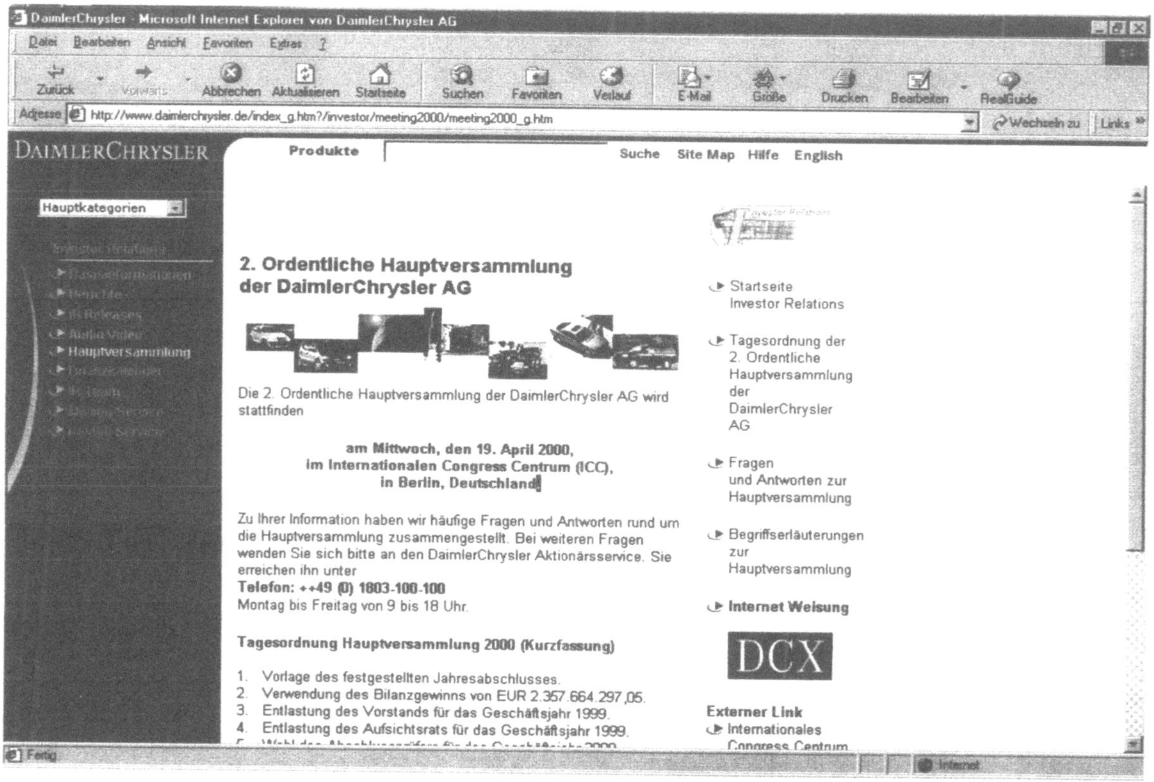

Begrüßungsseite - Hauptversammlung

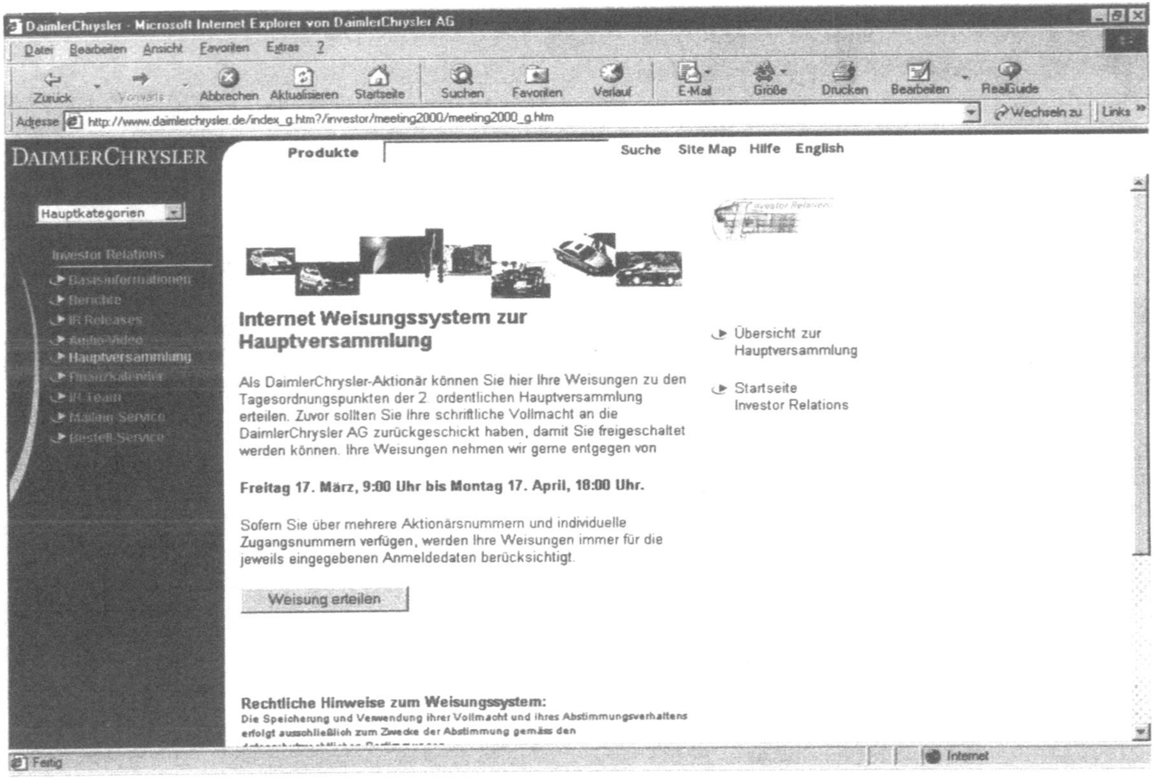

Internet Weisungssystem - Startseite

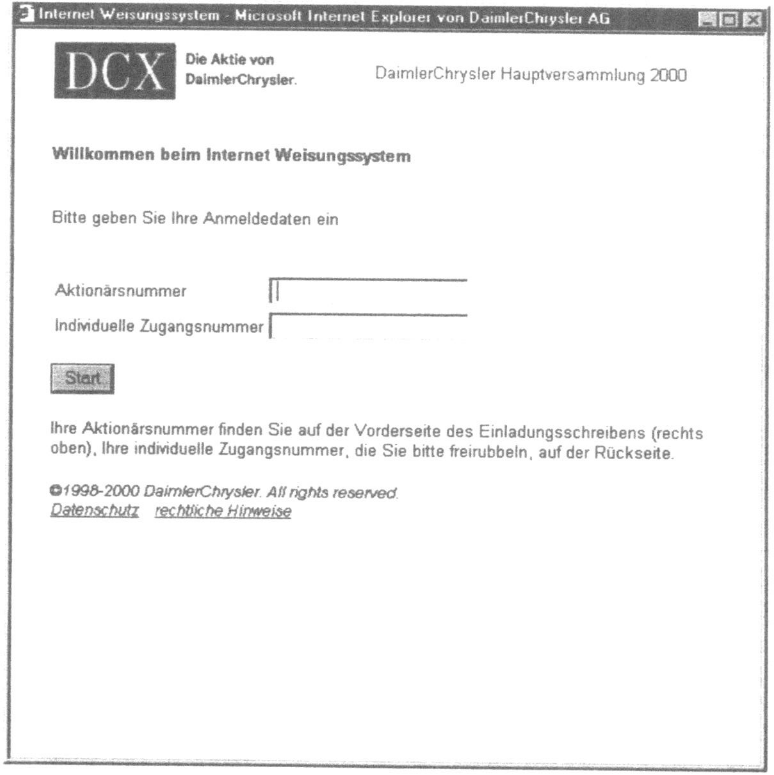

Legitimationsseite

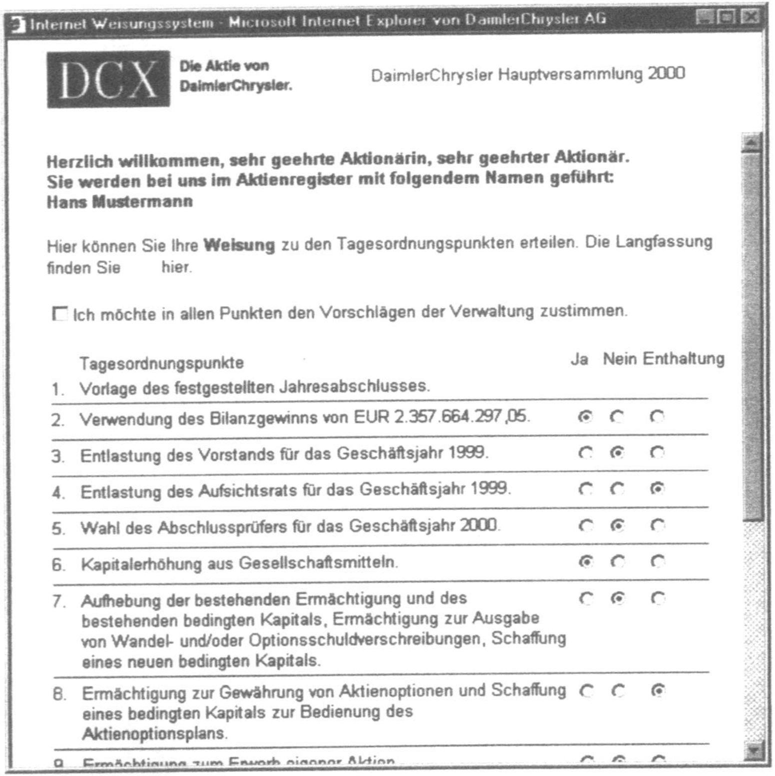

Weisungserteilung (Seite 1)

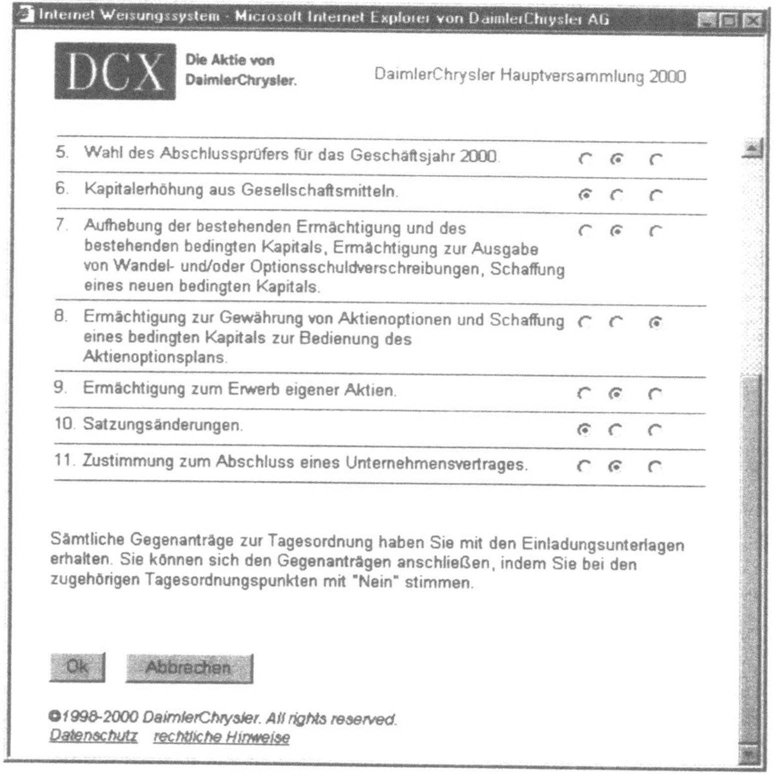

Weisungserteilung (Seite 2)

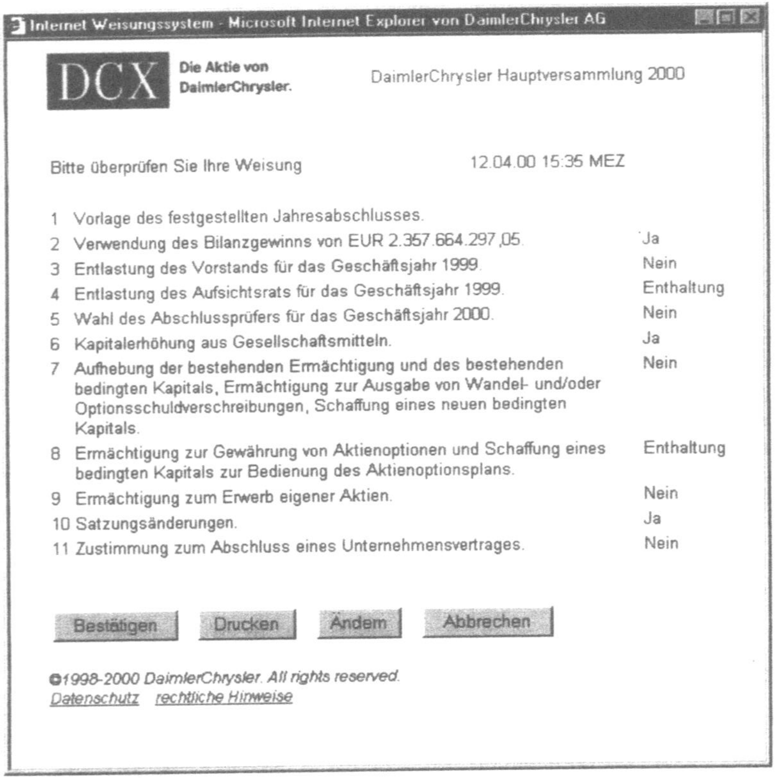

Kontrollseite - Weisungen

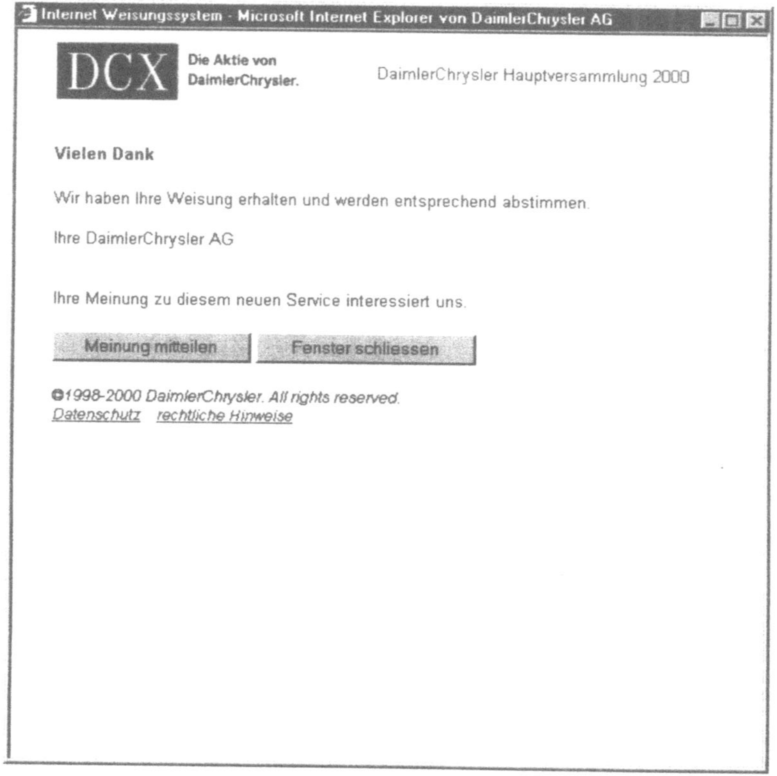

Schlußseite

Frankfurter wirtschaftsrechtliche Studien

Herausgegeben von
Theodor Baums, Friedrich Kübler, Hans-Joachim Mertens,
Eckard Rehbinder, Gunther Teubner

Band 1 Tomas Brinkmann: Unternehmensinteresse und Unternehmensrechtsstruktur. Aufgaben und Grenzen eines normativen Regulativs unternehmenspolitischer Prozesse. 1983.

Band 2 Rüdiger Hahn: Behinderungsmißbräuche marktbeherrschender Unternehmen. Eine Untersuchung der Beeinträchtigung von Wettbewerb und Marktstruktur durch horizontalen Nichtleistungswettbewerb als Gegenstand der Mißbrauchaufsicht nach § 22 Abs. 4 S. 2 Nr. 1 GWB. 1984.

Band 3 Peter Buchmann: Registerpublizität und Gläubigerschutz bei der Einmann-Gesellschaft. 1984.

Band 4 Christian Joerges/Eugen Hiller/Knut Holzscheck/Hans-W. Micklitz: Vertriebspraktiken im Automobilersatzteilsektor. Ihre Auswirkungen auf die Interessen der Verbraucher. 1985.

Band 5 Annette Boerner: Die Haftung des herrschenden Kommanditisten. 1985.

Band 6 Dirk H. Mahler: Rechtsmißbrauch und einstweiliger Rechtsschutz bei Dokumentenakkreditiven und "Akkreditiven auf erstes Anfordern": Eine rechtsvergleichende Untersuchung. 1986.

Band 7 Brigitte Kratz: Ausländische Eingriffsnorm und inländischer Privatrechtsvertrag. 1986.

Band 8 Dimitris Tsibanoulis: Die genossenschaftliche Gründungsprüfung. 1987.

Band 9 Jürgen Braun: Rechtsfragen des Transport-Unfall-Informations- und Hilfeleistungs-Systems der deutschen chemischen Industrie. 1987.

Band 10 Thomas Pfeiffer: Die Bedeutung des privatrechtlichen Immissionsschutzes. Eine Untersuchung zu §§ 1004, 906 BGB. 1987.

Band 11 Michael Bothe/Josef Brink/Christian Kirchner/Albrecht Stockmayer: Rechtsfragen der internationalen Verschuldungskrise. Voraussetzungen, Formen und Verfahren internationaler Umschuldungsmaßnahmen und Umschuldungsvereinbarungen. 1988.

Band 12 Felix Dörr: Die fehlerhafte GmbH. 1989.

Band 13 Rolf Trittmann: Anwendungsprobleme des Haager Beweisübereinkommens im Rechtshilfeverkehr zwischen der Bundesrepublik und den Vereinigten Staaten von Amerika. Exklusive Regelung zur Überbrückung der Unterschiede zwischen dem kontinental-europäischen und anglo-amerikanischen Zivilprozeßrechtssystem? 1989.

Band 14 Margaretha Sudhof: Dreieckige Rechtsverhältnisse im Wirtschaftsverwaltungsrecht - Am Beispiel von Konkurrentenklagen. 1989.

Band 15 Michael Weigel: Schriftformklauseln in Allgemeinen Geschäftsbedingungen. 1989.

Band 16 Hans-Peter Schröder: Der sichere Weg bei der Vertragsgestaltung. 1990.

Band 17 Matthias Haas: Haftungsfreizeichnungsklauseln in Allgemeinen Geschäftsbedingungen. Eine rechtsdogmatische und ökonomische Analyse. 1991.

Band 18 Andreas Hahn: Instandhaltungsverträge. Begriffe, Einordnung, Rechtsfolgenbestimmung, Auswirkung auf die Kautelarpraxis. 1991.

Band 19 Jürgen Götz: Der Entherrschungsvertrag im Aktienrecht. 1991.

Band 20 Friedrich Wächtershäuser: Das Gesellschaftsrecht des internationalen Joint Ventures. 1992.

Band 21 Christina Escher-Weingart: Nutzungsausfall als Schaden und sein Ersatz. 1993.

Band 22 Jean-Claude Zerey: Rechtliche Probleme der Finanzierung von *Leveraged Buyouts* und *Tender Offers* durch Banken in den USA und in der Bundesrepublik Deutschland. Eine rechtsvergleichende Studie über die Rolle der Banken bei Unternehmenskontrolltransaktionen in den USA und in der Bundesrepublik Deutschland. 1994.

Band 23 Markus Bauer: Gläubigerschutz durch eine formelle Nennkapitalziffer - Kapitalgesellschaftsrechtliche Notwendigkeit oder überholtes Konzept? Eine rechtsvergleichende Untersuchung der Gläubigerschutzkonzepte des amerikanischen und deutschen Kapitalgesellschaftsrechts. 1995.

Band 24 Marion Vollmann: Minderheitenschutz im aktienrechtlichen Beschlußmängelrecht. Eine Bestandsaufnahme und Vorschläge zu einer rechtspolitischen Reform. 1997.

Band 25 Lydia Klose-Mokroß: Gläubigerschutz im Kapitalgesellschaftsrecht am Beispiel der Lehre von der verdeckten Sacheinlage. 1997.

Band 26 Stephan Aubel: Der vereinfachte Bezugsrechtsausschluß. Aktionärs- und Gesellschaftsinteressen beim vereinfachten Bezugsrechtsausschluß nach Maßgabe des § 186 Absatz 3 Satz 4 AktG. 1998.

Band 27 Kurt Peter Dittrich: Die Privatplazierung im deutschen Kapitalmarktrecht. Eine Untersuchung der Vorschriften des Auslandinvestmentgesetzes, des Wertpapier-Verkaufsprospektgesetzes und des Gesetzes über Kapitalanlage-Gesellschaften unter Berücksichtigung des Rechts der Vereinigten Staaten von Amerika und des Vereinigten Königreichs. 1998.

Band 28 Viola Sailer: Aktienrechtliche Minderheitskompetenzen zwischen Mißbrauch und unternehmerischer Entscheidungsfreiheit. 1999.

Band 29 Marc Zimmerling: Kapitalerhaltung und Konzernfinanzierung. Eine Untersuchung der kapitalerhaltungsrechtlichen Problematik aufsteigender Sicherheiten im Konzern. 1998.

Band 30 Joachim Wichert: Die Finanzen der Kommanditgesellschaft auf Aktien. 1999.

Band 31 Kerstin Andrea Müller: Produktverantwortung und ihre Durchsetzung. Eine kartellrechtliche Beurteilung von Selbstverpflichtungen im Umweltrecht aus deutscher und europäischer Sicht unter besonderer Berücksichtigung der Altautoentsorgung. 1999.

Band 32 Bettina Friedrich: Konvergenzen im Gesellschaftsrecht. Recht-Fertigung durch Status- und Befundsicherung. 2000.

Band 33 Rudolf Lemke: Haftungsrechtliche Fragen des Ratingwesens – ein Regelungsproblem? 2000.

Band 34 Klaus R. Roller: Die Vergütung des Aufsichtsrats in Abhängigkeit vom Aktienkurs. 2000.

Band 35 Bettina Bokelmann: Personelle Verflechtungen über Aufsichtsräte. Aufsichtsratsmitglieder mit hauptberuflicher Vorstandsfunktion. 2000.

Band 36 Kai-Uwe Steck: Regulierung von US-amerikanischen Investmentgesellschaften (Investment Companies). Unter besonderer Berücksichtigung des National Securities

Markets Improvement Act of 1996 (NSMIA) und anderer aktueller Rechtsanpassungen. 2000.

Band 37 Kristofer Bott: Wissenszurechnung bei Organisationen. 2000.

Band 38 Ursula Lenzen: Unerlaubte Eingriffe in die Börsenkursbildung. 2000.

Band 39 Martin Schulz: Verfassungsrechtliche Vorgaben für das Kollisionsrecht in einem Gemeinsamen Markt. Eine rechtsvergleichende Untersuchung zu den Grenzen einzelstaatlicher Anknüpfungsmethoden im internationalen Vertrags-, Delikts- und Gesellschaftsrecht am Beispiel der Vereinigten Staaten von Amerika. 2000.

Band 40 Maximilian Koch: Diversifizierung und Vorstandskompetenzen. 2001.

Band 41 Corrado Wohlwend: Die Hauptversammlung im Wandel der Kommunikationsformen. 2001.

FSC
www.fsc.org
MIX
Papier | Fördert gute Waldnutzung
FSC® C083411

Kolibri 360 GmbH
Ferdinand-Jühlke-Straße 7
99095 Erfurt, Deutschland
produktsicherheit@kolibri360.de

Druck:
CPI Druckdienstleistungen GmbH
im Auftrag der
Kolibri 360 GmbH
Ferdinand-Jühlke-Str. 7
99095 Erfurt